现代交通安全技术丛书

交通事故车辆安全技术
鉴定教程

主　编　张道文　廖文俊
副主编　张易红　童　勇　谭金会
参　编　张黎骅　曾成碧　李平飞
　　　　吴　涛　张从银
主　审　黄海波

内容简介

本书由长期从事机动车安全技术鉴定、道路交通事故司法鉴定的教师和专家共同编写而成，主要内容包括道路交通事故鉴定技术；交通事故车辆转向系统、制动系统、行驶系统、传动系统安全技术检验鉴定；交通事故车辆照明与信号装置、安全防护装置等安全技术检验鉴定。为便于读者快速掌握交通事故车辆安全技术检验鉴定的基本理论和鉴定技能，本书每一章都附有一定数量的典型案例，并详细地介绍交通事故案情资料的收集、鉴定方案的制订、鉴定的实施、鉴定结论、交通事故成因分析等。

本书可作为大学本科交通运输、交通工程、汽车服务工程等专业的教材；也可作为高职院校相关专业和警察学院交通运输管理专业的教材以及交通事故（司法）鉴定人员、汽车检测鉴定人员、交通警察的培训教材和参考用书。

图书在版编目(CIP)数据

交通事故车辆安全技术鉴定教程/张道文，廖文俊主编. —北京：北京大学出版社，2012.5
（现代交通安全技术丛书）
ISBN 978-7-301-20616-4

Ⅰ. ①交… Ⅱ. ①张…②廖… Ⅲ. ①公路运输—交通运输事故—汽车—安全鉴定—教材 Ⅳ. ①U491.31

中国版本图书馆 CIP 数据核字(2012)第 086154 号

书　　　名：	交通事故车辆安全技术鉴定教程
著作责任者：	张道文　廖文俊　主编
策划编辑：	童君鑫
责任编辑：	宋亚玲
标准书号：	ISBN 978-7-301-20616-4/TH·0290
出　版　者：	北京大学出版社
地　　　址：	北京市海淀区成府路 205 号　100871
网　　　址：	http://www.pup.cn　http://www.pup6.cn
电　　　话：	邮购部 62752015　发行部 62750672　编辑部 62750667　出版部 62754962
电子邮箱：	pup_6@163.com
印　刷　者：	北京虎彩文化传播有限公司
发　行　者：	北京大学出版社
经　销　者：	新华书店
	720 毫米×1020 毫米　16 开本　23.25 印张　543 千字
	2012 年 5 月第 1 版　2023 年 6 月第 5 次印刷
定　　　价：	60.00 元

未经许可，不得以任何方式复制或抄袭本书之部分或全部内容。
版权所有，侵权必究　　举报电话：010-62752024
电子邮箱：fd@pup.pku.edu.cn

前　　言

交通事故鉴定是交通安全研究的新领域，交通事故车辆安全技术鉴定是交通事故鉴定的组成部分。车辆是构成交通事故的主要要素，其安全技术状况与事故之间存在一定的因果关系。交通事故车辆安全技术检验鉴定为交通事故处理或诉讼提供客观、公正、科学的鉴定结论。

随着人们维权意识的提高，交通事故鉴定的社会需求持续增长，全国各地的交通事故鉴定机构应运而生，但目前有关交通事故车辆安全技术检验鉴定领域的研究并不多，鉴定人员的鉴定水平也参差不齐，鉴定技术、方法落后，严重影响了鉴定质量。在交通安全领域迫切需要有关交通事故车辆安全技术检验鉴定的教材，以满足高校交通运输、交通工程、汽车服务工程等专业的教学需求；满足交通事故鉴定人员、交通安全管理人员等的技能培训要求，进而提高鉴定人员执业素质。

本书主要内容包括道路交通事故鉴定技术；交通事故车辆转向系统、制动系统、行驶系统、传动系统安全技术鉴定；交通事故车辆照明与信号装置、安全防护装置等安全技术鉴定。读者通过深入学习这些内容，结合每一章的典型案例，融会贯通，能在较短时间内掌握交通事故车辆安全技术鉴定的基本理论和技能。

本书由西华大学、四川西华机动车司法鉴定所的张道文任第一主编，廖文俊任第二主编，全书由张道文、廖文俊统稿，张易红、童勇、谭金会任副主编。张道文编写第 1、2、3、6 章，廖文俊编写第 5 章，西华大学的谭金会、吴涛编写第 4 章、西华大学的张易红和四川大学的曾成碧编写第 7 章，西华大学的童勇、四川农业大学的张黎骅编写第 8 章，西华大学的李平飞和四川港宏车辆贸易有限公司的张从银编写第 9 章。

本书由西华大学交通与汽车工程学院、四川西华机动车司法鉴定所的黄海波教授主审。

本书的编写得到了四川西华机动车司法鉴定所（全国司法鉴定先进集体、四川群众最喜爱的十佳司法鉴定所）领导和鉴定人员的大力支持，他们提供了大量典型的案例；同时本书编写过程中还参考了大量国内外文献资料和教材，谨此深表感谢。

因编者水平有限，书中难免有疏漏之处，欢迎广大读者批评指正。

编者

2012 年 2 月

目 录

第1章 绪论 ………………… 1
1.1 交通事故的定义与分类 …… 2
1.1.1 交通事故的定义 …… 3
1.1.2 交通事故的分类 …… 3
1.1.3 交通事故的形式 …… 7
1.2 交通事故鉴定技术 ………… 8
1.2.1 概述 ……………… 8
1.2.2 交通事故鉴定需求 … 9
1.2.3 交通事故鉴定内容 … 10
1.2.4 小结 ………………… 15
1.3 交通事故的鉴定人与鉴定机构 ……………… 15
1.3.1 交通事故鉴定机构 ………………… 15
1.3.2 交通事故司法鉴定 ………………… 15
1.3.3 交通事故的非司法（诉讼）鉴定 ………… 18
1.4 案例分析 ………………… 20
本章小结 ………………………… 29
思考题 …………………………… 30

第2章 交通事故车辆安全技术鉴定的性质及方法 …… 31
2.1 交通事故车辆安全技术鉴定的性质 …………… 32
2.1.1 交通事故车辆属于交通事故物证 ……… 32
2.1.2 交通事故车辆安全技术鉴定的性质 …… 33
2.2 交通事故车辆安全技术鉴定的依据及要求 …… 34
2.2.1 法律依据 …………… 34
2.2.2 技术依据 …………… 34
2.2.3 鉴定的基本要求 …… 36
2.3 交通事故车辆安全技术鉴定的项目及流程 …… 37
2.3.1 检验鉴定分类及检验鉴定项目 ………… 37
2.3.2 检验鉴定流程 ……… 41
2.4 交通事故车辆安全技术检验鉴定的方法 ……… 43
2.4.1 交通事故车辆整车常规检验 …………… 44
2.4.2 交通事故车辆检视 … 45
2.4.3 交通事故车辆动态检验鉴定 …………… 46
2.4.4 交通事故车辆静态检验鉴定 …………… 47
2.4.5 交通事故车辆零部件失效检验鉴定 …… 49
2.5 金属零部件失效鉴定技术 … 50
2.6 案例分析 ………………… 71
本章小结 ………………………… 73
思考题 …………………………… 74

第3章 交通事故车辆转向系统检验鉴定 ………… 75
3.1 车辆转向系统简介 ………… 76
3.1.1 转向系统的类型 …… 77

3.1.2 转向系统的设计
　　　　要求 …………… 81
3.2 车辆转向系统安全技术
　　条件 ……………… 83
3.3 交通事故车辆转向系统检验
　　鉴定 ……………… 84
　　3.3.1 转向系统检视 … 85
　　3.3.2 转向系统动态检验
　　　　内容 …………… 87
　　3.3.3 转向系统动态检验
　　　　方法 …………… 88
　　3.3.4 转向系统静态检验 … 94
　　3.3.5 零部件性能检验
　　　　鉴定 …………… 97
　　3.3.6 零部件失效检验
　　　　鉴定 …………… 103
3.4 案例分析——转向垂臂与
　　直拉杆的连接球销断裂
　　失效鉴定 ………… 106
本章小结 ………………… 112
思考题 …………………… 113

第4章　交通事故车辆行驶系统检验鉴定 …… 114

4.1 车辆行驶系统简介 … 116
　　4.1.1 行驶系统的功能 … 116
　　4.1.2 车辆行驶系的
　　　　构成 …………… 116
　　4.1.3 常见危及行车安全的
　　　　行驶系统故障 … 124
4.2 车辆行驶系统安全技术
　　要求 ……………… 127
4.3 交通事故车辆行驶系统
　　检验鉴定 ………… 129
　　4.3.1 车辆行驶系统
　　　　检视 …………… 129
　　4.3.2 车辆行驶系统动态
　　　　检验 …………… 130

　　4.3.3 车辆行驶系统静态
　　　　检验 …………… 132
4.4 交通事故车辆轮胎失效的
　　鉴定方法 ………… 135
　　4.4.1 轮胎损坏形式 … 135
　　4.4.2 轮胎爆胎原因
　　　　分析 …………… 137
　　4.4.3 爆胎机理分析 … 143
　　4.4.4 爆胎分析方法 … 145
4.5 案例分析 ………… 149
　　4.5.1 案例1——【导入
　　　　案例】解析 …… 149
　　4.5.2 案例2——轮胎爆胎
　　　　检验鉴定 ……… 152
本章小结 ………………… 158
思考题 …………………… 159

第5章　交通事故车辆传动系统检验鉴定 …… 160

5.1 车辆传动系统简介 … 161
　　5.1.1 传动系统的类型 … 161
　　5.1.2 汽车传动系布置
　　　　形式 …………… 162
　　5.1.3 传动系主要总成 … 164
　　5.1.4 传动系统常见故障及
　　　　危害 …………… 168
5.2 传动系统安全技术要求 … 171
5.3 交通事故车辆传动系统
　　鉴定 ……………… 172
　　5.3.1 车辆传动系统
　　　　检视 …………… 172
　　5.3.2 车辆传动系统动态
　　　　检验 …………… 174
　　5.3.3 车辆传动系统静态
　　　　检验 …………… 174
　　5.3.4 零部件失效检验 … 180
5.4 案例分析 ………… 184

5.4.1 案例1——【导入案例】解析 …… 184
5.4.2 案例2——传动轴失效分析 …… 190
本章小结 …… 206
思考题 …… 207

第6章 交通事故车辆制动系统检验鉴定 …… 208

6.1 车辆制动系统简介 …… 209
 6.1.1 制动系统的类型 …… 209
 6.1.2 制动系统的功能和工作原理 …… 210
 6.1.3 制动系统的结构 …… 211
 6.1.4 制动系统常见故障 …… 213
6.2 机动车制动系统安全技术要求 …… 214
 6.2.1 基本要求 …… 214
 6.2.2 行车制动 …… 215
 6.2.3 应急制动 …… 216
 6.2.4 驻车制动 …… 216
 6.2.5 储气筒 …… 216
 6.2.6 制动报警装置 …… 217
 6.2.7 路试检验制动性能 …… 217
 6.2.8 台试检验制动性能 …… 220
 6.2.9 其他要求 …… 221
6.3 交通事故车辆制动系统检验鉴定 …… 222
 6.3.1 制动系统检视 …… 222
 6.3.2 制动系统动态检验 …… 226
 6.3.3 制动系统性能静态检验 …… 234
 6.3.4 制动系统零部件性能检验 …… 235
 6.3.5 制动系统零部件失效检验 …… 237
6.4 案例分析 …… 242
 6.4.1 案例1——制动分泵皮膜失效引发的事故 …… 242
 6.4.2 案例2——【导入案例】解析 …… 248
本章小结 …… 256
思考题 …… 257

第7章 交通事故车辆照明信号装置检验鉴定 …… 258

7.1 车辆照明、信号装置简介 …… 259
 7.1.1 车辆照明装置 …… 260
 7.1.2 车辆信号装置 …… 262
7.2 车辆照明、信号装置技术要求 …… 266
 7.2.1 车辆照明、信号装置基本要求 …… 266
 7.2.2 照明和信号装置的数量、位置、光色和最小几何可见度 …… 266
 7.2.3 照明和信号装置的一般要求 …… 267
 7.2.4 前照灯 …… 268
 7.2.5 喇叭性能要求 …… 269
 7.2.6 车身反光标识的基本要求 …… 269
7.3 交通事故车辆照明、信号装置检验鉴定 …… 280
 7.3.1 交通事故车辆照明、信号装置常规检视 …… 280
 7.3.2 照明装置检验 …… 281

7.3.3 信号装置的检验 … 286
  7.3.4 照明信号装置的
    零部件失效检验 … 289
 7.4 案例分析 … 292
  7.4.1 案例1——后位灯
    有效性检验 … 292
  7.4.2 案例2——反光标识
    问题 … 294
  7.4.3 案例3——后位灯
    几何可见度问题 … 296
 本章小结 … 300
 思考题 … 301

第8章 交通事故车辆安全防护装置检验鉴定 … 302

 8.1 车辆安全防护装置简介 … 303
 8.2 车辆安全防护装置安全
  技术要求 … 308
  8.2.1 预防性安全防护
    装置 … 308
  8.2.2 乘员安全防护
    装置 … 314
  8.2.3 其他安全防护
    装置 … 316
 8.3 交通事故车辆安全防护
  装置检验鉴定 … 318
  8.3.1 预防性安全防护
    装置检验 … 318
  8.3.2 乘员安全防护
    装置检验 … 319
  8.3.3 其他安全防护
    装置检验 … 322

  8.3.4 汽车、挂车侧面防护
    装置检验 … 322
  8.3.5 汽车、挂车后下部防护
    装置检验 … 324
 8.4 案例分析 … 336
  8.4.1 案例1——后下部防护
    装置强度校核 … 336
  8.4.2 案例2——后下部防护
    装置结构参数
    检测 … 339
  8.4.3 案例3——侧面
    防护装置检测 … 340
 本章小结 … 343
 思考题 … 344

第9章 综合案例 … 345

 9.1 交通事故案情资料 … 346
 9.2 交通事故车辆安全技术
  检验鉴定 … 347
  9.2.1 川SGXXXX的三轮车
    检验鉴定方案的
    确定 … 347
  9.2.2 川SGXXXX的三轮车
    相关系统、零部件
    检验 … 347
  9.2.3 川S1XXXX的东风牌
    货车检验鉴定 … 356
  9.2.4 鉴定结论 … 356
 9.3 交通事故成因分析 … 357
 本章小结 … 359
 思考题 … 360

参考文献 … 361

第 1 章　绪　论

本章教学要点

知识要点	掌握程度	相关知识
交通事故的定义	掌握交通事故的定义	交通事故的分类
道路交通事故鉴定技术	掌握交通事故车辆安全技术类鉴定的作用及内容，了解其他类别鉴定的内容	交通事故痕迹物证类、法医类鉴定技术及事故再现技术等
鉴定人与鉴定机构	了解道路交通事故的鉴定人与鉴定机构	交通事故诉讼（司法）鉴定

交通事故车辆安全技术鉴定教程

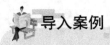

交通事故技术鉴定的重要性和必要性

2008年12月14日17时05分（天气：晴），孙伟铭驾驶牌照号为川A43K66的别克牌SGM7240ATA型轿车，由三环路往龙泉驿方向行驶至成龙路卓锦城路口处（水泥路面）时，发生该车与牌照号为川A9T332的比亚迪牌轿车尾部碰撞之后，又与由龙泉驿往三环路方向行驶的牌照号为川AUZ872、川AK1769、川AVD241的车辆相继发生碰撞的交通事故，事故造成多人伤亡、车辆受损，详情见第1.4节的案例分析。

四川西华机动车司法鉴定所对本案的川A43K66事故车辆（图1.1）的安全技术状况、碰撞接触痕迹和事发的车速进行了鉴定，鉴定结果被法院采信，作为量刑、定罪的依据之一，这充分说明了交通事故技术鉴定的重要性和必要性。

道路交通事故鉴定是交通事故调查的重要组成部分，是针对因道路交通事故而产生的一系列专业问题的技术鉴定，鉴定人利用各学科的专业知识和技术，为交通事故处理及诉讼提供准确、客观、科学的鉴定结论。

图1.1 孙伟铭涉案车辆

本章主要介绍交通事故的定义与分类；交通事故的形式；交通事故鉴定技术；交通事故的鉴定人与鉴定机构；诉讼鉴定和非诉讼鉴定等内容。

1.1 交通事故的定义与分类

交通是指人们或人们借助某种运载手段，通过某种运动转移的方式，实现人或物的空间位置移动的社会活动过程，即各种运输活动的总称。交通主要有铁路、道路、水运、航空等基本方式。交通给人类带来便利、促进国民经济发展的同时，也带来了造成大量人员伤亡和经济损失的交通事故，其中道路交通事故造成的人员伤亡与经济损失在全部交通事故中所占的比例超过80%，远远大于其他交通方式。

1.1.1 交通事故的定义

《中华人民共和国道路交通安全法》对交通事故的定义：交通事故是指车辆在道路上因过错或者意外造成的人身伤亡或者财产损失的事件。交通事故不仅是由特定的人员违反交通管理法规造成的，也可以是由于意外造成的，如地震、台风、山洪、雷击等不可抗拒的自然灾害造成的。一般情况下构成交通事故需要具备以下六个基本要素。

(1) 道路。道路是构成交通和交通事故的空间条件，没有道路就谈不上交通事故，《中华人民共和国道路交通安全法》规定"道路，是指公路、城市道路和虽在单位管辖范围但允许社会机动车通行的地方，包括广场、公共停车场等用于公众通行的场所。"这里确指的是公用的道路，不包括厂区、校园、矿区、庭院的道路。

(2) 车辆。车辆是造成交通事故的重要条件。如果造成损害的各当事人中任何一方都未驾驶车辆，比如行人与行人相撞就不能叫做交通事故。车辆是《中华人民共和国道路交通安全法》规定的机动车和非机动车。

(3) 在运行中。根据交通事故的定义，车辆必须是在运行过程中车辆间发生碰撞或车辆与行人、固定物等发生碰撞，才能称为交通事故。如果行人碰撞处于停止状态的车辆、乘车人从静止的车上跳下造成伤害就不能称之为交通事故。

(4) 发生状态。即发生有碰撞、碾压、翻车、坠车、爆炸、失火等其中一种或一种以上现象。如果未发生上述事态，而是由于行人或者旅客其他原因（如心脏病发作）而造成的死亡，则不属于交通事故。

(5) 造成事态的原因是人为或自然灾害引发的。指发生事态是由于事故当事者（肇事者）的违章或过错行为（与该起事故有必然因果关系的违章与过错或意外）或自然灾害所致。

【小提示】

由自然灾害所致车辆发生碰撞、碾压、翻车、坠车、爆炸、失火等其中一种或一种以上现象，也属于交通事故。在《道路交通安全法》出台之前，自然灾害所致车辆发生以上状态，不属于交通事故。

(6) 有后果。即要有人、畜伤亡或车、物损坏的后果，没有损害后果不能称之为交通事故，但又不是所有的有损害结果的事件都是交通事故。故意用车撞人制造车祸的就不能作为交通事故处理，而属于故意犯罪行为。

以上 6 个基本要素和一定的违法行为可作为鉴别是否属于交通事故的依据。

1.1.2 交通事故的分类

交通事故分类可以根据交通事故的行政处理、交通事故主要负责者、第一当事者产生事故的内在原因、交通事故的对象、违反交通事故法规的对象，以及交通事故发生的地点来分类。

1. 按交通事故后果分类

按交通事故后果分类，可以把交通事故分为以下四类。

1) 轻微事故

指一次交通事故造成轻伤 1～2 人；或直接经济损失、机动车事故损失折款在 200 元以下，非机动车事故折款在 100 元以下的。

2) 一般事故

指一次交通事故造成重伤 1～2 人；或轻伤 3 人及 3 人以上；或直接经济损失折款在 30000 元以下的。

3) 重大事故

指一次交通事故造成死亡 1～2 人；或重伤 3～10 人；或直接经济损失折款在 30000～60000 元；或虽未造成人员伤亡，但危及首长、外宾、知名人士的安全，政治影响很坏的。

4) 特大事故

指一次交通事故造成死亡 3 人或 3 人以上；或重伤 11 人以上；或死亡 1 人，同时重伤 8 人以上或死亡 2 人，同时重伤 5 人以上；或者直接经济损失折款在 60000 元以上的事故。

阅读材料 1-1

图 1.2 为南江特大交通事故现场。2008 年 9 月 13 日 13 时 25 分（天气：晴），牌照号为川 Y08668 的 ZK6118HB 大型普通客车由南江县南江镇往南江县光雾山镇方向行驶至 S101 线 525km＋300m 处（干燥水泥路面）时，发生该车碰撞护栏后从悬崖坠落山谷的交通事故，事故造成车上驾乘人员共 51 人全部死亡，车辆严重损毁。

图 1.2 南江特大交通事故现场

2. 按交通事故第一当事人或主要负责者的内在原因分类

按交通事故第一当事人或主要负责者的内在原因可以把交通事故为3类，即由于交通事故第一当事者或主要负责者的观察错误、判断错误以及操作错误所引起的交通事故。

1）观察错误

观察错误是由于当事人心里或生理方面的原因，对外界环境的客观情况没有正确的观察或由于道路条件不好，交通标志不清，以及由于交叉路口区域太大等引起的观察错误。

2）判断错误

判断错误包括对对方车辆的运动、对道路的形状和线型、对对方车辆的速度以及自己车辆与对方车辆之间的距离判断错误，或过分相信自己的技术以至于对自己车辆的性能和速度估计判断失误。交通事态判断过程常发生在极短的时间内（一般为0.1s级）。根据国外的统计资料，由于判断错误而引起的交通事故占总数的30%～35%。

3）操作错误

操作错误主要是指技术不熟练，特别是新驾驶员，由于对车辆和道路不甚熟悉，遇到紧急情况时不能应对自如，容易出现慌乱，发生操作错误而引起交通事故。此外，由于车辆本身机械故障（如制动失灵），更容易导致驾驶员操作错误。

3. 按交通事故的对象分类

按交通事故的对象可以把交通事故分为以下六类。

1）车辆间事故

即车辆与车辆之间发生挂擦、碰撞等而引起的事故。

2）车辆与行人的交通事故

主要是由于机动车闯入人行道而发生的轧死、轧伤行人以及行人横穿道路时被机动车轧死、撞伤等交通事故。图1.3所示为四川省什邡市2009.12.4车辆与行人的特大交通事故现场。驾驶员醉酒驾车，连撞8人，4人当场死亡。

3）机动车辆与自行车、电动自行车间的交通事故

由于我国公路交通主要是混合

图1.3 车辆与行人的交通事故

交通，因而机动车辆与自行车、电动自行车间事故特别多，约占交通事故总数的23%～40%。

4）车辆单元事故

包括车辆在下坡时由于行驶速度太快，车辆左、右转弯或掉头时所发生的翻车事故，以及在桥上因大雾天气或因机械失灵而产生的机动车坠车的事故等。

5）车辆与固定物碰撞事故

这里所指的固定物，包括道路上的作业结构物，路肩上的水泥杆（灯杆、交通标志等）、建筑物、护栏以及路旁的树木等。

6）铁路岔口交通事故

这类事故在我国比较严重，主要是公路和铁路平面交叉造成的。

4. 按违反交通法规的对象来分类

按违反交通法规的对象可以分为以下三类：

1）机动车驾驶人员事故

机动车驾驶人员事故是指机动车驾驶人员违反交通安全法而发生的事故，包括违反安全驾驶规程、违反限制车速的规定（如超速行驶等）、强行超车、逆行、通过交叉口不减速、左（右）转弯以及掉头不适当、违反停车或临时停车规定、违反优先通行的原则、路口闯红灯、与前车未保持安全间距、装载不适当、酒后驾车、疲劳驾驶、违反铁路岔口通行规定等所造成的交通事故。

2）骑自行车人交通事故

这类事故在我国比较突出。骑自行车人违反交通法规，包括在快车道上骑车、逆行、骑快车；左右转弯时无视来往机动车而猛拐；在交叉路口闯红灯；双手或一只手离开车把骑车；车闸失效；雨天骑车失控；骑车带人；在人行道上骑车以及载物不适当等。虽然说是骑自行车人的交通事故，但一般还是与机动车发生碰撞或被机动车轧死、轧伤引起。

近年来，电动自行车在我国快速发展，在很多城市，电动自行车交通事故发生率居各类交通事故首位，电动自行车的规范管理迫在眉睫。

3）行人交通事故

行人交通事故是由于行人过失或违反交通安全法规而发生的交通事故。行人违反交通法规，包括无视交通信号；不走人行道，而在快车道或慢车道上行走；随意横穿公路、斜穿公路；在停车位前后横过马路；儿童在街上玩耍；行人在公路上作业或行走时注意力不集中等。

5. 按交通事故发生地点分类

交通事故发生地点一般是指某一级道路、城市或郊区以及城市或乡村道路3

种。在我国，道路分为高速公路、一级公路、二级公路、三级公路和四级公路 5 个等级，也可分为公路与街道，前者是指郊区和乡村道路，后者是指城市道路，另外还可以按在交叉路口和路段所发生的交通事故来分类。

1.1.3 交通事故的形式

道路交通事故的形式，即道路交通事故参与者之间发生冲突或自身失控肇事所表现出来的具体形态。一般可分为碰撞、碾压、刮擦、翻车、坠车、爆炸和失火 7 种。

(1) 碰撞。碰撞是指交通强者(相对而言)的正面部分与他方接触，或同类车正面部分相互接触。碰撞主要发生在机动车之间、机动车和非机动车之间、机动车与行人之间、非机动车之间、非机动车与行人之间以及车辆与其他物体之间。根据碰撞时的运动形态，机动车之间的碰撞可分为正面碰撞、侧面碰撞、追尾碰撞等。

(2) 碾压。碾压是指作为交通强者的机动车对较弱者如自行车和行人的推碾或压过。虽然在碾压前，大部分已发生碰撞，但习惯上一般都称为碾压。

(3) 刮擦。刮擦是指交通强者的侧面部分与他方接触，造成自身或他方损坏。刮擦主要表现为车刮车、车刮人、车刮物。

(4) 翻车。翻车是指车辆车轮部分或整车全部悬空、车身着地的现象，通常是车辆未发生其他事态而造成的翻车。翻车一般分为侧翻和滚翻两种，车辆的一侧轮胎离开地面称为侧翻，所有的车轮都离开地面称为滚翻。为准确地描述翻车过程和最后静止状态，也可用 90°、120°、270°、360°、720°翻车等概念。

(5) 坠车。坠车通常指车辆跌倒在与路面有一定高度差的路外，如坠落桥下、坠入山涧等。图 1.4 为 2010 年 8 月 7 日发生在四川洪雅县的坠车事故，事故造成 17 人死亡；图 1.5 为深圳的一长途客车发生的坠车事故。

图 1.4　洪雅坠车事故车

图 1.5　深圳一长途客车发生坠车事故

(6) 爆炸。爆炸是指因将爆炸物品带入车内，在行驶过程中由于振动等原因引起爆炸而造成事故。

若无违章行为，则不算是交通事故。

(7) 失火。失火是指车辆在行驶过程中未发生违章行为，而是由于某种人为或技术原因而引起的火灾。常见的原因有乘员使用明火，违章直接供油，发动机回火，电路系统短路、老化漏电，制动系统的制动摩擦片与制动鼓、制动盘发咬产生高温积聚而引起的失火等。

阅读材料1-2

京港澳高速"7·22"特大道路交通事故

2011年7月22日凌晨3时43分，鲁K08596号宇通牌大型卧铺客车(核载35人，实载47人)，行驶至河南省信阳市境内京港澳高速公路938公里加115米处时，因车厢内违法装载的易燃危险化学品突然发生爆燃，大客车起火燃烧，大客车继续前行145米至京港澳高速公路938公里加260米处停车(图1.6)，该失火事故造成41人死亡，6人受伤。

图1.6 京港澳高速"7·22"特大道路交通事故

这起事故一方面反映了乘客的安全意识薄弱，另一方面也暴露了交通运输管理方面存在的严重问题。

1.2 交通事故鉴定技术

1.2.1 概述

随着我国经济的高速发展，汽车保有量大幅度增加，交通事故数量也一直居高不下。大量的交通事故一方面带来了巨大的财产损失，另一方面，交通事故是否公正、客观、科学地得到处理已经成为社会关注的焦点。为此，2003年10月

28日，十届全国人大常委会第五次会议审议通过了《中华人民共和国道路交通安全法》。这是我国第一部全面规范道路交通活动参与人权利义务关系的基本法律，它同时也为事故鉴定提供了法律上的说明和保障。

交通系统是由人、车、路、环境构成的动态系统，交通事故是系统运行结果的一种外在表现(图1.7)，系统本身的特点决定了交通事故的复杂性、多样性，涉及多学科的知识。针对交通事故的这一特点，《道路交通安全法》也做出规定，要求对专业性较强的检验，公安机关交通管理部门应当委托专门机构进行鉴定；公安机关交通管理部门应当根据交通事故现场勘验、检查、调查情况和有关检验、鉴定结论，及时制作交通事故认定书，作为交通事故处理的证据。

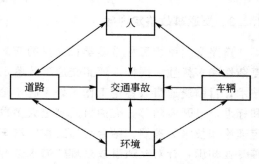

图1.7 道路交通事故与影响因素的关系

1.2.2 交通事故鉴定需求

《道路交通安全法》颁布实施后，交通事故处理模式也发生了一些新的变化。首先，将交通事故定义为车辆在道路上因过失或者意外造成人身伤亡或财产损失的事件，该定义扩大了交通事故的范围，交通事故由过失造成的扩大到包括意外造成的。其次，对交管部门的法定职责进行了新的规定，增加了对交通事故成因分析的工作内容。成因分析的原则是充分发挥科学技术的作用，正确引用有关的法律、法规，根据客观事实对事故成因进行综合分析。法规的引入也要求道路交通事故处理的方式、方法进行改革和创新。

道路交通事故鉴定是交通事故调查的重要组成部分，是针对因道路交通事故而产生的一系列专业问题的技术鉴定，利用各学科的专业知识和技术，为交通事故处理及民事赔偿提供准确、客观、科学的判断依据。根据对事故发生的不同阶段，可以将目前的鉴定需求分为：事发前的事故原因分析，事发过程中的碰撞形态及运动过程分析，以及对事后的后果进行核实和评定。

事故成因分析的目的是探寻交通系统各要素与事故之间的因果关系，以及在交通事故中的作用。其结果可以为确定事故性质、事故认定、责任划分、安全教育、安全改善提供依据。目前主要鉴定内容有：驾驶员血液中酒精含量检验、车辆技术状况与事故关系鉴定、事故车辆起火原因分析等。

事故再现的目的是对事故发生时的碰撞形态、交通参与者的交通行为方式及碰撞过程中各参与要素的运动过程进行描述。事故再现的结果可以辅助完成事故成因、致死(伤)方式分析，也可以为事故认定、责任划分提供技术依据。目前主要鉴定内容有：事故当事人交通行为方式鉴定、碰撞痕迹鉴定、碰撞位置鉴定、碰撞速度鉴定、当事人致死（伤）方式鉴定、事故车辆运动过程分析等。

事后核查及评定是通过对事故受伤人员轻重伤鉴定、伤残等级评定和车物损失进行评估，为交通事故肇事人量刑、受害人民事赔偿提供依据。目前主要鉴定内容有：事故受伤人员伤势鉴定、事故当事人伤残等级评定、事故物损评估等。

1.2.3 交通事故鉴定内容

道路交通系统工程是多学科支撑的交叉性边缘学科，这就决定了交通事故的复杂性和多样性。同样，道路交通事故鉴定工作亦需要多学科的背景知识和检测技术，目前交通事故鉴定工作正处于起步阶段，还没有形成一整套成熟技术体系和标准，已开展的部分交通事故鉴定大多数是以痕迹物证学、法医学等成熟的鉴定理论和技术为参照，结合交通工程、汽车工程、车辆检测技术、力学、运动学等专业知识，针对交通事故处理的需求进行探索性的技术鉴定。根据现有的成熟鉴定技术，大致可以将道路交通事故的技术鉴定内容分为以下四类。

1. 痕迹物证类

交通事故痕迹是指由于当事方的行为活动所引起的交通事故现场一切物质形态的变化。在交通事故中，发生过接触的车与车之间、车与道路设施之间或车与人体之间都存在相互作用，并会在接触面上形成某些表现形式的痕迹。具体表现为结构变形（凹陷、弯折、扭曲、断裂）、刮擦、整体分离和表面物质交换。

交通事故物证，是指交通事故处理人员依法收集、获取的能够证明交通事故真实情况的物质、物品和痕迹，交通事故痕迹物证鉴定技术是物证鉴定技术学的一个分支。传统的物证技术主要是针对刑事物证检验的内容，其中包括手印、足迹、工具和枪弹痕迹，很少涉及交通事故的车辆轮胎痕迹、车体、人体和路面痕迹，另外车辆在碰撞运动中形成动态痕迹特征，在一般物证检验中也是一个空白，而这些事故痕迹往往能够说明车辆的运动速度、方向、接触点等，从而起到描述事故形态的证据作用。因此，交通事故物证鉴定技术不同于一般的物证技术，有其自己的研究内容和研究对象。同时它又是物证技术学的一个组成部分，属于它的一个应用分支，可以利用物证技术学的基本理论和方法指导交通事故物证鉴定技术的整体研究。

交通事故痕迹物证同其他物证一样，来源广泛、种类繁多。按照痕迹的存在的载体不同，交通事故痕迹可分为人体体表痕迹、衣着痕迹、车体痕迹、路面痕迹、固定物痕迹、附着物、散落物等。通过交通事故痕迹检验与鉴定可以解决以下问题。

（1）通过痕迹检验，确认肇事车辆之间、车辆与人体、车辆与路侧设施的接触部位，为事故形态鉴定提供依据。图 1.8、图 1.9 为交通事故痕迹勘查。

图 1.8　交通事故现场痕迹勘查

图 1.9　失火车车内痕迹勘查

（2）通过对事故涉嫌车辆、人员及指认现场的痕迹进行勘验，确定是否构成车辆、人体、道路设施间的接触和是否存在其他肇事车辆。

（3）路权是目前交警部门进行责任判定的一个重要标准，通过对事故现场的地面痕迹和散落物等痕迹物证可以推断或计算出碰撞的空间位置，为事故处理提供依据。

（4）针对交通逃逸案件，可通过事故现场勘察和涉嫌肇事车辆痕迹检验，为侦破逃逸事故和鉴别肇事车辆提供依据。

（5）针对涉嫌利用伪造交通事故现场，骗取保险的案件，可通过事故现场勘察和肇事车辆痕迹检验，可以对事故的真实性进行鉴定。

2. 法医类

交通事故的法医学鉴定是应用法医学的理论和技术解决交通事故中有关人员伤亡的检验和鉴定的科学。交通事故中人员伤亡，必须由法医对死者或伤者进行检验、鉴定，为事故性质的认定、现场再现、民事赔偿、肇事者量刑提供客观和科学的证明。

根据事故处理工作的需要和司法诉讼的要求，交通事故的法医学检验和鉴定主要内容如下。

（1）法医病理鉴定。鉴定项目主要包括体表检验、尸体解剖检验、组织学检验、致伤方式（撞击、碾压、摔跌、拖擦）及死因鉴定。

（2）法医临床鉴定。鉴定项目主要包括轻重伤鉴定、伤残等级评定、三期鉴定。

（3）法医物证检验。鉴定项目主要解决个体识别，如确定交通肇事逃逸车辆以及事故时乘员位置。

（4）法医毒化检验。鉴定项目主要是血液中酒精含量检测，及对涉案人员是否服用国家管制的精神类药品或麻醉药品进行鉴定。

目前,针对交通事故的法医类鉴定可以解决以下问题:

(1) 为确定案件性质提供依据。发生在道路上的事件大多是属于交通事故,但也有可能是刑事案件。这就需要根据现场勘查、车辆检验、人体损伤检验、当事人生理、精神状态鉴定,结合死亡原因及致伤方式,确定案件性质。

(2) 通过对交通事故现场发现的机体组织、毛发、血液、血迹等生物性检材进行检验和鉴定,对被鉴定的客体做出同一性认定。认定交通事故肇事车辆,并可以结合车辆在碰撞过程中的运动过程,判断有关痕迹、物证、损伤等形成的过程和原因,及事故发生前当事人所处的位置、交通参与方式。

(3) 确定交通事故损伤与疾病的关系,死亡与疾病的关系,损伤、疾病与伤残的关系,死亡方式和直接死亡原因。为公正、合理地划分交通事故伤亡的民事赔偿提供依据。

(4) 对因交通事故而引起的当事人损伤情况进行伤残评定,为交通事故损伤案件的民事赔偿提供客观依据。

(5) 对交通事故当事人,因交通事故而引起的休息(误工)时限、护理时限、营养时限进行法医学鉴定,为交通事故损伤案件的民事赔偿提供客观依据。

3. 车辆安全技术状况类

交通事故各方当事人中,须至少有一方使用车辆(包括机动车和非机动车)。车辆是构成交通事故的前提条件,无车辆参与的事故则不能认为是交通事故。车辆作为交通事故的构成要素,其安全技术状况与事故之间存在着一定的因果关系。事故发生后,事故车辆往往会因碰撞中产生的巨大冲击力而发生车体变形和功能损坏;存在事故车辆在事故发生前就已经达不到正常使用标准要求或存在安全隐患而导致事故发生的可能性;同时,也存在车辆安全系统及部件因突发性机械故障而引发交通事故的可能性。因此,在进行事故调查工作中有必要对肇事车辆安全技术状况及与事故之间的关系进行鉴定,做出公正、合理的判断。

事故车辆安全技术鉴定有以下的作用。

(1) 为道路交通事故处理中的责任认定或法律诉讼中的判决提供证据。

(2) 通过对车辆技术鉴定诸结果的分析、研究,找出案发规律,向相关主管部门提出整改意见或方案,为搞好交通事故的预防提供依据。

(3) 对一些具有规律性的整车或零、部件制造缺陷,维修缺陷向相关管理部门或对应企业提供质量信息,以利其质量改进。

(4) 同时,对车辆损毁情况的核实也为民事赔偿提供依据。

根据事故处理和交通事故案件审理工作的需要,目前开展的交通事故车辆检验及鉴定项目主要可以解决以下问题:

(1) 车辆属性鉴定。根据发动机工作容积、动力装置功率及车辆相关特征对机动车的车辆属性(轻便摩托车、摩托车或非机动车)进行认定、根据机动车的定义，对车辆的机动车、非机动车的属性进行认定，为交通事当事人准驾车型的确定及事故责任认定提供依据。

(2) 车损评估。对事故车辆损毁程度进行检验及修缮费用估算，为民事赔偿提供依据。

(3) 车辆安全技术状况检验。根据相关车辆及部件标准，对事故车辆的安全设施、安全性能进行检验。目前检验的内容包括：安全气囊、安全带、车辆制动性能、车辆转向功能、后视镜、照明、信号、轮胎等安全装置。

(4) 车辆安全技术状况与事故关系的鉴定。根据事故车辆安全技术状况的检验结果，结合事故现场、碰撞部位、车辆运动过程、碰撞速度综合分析事故车辆安全技术状况与事故发生的因果关系。确定事故车辆安全系统及部件的损坏或失效是在事故前还是在事故后形成的，对于在事故前已经形成的损坏或失效应判断其是固有存在还是突发产生，明确事故性质(是过错还是意外)。为事故成因分析及责任认定提供依据。

(5) 车辆起火原因鉴定。找出起火原因，为车损理赔和事故原因分析提供依据。图1.10为成都2009.6.5公交车失火鉴定现场。

图1.10　成都6.5公交车失火鉴定现场

【知识要点提示】

失火是指车辆在行驶过程中未发生违章行为，而是由于某种人为或技术原因而引起的火灾。人为故意纵火，导致车辆燃烧事故，不属于交通事故。

(6) 车速的鉴定。车速是进行责任认定的一个重要参数。

为了保证机动车运行安全，我国颁布GB 7258—2004《机动车运行安全技术条件》，标准中规定任何厂家生产的新车及在用车辆都必须符合该条件的规定。《道路交通安全法》第十条规定：准予登记的机动车应当符合机动车国家安全技术标准；第十三条规定：对登记后上道路行驶的机动车，应当依照法律、行政法规的规定，根据车辆用途、载客载货数量、使用年限等不同情况，定期进行安全技术检验。在道路上行驶的机动车辆必须符合国家标准《机动车运行安全技术条件》的规定，保障车辆运行时的安全。无论是初次领取机动车号牌的出厂新车或是在用车辆的年度检验都必须执行 GB 7258—2004 标准。同样，这一标准也是事故车辆运行安全技术条件检验的重要依据，它对事故车检验工作具有指导作用。

4. 事故再现技术

事故再现是进行事故成因分析及运动形态分析的主要方法之一，用来解释说明事故发生的整个过程或其中某一时段的过程。主要分为事故的现场再现、过程再现、碰撞点再现、碰撞形态再现。

事故再现主要是基于事故的各种信息，如当事人及证人笔录、碰后现场位置关系、车体痕迹、体表损伤及衣着痕迹、路面痕迹、监控录像、行车记录装置等，运用车辆工程、交通工程、力学、运动学、驾驶行为相关的数学与物理原理，对事故发生的过程进行理论推演与印证。针对事故处理需求，对事故碰撞形态和发生过程进行定量描述。

动力学是用于定量描述事故过程的主要基础理论，其中又以动量守恒和能量守恒为主，前者以碰撞前的动量总和与碰撞后的动量总和相等为基础，在车辆的质量为已知条件的情况下，考虑其行驶方向与碰撞后相关位置，借以推导碰撞前后车速的变化及碰撞角度；后者是根据事故发生后车辆位移、损毁程度、碰撞后势能的变化，计算碰撞前、后车速的变化及碰撞角度。

对于每一起道路交通事故，其所需进行再现的内容不尽相同，一般事故再现可以解决以下问题。

(1) 还原事故现场位置关系；

(2) 事故发生前车辆的行驶方向；

(3) 涉案相关人、车在事故发生前的位置；

(4) 事故过程中人、车的运动过程；

(5) 事故不同阶段的车速；

(6) 碰撞的空间位置。

事故再现研究属于交通安全研究的微观领域，是一个技术性和理论性都很强的重要课题。完整的事故再现能够确定造成碰撞以及人员伤亡的各种物理因素。包括事前因素，如车辆行驶路线、速度、方向及路面接触点。另外也包括事后因素，如车辆、车辆部件以及人员的最后停止地点、制动痕迹等。这些经过鉴定得到的物理因素可以作为交通事故处理的证据，为事故的责任认定提供依据。

1.2.4 小结

道路交通事故数量以及因交通事故死伤的人数在不断增加,道路交通事故带来的社会压力也不断增大,交通警察需要对事故的责任进行划分,责任各方也需要对事故的损害赔偿进行协商或诉讼。同时,随着我国民主法制建设稳步推进,法律法规的不断完善,人民法律意识的不断增强,社会对道路交通事故专业鉴定的需求在不断增大。但是,目前某些交通事故鉴定内容还没有被纳入我国司法鉴定的范围内,同时也缺乏相关的鉴定技术标准。面临巨大的社会需求,各地方、各部门积极开展探索道路交通事故技术鉴定的工作,也制定了相应的技术指南和行业标准,如《典型交通事故形态车辆行驶速度技术鉴定》、《交通事故受伤人员伤残评定》、《交通事故痕迹物证勘验》、《交通事故车辆安全技术检验鉴定》等。

但系统的道路交通事故技术鉴定刚刚开始,国内尚缺乏对这方面的科研投入和资金支持。而且,采用的技术和手段尚不完善,在技术上还存在很多"真空地带"或不成熟的理论及方法,还有待进一步深入研究。

1.3 交通事故的鉴定人与鉴定机构

1.3.1 交通事故鉴定机构

道路交通事故车辆的鉴定机构,必须是公安机关交通管理部门依法委托或者当事人委托的具有交通事故鉴定条件与资质的鉴定机构,其鉴定的结论才能作为证据。

从事道路交通事故鉴定必须是由国家正式授权专门从事车辆鉴定的机构,具备资格的检验、鉴定、评估机构应当向省级人民政府公安机关交通管理部门备案,公安机关交通管理部门可以向当事人介绍符合条件的检验、鉴定、评估机构,由当事人自行选择。

道路交通事故的车辆鉴定机构一般分为司法鉴定机构和非司法鉴定机构两类。

1.3.2 交通事故司法鉴定

1. 司法鉴定机构

1) 司法鉴定的概念

司法鉴定是指在诉讼活动中鉴定人运用科学技术或者专门知识对诉讼涉及的

专门性问题进行鉴别和判断并提供鉴定意见的活动。

2）司法鉴定的特征

（1）司法鉴定的程序需遵守诉讼法的规定。司法鉴定是在诉讼过程中为查明有关事实而进行的一项活动。刑事诉讼法、民事诉讼法、行政诉讼法中对各个诉讼阶段鉴定的提起、聘请作出了原则的规定。公安部根据《中华人民共和国道路交通安全法实施条例》（国务院2004年4月30日公布）制定的《交通事故处理程序规定》（70号令）中对交通事故处理中的检验、鉴定作出了明确规定，司法鉴定合这些规定。

（2）鉴定的对象是案件中的专门性问题。在证明某一事实的过程中，人们有时会遇到以常识无法解释事故发生的原因、痕迹是否为某一特定的物体所留、文书的真伪等问题。这就需要委托具有专门知识的人根据有关材料进行材料所能证明的事实，并针对所要解决的问题提供结论性意见。刑事诉讼法、民事诉讼法和行政诉讼中均有诉讼过程中遇有专门性问题需要鉴定的规定。

3）司法鉴定机构的有关规定

司法鉴定机构是指接受司法机关、仲裁机构和其他组织或当事人的委托，有偿提供司法鉴定服务的组织。司法鉴定机构是司法鉴定人的执业机构。司法鉴定机构统一接受委托，依法收取费用。

司法鉴定机构应当具备《全国人民代表大会常务委员会关于司法鉴定管理问题的决定》规定的条件，经司法行政机关核准登记，取得司法鉴定许可证，方可从事面向社会服务的司法鉴定活动。

司法行政机关是面向社会服务的司法鉴定工作的行业主管机关，对司法鉴定机构及其鉴定活动进行指导和监督。省、自治区、直辖市以上人民政府司法行政机关是司法鉴定机构的登记管理机关（以下简称登记管理机关）负责司法鉴定机构的设立登记、变更登记、注销登记，履行对司法鉴定机构实施年度检验，行政处罚等职责。未经登记管理机关核准登记，任何单位不得从事面向社会服务的司法鉴定活动。

司法鉴定机构依法独立进行司法鉴定工作，不受任何组织或个人的非法干涉。司法鉴定机构不得超越其被核准的鉴定业务范围从事鉴定活动。

司法鉴定机构按照法律、法规、规章和机构章程组织司法鉴定人开展业务工作，对于因违法、违纪不适宜继续执业的司法鉴定人，予以解聘或除名。

根据全国人民代表大会常务委员会关于司法鉴定管理问题的决定，国务院司法行政部门主管全国鉴定人和鉴定机构的登记管理工作。省级人民政府司法行政部门依照本决定的规定，负责对鉴定人和鉴定机构的登记、名册编制和公告。

法人或者其他组织申请从事司法鉴定业务的，应当具备下列条件。

（1）有明确的业务范围；
（2）有在业务范围内进行司法鉴定所必需的仪器、设备；
（3）有在业务范围内进行司法鉴定所必需的依法通过计量认证或者实验室认可的检测实验室；
（4）每项司法鉴定业务有三名以上鉴定人。

申请从事司法鉴定业务的个人、法人或者其他组织，由省级人民政府司法行政部门审核，对符合条件的予以登记，编入鉴定人和鉴定机构名册并公告。省级人民政府司法行政部门应当根据鉴定人或者鉴定机构的增加和撤销登记情况，定期更新所编制的鉴定人和鉴定机构名册并公告。

侦察机关根据侦查工作的需要设立的鉴定机构，不得面向社会接受委托从事司法鉴定业务，人民法院和司法行政部门不得设立鉴定机构。

各鉴定机构之间没有隶属关系；鉴定机构接受委托从事司法鉴定业务，不受地域范围的限制。

2. 司法鉴定人

司法鉴定人是指取得司法鉴定人职业资格证书和执业证书，在司法鉴定机构中执业，运用专门知识或技能对诉讼、仲裁等活动中涉及的专门性技术问题进行科学鉴别和判定的专业技术人员。我国的司法鉴定实行鉴定人负责制。

鉴定的主体是具有鉴定资格的自然人。

鉴定是由实际进行鉴定活动的人根据自己的认识对事物作出判断的过程，完成鉴定工作并能够从根本上对鉴定结论所认定事实是否符合客观实在产生影响的，只能是有专门知识的自然人。鉴定机构所起的作用，实际上是提供了一些必要的条件以及保证了鉴定在程序上的合法性。鉴定人应对自己所作的鉴定和鉴定结论负责。

具备下列条件之一的人员，可以申请登记从事司法鉴定业务。
（1）具有与所申请从事的司法鉴定业务相关的高级专业技术职称；
（2）具有与所申请从事的司法鉴定业务相关的专业执业资格或者高等院校相关专业本科以上学历，从事相关工作五年以上；
（3）具有与所申请从事的司法鉴定业务相关工作十年以上经历，具有较强的专业技能。

因故意犯罪或者职务过失犯罪受过刑事处罚的，受过开除公职处分的，以及被撤销鉴定人登记的人员，不得从事司法鉴定业务。

鉴定人应当在一个鉴定机构中从事司法鉴定业务。鉴定人和鉴定机构应当在鉴定人和鉴定机构名册注明的业务范围内从事司法鉴定业务。

3. 司法鉴定的性质

司法鉴定的性质属于以科学技术手段核实证据的诉讼活动。

进行鉴定时需要在鉴定对象的分析研究的基础上，对发现的现象及其所能说明的事实作出判断，很多情况下，鉴定是针对成为物证、书证、音像证据材料进行的。这些证据材料具有的特征与待证事实有关，可以起到证明的作用，但由于一般人们认识水平的限制，当涉及专门问题时，不能充分发现或理解证据材料与待证事实的联系。需要具有专门知识的人通过鉴定作出结论，揭示这些证据材料与待证事实的联系以及能够证明的问题。

勘验笔录也可以成为鉴定依据的材料。鉴定人通过勘验笔录记载的多种实物性证据存在的状况及相互关系的分析研究，可以对有关事实的发生、发展的过程作出自己的判断，并出具根据自己的认识得出的结论性意见（这在道路交通事故车辆技术鉴定工作中是十分重要的）。鉴定解决的是事实（证据）问题，而非法律问题。对交通事故的鉴定不涉及事故责任的认定。

4. 司法鉴定结论是一种法定的证据

我国刑事、民事和行政诉讼法中均将鉴定结论规定为一种独立形式的证据，鉴定结论以书面的形式出现。

鉴定结论与当事人陈述、证人证言、勘验笔录等证据都是人对事物认识的结果，都属于人证的范畴，但在与待证事实的关系上存在根本的区别。当事人陈述和证人证言是当事人或证人就其自身直接对待证事实的感知情况所作的陈述，具有不可代替性。鉴定结论不是鉴定人根据自身对待证事实的直接感知所作的说明，而是鉴定人根据为鉴定提供的材料、资料对与案件有关的某些专门性问题进行鉴别和判断后所作的结论，是一种有科学根据的意见，具有可代替性。在勘验活动中也需要具有专门知识的人参加，但勘验笔录是勘验人员（包括参加勘验的具有专门知识的人）对勘验活动中发现的情况的客观记载，不含主观分析成分。鉴定结论则不仅是发现的事物的有关现象、特征，而且要根据发现的现象、特征综合分析，揭示有关现象与特征事实的关系。

5. 司法鉴定程序

参见本章的阅读材料1-1。

1.3.3 交通事故的非司法（诉讼）鉴定

1. 交通事故的非诉讼鉴定

目前部分交通事故鉴定内容还没有纳入我国司法鉴定的范围，如果鉴定的结论，并非用于诉讼活动，仅用于交警对事故责任的认定（行政执法）等，那么道路交通事故的鉴定工作可以由具有资质的鉴定机构和鉴定人进行非诉讼鉴定即可。但是，道路交通事故的车辆技术鉴定机构同样必须是由国家正式授权专门从事车辆技术鉴定的机构，并在省级人民政府公安机关交通管理部门备案，受公安机关交通管理部门依法委托或者当事人委托，其鉴定的结论才能作为证据。

2. 交通事故的非诉讼鉴定机构

交通事故车辆技术鉴定主要涉及汽车的质量检验以及汽车安全技术性能检验等，在我国现阶段，根据国家法律法规规定，汽车作为一种消费产品，其质量检验与鉴定是质量技术监督部门的职能。因此道路交通事故非司法鉴定主要包括由省级及以上质量技术监督部门或者其授权的产品质量检验机构和鉴定单位（如汽车质量检验鉴定机构、检测站等），是一种相对中立的机构，对交通事故原因从技术上进行论证和鉴定。但不包括附属于公检法系统和保险行业的检测鉴定机构。

3. 交通事故的非诉讼鉴定人

道路交通事故的非诉讼鉴定人是运用专门知识或技能对非诉讼活动中涉及的专门性技术问题进行科学鉴别和判定的专业技术人员。非诉讼鉴定人主要包括取得职业资格证书的鉴定人、行业或学科领域方面的专家等，鉴定的主体是自然人。

4. 交通事故诉讼（司法）鉴定和非诉讼鉴定的异同

道路交通事故非诉讼活动中的鉴定和诉讼（司法）鉴定有很多相同点。主要表现在鉴定的对象都是案件中涉及的专门性问题，都需要聘请或委托具有资质的鉴定机构的有专门知识的鉴定人对专门性的问题进行分析判断，采用的技术方法也是相同的。

道路交通事故非诉讼活动中的鉴定和诉讼（司法）鉴定的区别主要在于非诉讼鉴定和诉讼（司法）鉴定遵守的法律规范不同，诉讼（司法）鉴定的程序必须遵守诉讼法的规定，在行政执法过程中需要鉴定时应遵守相应的行政法规的规定，而非诉讼法的规定。进行诉讼（司法）鉴定的鉴定机构和鉴定人一般要求具有司法鉴定资质。

如公安部《交通事故处理程序规定》（第五章第四节 检验、鉴定）第三十九条规定："公安机关交通管理部门对当事人的生理、精神状况、人体损伤、实体、车辆及行驶速度、痕迹、物品以及现场的道路状况等需要进行检验、鉴定的，应当在勘验现场起五日内指派或委托专业技术人员、具备资格的鉴定机构进行检验、鉴定。检验、鉴定应当在二十日内完成；需要延期的，经设区的市公安机关交通管理部门批准可以延长十日。检验、鉴定周期超过时限的，须报经省级人民政府公安机关交通管理部门批准"。检验或鉴定应当作出说明结论。根据鉴定结论的用途不同，交通事故鉴定可以是诉讼鉴定，也可以是非诉讼鉴定。

知识链接

交通事故鉴定、交通事故车辆安全技术鉴定和交通事故司法鉴定

交通事故鉴定不仅涉及机动车的安全技术状况，还包括痕迹物证勘验、车速测算、事故成因、事故再现、车辆属性、驾驶员素质和状态、法医伤残鉴定以及道路条件核载质量、车辆起火原因鉴定等等；交通事故车辆安全技术鉴定是交通事故鉴定的部分内容；交通事故司法鉴定可以包括交通事故鉴定的全部或部分项目，本书主要研究交通事故车辆安全技术鉴定。

1.4 案例分析

2009 年 9 月 8 日上午，四川省高级人民法院对孙伟铭以危险方法危害公共安全罪一案公开宣判，作出了(2009)川刑终字第 690 号刑事判决。

(1) 维持四川省成都市中级人民法院(2009)成刑(2009)初字第 158 号刑事判决中对被告人孙伟铭的定罪部分；

(2) 撤销四川省成都市中级人民法院成刑(2009)初字第 158 号刑事判决中对被告人孙伟铭的量刑部分；

(3) 原审被告人孙伟铭犯以危险方法危害公共安全罪，判处无期徒刑，剥夺政治权利终身。

孙伟铭成为中国有史以来因无证、醉驾一审被处死刑、终审被判处无期徒刑的第一人。

四川省成都市中级人民法院审理四川省成都市人民检察院指控原审被告人孙伟铭犯以危险方法危害公共安全罪一案，于 2009 年 7 月 22 日作出成刑(2009)初字第 158 号刑事判决，认定被告人孙伟铭犯以危险方法危害公共安全罪，判处死刑，剥夺政治权利终身。原审被告人孙伟铭不服，提出上诉。四川省高级人民法院于 2009 年 8 月 4 日受理后，依法组成合议庭，于 2009 年 9 月 4 日公开开庭审理了本案。

四川省高级人民法院经审理查明，2008 年 5 月 28 日，上诉人(原审被告人)孙伟铭购买了车牌号为川 A43K66 的别克牌轿车。在未取得合法驾驶的情况下，孙伟铭长期无证驾驶该车。2008 年 12 月 14 日中午，孙伟铭与其父母在成都市成华区万年场"四方阁"酒楼为亲属祝寿，期间大量饮酒。16 时许，孙伟铭驾驶川 A43K66 车送其父母到成都市火车北站搭乘火车，之后驾车折返向成都市龙泉驿区方向行驶。17时许，行至成龙路"蓝谷地"路口时，孙伟铭驾车从后面冲撞与其同向行驶川 A9T332 比亚迪轿车车尾部。其后，孙伟铭继续驾车向前超速行驶，并在成龙路"卓锦城"路段违章越过道路中心黄色双实线，与对面车道正常行驶的 AUZ872 长安奔奔牌轿、川 AVD241 福特蒙迪欧轿车、川 AMC337 奇瑞 QQ 轿车发生碰撞、擦刮（图 1.10、图 1.11），致川 AUZ872 长安奔奔牌轿车内张景全及尹国辉夫妇、金亚民及张成秀夫妇死亡，另一乘客代玉秀重伤，造成财产损失共计 5 万余元。交通警察接群众报案后赶至现场将孙伟铭抓获，经鉴定，孙伟铭驾驶的车辆碰撞前瞬间的行驶速度为 134～138km/h；孙伟铭案发时血液中的乙醇含量为 135mg/100mL。

图 1.11 孙伟铭案事故现场痕迹、肇事车辆（图片摘自四川在线 www.scol.com.cn）

1. 关于辩护人提出的原判存在重大遗漏的问题

经审查，辩护人出示的视频资料及相关分析说明不能确认孙伟铭所驾车辆在案发前与白色微型车发生过擦刮，也没有白色车车主的报案及相关痕迹勘验，确认该情节的依据不足，不予认定。孙伟铭无证、醉酒、高速危险行驶、在不具备通行条件下强行通过时车辆失去控制是引发事故的直接原因，与其驾驶车辆是否与白色车发生擦刮没有因果关系。对辩护人出示的该组证据不予采信，对相应辩护意见不予采纳。

2. 关于孙伟铭所驾车辆与比亚迪汽车追尾的证据问题

辩护人提出的原判认定孙伟铭所驾车辆与比亚迪汽车追尾的证据间存在矛盾和瑕疵问题。经审查，证人（比亚迪汽车驾驶员）的几次证言间确实存在细节上的差异，但不能据此否定其证明的被追尾撞击的基本事实，且该项事实的认定证据还有现场勘查笔录、相关痕迹检验及刑事科学技术鉴定结论等证据证实，在比亚迪汽车被撞部位也查见孙伟铭所驾别克车号牌痕迹，故足以认定其追尾（图 1.12）。

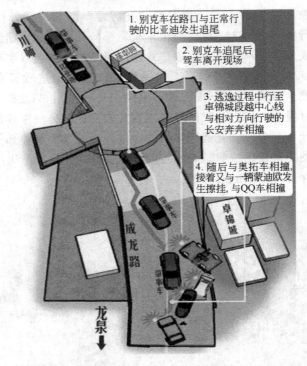

图1.12 孙伟铭案事故过程示意图(图片摘自四川在线 www.scol.com.cn)

3. 关于孙伟铭行为的定罪

检方主张构成以危险方法危害公共安全罪,辩方主张构成交通肇事罪。经审查,以危险方法危害公共安全罪和交通肇事罪均属于危害公共安全罪,二者的区别在于行为人对危害公共安全的后果所持的主观心态不同。前者为故意犯罪,行为人对危害后果持积极追求或放任的心态;后者为过失犯罪,行为人应当预见自己的行为可能造成危害后果,因疏忽大意没有预见,或者已经预见而轻信能够避免,以致发生危害后果。从本案事实及证据证明的情况看,上诉人孙伟铭购置汽车后,未经正规驾驶培训长期无证驾驶车辆,并多次违章。众所周知,汽车作为现代交通运输工具,其使社会受益的同时,由于其高速行驶的特性又易给社会造成危害,因此,国家历来对车辆上路行驶有严格的管理规定。孙伟铭作为受过一定教育、具有安全刑事责任能力的人,明知国家的规定,仍漠视社会公众和重大财产安全,藐视法律、法规,长期违章驾车于车辆、人群密集的公共道路,威胁公众安全。尤其是在本次醉酒驾车发生追尾交通事故后,孙伟铭不计后果,放任严重后果的发生,以超过限速二倍以上的速度驾车在车辆、人流密集的道路上穿行逃逸,以致又违章跨越道路黄色双实线,冲撞多辆车辆,造成四死一伤、公私财产损失数万元的严重后果。事实表明,孙伟铭对其本次行为可能造成严重危害公共安全的后果完全能够预见,其虽不是积极追求这种结果发生,但其完全放任这种结果的发生,其间无任何避免的措施,其行为完全符合刑法关于以危险方法危害公共安全罪的构成规定,应以以危险方法危害公共安全罪定罪。辩护人所提孙伟铭在犯罪主观上属于过于自信过失的意见,不能成立。

4. 关于对孙伟铭的量刑

上诉人孙伟铭无证、醉酒、超限速危险驾驶,致四人死亡、一人重伤,并造成直接经济损失五万余元,犯罪情节恶劣,后果严重,应依法严惩。但孙伟铭系间接故意犯罪,不希望、也不积极追求危害后果的发生,与驾车撞击车辆、行人并造成重大伤亡后果的直接犯罪有所不同,主观恶性不是很深,人身危险性不是很大;其犯罪时处于严重醉酒状态,对自己行为的认识和控制能力有所减弱;归案后,其真诚悔罪,并通过亲属因此事出具了谅解书,依法可从轻处罚。基于以上因素综合衡量,孙伟铭尚不属罪行极其严重必须施予极刑的罪犯。

综上所述,四川省高级人民法院认为,对上诉人(原审被告人)孙伟铭应以以危险方法危害公共安全罪定罪处罚。孙伟铭所提不是故意犯罪的辩解及其辩护人所提孙伟铭的行为应构成交通肇事罪的辩护意见,与查明的事实及相关法律规定不符,不予采纳。辩护人提出的原判存在重大事实遗漏的辩护意见,因证据不足且所提情节与本案事实及定性没有关联,不予采纳。孙伟铭及其辩护人所提的有真诚悔罪表现、原判量刑过重的意见成立,予以采纳。原判认定事实和定罪正确,审判程序合法,但量刑不当。依照《中华人民共和国刑事诉讼法》第一百八十九条第(二)项和《中华人民共和国刑法》第一百一十五条第一款、第五十七条第一款之规定,作出如上判决。

5. 分析

这起交通事故经四川西华机动车司法鉴定所多名鉴定专家对涉案车辆安全技术状况、车辆间的接触碰撞痕迹以及事发的行驶速度进行了周密细致的鉴定,鉴定结果被法院采信,作为量刑、定罪的依据之一,充分说明了交通事故技术鉴定的重要性和必要性。

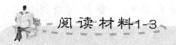

阅读材料1-3

司法鉴定程序

1)总则

(1)为了规范司法鉴定机构和司法鉴定人的司法鉴定活动,保障司法鉴定质量,保障诉讼活动的顺利进行,根据《全国人民代表大会常务委员会关于司法鉴定管理问题的决定》和有关法律、法规的规定，司法部制定了司法鉴定程序通则。

（2）司法鉴定程序是指司法鉴定机构和司法鉴定人进行司法鉴定活动应当遵循的方式、方法、步骤以及相关的规则和标准。本通则适用于司法鉴定机构和司法鉴定人从事各类司法鉴定业务的活动。

（3）司法鉴定机构和司法鉴定人进行司法鉴定活动，应当遵守法律、法规、规章，遵守职业道德和职业纪律，尊重科学，遵守技术操作规范。

（4）司法鉴定实行鉴定人负责制度。司法鉴定人应当依法独立、客观、公正地进行鉴定，并对自己作出的鉴定意见负责。

（5）司法鉴定机构和司法鉴定人应当保守在执业活动中知悉的国家秘密、商业秘密，不得泄露个人隐私。未经委托人的同意，不得向其他人或者组织提供与鉴定事项有关的信息，但法律、法规另有规定的除外。

（6）司法鉴定机构和司法鉴定人在执业活动中应当依照有关诉讼法律和本通则规定实行回避。

（7）司法鉴定人经人民法院依法通知，应当出庭作证，回答与鉴定事项有关的问题。

（8）司法鉴定机构应当统一收取司法鉴定费用，收费的项目和标准执行国家的有关规定。

（9）司法鉴定机构和司法鉴定人进行司法鉴定活动应当依法接受监督。对于有违反有关法律规定行为的，由司法行政机关依法给予相应的行政处罚；有违反司法鉴定行业规范行为的，由司法鉴定行业组织给予相应的行业处分。

（10）司法鉴定机构应当加强对司法鉴定人进行司法鉴定活动的管理和监督。司法鉴定人有违反本通则或者所属司法鉴定机构管理规定行为的，司法鉴定机构应当予以纠正。

2）司法鉴定的委托与受理

（1）司法鉴定机构应当统一受理司法鉴定的委托。

（2）司法鉴定机构接受鉴定委托，应当要求委托人出具鉴定委托书，提供委托人的身份证明，并提供委托鉴定事项所需的鉴定材料。委托人委托他人代理的，应当要求出具委托书。

鉴定材料包括检材和鉴定资料。检材是指与鉴定事项有关的生物检材和非生物检材；鉴定资料是指存在于各种载体上与鉴定事项有关的记录。鉴定委托书应当载明委托人的名称或者姓名、拟委托的司法鉴定机构的名称、委托鉴定的事项、鉴定事项的用途以及鉴定要求等内容。

委托鉴定事项属于重新鉴定的，应当在委托书中注明。

绪论 第1章

(3) 委托人应当向司法鉴定机构提供真实、完整、充分的鉴定材料，并对鉴定材料的真实性、合法性负责。委托人不得要求或者暗示司法鉴定机构和司法鉴定人按其意图或者特定目的提供鉴定意见。

(4) 司法鉴定机构收到委托，应当对委托的鉴定事项进行审查，对属于本机构司法鉴定业务范围，委托鉴定事项的用途及鉴定要求合法，提供的鉴定材料真实、完整、充分的鉴定委托，应当予以受理。对提供的鉴定材料不完整、不充分的，司法鉴定机构可以要求委托人补充；委托人补充齐全的，可以受理。

(5) 司法鉴定机构对符合受理条件的鉴定委托，应当即时作出受理的决定；不能即时决定受理的，应当在七个工作日内作出是否受理的决定，并通知委托人；对通过信函提出鉴定委托的，应当在十个工作日内作出是否受理的决定，并通知委托人；对疑难、复杂或者特殊鉴定事项的委托，可以与委托人协商确定受理的时间。

(6) 具有下列情形之一的鉴定委托，司法鉴定机构不得受理。
① 委托事项超出本机构司法鉴定业务范围的；
② 鉴定材料不真实、不完整、不充分或者取得方式不合法的；
③ 鉴定事项的用途不合法或者违背社会公德的；
④ 鉴定要求不符合司法鉴定执业规则或者相关鉴定技术规范的；
⑤ 鉴定要求超出本机构技术条件和鉴定能力的；
⑥ 不符合本通则第二十九条规定的；
⑦ 其他不符合法律、法规、规章规定情形的。

对不予受理的，应当向委托人说明理由，退还其提供的鉴定材料。

(7) 司法鉴定机构决定受理鉴定委托的，应当与委托人在协商一致的基础上签订司法鉴定协议书。

司法鉴定协议书应当载明下列事项：
① 委托人和司法鉴定机构的基本情况；
② 委托鉴定的事项及用途；
③ 委托鉴定的要求；
④ 委托鉴定事项涉及的案件的简要情况；
⑤ 委托人提供的鉴定材料的目录和数量；
⑥ 鉴定过程中双方的权利、义务；
⑦ 鉴定费用及收取方式；
⑧ 其他需要载明的事项。

因鉴定需要耗尽或者可能损坏检材的，或者在鉴定完成后无法完整退还检材的，应当事先向委托人讲明，征得其同意或者认可，并在协议书中载明。在进行司法鉴定过程中需要变更协议书内容的，应当由协议双方协商确定。

3) 司法鉴定的实施

(1) 司法鉴定机构受理鉴定委托后，应当指定本机构中具有该鉴定事项执业资格的司法鉴定人进行鉴定。委托人有特殊要求的，经双方协商一致，也可以从本机构中选择符合条件的司法鉴定人进行鉴定。

(2) 司法鉴定机构对同一鉴定事项，应当指定或者选择二名司法鉴定人共同进行鉴定；对疑难、复杂或者特殊的鉴定事项，可以指定或者选择多名司法鉴定人进行鉴定。图1.7为车辆事故车辆检验鉴定图片。

(3) 司法鉴定人本人或者其近亲属与委托人、委托的鉴定事项或者鉴定事项涉及的案件有利害关系，可能影响其独立、客观、公正地进行鉴定的，应当回避。

司法鉴定人自行提出回避的，由其所属的司法鉴定机构决定；委托人要求司法鉴定人回避的，应当向该鉴定人所属的司法鉴定机构提出，由司法鉴定机构决定。委托人对司法鉴定机构是否实行回避的决定有异议的，可以撤销鉴定委托。

(4) 司法鉴定机构应当严格依照有关技术规范保管和使用鉴定材料，严格监控鉴定材料的接收、传递、检验、保存和处置，建立科学、严密的管理制度。

司法鉴定机构和司法鉴定人因严重不负责任造成鉴定材料损毁、遗失的，应当依法承担责任。

① 司法鉴定人进行鉴定，应当依下列顺序遵守和采用该专业领域的技术标准和技术规范：

② 国家标准和技术规范；

③ 司法鉴定主管部门、司法鉴定行业组织或者相关行业主管部门制定的行业标准和技术规范；

④ 该专业领域多数专家认可的技术标准和技术规范。

不具备前款规定的技术标准和技术规范的，可以采用所属司法鉴定机构自行制定的有关技术规范。

(5) 司法鉴定人进行鉴定，应当对鉴定过程进行实时记录并签名。记录可以采取笔记、录音、录像、拍照等方式。记录的内容应当真实、客观、准确、完整、清晰，记录的文本或者音像载体应当妥善保存。

(6) 司法鉴定人在进行鉴定的过程中，需要对女性作妇科检查的，应当由女性司法鉴定人进行；无女性司法鉴定人的，应当有女性工作人员在场。

在鉴定过程中需要对未成年人的身体进行检查的，应当通知其监护人到场。

对被鉴定人进行法医精神病鉴定的，应当通知委托人或者被鉴定人的近亲属或者监护人到场。

对需要到现场提取检材的，应当由不少于二名司法鉴定人提取，并通知委托人到场见证。

对需要进行尸体解剖的，应当通知委托人或者死者的近亲属或者监护人到场见证。

（7）司法鉴定机构在进行鉴定的过程中，遇有特别复杂、疑难、特殊技术问题的，可以向本机构以外的相关专业领域的专家进行咨询，但最终的鉴定意见应当由本机构的司法鉴定人出具。

（8）司法鉴定机构应当在与委托人签订司法鉴定协议书之日起三十个工作日内完成委托事项的鉴定。

鉴定事项涉及复杂、疑难、特殊的技术问题或者检验过程需要较长时间的，经本机构负责人批准，完成鉴定的时间可以延长，延长时间一般不得超过三十个工作日。

司法鉴定机构与委托人对完成鉴定的时限另有约定的，从其约定。

在鉴定过程中补充或者重新提取鉴定材料所需的时间，不计入鉴定时限。

（9）司法鉴定机构在进行鉴定过程中，遇有下列情形之一的，可以终止鉴定。

① 发现委托鉴定事项的用途不合法或者违背社会公德的；

② 委托人提供的鉴定材料不真实或者取得方式不合法的；

③ 因鉴定材料不完整、不充分或者因鉴定材料耗尽、损坏，委托人不能或者拒绝补充提供符合要求的鉴定材料的；

④ 委托人的鉴定要求或者完成鉴定所需的技术要求超出本机构技术条件和鉴定能力的；

⑤ 委托人不履行司法鉴定协议书规定的义务或者被鉴定人不予配合，致使鉴定无法继续进行的；

⑥ 因不可抗力致使鉴定无法继续进行的；

⑦ 委托人撤销鉴定委托或者主动要求终止鉴定的；

⑧ 委托人拒绝支付鉴定费用的；

⑨ 司法鉴定协议书约定的其他终止鉴定的情形。

终止鉴定的，司法鉴定机构应当书面通知委托人，说明理由，并退还鉴定材料。

终止鉴定的，司法鉴定机构应当根据终止的原因及责任，酌情退还有关鉴定费用。

（10）有下列情形之一的，司法鉴定机构可以根据委托人的请求进行补充鉴定。

① 委托人增加新的鉴定要求的；
② 委托人发现委托的鉴定事项有遗漏的；
③ 委托人在鉴定过程中又提供或者补充了新的鉴定材料的；
④ 其他需要补充鉴定的情形。

补充鉴定是原委托鉴定的组成部分。

（11）有下列情形之一的，司法鉴定机构可以接受委托进行重新鉴定：

① 原司法鉴定人不具有从事原委托事项鉴定执业资格的；
② 原司法鉴定机构超出登记的业务范围组织鉴定的；
③ 原司法鉴定人按规定应当回避没有回避的；
④ 委托人或者其他诉讼当事人对原鉴定意见有异议，并能提出合法依据和合理理由的；
⑤ 法律规定或者人民法院认为需要重新鉴定的其他情形。

接受重新鉴定委托的司法鉴定机构的资质条件，一般应当高于原委托的司法鉴定机构。

（12）重新鉴定，应当委托原鉴定机构以外的列入司法鉴定机构名册的其他司法鉴定机构进行；委托人同意的，也可以委托原司法鉴定机构，由其指定原司法鉴定人以外的其他符合条件的司法鉴定人进行。

（13）进行重新鉴定，有下列情形之一的，司法鉴定人应当回避。

① 有本通则第二十条第一款规定情形的；
② 参加过同一鉴定事项的初次鉴定的；
③ 在同一鉴定事项的初次鉴定过程中作为专家提供过咨询意见的。

（14）委托的鉴定事项完成后，司法鉴定机构可以指定专人对该项鉴定的实施是否符合规定的程序、是否采用符合规定的技术标准和技术规范等情况进行复核，发现有违反本通则规定情形的，司法鉴定机构应当予以纠正。

（15）对于涉及重大案件或者遇有特别复杂、疑难、特殊的技术问题的鉴定事项，根据司法机关的委托或者经其同意，司法鉴定主管部门或司法鉴定行业组织可以组织多个司法鉴定机构进行鉴定，具体办法另行规定。

4）司法鉴定文书的出具

（1）司法鉴定机构和司法鉴定人在完成委托的鉴定事项后，应当向委托人出具司法鉴定文书。

司法鉴定文书包括司法鉴定意见书和司法鉴定检验报告书。司法鉴定文书的制作应当符合统一规定的司法鉴定文书格式。

（2）司法鉴定文书应当由司法鉴定人签名或者盖章。多人参加司法鉴定，对鉴定意见有不同意见的，应当注明。

司法鉴定文书应当加盖司法鉴定机构的司法鉴定专用章。司法鉴定机构出具的司法鉴定文书一般应当一式三份，二份交委托人收执，一份由本机构存档。

（3）司法鉴定机构应当按照有关规定或者与委托人约定的方式，向委托人发送司法鉴定文书。

（4）委托人对司法鉴定机构的鉴定过程或者所出具的鉴定意见提出询问的，司法鉴定人应当给予解释和说明。

（5）司法鉴定机构完成委托的鉴定事项后，应当按照规定将司法鉴定文书以及在鉴定过程中形成的有关材料整理立卷，归档保管。

5）附则

本通则是司法鉴定机构和司法鉴定人进行司法鉴定活动应当遵守和采用的一般程序规则，不同专业领域的鉴定事项对其程序有特殊要求的，可以另行制定或者从其规定。

本 章 小 结

交通事故是指车辆在道路上因过错或者意外造成的人身伤亡或者财产损失的事件。交通事故可以根据交通事故的行政处理、交通事故主要负责者、第一当事者产生事故的内在原因、交通事故的对象、违反交通事故法规的对象，以及交通事故发生的地点来分类。道路交通事故的形式，即交通事故参与者之间发生冲突或自身失控肇事所表现出来的具体形态。一般可分为碰撞、碾压、刮擦、翻车、坠车、爆炸和失火7种。

道路交通事故鉴定是交通事故调查的重要组成部分，是针对因道路交通事故而产生的一系列专业问题的技术鉴定，利用各学科的专业知识和技术，为交通事故处理及民事赔偿提供准确、客观、科学的判断依据。重点分析了道路交通事故鉴定技术；道路交通事故的鉴定机构、鉴定人；诉讼鉴定和非诉讼鉴定等内容。道路交通事故鉴定的内容主要包括痕迹物证类、法医类、车辆安全技术状况类和事故再现技术。

  道路交通事故的车辆鉴定机构，必须是公安机关交通管理部门依法委托或者当事人委托的具有交通事故鉴定条件与资质的鉴定机构（并在省级人民政府公安机关交通管理部门备案），其鉴定的结论才能作为证据。鉴定人，是指取得鉴定人职业资格证书和执业证书，在鉴定机构中执业，运用专门知识或技能对诉讼、仲裁等活动中涉及的专门性技术问题进行科学鉴别和判定的专业技术人员。道路交通事故鉴定根据鉴定结论的用途不同，可以分为司法鉴定和非司法鉴定两种。

  通过案例分析，说明了道路交通事故鉴定的必要性和重要性。

1. 简述交通事故的定义以及构成交通事故的要素。
2. 按交通事故的对象可以把交通事故分为哪几类？
3. 道路交通事故鉴定内容主要有哪些？
4. 道路交通事故车辆安全技术状况类鉴定作用和内容有哪些？
5. 道路交通事故车辆安全技术鉴定和司法鉴定的区别是什么？
6. 道路交通事故的鉴定机构和鉴定人应该具备哪些条件？

第 2 章
交通事故车辆安全技术鉴定的性质及方法

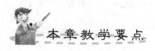 本章教学要点

知识要点	掌握程度	相关知识
交通事故鉴定的性质	了解交通事故鉴定的性质	交通事故物证
交通事故车辆安全技术鉴定的依据	掌握车辆安全技术鉴定的技术依据	车辆安全技术鉴定的法律依据和鉴定要求
交通事故车辆安全技术鉴定的项目及流程	重点掌握交通事故车辆安全技术鉴定的项目及流程	确定交通事故车辆安全技术鉴定项目的流程、失效金属件的鉴定方法
交通事故车辆安全技术鉴定的分类与方法	了解交通事故车辆安全技术鉴定的方法	交通事故车辆安全技术鉴定的分类
金属零部件失效鉴定技术	掌握金属零部件失效鉴定的方法	橡胶、塑料零部件失效鉴定的方法

交通事故车辆安全技术鉴定教程

导入案例

道路交通事故车辆是交通事故最重要的物证之一，事故车辆事故前的安全技术状况鉴定结果，是交通事故处理或诉讼时的重要证据。

2005年11月14日5时55分许，山西222省级公路118km+206m路段沁源县城旁，晋XXXXX号东风车在无任何先兆的情况下，径直冲入正在晨跑的师生队伍中，然后冲向路基，撞断数棵杨树，在路旁的杨树与围墙之间穿行二十多米后，再次冲上路面。事故造成沁源县某中学21名师生死亡，十八人受伤，这就是震惊全国的11·14沁源特大交通事故。

对于这起交通事故，应该采用何种程序和方式来鉴定事故车的安全技术状况？怎样分析交通事故的成因？

图2.1　2005年11·14沁源特大交通事故涉案车辆

本章主要介绍道路交通事故车辆安全技术检验鉴定的性质、鉴定的依据、鉴定的程序、内容、形式和方法等。

2.1　交通事故车辆安全技术鉴定的性质

2.1.1　交通事故车辆属于交通事故物证

道路交通事故物证是指交通事故调查人员（鉴定人）依法收集、获取的能够证明交通事故真实情况的物质、物品和痕迹。

交通事故物证是调查人员在事故现场取得的第一手资料，是处理和鉴定事故的基础。交通事故物证的种类主要如下。

（1）肇事车辆。交通事故肇事车辆包括机动车和非机动车。

（2）事故造成的各种痕迹。痕迹是事故物证的重要组成部分，痕迹包括：地面轮胎痕迹、路面损伤痕迹、路面污染和附着痕迹、车体痕迹、人体痕迹、整体痕迹、分离痕迹以及其他被撞物体痕迹等。

(3) 事故中的各种附着物。在交通事故中形成的，黏附在车辆、人体、路面及其他能证明交通事故真实情况的物质。如油漆、油脂、塑料、橡胶、毛发、纤维、血痕、人体组织、木屑、植物枝叶及尘土等微量附着物质。

(4) 交通事故现场散落物。遗留在交通事故现场，能够证明交通事故真实情况的物品或附着物质，如车辆零部件、玻璃碎片、油漆碎片及车辆装载物等。

道路交通事故车辆是交通事故重要物证之一。

2.1.2 交通事故车辆安全技术鉴定的性质

1. 交通事故车辆安全技术鉴定的法学基础

证据法学是事故车辆技术鉴定的法学理论基础。

证据法学是研究关于证据的法律规范和诉讼或非诉讼法律事务中运用证据认定案件事实或其他法律事实的规律、方法和规则的学科，是法学体系中的一个组成部分。可分为狭义证据法学和广义证据法学。

(1) 狭义证据法学又称诉讼证据法学，是专门研究诉讼法律中的规定和诉讼过程中运用证据实践的学科。

(2) 广义证据法学又称法律证据学，除研究诉讼证据外，还研究法律事务，如行政执法、仲裁、公证、监察等活动中如何运用证据。

(3) 我国《刑事诉讼法》第42条给"证据"定义为："证明案件真实情况的一切事实，都是证据。"证据的种类有七种：物证、书证；证人证言；被害人陈述；犯罪嫌疑人、被告人陈述和辩解；鉴定结论；勘验、检查笔录；视听材料。交通事故车辆技术鉴定所提供的证据有两种：鉴定结论和勘验、检查笔录。

证据的属性，我国当代证据法学通常使用证据的客观性和法律性来阐述证据的属性。交通事故车辆技术鉴定所提供的鉴定结论是一种证据，具有客观性和关联性。

2. 交通事故车辆安全技术鉴定的性质

交通事故物证鉴定是由交通事故现场勘察人员和有关专门人员（鉴定人），依法对道路交通事故物证进行勘验、检验与鉴定、以查明交通事故事实的一种科学技术手段和技术工作过程。

根据我国《刑事诉讼法》第119条规定："为了查明案件原因，需要解决案件中专门性问题的时候，应当指派、聘请有专门知识的人进行鉴定"。

《道路交通安全法》第七十二条作出明确规定"对当事人的生理、精神状况等专业性较强的检验，公安机关交通管理部门应当委托专门机构进行鉴定，鉴定结论应当由鉴定人签名。第七十三条规定"公安机关交通管理部门应当根据交通事故现场勘验、检查、调查情况和有关的检验、鉴定结论，及时制作交通事认定书，作为处理交通事故的证据"。

《交通事故处理程序规定》（第五章第四节 检验、鉴定）第三十九条规定："公安机关交通管理部门对当事人的生理、精神状况、人体损伤、尸体、车辆及行驶速度、痕迹、物品以及现场的道路状况等需要进行检验、鉴定的，应当在勘验现场起五日内指派或委托专业技术人员、具备资格的鉴定机构进行检验、鉴定。检验、鉴定应当在二十日内完成"。

交通事故车辆安全技术鉴定是交通事故物证鉴定的一部分。因此交通事故车辆安全技术鉴定性质是一项依法进行的专门活动。

3. 交通事故车辆安全技术鉴定与产品质量鉴定的区别

道路交通事故车辆安全技术鉴定不同于一般的产品质量检验，事故车辆安全技术检验一般只针对与事故有关的车辆某些系统、装置或零部件性能进行检验，甚至只是对某些系统、装置或零部件的部分参数进行检测，以鉴定车辆质量缺陷与交通事故之间的因果关系。虽然有些系统、零部件质量不符合标准要求，但可能与事故无关。

而产品质量检验是按照标准对产品的每个要求检测项目进行检验，以鉴定产品质量是否符合标准要求。

【知识要点提示】

汽车产品质量检验鉴定和交通事故车辆安全技术检验鉴定在检验鉴定项目和方法上以及评价标准上都是有区别的。

2.2 交通事故车辆安全技术鉴定的依据及要求

2.2.1 法律依据

道路交通事故车辆安全技术鉴定的法律依据主要包括中华人民共和国《刑事诉讼法》和《道路交通安全法》以及公安部《交通事故处理程序规定》等。

如果道路交通事故车辆安全技术鉴定属于诉讼（司法）鉴定，诉讼（司法）鉴定的程序必须遵守诉讼法的规定，其法律依据是诉讼法。

如果道路交通事故车辆安全技术鉴定属于非诉讼鉴定，鉴定的程序必须遵守《道路交通安全法》以及《交通事故处理程序规定》等的规定，其法律依据就是《道路交通安全法》和《交通事故处理程序规定》等。

2.2.2 技术依据

道路交通事故车辆鉴定的技术依据主要包括现行的国家、行业、地方及企业标准。

1. 鉴定结论评价的依据

交通事故车辆安全技术鉴定结论评价主要依据的是 GB 7258—2004《机动车运行安全技术条件》和企业产品技术条件(企业标准)。

1) GB 7258—2004《机动车运行安全技术条件》

GB 7258—2004《机动车运行安全技术条件》是我国机动车安全技术管理的最基本的技术性法规,是新车注册登记和在用车定期检验、事故车检验等安全技术检验的主要技术依据,同时也是我国机动车新车定型强制性检验、新车出厂检验及进口机动车检验的重要技术依据之一。本标准规定了机动车的整车及主要总成、安全防护装置等有关运行安全的基本技术要求及检验方法,还规定了机动车的环保要求及消防车、救护车、工程救险车和警车的附加要求。

2) 企业产品技术条件(企业标准)

在国家标准、行业标准和地方标准中对相关技术参数、技术要求没有明确规定时,以该车原厂技术资料提供的技术参数和技术条件作为判断依据。

【知识要点提示】

企业产品技术条件(企业标准)均要求在省级及省级以上质量监督检验管理机构备案,凡备案的企业产品技术条件(企业标准)均具有标准的效力。

2. 鉴定项目、方法的依据

交通事故车辆安全技术鉴定项目、方法主要依据 GB 7258—2004《机动车运行安全技术条件》、GB 21861—2008《机动车安全技术检验项目和方法》和 GA/T 642—2006《交通事故车辆安全技术检验鉴定》。

1) GA/T642—2006《交通事故车辆安全技术检验鉴定》

《交通事故车辆安全技术检验鉴定》规定了交通事故车辆安全技术检验鉴定的基本要求、流程、项目、方法和检验鉴定书制作要求。本标准适用于对交通事故中机动车辆安全技术检验鉴定。

2) GB 21861—2008《机动车安全技术检验项目和方法》

《机动车安全技术检验项目和方法》规定了机动车安全技术检验的检验项目和检验方法等要求。本标准适用于机动车安全技术检验机构对在我国道路上行驶的机动车进行安全技术检验,本标准也适用于进出口机动车检验机构对入境机动车进行安全技术检验。对经有关部门批准进行实际道路试验的机动车进行安全技术检验时,可参照本标准进行。

3. 检验鉴定依据的其他标准

这些标准主要包括汽车整车、系统(总成)、零部件的技术要求及检测试验方法等。

GB 12676　汽车制动系统结构、性能和试验方法

GB/T 13594　机动车和挂车防抱制动性能和试验方法

GB/T 15746　汽车修理质量检查评定标准

GB/T 18344　汽车维护、检测、诊断技术规范

GB/T 18565　营运车辆综合性能要求和检验方法

GA 40—2004　交通事故案卷文书

GB 1589　车辆外廓尺寸、轴荷及质量限值

GB 4094　汽车操纵件、指示器及信号装置的标志

GB 4599　汽车前照灯配光性能

GB 4785　汽车及挂车外部照明和信号装置的数量、位置和光色

GB 18100　两轮摩托车及轻便摩托车照明和光信号装置的安装规定

GB/T 5620　道路车辆、汽车和挂车制动名词术语及定义

GB 12549　汽车操纵稳定性术语及其定义

GB 16735　道路车辆识别代号

GB/T 18344　汽车维护、检测、诊断技术规范

GA 406—2002　车身反光标识

GA 41—2005　交通事故痕迹物证勘验

GB 11567.2—2001　汽车和挂车后下部防护要求

GB 11567.1—2001　汽车和挂车侧面防护要求

2.2.3　鉴定的基本要求

鉴定的基本要求如下。

(1) 检验鉴定应依法进行；

(2) 检验鉴定机构(检验鉴定人)应具备相应的资质，并在省级公安机关交通管理部门备案；

(3) 检验鉴定委托单位应出具事故车辆安全技术检验鉴定委托书(以下称鉴定委托书)，并提供事故车辆安全技术检验鉴定相关材料；

(4) 鉴定委托书内容应符合 GA40-2004 的要求，委托书格式如图 2.2 所示；

(5) 事故车辆安全技术性能是否正常的判定依据是 GB 7258 等国家标准及相关行业标准等。在国家标准、行业标准和地方标准中对相关技术参数、技术要求没有明确规定时，以该车原厂技术资料提供的技术参数和技术条件作为判断依据。对检验数据应认真分析，并对评判结果逐项确认、签注意见；

(6) 检验鉴定机构(检验鉴定人)认为有必要勘验交通事故现场、检查事故车辆的，检验鉴定委托单位应予协助；

(7) 检验鉴定机构(检验鉴定人)应在检验鉴定后，出具事故车辆安全技术检

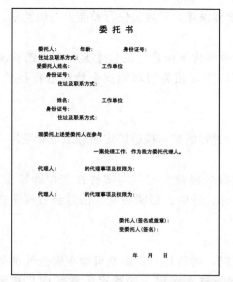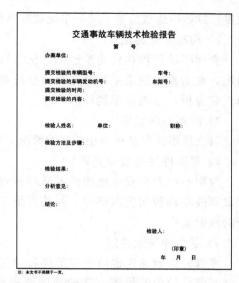

图 2.2 交通事故车辆检验鉴定委托书、检验报告样本

验鉴定书；

（8）事故车辆安全技术检验鉴定书内容应符合 GA40-2004 的要求。检验鉴定书的格式见图 2.2，技术鉴定书应根据国家、行业相关标准规定模式设计，其内容包括：事故概况；案情介绍；检测内容；检测手段；检验结果；分析意见；鉴定结论。鉴定书必须由鉴定人员亲笔签名，经审核、批准，并加盖鉴定机构鉴定专用章和骑缝章。对检验数据应认真分析，对评判结果逐项确认并签注意见。

2.3 交通事故车辆安全技术鉴定的项目及流程

2.3.1 检验鉴定分类及检验鉴定项目

1. 检验鉴定分类

交通事故车辆安全技术检验鉴定按形态分为静态检验鉴定、动态检验鉴定、零部件性能检验鉴定和零部件失效检验鉴定；按车辆的损坏状况分为具有行驶能力的事故车辆安全技术检验鉴定和失去行驶能力的事故车辆安全技术检验鉴定。

1）具有和失去行驶能力的事故车辆

具有行驶能力的事故车辆是指不改变事故车辆原始安全技术状况即可恢复行驶能力的机动车。失去行驶能力的交通事故车辆是指因交通事故前发生故障或在事故发生过程中造成整车、某一系统或某零部件损坏,导致丧失行驶能力的机动车。

2) 动态检验鉴定

交通事故车辆在启动发动机和正常行驶条件下所进行的技术鉴定叫动态检验鉴定,动态检验鉴定主要对与交通事故原因直接相关的车辆安全性能进行检验、测试和分析,以判断车辆技术状况。

3) 静态检验鉴定

对交通事故车辆在静止状态的情况下所进行的技术检验鉴定叫静态检验鉴定。

4) 零部件性能检验鉴定

对影响机动车安全性能的零部件所进行的检验鉴定叫零部件性能检验鉴定。如对事故车辆转向机构部件、制动系统部件、轮胎、照明装置、信号装置等所进行的检验鉴定。

5) 零部件失效鉴定

零部件失效鉴定也叫做零部件特殊鉴定,就是对严重影响机动车安全性能的关键零部件的失效形态、失效原因所进行的技术鉴定。如鉴定车辆转向机构部件、制动系统部件、轮胎等是否在事故前或事故中发生失效,鉴定车辆灯光在事故发生时是否处于点亮状态等。

2. 检验鉴定项目

检验鉴定项目可以参考表2-1、表2-2中所列项目,根据交通事故的具体情况选择确定具体项目,可以增加或减少表中所列的检验鉴定项目。比如白天发生的交通事故,就没有必要检验鉴定车辆照明和反光标识的有效性,因为白天车辆照明和反光标识是否有效一般与事故无关;追尾碰撞事故的前车,一般就没有必要鉴定其制动性能。确定检验鉴定项目的一般程序如图2.3所示。

表2-1 失去行驶能力事故车辆的检验鉴定项目、依据、方法和手段

编号	项目	检测项目	判别依据、方法和手段	备注
1	制动系	供能装置	GB 7258第7.1条	
		控制装置	GB 7258第7.1.4条	
		传能装置	GB 7258第7.1.8条	
		制动器	GB 7258第7.2.5条、GB 12676	
		驻车制动器	GB 7258第7.4条	
2	转向系	转向操作机构	GB 7258第6.3、6.4条	
		转向传动机构	GB 7258第6.12条	
		转向助力装置	GB 7258第6.9条	
		转向器	GB 21861第6.2、7.2条	

（续）

编号	项目	检测项目	判别依据、方法和手段	备注
3	行驶系	轮胎	GB 7258 第 9.1、9.2 条	
		车轮	GB 7258 第 9.3、9.4、9.5 条	
		悬架	GB 7258 第 9.6、9.7、9.8 条	
		车架	GB 7258 第 9.9 条	
		车桥	GB 7258 第 9.10、9.11 条	
4	电源、照明信号装置及电控系统	蓄电池	GB 7258 第 8.5.2 条	
		照明、信号装置	GB 7258 第 8.1、8.2、8.3、8.4 条	
		电控系统	GB/T 18344	
5	传动系	离合器	GB 7258 第 10.1 条	
		变速器及分动器	GB 7258 第 10.2 条	
		万向传动装置	GB 7258 第 10.3 条	
		驱动桥	GB 7258 第 10.4 条	
6	发动机	装置齐全性	GB 7258 第 5 条	
		基本性能	GB 7258 第 5 条	
7	车身及附件	车身壳体及车门、车窗	GB 7258 第 11 条	
		车身附属装置	GB 7258 第 11、12 条	
		货箱	GB 7258 第 12 条	
8	专用装置		GB 7258 第 12 条	
9	摩托车	车辆唯一性认证	GB 21861 第 6.1.1.1 条	
		车身及附件	GB 21861 第 11.1.1 条	
		发动机	GB 21861 附录 B	
		轮胎及行走系	GB 21861 附录 B	
		制动系	GB 21861 第 9.3 条	
		传动系	GB 21861 附录 B	
		悬挂系	GB 7258 第 6.4.1.1.1 条	
		灯光及信号系统	GB 7258 第 6.4.2.4 条	

表 2-2 具有行驶能力的事故车辆安全技术检验鉴定项目、依据及方法和手段

序号	检验、鉴定项目	检验、鉴定依据	检验、鉴定方法与手段	备注
1	唯一性认定	GB 21861	检视	
2	整车、车身及附件	GB 7258、GB 21861	检视	
3	发动机/发动机舱	GB 21861	检视、检测	

(续)

序号	检验、鉴定项目	检验、鉴定依据	检验、鉴定方法与手段	备注
4	故障警告灯/故障码	GB/T 18344	检测,汽车解码器	
5	刮水器/挡风玻璃清洗器	GB 7258、GB/T 18344	检测	
6	悬挂	GB 7258、GB 18565	检视、检测	
7	侧滑量	GB 7258	检测,汽车侧滑检验台	
8	四轮定位	GB 7258、GB/T 18344	检测,车轮定位仪	
9	车轮、轮胎	GB 7258、GB 21861	检视、检测,轮胎气压表、花纹深度计、动平衡仪	
10	转向性能	GB 7258、GB 21861	检视、检测,方向盘转向力角检测仪	
11	制动性能	GB 7258、GB 21861	检视、检测,滚筒反力式或平板式制动试验台、便携式制动性能测试仪	
12	照明、信号装置	GB 7258	检验、检测,前照灯检测仪	
13	车速表	GB 7258	检测,滚筒式车速检验台	
14	喇叭声级	GB 7258	检测,声级计	
15	安全防护装置	GB 7258	检视、检测	

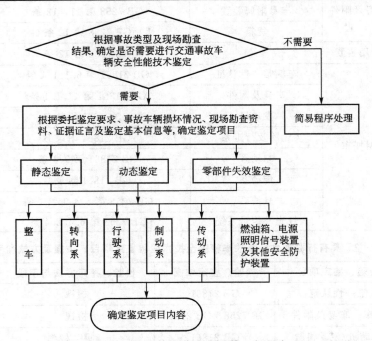

图 2.3 确定检验鉴定项目的一般程序

2.3.2 检验鉴定流程

1. 事故车辆安全技术检验鉴定流程

交通事故车辆安全技术检验鉴定一般流程如图 2.4 所示。

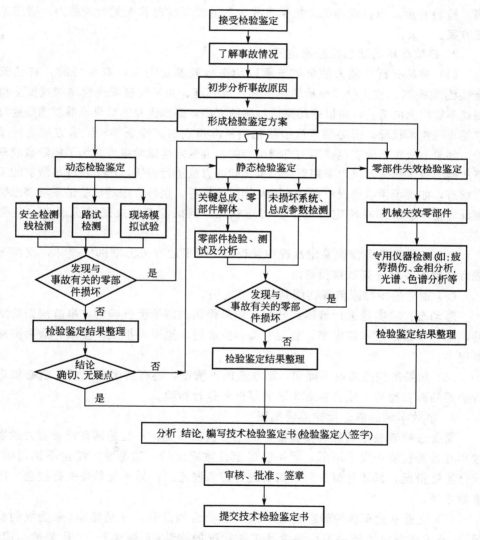

图 2.4 事故车辆安全技术检验鉴定的一般流程图

1）确定鉴定方案

鉴定机构接受委托人的委托，鉴定人在鉴定前首先要了解事故的基本情况，包括研究事故现场勘验图、发生交通事故时的运行条件（道路、天气状况及周边障碍状况等）、事故现场照片（含录像）、车辆行驶证、当事人驾驶证及当事人的询问笔录等案卷资料，确认事故形态。根据事故形态对事故过程和事故成因做出初步分析。

根据事故过程的初步推论，分析与事故关联的系统原因，确定事故车辆检测、检验的重点项目或部位。根据事故车辆的损坏状况和有无行驶能力，确定鉴定方案。

2）事故车辆的动态检验鉴定流程

（1）对具有行驶能力的事故车辆以动态检验鉴定为主，有条件的，首选安全检测线检测，安全检测线检测速度快，效率高。如果没有安全检测线或安全检测线不能检测的项目，可以采用路试检测的方法，路试检验的结果能够较准确地反应整车的技术状况，但必须严格按照相关标准规定的试验条件和试验方法进行试验。如果事故车不能满足或不需要满足相关标准规定的试验条件，为了检测事故车事故前的技术状况，可以采用现场模拟试验的方法进行检验，用于再现事故前的工作状态，如现场满载情况下最高车速及烟度模拟等，这种方法的试验结果能够准确地反应整车事故前在特定环境下的工作状况，但试验现场交通状况复杂，危险性大。

（2）如果在动态检验鉴定过程中发现与交通事故有关的零部件损坏，视情况进行必要的零部件失效检验鉴定。

（3）检验鉴定结果整理、编制技术鉴定书

对动态检验鉴定进行整理，分析，如果得到的结论十分确切，事故成因清楚的，就可以编制技术鉴定书。鉴定书编制完成后，送审、批准、签章，最后提交鉴定书。

（4）如果得到的结论不确切，事故成因不清楚，还有诸多疑点的，就必须进行必要的静态检验，或直接对关键的零部件进行检验。

3）事故车辆的静态检验鉴定流程

需要进行事故车辆静态检验鉴定的主要包括两类：一类是具有行驶能力的事故车在动态检验中发现问题，但不能确定具体原因的，动态鉴定结论不确切的，根据实际情况，具体分析、判断需要进行静态鉴定的；另一类是丧失行驶能力的事故车辆。

（1）交通事故车辆的静态检验一般可以分为两部分：一是整车（未受损的状况）、系统或总成的相关工作参数及工作状况的检验（不解体）；二是关键总成、零部件的解体，零部件的性能检测、分析。

（2）如果在静态检验鉴定过程中发现与交通事故有关的零部件损坏，视情况需要进行必要的零部件失效检验鉴定。

(3) 如果在静态检验鉴定过程中未发现与交通事故有关的零部件损坏，对检验鉴定结果整理、编制技术鉴定书。

(4) 技术鉴定书编制完成后，送审、批准、签章，最后提交鉴定书。

4) 零部件失效检验鉴定流程

(1) 确定需要进行失效鉴定的零部件

需要进行事故车辆零部件失效检验鉴定主要包括两类：一类是在动态或静态检验中发现失效的零部件，根据实际情况判断需要进行零部件失效检验鉴定的；另一类是在常规检视过程中发现事故前或事故中损坏的、可能与事故有关的零部件。

(2) 零部件失效鉴定

零部件失效鉴定是针对具体零件的失效鉴定，例如轮胎爆胎、转向器轴断裂、制动鼓制造质量、制动气室漏气检验等。零部件失效鉴定是通过专用仪器进行疲劳损伤、金相分析，光谱、色谱分析等，来判定零件是否失效。

(3) 检验鉴定结果整理、编制技术鉴定书

经过对鉴定结果的整理、判别，结合其他相关因素进行综合分析，得出鉴定结论，编制技术鉴定书。编制完成后，送审、批准、签章，最后提交鉴定书。

【小提示】

针对具体的交通事故，根据事故过程的初步推论，分析与事故关联的系统原因，确定事故车辆检测、检验的重点项目或部位。根据事故车辆的损坏状况和有无行驶能力，确定鉴定方案。并非所有的项目都必须检验，比如与事故无关的项目（白天车辆前照灯的照度、车辆的反光标识等）。

2.4 交通事故车辆安全技术检验鉴定的方法

具有行驶能力的事故车辆检验鉴定一般分为常规检验、动态检验；视具体情况需要进行必要静态检验（系统静态参数和零部件检验），一般以动态检验为主。

失去行驶能力的交通事故车辆检验鉴定一般分为常规检验、静态检验（系统静态参数和零部件检验）和特殊（零部件失效）检验鉴定，以静态检验为主。特殊情况下，如车辆只有部分系统（如转向系统或传动系统等）受损而失去行驶能力，根据实际鉴定的需要，可以对这些系统进行必要的修复后进行动态检验鉴定，如鉴定事故车的制动性能（制动距离、制动减速度和制动稳定性等）。

下面按事故车辆安全技术检验鉴定形态来具体分析各种鉴定形态的内容和方法。

2.4.1 交通事故车辆整车常规检验

交通事故车辆整车常规检验包括交通事故案情资料的收集、交通事故痕迹物证的固定、交通事故车辆唯一认定等内容。

1. 交通事故案情资料的收集

交通事故案情资料的收集是事故车辆检验鉴定必不可少的环节，完整、翔实的案情资料对交通事故车辆的事故过程及成因分析有十分重要的作用。

交通事故案情资料的收集主要包括以下内容。

（1）在进行车辆检验鉴定前，首先要收集事故现场勘验图（图 2.5）、事故现场照片（含录像）、车辆行驶证、当事人驾驶证及当事人的询问笔录等案卷资料，确认事故形态。

（2）对事故车辆发生交通事故时的运行条件（道路、天气状况及周边障碍状况等）予以充分了解、记录。

（3）如事故车辆属长途客运车辆或危险品运输车辆，鉴定人应请办案

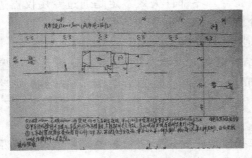

图 2.5 交通事故事故现场勘验图

人员协助调取事故车 GPS 记录资料，以助查明车辆发生事故时的行驶速度和驾驶员的连续驾驶行车时间等信息。

（4）应对事故车辆的驾乘人员、装载货物、行驶里程数据等（种类、实载质量、货物装载位置与固定情况）状况予以了解、记录。

（5）检查车辆的有效期，发生事故时，该车是否在有效的检验期内等，如送检事故车辆属长途客运车辆或危险品运输车辆，还应查看是否在强制二级维护有效里程或时间内，并验核二级维护合格证，为后面的事故分析做准备。

2. 交通事故痕迹物证的固定

对事故车辆的外观、外部及其他可见部位的损坏（伤）状况予以记录；对事故车辆与其他车辆、行人及固定物等碰撞、摩擦、擦划等痕迹、痕迹位置及形状应予以的记录和测量，并进行拍照，将交通事故痕迹物证固定。

检查、记录交通事故残留物的类别、性质、数量等内容，并用照相的方法将其固定。

3. 交通事故车辆唯一认定

必要时按 GB 21861—2008《机动车安全技术检验项目和方法》相关规定，对事故车进行车辆唯一性认定。包括验核事故车号牌号码、车辆类型、品牌/型号（图 2.6）、车辆识别代号（或整车出厂编号），是否与该车行驶证或车辆信息表或登记证书记录相符。

在后面事故车辆每个系统的检验鉴定章节中，只分析车辆每个系统的检视、检验，不再重复交通事故常规检验内容。

图 2.6 事故车标牌

4. 确定交通事故车辆检验鉴定方案

通过对交通事故案情资料和事故车辆常规检验结果的整理、分析，确认交通事故形态，检验鉴定人员对交通事故的过程形成初步推断，确定与事故关联的车辆系统、总成，根据委托鉴定要求，进而确定事故车辆检测、检验的重点项目（或部位）以及检验方法。

根据实际鉴定工作与事故的特点、车辆结构等信息，技术鉴定工作主要对与事故存在直接因果关系的系统与整车进行鉴定。这些系统主要包括转向系、制动系、行驶系、照明及信号装置、传动系、安全防护装置等。例如，追尾事故主要鉴定制动系、转向系、行驶系等的安全技术状况；夜间事故则主要鉴定照明及信号装置、制动系等的安全技术状况。

2.4.2 交通事故车辆检视

检视法是汽车检验鉴定人员凭实践经验和一定的理论知识，用眼看、耳听、手摸和鼻子嗅等手段（图 2.7、图 2.8），对汽车技术状况进行定性分析、判断的一种方法。例如车辆外部损伤情况，漏水、渗油、漏气现象，螺栓或铆钉是否有松动、脱落现象，零部件的磨损、裂纹、变形等状况，用任何仪器和设备进行检测都是不尽完善的，而需要靠检测人员的技能和经验，用观察、感觉、体验进行定性的、直观的检视。

检视方法简单方便，不需要专门的检验仪器或设备，但它不能进行定量分析。因此，对一些有明确定量规定的检查项目，则须采用仪器和设备进行客观物理、化学量的检测。采用仪器设备检测法，可测试汽车性能和故障的参数、曲线或波形，甚至能自动分析、判断汽车的技术状况，作出定量的分析。

 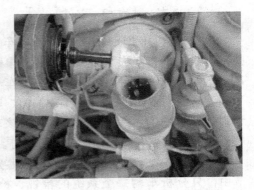

图 2.7　事故车灯光检视　　　　　图 2.8　事故车制动液(储液罐)检视

2.4.3　交通事故车辆动态检验鉴定

交通事故车辆在启动发动机和正常行驶条件下所进行的技术鉴定叫动态鉴定，动态检验鉴定主要对与交通事故原因直接相关的车辆安全性能进行检验、测试和分析，以判断车辆安全技术状况。对于具有行驶能力的交通事故车辆的安全技术鉴定一般以动态检验鉴定为主。

1. 动态检验鉴定的方式及项目

动态检验鉴定的方式主要包括安全检测线检测、路试检测、现场模拟试验等。

检测是指检验人员必须通过一定的技术手段、借助专门的检测工具完成的检验。

安全检测线检测主要包括台式制动性能检验，转向轮横向侧滑量检验，前照灯检验等。路试检测包括驻车制动性能检验、行车制动性能检验，如充分发出的平均减速度、制动协调时间、制动减速度或者制动距离、制动稳定性检验等。现场模拟试验主要是事故再现，用于再现事故过程，其类型有现场满载情况下速度及烟度再现模拟，软件再现模拟，交通事故沙盘模拟等。

2. 动态鉴定的一般要求

（1）具有行驶能力的交通事故车辆安全技术鉴定，主要以动态鉴定为主。如动态检验鉴定中无法确定事故原因、或发现疑点的，应辅以静态检验鉴定和零部件性能检验鉴定。

（2）应首选在机动车安全性能检测站进行动态检验、鉴定(图 2.9)。

（3）承担交通事故车辆鉴定工作的鉴定机构或鉴定人应对安全性能检测站出具的检测、检验结果进行审核。对检测站出具的检测、检验结果有疑问的，应及

图 2.9 机动车安全检测线检测

时进行复检;或根据需要进行路试检测、事故现场模拟试验。

(4) 若安全性能检测站无法满足检测要求,应进行必要的路试检测或模拟现场试验。动态鉴定必须在确保安全的条件下进行,如需进行路试检测时,要做好检验现场的安全工作。模拟现场试验时,应在办案交警的配合下进行,设置必要的试验封闭区域,且在相关路段安排警车、民警进行安全执勤,确保试验及过往车辆、行人及公路设施安全。

3. 鉴定结论

通过对事故车辆安全技术动态鉴定结果的整理,结合事故产生的其他相关因素进行综合分析,如事故成因清楚、无疑点的,得出鉴定结论,编写技术鉴定书,经审核、批准、签章后提交技术鉴定书。

4. 进一步鉴定

对事故车安全技术动态鉴定的结果进行整理,结合事故产生的其他相关因素、对鉴定结果进行系统分析,如事故成因不清楚或有质疑的、鉴定结论不确切的,应根据实际情况具体分析、判断是否需要进行静态鉴定;如果在动态检验过程中发现与事故有关的零部件损坏的,应根据鉴定需要进行必要的零部件失效鉴定。

2.4.4 交通事故车辆静态检验鉴定

丧失行驶能力的交通事故车辆,其安全技术检验鉴定一般不能利用安全检测线及道路试验或模拟现场试验实施安全性能检验,只能以静态鉴定为主。通过对部分总成的相关工作参数及工作状况进行检测、检验,或通过拆解检验与事故有关的主要零部件或系统，分析、判断系统或零部件的基本技术状况，判断系统、零部件性能参数对该系统安全技术状况或对整车安全性能的影响程度。根据对交通事故形成原因的初步分析，确定交通事故车辆静态鉴定的重点部位，根据表 2-2 所列项目中选择相关项目进行检验、鉴定。

动态鉴定不能确定整车、系统或总成的技术状况的，也应进行必要静态鉴定。根据对交通事故形成原因的初步分析，确定交通事故车辆静态鉴定的重点部位或项目，根据表 2-2 所列项目中选择相关项目进行检验、鉴定。

交通事故车辆的静态检验一般可以分为两部分：一是整车、系统或总成的相关工作参数及工作状况的检验；二是零部件性能检验鉴定。

1. 整车、系统或总成的相关工作参数及工作状况检验

主要包括具有行驶能力的交通事故车辆整车、系统或总成的相关工作参数及工作状况检验。另外，丧失行驶能力的交通事故车辆，其整车工作（性能）参数很难体现车辆事故前的性能水平，但是，事故车的部分系统、总成可能在事故中并未受到损伤，其技术参数能够反映事故前这些系统、总成的工作状况。因此整车、系统或总成的相关工作参数及工作状况检验还包括丧失行驶能力的交通事故车辆的部分未受损的系统和总成。

这类检验项目一般不涉及零部件拆解检验，检验项目如下。

（1）转向系统静态检验项目。方向盘最大自由转动量、前轮定位参数等。

（2）制动系统静态检验项目。液压制动系统的管路压力、制动踏板的自由行程、气制动系统的分泵的推杆行程、制动系统的气密性检验等。

（3）针对交通事故车辆每个系统具体的静态检验鉴定项目。

2. 零部件性能检验鉴定

对影响机动车安全性能的零部件所进行的检验鉴定叫零部件性能检验鉴定。如对事故车辆转向机构部件、制动部件、轮胎、照明装置、信号装置等所进行的检验鉴定。在检验鉴定时，一般需要对系统、总成或部件进行必要的拆卸、解体，并借助一定检测仪器、设备对零部件性能进行检验鉴定。

显然，丧失行驶能力的交通事故车辆，一般在事故中受到不同程度的损坏，车辆系统、总成的相关工作参数及工作状况，可能已经不能正确反映系统、总成事故前的技术状态。因此，对丧失行驶能力的交通事故车辆，零部件性能检验鉴定占着非常重要的地位，是交通事故车辆取证的最重要途径。

具有行驶能力的交通事故车辆的部分零部件在动态检验后，还不能确定安全技术状况的、可能与交通事故有关的零部件，也需要进行必要的零部件检验鉴

定，如制动系统的摩擦片、制动盘或制动鼓的磨损量及摩擦面的磨损状况的检验。

3. 鉴定结论

通过对车辆安全技术静态鉴定结果的整理，结合事故产生的其他相关因素，对鉴定结果进行系统分析，得出鉴定结论，编写技术鉴定书，经审核、批准、签章后提交技术鉴定书。

4. 进一步鉴定

如果在静态检验过程中发现与事故有关的零部件损坏的，视情况进行必要的零部件失效鉴定。

2.4.5 交通事故车辆零部件失效检验鉴定

1. 概念

零部件失效鉴定也叫零部件特殊鉴定，即对严重影响机动车安全技术性能的关键零部件的失效形态、失效原因所进行的技术鉴定。如鉴定车辆转向机构部件、制动系统部件、轮胎等是否在事故前或事故中发生失效，鉴定车辆灯光事故发生时是否处于工作状态等。

具有行驶能力的交通事故车辆一般不涉及零部件失效检验鉴定。但是，如果动态检验和静态检验中发现与事故有关的零部件损坏的，需要进行必要的零部件失效检验鉴定。如夜晚，追尾事故中的前车，其后位灯在事故中损坏，但该车其他部分未受损坏，具有行驶能力，要对该后位灯事故前的有效性进行鉴定，就属于零部件失效检验鉴定。

对失去行驶能力的交通事故车辆静态检验中，发现有损坏的零部件；在常规检视中，发现与事故有关的零部件损坏的，根据检验鉴定的需要，对这类零部件进行失效检验鉴定。

一般地，车辆在行驶过程中，出现关键零部件的失效，极有可能导致重特大交通事故的发生。如动态鉴定、静态鉴定、零部件性能检验鉴定无法确定事故原因的，现场鉴定中发现某部件功能失效或部分失效对事故形成可能具有关键影响，须进一步明确交通事故形成原因时，鉴定人员应对关键零部件失效进行鉴定取证，或委托专业性实验机构对关键零部件失效进行鉴定取证。

2. 零部件失效鉴定的方法

零部件失效鉴定是针对具体零件的失效鉴定，如轮胎爆裂（图2.10）、转向器轴断裂、制动鼓制造质量、制动气室漏气检验等。零部件失效鉴定是通过专用

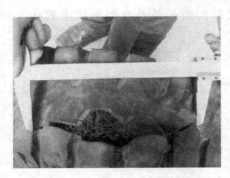

图2.10 失效轮胎的检验

仪器进行疲劳损伤、金相分析,光谱、色谱分析,来判定零件是否失效。零部件失效鉴定技术在下一节重点介绍。

3. 鉴定结论

通过对零部件失效鉴定结果的整理、判别,结合事故产生的其他相关因素,对鉴定结果进行系统分析,得出鉴定结论,编写技术鉴定书,经审核、批准、签章后提交技术鉴定书。

【知识要点提示】

零部件失效鉴定在重特大交通事故鉴定中的比例较大,一般需要一些专用的检测设备和专业的检测人员,有一点要引起注意:检测设备是否在有效的检定期内,这直接影响检测数据的有效性。

2.5 金属零部件失效鉴定技术

本节主要介绍金属零件的失效鉴定技术的基本概念、鉴定的主要内容、一般程序和方法。金属件的失效鉴定技术主要包括痕迹鉴定技术、裂纹鉴定技术和断口鉴定技术等相关内容。

1. 痕迹鉴定技术

痕迹分析是失效分析中常用的一种分析方法。通过痕迹分析,不仅可对事故和失效的发生、发展过程做出判断,而且可为事故和失效分析提供可靠的证据。

1) 痕迹及痕迹分析

广义地说,痕迹是指环境作用于系统,在系统表面留下的印迹。对零部件失效,痕迹可定义为力学、化学、热学、电学等环境因素单独或协同作用于零部件,并在其表面或表面层留下的损伤性标记。

在失效分析范畴,痕迹的具体含义是指:痕迹的形貌;痕迹区、污染物及反应产物的化学成分;痕迹颜色的种类、色度、分布和反光等;痕迹区材料的组织和结构;痕迹区的表面性能;痕迹区的残余应力分布;从痕迹区散发出来的各种气味;痕迹区的电荷分布和磁性等。痕迹分析即是对失效件的上述特征的变化进行鉴别,并找出其变化原因,为失效分析提供线索和依据的技活动。

2) 痕迹分析程序

痕迹分析一般应按如下程序进行。

(1) 发现和显现痕迹。这是痕迹分析的前提和基础。应以现场为起点,先收集能反应整体破坏顺序的痕迹,后收集具体零部件外部的痕迹,再收集零部件之间的痕迹,最后搜集污染物和分离物。

(2) 提取、固定、显现、清洗、记录和保存痕迹。主要方法有复印、制模法、静电法和 AC 纸粘附法等。痕迹的记录可以用文字、示意图和照片。

(3) 鉴定痕迹。对具体的痕迹特征进行针对性检验,从而确定痕迹的性质、产生的时间和条件。鉴定时,应按由表及里、由简而繁、先宏观后微观、先定性后定量,按形貌、组织结构、性能的顺序进行。

(4) 模拟再现痕迹。必要时可在产品上进行,拆检同型号的、已使用过的产品的相应痕迹加以对比,是一种更真实的"试验"。

(5) 综合分析。痕迹分析需综合考虑形成痕迹的过程、条件和影响因素,痕迹的可变性及与零件工作、失效的关系等,以确定痕迹的性质和产生原因。

3) 痕迹的鉴定

(1) 痕迹的形貌鉴定。痕迹的形貌鉴定是痕迹分析的关键。应首先通过肉眼观察确定痕迹的整体分布特征与规律,然后以有代表性的局部痕迹来重点分析痕迹的性质。

① 痕迹的形成要素和分类。一般来说,形成痕迹包含三个基本要素:一是造痕物,即痕迹的制造者,是直接接触并作用于机械表面的物体或介质;二是留痕物,即造痕物作用的对象,一般指机械表面。造痕物与留痕物是相对的,有时在两个匹配的接触面都会留下痕迹;三是造痕物和留痕物发生相互接触或非正常作用(图 2.11)。

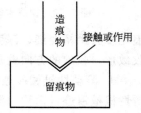

图 2.11 痕迹的形成图

当造痕物与留痕物发生相互接触或作用,痕迹就会形成。根据痕迹形成的机理和条件的不同,可将机械失效中的痕迹分为机械接触痕迹、腐蚀痕迹、电侵蚀痕迹、污染痕迹、分离物痕迹、热损伤痕迹和加工痕迹七类。

② 机械接触痕迹。由于机械力的作用而在接触部位留下的痕迹称为机械接触痕迹,简称机械痕迹。依据接触方式和相对机械运动方式的不同,机械痕迹又可分成如下五种。

a. 压入性机械痕迹。简称压痕,是造痕物压入留痕物,在接触面留下的痕迹。

b. 撞击性机械痕迹。撞击性机械痕迹的机械力作用时间很短，变形速度大，接触面之间以垂直接触面方向的相对运动为主。撞击性机械痕迹可分为外物打伤痕迹、多次撞击表面疲劳痕迹和冲蚀损伤痕迹三种。

c. 滑动性机械痕迹。又称摩擦痕迹，是在摩擦过程中形成的痕迹，根据其形成机理和特征，可分为犁痕（即划痕）、黏着痕迹、摩擦疲劳痕迹和摩擦腐蚀痕迹等四类。犁痕是其中最常见的一种，也是整个机械痕迹中较常见的一种痕迹，一般需从犁痕的起始、末端、沟边和沟底四个部位的宏观、微观特征来对犁痕进行鉴别，特别要注意细微形貌和材料转移特征。犁痕的方向，一般可根据以下特点来鉴别。

（a）直接犁入的犁痕，起点处不但没有材料堆积，而且往往出现凹陷。

（b）如果先形成压印痕，再发展成划痕，则起点处会留下压印痕的特征。

图 2.12　犁痕末端材料堆积

（c）一次性的划痕，结尾往往带有突然性，在犁痕的末端有比较明显的材料堆积，如图 2.12 所示。

（d）当划痕途经表面凹凸处时，会在凸起前缘形成材料碎渣的堆积。

（e）一般金属材料向犁沟外侧的两边翻起，翻起的金属毛刺的倾斜方向为表面犁沟的形成方向。

（f）撞击型的犁痕。由于造痕物对留痕物的作用力逐渐减小，因此，划痕宽度会由粗变细，深度会由深变浅，材料转移会由多变少；犁痕的宏观形状呈收敛形，收敛的方向就是犁痕的形成方向。

d. 滚动性机械痕迹。工程上所说的滚动性机械痕迹，实际上都是滚压或滚滑性机械痕迹，简称为滚动痕迹。如各种轮胎滚压痕迹和履带滚压痕迹，滚动接触疲劳痕迹等。

e. 微动性机械痕迹。微动就是名义上相对静止的两个固体，其相互接触的表面在法向压力作用下互相挤压并产生往复的相对滑动。相对滑动幅度在 $5\sim400\mu m$。微动性损伤有微动疲劳、微动磨损和微动腐蚀等。

③ 腐蚀痕迹。金属腐蚀是指金属与周围介质发生化学或电化学作用，导致金属损伤的各种转变过程。金属腐蚀必有腐蚀产物出现。腐蚀经常与其他失效形式协同作用，产生更为严重的复合失效形式，如腐蚀磨损、腐蚀疲劳、热腐蚀和应力腐蚀等。

零件是否发生了腐蚀，可以从表面颜色、形貌、表面层化学成分、结构等是否有变化和导电、导热、表面电阻等表面性能的变化等方面来鉴别。如钢和铸铁，腐蚀开始时金属表面颜色发暗，腐蚀轻时呈暗灰色，进一步发展会变为褐色或棕黄色，严重腐蚀呈棕色或褐色疤痕甚至锈坑。

④ 污染痕迹。各种污染物附着在表面而留下的痕迹成为污染痕迹。污染痕迹分析的内容很多、范围很广，除常规的各种理化检验方法外，主要还有气氛分析、油液分析、腐蚀产物分析和磨粒分析。

⑤ 分离物痕迹。分离物主要是指接触面在物理、化学作用下从接触面上脱落下来的颗粒。最常见的分离物有磨屑、腐蚀产物、毛刺、剥落的涂层、镀层、烧熔溅痕等。分离物痕迹分析主要是指分离物本身的形貌、成分、结构、颜色和磁性等方面的分析。

⑥ 热损伤痕迹。在热能作用下，接触部位发生局部不均匀的温度变化而在表层留下的痕迹称为热损伤痕迹。表面层局部过热、过烧、熔化、烧穿，漆层及非金属表面烧焦都会留下热损伤痕迹。热损伤痕迹一般可从颜色的变化，表面层成分、结构的变化，显微组织的变化，表面性能的改变，形貌特征等五方面进行分析。如不锈钢，在 430～480℃ 开始变色，随温度上升，颜色从黄褐色变为淡蓝色、蓝色和黑色。

⑦ 电损伤痕迹。包括电侵蚀（电腐蚀）和静电损伤两大类。

a. 电侵蚀。其痕迹主要有电蚀坑、金属熔球、金属转移等。电侵蚀的主要危害是使电路工作不稳定、电路元件烧毁、引起火灾。

b. 静电放电痕迹。由于静电放电现象而在放电部位留下的痕迹称为静电放电痕迹。其主要宏观特征是放电过程中形成的碳及碳化物，使放电部位的表面颜色发黄、发灰或发黑。局部的高温熔融，使放电部位表面颜色变成深蓝。放电过程中，放电体上会形成类似于火山口状的"火花放电微坑"。

c. 与裂纹源有关的痕迹。与裂纹源有关的痕迹很多，概括起来主要有冶金夹渣、挤压裂口、加工痕迹、电笔烙印、钎焊沿晶氧化微裂纹、焊接冷裂纹等 6 种。

(2) 痕迹的成分鉴定。痕迹的成分鉴定是对留痕物上的表面附着物、金属粘结物的元素种类和含量进行分析，以确定造痕物的种类。常用的分析仪器为通过各种发射谱进行表面成分分析的各种表面分析谱仪。

(3) 痕迹的组织结构鉴定。痕迹的组织结构鉴定一般采用表面微区晶体结构鉴定技术。目前，适用于厚块试样表面结构分析的有低能电子衍射技术、反射式高能电子衍射技术、反射电子衍射技术、电子通道花样技术、电子背散射花样技术、X 射线柯塞尔花样技术等。

(4) 痕迹区的性能鉴定。痕迹区的性能鉴定是指对痕迹区进行的各种物理性能、化学和力学性能的检测分析。包括表面力学性能检测，表面电阻、磁性等物理性能检测和耐磨性、耐蚀性等性能检测。用于这些性能检测的仪器主要有表面应力测定仪、显微硬度计、腐蚀电位仪以及其他检测表面各种性能的测试仪器。

4）痕迹的模拟再现

通常的痕迹模拟再现试验有实验室实验和现场实验两种。实验室实验可在专用实验机上进行，试验件可以根据试验机的要求选用同类零件或试片，但实验参数应调整到与痕迹分析中得出的痕迹条件一致。现场试验是比实验室试验更准确、更可靠的模拟再现方法，其工作条件一般与失效时的情况更接近，但相应的一些试验参数也应该根据前面的分析进行适当地调整。

对由模拟试验得出的痕迹，应与失效件上的痕迹进行对比分析。如果模拟试验再现了失效痕迹特征，说明对痕迹形成的条件和原因分析基本正确；如果没有再现，应分析其中的原因，并对失效痕迹进行补充分析与完善，在此基础上调整试验参数，再次进行模拟试验，直到痕迹被再现。

5）痕迹的综合分析

痕迹的综合分析是在对痕迹的形貌、成分、组织结构和性能等进行鉴定的基础上，综合考虑痕迹的模拟再现试验情况，分析确定痕迹的性质和产生条件（原因），为整个失效分析提供依据的过程。痕迹综合分析的目的是要确定痕迹的性质和来源（产生的条件或原因）。

（1）痕迹的性质

不同性质的痕迹具有不同的特征，不同的特征反应不同的痕迹形状，痕迹性质与痕迹特征之间具有对应关系。通过对痕迹进行全面的分析，可确定痕迹的各项特征，由此基本分析出痕迹的性质。分析中需要综合考虑痕迹的各方面特征后才能做出最后的结论，切不可只根据一两个特征，或只根据宏观特征或微观特征，就确定痕迹的性质。

（2）痕迹产生

痕迹的产生，即痕迹产生的原因或条件，这是失效痕迹分析的重点。痕迹原因分析的基础是痕迹的性质分析，不同性质的痕迹具有不同的产生条件，也就具有不同的产生原因，即痕迹的性质与原因之间具有对应关系。基本确定了痕迹的性质后，综合考虑零件的工作原理、工况条件和生产制造工艺过程，痕迹产生的原因也就基本清楚了，通过模拟再现试验，既完善了分析过程，又验证了分析结论。

2. 裂纹鉴定技术

裂纹是材料表面或内部完整性或连续性被破坏的一种现象，是断裂的前期；断裂则是裂纹发展的结果。裂纹分析包括裂纹的无损检测、表面分析、光学金相分析及裂纹打开后的断口分析等内容。

1) 裂纹的无损检测

裂纹的无损检测是生产和使用过程中质量检验、安全控制的一项重要内容。常用的无损检测方法有：X射线、磁力、超声波、荧光、着色、声发射、敲击测音法和工业CT等物理检测方法，其中磁力、荧光和着色等方法主要用来检查表面裂纹，而X射线、超声波、声发射和工业CT等可检测表面和内部裂纹。声发射靠捕捉裂纹扩展中发射的声信号来检测裂纹，只能检测正在扩展中的裂纹。裂纹检测中，要注意检测的方向，超声波和磁力线必须垂直裂纹平面检测，而X射线须平行于裂纹所在的平面检测。

2) 裂纹产生先后顺序的诊断技术和方法

在断裂失效分析中，往往存在有多条裂纹，而最先产生的裂纹往往是导致其他裂纹产生和整个事故(故障)发生的根本原因。因此，在分析中，首要任务就是从这些裂纹中确定首先产生的裂纹即主裂纹，然后对主裂纹进行分析。

(1) 确定主裂纹(首断件)的原则和方法。确定主裂纹或找出首先断裂失效件应根据各零件的功能特征，各相关零件的损伤痕迹，各零件的断裂形貌特征等加以综合分析判断。

① 断裂件中既有延性断裂又有脆性断裂时，一般脆性断裂件发生在前，延性断裂件发生在后。

② 断裂件中既存在脆性断裂件又存在疲劳断裂件时，则疲劳断裂件应为首断件。

③ 存在两个或两个以上的疲劳断裂件时，低应力疲劳断裂件在前，高应力疲劳断裂件在后。

④ 各断裂件均为延性断裂时，应根据各零件的受力状态、结构特性、断裂的走向和材质与性能等进行综合分析与评定，才能找出首先断裂失效件。

(2) 常用判断裂纹先后顺序的方法如下。

① 塑性变形量大小确定法。当零件断裂成多块，有的部位没有明显塑性变形，有的部位塑性变形明显，则无塑性变形的区域为首先断裂区域；当所有断裂部位均为延性断裂时，变形量大的部位为主裂纹，其他部位为二次或三次裂纹。

② T形法。一个零件上同时出现两条或多条裂纹，裂纹间构成T形关系时，可根据裂纹的相对位置关系来确定主裂纹。图2.13中所示，横贯裂纹A形成在前为主裂纹，而B裂纹形成在后为次裂纹。

③ 裂纹分叉法。机械零件在断裂的过程中，出现一条裂纹后，往往会延伸出多条分支裂纹或分叉裂纹，如图2.14所示。裂纹的扩展方向为从主裂纹向分叉或分支裂纹方向，分叉或分支裂纹汇集的裂纹为主裂纹。

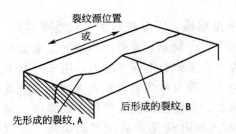 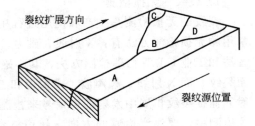

图2.13 判别主裂纹的T形法示意图　　　图2.14 判别主裂纹的分叉法示意图
A—主裂纹；B—二次裂纹　　　　　　　A—主裂纹 B，C，D—二次裂纹

④ 断面氧化颜色法。金属零件如暴露在环境介质或高温下会被腐蚀和氧化，而且腐蚀和氧化的程度会随时间的增加而加重。主裂纹较次裂纹形成时间早，主断面较次断面暴露在环境中的时间长，腐蚀与氧化程度严重，腐蚀产物多、氧化颜色深。

⑤ 疲劳裂纹长度法。当同一零件上出现多条疲劳裂纹时，一般可根据疲劳扩展区的长度、疲劳弧线和疲劳条带间距的大小来判断主裂纹。疲劳裂纹长、疲劳弧线或疲劳条带间距小的为主裂纹。

一般脆性断裂可用T形法或分叉法，延性断裂可用变形法，环境断裂可根据断面氧化与腐蚀程度及颜色深浅，疲劳断裂可利用断口的宏观与微观特征形貌来区分主次断裂。

3) 裂纹的形貌分析

(1) 裂纹的宏观分析。

① 裂纹宏观分析的目的及内容。裂纹宏观分析的目的是确定裂纹的位置、类型、外观形貌及张开情况等。主要内容包括：裂纹产生的部位；裂纹的平直情况、分叉情况或宏观走向的变化等；裂纹与主应力方向（或切应力方向）之间的关系；裂纹与材料成形方向（轧制方向或流线方向）的关系；裂纹的啮合情况（紧密配合，还是分离）；裂纹尖端的情况（尖锐或圆钝）；裂纹起始位置与零件形状的关系（是否有应力集中）。

裂纹一般容易产生于尖角、转折或几何尺寸突然变化处等应力集中部位，受力最大部位，焊缝熔合区等组织薄弱部位和材料缺陷处。结合裂纹的外观形貌、张开情况和匹配情况，可诊断出裂纹的类型和起始源区。

根据裂纹产生的部位，以及是否是龟裂纹、线裂纹、多条裂纹、起始源区、匹配情况，结合应力状态，可初步判断裂纹产生的条件。如在应力集中部位，则可能与使用载荷有关；不在应力集中部位，则可能与材料性能、成分、缺陷和内应力等有关。裂纹的起源位置和扩展途径决定了裂纹的宏观形貌，它们都是构件局部受力状态和大小(外力)与材料强度(抗力)综合效应的结果,即应力与强度干涉作用的结果。它们往往是应力较大(动力大)、强度值较低(阻力小)的路径,如应力集中处或材料局部缺陷处等。

② 裂纹的宏观形貌。常见的裂纹宏观形貌有龟裂纹、线裂纹、环形裂纹、周向裂纹、辐射状裂纹和弧形裂纹等。

a. 龟裂纹外观形貌类似龟壳网络状分布的一类裂纹。龟裂纹一般是一种表面沿晶裂纹,深度不大。

b. 线裂纹是指近似直线状的裂纹。最典型的线裂纹是由于发纹或其他非金属夹杂在后续工序中扩展而形成的裂纹。它们一般沿材料的纵向发展并较长,在裂纹的两侧和金属基体上一般有氧化物夹杂或其他非金属夹杂物。

c. 其他形状裂纹 常见的其他形状裂纹有环形裂纹、周向裂纹、辐射状裂纹和弧形裂纹等。

(2) 裂纹的微观分析。

① 裂纹微观分析的内容。裂纹微观分析一般是通过光学显微镜和电子显微镜对裂纹表面形态和金相磨片进行观察和分析。其主要内容包括:裂纹的微观形态特征,如扩展路径是穿晶还是沿晶,主裂纹附近有无微裂纹;裂纹处及其附近的晶粒度有无显著粗化、细化或大小极不均匀现象;晶粒是否变形;裂纹与晶粒变形方向是否一致;裂纹两侧是否存在氧化和脱碳现象;裂纹附近是否存在碳化物或非金属夹杂物,其形态、大小、数量及分布如何;裂纹源是否产生于碳化物或非金属夹杂物周围,扩展方向如何;裂纹处是否存在异常组织,如粗大过热组织、魏氏组织和带状组织等;源区是否存在加工缺陷、材质缺陷和腐蚀损伤等;表面是否存在白色加工硬化层或回火层。

② 裂纹微观鉴定技术。通过对裂纹区及其附近的显微组织和晶粒度检查,可判断出裂纹起始的部位,定性判断出裂纹部位的受力大小及加工质量等。

在微观上,裂纹源区一般均是材料的薄弱环节,如零件的表面或次表面及应力集中处和材料缺陷处(有时可见到明显的缺陷)。对于一条主裂纹,由粗到细的形态就是裂纹的扩展过程。当存在放射状微裂纹时,其收敛点位置即为裂纹源。

裂纹的扩展途径有沿晶、穿晶以及沿晶与穿晶混合三种。一般制造过程中产生的铸造热裂纹、过烧引起的锻造裂纹、回火脆性裂纹、磨削裂纹、焊接裂纹、使用中出现的冷热疲劳裂纹、蠕变裂纹、热脆裂纹、环境因素引起的应力腐蚀裂纹和氢脆裂纹等均是沿晶界扩展的;而疲劳裂纹、解理裂纹、延性断裂裂纹等使用中形成的裂纹和因冷却速度过大、零件几何尺寸突变等引起的淬火裂纹和焊接裂纹等制造裂纹都是穿晶裂纹。

根据裂纹及其周围的形状和颜色,可以判断裂纹经历的温度范围和零件的工艺历史，从而找出裂纹产生的具体工序。若裂纹两侧具有明显的氧化和脱碳现象，则裂纹的形成肯定与制造热工艺过程有关。而淬火工件的裂纹断口颜色发黑，氧化物层厚，说明淬火加热前即已存在裂纹。淬火前就已存在的裂纹，裂纹两侧常有脱碳现象。

在裂纹的微观分析中，还应该注意观察裂纹两侧的耦合情况，一般裂纹两侧的耦合性很好，但发裂、拉痕、磨削裂纹、折叠裂纹及经过变形后的裂纹，两侧的耦合性均较差。

一般情况下，疲劳裂纹的末端是尖锐的；拉痕、发裂纹的末端圆秃；折叠裂纹的末端粗钝。在金相磨片下观察，淬火裂纹细直、线状、棱角较多、末端尖细；两侧显微组织与其他部分无异常，无氧化和脱碳现象。铸造热裂纹呈龟裂纹状，沿原始晶界延伸，裂纹内侧一般有氧化和脱碳，末端圆秃。磨削裂纹一般细又浅，呈龟裂状或规则直线排列。

由于过热、过烧引起的锻造或热处理裂纹，往往晶粒粗大，并常在晶界处伴有析出物。局部应力超过材料的强度极限所引起的裂纹，裂纹处往往具有明显的塑性变形痕迹。裂纹表面的附着物对裂纹的分析也有一定的参考价值。如水淬时产生的裂纹，会出现红锈。

必要时，可对裂纹进行解剖分析。目的是分析裂纹的起始和走向、经过的路径、裂纹中有无其他物质、裂纹两侧附近区域有无材质变化，从而确定裂纹形成过程与显微组织之间的对应关系、断裂过程、断裂机理、变形程度、表面状态及其损伤情况等，以揭示零件在制造、加工等过程中产生的缺陷、使用状况和环境条件等对断裂失效的影响。

一般张开较大区域为裂纹的起始区，裂纹中夹有氧化物或腐蚀产物等，说明裂纹形成后（或形成过程中）经历过复杂的环境过程，如高温或腐蚀环境等。裂纹的走向及两侧的材质变化情况往往对确定裂纹的性质有重要作用。如碳钢裂纹两侧脱碳，则说明裂纹为热裂纹或开裂后经过了热过程；裂纹扩展过程中有无分叉现象，对区分氢脆与应力腐蚀有重要帮助，氢脆裂纹扩展过程中一般无分叉现象，而应力腐蚀裂纹往往有分叉现象。裂纹的扩展是沿晶还是穿晶等也是应该特别注意的问题。一般沿晶扩展的裂纹均与腐蚀介质的作用有关。

（3）裂纹断口分析

① 裂纹的打开与断口切取技术。在对裂纹断口分析前，必须人为地将裂纹打开，以获得需要的裂纹断口。有时为了实验室观察的需要，还要对断口进行选取，并切取断口。

在打开裂纹前，应做好相关的记录、测量和照相，特别是裂纹与相关结构的相对位置和表面的痕迹特征等，以保证裂纹打开后，仍能准确确定裂纹的位置、结构特点和受力状态等。

打开裂纹时,须注意保持断面的原始形貌特征不受到机械的和化学的损伤;断口及其附近区域的材料显微组织不能因为受热发生变化。具体实施时,应根据裂纹的位置及扩展方向来选择人为施力点,使零件沿裂纹扩展方向受力,使裂纹张开形成断口,而不会在打开过程中损伤断面。常用的裂纹打开方法有三点弯曲法、冲击法、压力法和拉伸法等。打开裂纹时,最好采用一次性快速打开方法,而不用重复的、交变的或分阶段处理的方法,如振动疲劳和反复弯曲等,以免打开时在断面上形成的特征与原始断裂特征混淆。对大型结构件,如锅炉、飞机等,为便于运输和深入的观察分析,需将大型零件切割成小试样。常用的切割方法有砂轮切割、火焰切割、线切割和锯切等,对会产生高温的切割,切割位置应与裂纹保持一定的距离,并用适当的方法进行冷却,以免裂纹附近的材料组织、性能因受热发生变化,断面特征产生化学损伤。

② 断口分析 裂纹断口分析与断裂面断口分析的技术和方法均相同,适用于断裂面断口分析的方法和手段在裂纹断口分析中均可应用;两者的形貌特征和规律也相同。因此,裂纹的断口鉴定技术和方法可参考下面的断裂面断口分析部分。

4) 裂纹综合诊断

通过对裂纹的宏、微观分析,可确定裂纹的部位、形态和裂纹源的位置,初步判断裂纹的形成时期和扩展途径,结合应力分析、制造工艺和使用条件及材料性能综合分析,可初步诊断出裂纹的性质及产生的原因。

(1) 裂纹的起始位置。裂纹的产生是应力作用的结果,其起始的位置取决于应力集中和材料强度两方面综合作用的结果。因此,零件结构形状上易引起应力集中的部位,如工件截面尺寸突变、厚薄不均、孔槽边缘和尖锐棱角处等;材料缺陷和内应力部位,往往是裂纹出现的部位。根据裂纹存在的部位和受力状态,可以初步判断裂纹产生的条件。

① 材质原因引起的裂纹。金属的表面缺陷,如夹砂、斑疤、划痕、折叠(图 2.15)、氧化、脱碳和粗晶环等,以及金属的内部缺陷,如缩孔、气泡、疏松、偏析、夹杂物、白点、过热、过烧和发纹等,不仅本身直接破坏金属的连续性,降低材料的强度和韧性,而且往往在这些缺陷周围造成很大的应力集中,使得材料在很低的平均应力下产生裂纹。

② 零件形状因素原因引起的裂纹。当零件由于某种原因,或者设计上的考虑不周,其几何形状上存在内外圆角、凸边或缺口时,在零件的制

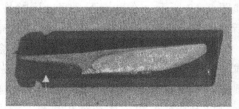

图 2.15 裂纹起源于锻造折叠
(箭头所指为折叠)

造和使用过程中,这些圆角、凸边或缺口的部位会产生应力集中,从而容易产生裂纹。

③ 受力状况不同引起的裂纹。除了金属材料的质量和零件的几何形状影响裂纹的起始位置外,零件的受力状况也对裂纹的起源位置有重要影响。

(2) 裂纹的走向。从宏观上看,裂纹的走向是由应力原则和强度原则决定的。按照应力原则,裂纹应该沿着最大应力方向扩展。如金属脆性断裂、疲劳断裂和应力腐蚀断裂,裂纹的扩展方向一般都垂直于拉伸应力的方向。当韧性金属承受扭转载荷或金属在平面应力的情况下,裂纹的扩展方向一般平行于剪切应力的方向。如塔形轴疲劳情况下,在凹角处起源的疲劳裂纹,在与主应力垂直的方向上扩展,而并不与轴线相垂直,最后形成所谓碟形断口,裂纹的实际扩展方向与主应力的垂线基本垂直,即沿最大应力方向走向。但在局部区域可能有不重合的情况,那是由于材料缺陷引起的走向偏离。当裂纹按应力原则在某一方向的扩展不利时,就会按材料的强度原则来扩展。所谓强度原则,就是指裂纹沿着材料最小阻力路线,即材料的薄弱环节扩展的原则。材料内部的薄弱环节可使按应力原则扩展的裂纹途中突然转折。

在一般情况下,当材质比较均匀时,应力原则起主导作用,裂纹按应力原则扩展;而当材质存在明显的不均匀性时,裂纹按强度原则扩展,强度原则起主导作用。当应力原则和强度原则一致时,无疑裂纹将沿着一致的方向扩展。这就是存在于最大应力部位的缺陷对裂纹产生很大影响的原因。

各种裂纹的形成原因很多,其形貌也各异。需要从裂纹的宏、微观形貌,源区位置,扩展途径,周围情况、末端的特征及制造、使用履历来综合分析确定裂纹的性质和形成原因。

图 2.16 是一固定座支臂在维护检查中发现的裂纹。该裂纹位于支臂外侧表面,与支臂圆弧基本平行,长约 65mm、宽约 1mm,局部有分支,宏观观察,可见裂缝内有漆层。

将裂纹打开,断口可分为原始裂纹段断口和人为打开段断口两部分,其中原始裂纹断口深约 3mm,颜色暗灰,与人为打开断口间有明显的、整齐的分界线,如图 2.17 所示。在电镜下观察,原始裂纹区断口基本是颗粒状的附着物,没有断裂形貌特征;微区成分分析,表面含有较高的氧元素。

沿支臂裂纹的横切面切取剖面制作金相样品,可见裂纹平直,与支臂表面约成 30°角;裂纹两侧的金属变形流线与裂纹基本平行,如图 2.18 所示。裂纹末端圆钝,周围金属变形流线围绕裂纹末端弯曲呈回流状,如图 2.19 所示。

以上特征说明,该裂纹在制造过程中的涂漆前就已存在;是在模锻生产过程中产生的一种锻造缺陷——折叠,是金属在高温变形流动过程中,已氧化的表层金属汇合在一起而形成的。

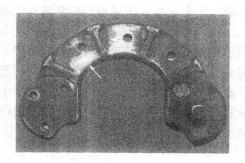

图 2.16 支臂外观

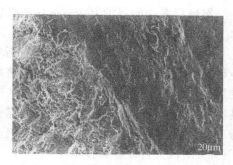

图 2.17 陈旧性裂纹与瞬断区边界形貌

图 2.18 支臂裂纹两侧的金属流线

图 2.19 支臂裂纹尾部及其周围流线

3. 断口鉴定技术

断口是断裂失效中两断裂分离面的简称。由于断口真实地记录了裂纹由萌生、扩展直至失稳断裂全过程的各种与断裂有关的信息。因此，断口上的各种断裂信息是断裂力学、断裂化学和断裂物理等诸多内外因素综合作用的结果，对断口进行定性和定量分析，可为断裂失效模式的确定提供有力依据，为断裂失效原因的诊断提供线索。

1) 断口准备

断口准备的目的是为下一步的断口分析提供适于分析的断口。要求断口保存得尽量完整、特征原始；尽量不产生二次、甚至三次损伤。对断口上附着的腐蚀介质或污染物，还需进行适当清理。当失效件体积太大时，还需分解或切割。总之，在断口准备过程中，要尽量保证断口(特别是关键断口、起始区断口)的原始特征不被破坏和污染。

对断口的清理应遵循以下基本原则：先判断后清理，先表面后内层，尽量采用物理方法清理而少用化学方法。常用的清洗方法有机械剥离法、化学腐蚀法、阴极电解法和真空蒸发法等，可根据断口材料特性和附着物的种类等选定。

对断口常用的保护方法有涂保护性涂料、密封于内置干燥剂的塑料袋或干燥皿中和浸泡在无水酒精溶液中等。

切割大块失效残骸件时,应先对断口进行宏观分析,确定首断件,然后进一步确定断裂的起始部位。切割前,先将需要分析的部位保护起来;切割时,尽量使用锯、切等不会产生高温的机械方法。需要使用火焰切割或砂轮切割等会产生高温的切割方法时,切口位置应离开需分析部位一定的距离,同时对切割区域进行冷却,以确保需重点分析部位不会因高温而产生二次损伤。

2)断口分析设备和技术

(1)断口宏观分析设备和技术。宏观分析是指在小于 40 倍的条件下对断口进行观察判断的技术方法。主要手段是人的肉眼、普通放大镜和体式显微镜。

(2)断口微观诊断仪器设备和技术。断口的微观分析设备主要有金相显微镜、扫描电子显微镜、透射电子显微镜和 X 射线能谱仪及波谱仪等。其中三种显微镜主要用来进行形貌观察,两种谱仪主要用来进行微区成分分析。

扫描电子显微镜由于其具有制样简单、使用方便、可直接观察大样品(如 100mm×100mm)、并具有景深大、分辨率较高、放大倍数范围宽、可连续调节、可进行化学成分和晶体取向测定等一系列优点,在失效分析中得到了广泛的应用。用扫描电镜进行断口形貌观察时,一般遵循以下基本技术原则。

① 首先对断口做低倍观察,以全面了解和掌握断口的整体形貌和特征,并确定重点观察部位。

② 在整体观察的基础上,找出断裂起始区,并对断裂源区进行重点分析,包括源区的位置、形貌、特征、微区成分、材质冶金缺陷、源区附近的加工刀痕及外物损伤痕迹等。

③ 对断裂过程不同阶段的形貌特征要逐一加以观察,找出各区断裂形貌的共性与个性。

④ 断裂特征的识别。在断口观察过程中,发现、识别和表征断裂形貌特征是断口分析的关键。在观察未知断口时,往往是和已知的断裂形貌加以比较来进行识别。各种材料在不同外界条件下的断裂机制不同,留在断口上的形貌特征也不同。

⑤ 扫描电镜断口照片的获得。一般一个断口的观察结果要用如下几部分的照片来表述:断口的全貌照片及断裂源区照片和扩展区、瞬断区的照片。

⑥ 利用背散射电子像观察,可观察到第二相和夹杂物等对裂纹萌生与扩展的影响。

X 射线能谱仪的最大优点是不损伤被测件表面,可同时适用于光滑表面和粗糙断口表面的元素分析,可以分析某一区域的元素平均成分和样品表面某一区域某一元素的分布情况(面分布),也可对某几种元素进行沿指定线路的线分布分析。X射线能谱仪是目前失效分析中应用最广泛的微区分析仪器。

在进行微区分析时应注意，微区成分分析的结果只能代表分析部位的局部成分，而不能代表样品宏观总体的成分。X射线微区成分定量分析的准确性和样品的制备有关。由于微区成分分析的灵敏度和精确度的限制，其分析结果不能代替其他分析方法所做的结果。

断口分析一般包括宏观分析和微观分析两个方面。宏观分析可有效地确定断裂起源和扩展方向，初步判断断口的断裂性质；微观分析可有效地确定断裂类型及机理。宏观分析和微观分析是不可分割的整体，两者不能互相取代，只能互相补充。

3）断口形貌的宏观诊断技术和方法

（1）断口宏观分析的内容。断口宏观分析可为断口的微观分析和其他分析工作指明方向，是断裂失效分析中的关键环节。断口宏观诊断包括以下六个方面的内容：①断裂的位置及其结构特征和周围的工作环境；②断裂位置及其附近的变形程度；③断裂区域的痕迹特征；④断裂源的位置、特征及裂纹的走向；⑤断口的宏观形貌特征；⑥断口的颜色及附着物等。

（2）断口的宏观形貌特征。对韧性金属材料一次过载造成的延性断裂，宏观上的基本特征通常表现为三个特征区，即纤维区、放射区和剪切唇区。这三个特征区是断口的三要素。图2.20为光滑拉伸断口的三要素示意图，其中纤维区一般位于断口的中央，是断裂的形核区，其中心或放射条纹收敛处为裂源位置，它呈粗糙纤维状，其宏观平面与拉伸应力相垂直，属正断型断裂。放

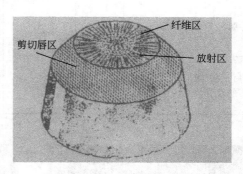

图2.20 光滑圆试样拉伸断口三要素示意图

射区紧接纤维区，是裂纹由缓慢扩展向快速扩展的不稳定扩展转化的标志，其特征是放射线花样，放射线发散的方向为裂纹扩展方向。对板材零件，放射区的宏观特征为人字条纹，其反方向为裂纹的扩展方向。剪切唇区是断裂过程最后阶段出现的断裂特征区，其表面较光滑，与拉伸应力轴约呈45°角，属切断型断裂，是在平面应力状态下发生的快速不稳定扩展。

需要注意的是，不是所有的一次过载断口均具有断口三要素特征，有时只表现出两个要素特征。零件形状对断口三要素有很大影响。

按断口上的宏观塑性变形不同，断口宏观上可分为延性断裂断口和脆性断裂断口。按断裂方式的不同，断口宏观上可分为正断断口和切断断口。

在实际的宏观失效分析中，一般将断口分为延性断裂断口、脆性断裂断口和

疲劳断裂断口。表2-3列出了这三种典型断口的宏观形貌特征,根据这些特征,可诊断出断口的宏观类型。图2.21为金属光滑圆棒试样的拉伸断口形貌,呈杯锥状,为典型的金属延性断裂断口形貌。图2.22断口上具有疲劳断口的三个典型特征区,疲劳弧线清晰,疲劳台阶明显,为典型的金属疲劳断口。

表2-3 三种典型断口的宏观形貌特征

断口特征	延性断口特征		脆性断口特征		疲劳断口特征	
	切断型	正断型	缺口脆性	低温脆性	低周疲劳	高周疲劳
色泽	较弱的金属光泽	灰色	白亮色,接近金属光泽	结晶状金属光泽	白亮色	灰黑色
断面粗糙度	较光滑	粗糙锯齿状	极粗糙	粗糙	较光滑	光滑
放射线	一般无,但有时高强度中时有出现	无	明显	不太明显	较不明显,板材有近似人字纹	明显且细腻
弧线形	无	无	无	无	一般可见疲劳弧线,但在恒载时无	一般可见疲劳弧线,应力幅变化越大越明显
与主应力的交角	约45°	约90°	约90°	约90°	裂纹扩展速率小时接近90°,大时接近45°	约90°

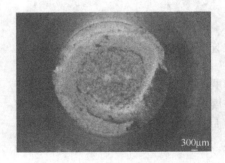

图2.21 光滑试样拉伸断口形貌

图2.22 疲劳断口的宏观形貌

(3)断口宏观鉴定技术和方法

对断口进行宏观观察时,应注意观察的角度和照明的角度,自然光是最好的照明源,观察时应从不同的角度进行观察。宏观断口分析的第一步是用肉眼观察断口形貌特征及失效件的全貌,包括断口的颜色、变形程度和断口之外的损伤痕迹等，然后对主要特征区用放大镜或体式显微镜等进行进一步的观察，确定重点分析的部位。

在分析过程中，要特别注意以下几个特征。

① 断口上是否存在放射花样及人字纹花样。这种特征表征裂纹的扩展是不稳定的或快速的，沿着放射方向的逆向或人字纹尖顶可找到裂纹源。

② 断口上是否存在弧形迹线。这种特征是裂纹在扩展过程中，因应力状态变化、断裂方向变化、环境介质影响及裂纹扩展速率明显变化等在断口上留下的痕迹，如图 2.23 所示断口上的疲劳弧形等。

图 2.23　航空发动机涡轮叶片断口宏观形貌

③ 断口的粗糙度。一般说来，断口越粗糙，即表征断口特征的花样越粗大，则剪切断裂所占的比例越大；如果断口细平，多光泽，或者花样越细，则晶间断裂或解理断裂所起的作用越大。

④ 断面的光泽与色彩。如准解理和解理断裂的金属断口在阳光下转动断面进行观察时常可看到闪闪发光的小刻面。

⑤ 断面与最大正应力的交角（倾斜角）。不同的应力状态、不同的材料及外界环境，断口与最大正应力的夹角不同。

⑥ 判定特征区的划分、分布和面积大小等。

⑦ 材料缺陷在断口上所呈现的特征。若材料内部存在缺陷，则缺陷附近存在应力集中，因而在断口上留下缺陷的痕迹。

确定断裂起源的位置是断口宏观分析的一个重要任务。在一般情况下，从宏观特征来说，断裂的起始位置一般位于断口上的以下位置：纤维区的中心；放射花样的收敛处；人字纹的最尖顶处；断口的平坦区内；无明显塑性变形区或无剪切唇形貌特征区；疲劳弧形的最小半径处；腐蚀氧化最严重的部位；台阶高差最大处。

当断裂源的位置确定后，其裂纹扩展的宏观方向随之确定。一般裂纹的宏观扩展方向与断口以下特征方向相同：裂纹源区指向最后断裂区的方向；放射线发散的方向；纤维区指向剪切唇区的方向；与疲劳弧线相垂直的放射状条纹分散方向；人字纹的人字张开的方向；断口的平坦区指向斜断口的方向；无塑性变形或塑性变形小的区域指向变形大的区域的方向；台阶高差减小的方向；氧化或腐蚀减轻的方向。

4) 断口微观鉴定技术和方法

(1) 断口微观分析的任务和内容

断口的微观分析包括微观形貌分析和微区成分及结构分析。具体内容有：断口周围的塑性变形大小或有无；断口的边缘锐利情况；断口与零件形状或应力集中的情况；断口各特征形貌面积的比例；断口与晶面和晶向之间的关系；断口与晶界的关系；断口与显微组织的关系；断裂源区的情况；断口的化学成分或杂质环境元素的分布情况；断口上二次裂纹的有无或多少及分布情况。

(2) 断口的微观形貌特征

断口上常见的微观特征有韧窝、滑移特征、解理特征、准解理特征、沿晶断裂特征和疲劳断裂特征等断裂特征花样。

① 韧窝特征。金属延性断裂的主要微观特征，即指材料在微区范围内塑性变形产生的显微孔洞经形核、长大、聚集直至最后相互连接而导致断裂后在断口表面上所留下的痕迹。由于其他断裂模式上也可观察到韧窝，因此不能把韧窝特征作为延性断裂的充分判据，而只能作为必要判据来应用。零件受力状态不同，韧窝可有不同的形状，即韧窝的形状可反映零件的受力状态。韧窝的最基本形态有等轴韧窝、剪切韧窝和撕裂韧窝三种，如图 2.24 所示。

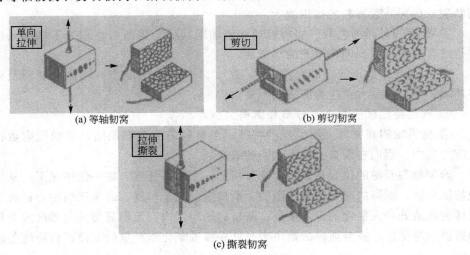

图 2.24　韧窝的三种基本形态示意图

② 滑移特征。属于金属延性断裂的一种微观特征，包括滑移线、滑移带、蛇形花样和涟波花样，是在正应力作用下，金属沿滑移面滑移分离的主要微观特征。

③ 解理特征。金属在正应力作用下，由于原子结合键破坏而造成的沿一定晶体学平面（解理面）快速分开的过程称为解理断裂。解理断裂属于脆性断裂的一种，解理面通常是表面能量最小的晶面，不同的晶体结构具有不同的解理面；面心立方晶系的金属一般不发生解理断裂。解理断裂区宏观上没有明显的塑性变形，在太阳光下转动时可观察到反光的小刻面，属于脆性断裂。严格意义上说，解理断裂面上是没有任何解理特征花样的，但在实际材料中，由于各种因素的作用，解理面局部均会发生微观的塑性变形，从而形成解理台阶、河流花样、舌状花样、鱼骨状花样、扇形花样及瓦纳线等特征。图 2.25 是解理断口上常见的典型微观形貌。

④ 准解理断裂特征。介于解理断裂与延性断裂间的一种过渡断裂形式。宏观上无明显塑性变形或变形较小，断口平整，具有脆性断裂特征；微观形貌有河流花样、舌状花样及韧窝与撕裂棱等，如图 2.26 所示。

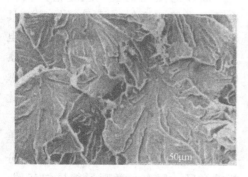

图 2.25　典型解理断裂断口特征形貌

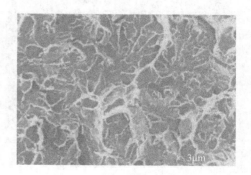

图 2.26　准解理断裂微观形貌

⑤ 沿晶断裂特征。属于脆性断裂的一种，又称为晶间断裂，是多晶材料沿晶界面发生断裂的现象，如图 2.27 所示。可分为沿晶韧窝断裂和沿晶脆性光面断裂。沿晶面上具有线痕（鸡爪痕）特征的沿晶断裂是氢脆断裂的典型形貌，如图 2.28 所示；沿晶面上具有核桃纹特征的沿晶断裂是应力腐蚀断裂的典型形貌；液体金属致脆的沿晶面上一般可看到致脆的金属残留痕迹。

⑥ 疲劳断裂特征。疲劳断裂过程可分为疲劳裂纹萌生、稳定扩展和失稳扩展三个阶段。疲劳条带是疲劳裂纹扩展第二阶段的最重要的显微特征，也是疲劳断裂断口的基本形貌特征；它是判断断口为疲劳断裂的充分判据，但不是必要判据。一般韧性材料容易形成疲劳条带，而脆性材料则比较困难。轮胎花样、排列规则的平行韧窝带、平行的多条二次裂纹带等也是疲劳裂纹扩展第二阶段常见的微观形貌特征。图 2.29 是典型的疲劳条带形貌。

图 2.27　沿晶断裂微观形貌

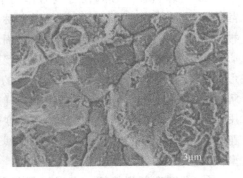

图 2.28　沿晶面上断痕特征

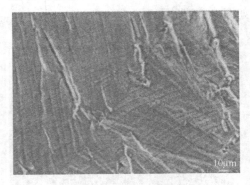

图 2.29　典型疲劳条带

(3) 断口微观诊断技术

断口的微观观察一般是借助扫描电子显微镜和透射电子显微镜等工具来完成的。由于放大倍数较高，在电子显微镜下一般难以准确地确定观察的位置。因此应在微观分析之前，熟练掌握断口的宏观形貌特征，并以此来指导微观观察。

断口的微区成分分析一般是根据需要来选择进行的。选择进行成分分析的微区一般有：微观形貌异常区域、裂纹起始区（源区）、断口上覆盖有外来物和腐蚀产物的区域。对基体成分进行定性判断时，应选择没有污染的瞬断区进行分析。进行微区成分分析时，应根据特征区域的大小，合理地选择分析区域大小，如面区域或点区域。为了分析某一元素或一些元素在某一区域的分布情况，可进行元素的面分布分析；为了确定某一元素沿某一特征线的含量变化情况，可进行元素的线分布分析。

5) 断口定量诊断技术和方法

在失效分析中，有时不仅需要对断口进行定性诊断，而且需要对断口进行定量分析，以推断材料性能及导致断裂失效的一些基本参数。同时，断口的定量分析也可为确定零件的安全寿命与检修周期提供科学依据。断口定性诊断是定量分析的前提，而定量分析则是断口定性分析的深入和发展。

断口定量分析涉及的领域非常广，内容很丰富。金属断口的定量分析主要包括断口表面的成分、结构和形貌特征等定量参数的描述和表征。

(1) 断口表面的成分定量分析。断口表面的成分定量分析是指对断口表面的平均化学成分、微区成分、元素的面分布及线分布、元素沿深度的变化、夹杂物及其他缺陷的化学元素比等参数进行分析和表征。这类分析仪器主要有俄歇电子谱仪、离子探针、电子探针、X 射线能谱仪和 X 射线波谱仪等。

（2）断口表面结构定量分析。断口表面结构定量分析的对象是断口所在面的晶面指数、断口表面微区（夹杂、第二相等）的结构和残余应力。通过测量点阵参数，可解决金属学及热处理中如固溶体的类型、宏观应力的测定和表面层的分析等问题。通过物相分析可确定混合物中各个物相的类型、结构及其含量。通过应力测定可确定应力的类型（宏观应力、微观应力和超微观应力）和大小。目前，断口表面结构分析的主要仪器是 X 射线衍射仪。

（3）断口形貌特征的定量分析。

断口形貌特征的定量分析是对断口上的各种花样，包括各种特征花样区域的相对大小及材料组织、结构、性能及导致发生断裂的力学条件与环境条件之间的相互关系进行分析，以反推裂纹扩展的过程。

目前断口形貌定量研究进行得较好的是疲劳断口的定量分析，特别是实验室已知条件下的疲劳断口的定量分析，已成功地应用于低周疲劳寿命估算、恒载与谱载下的疲劳寿命估算、起源于先天性裂纹或缺陷的高周疲劳寿命估算、结构原始疲劳质量反推和疲劳应力反推等方面。

疲劳断口定量分析利用的主要参量是断口上的宏观疲劳弧线和微观疲劳条带。理论依据是宏观上的每一条疲劳弧线相当于裂纹扩展过程中载荷或应变发生一次大的改变，如发动机的一次启动循环、飞机的一次飞行等载荷谱的加载和环境条件的改变；微观上的每一疲劳条带则相当于载荷或应变的一次循环，如发动机叶片振动一次等。准确地确定疲劳特征与载荷历程之间的对应关系是断口定量分析的关键之一。另一关键是确定裂纹扩展速率与裂纹长度之间的变化规律。

目前高周疲劳断口寿命反推估算的基础是 Paris 公式，其基本形式是

$$da/dN = c(\Delta K)^m$$

式中　da/dN——裂纹扩展速率

　　　ΔK——应力强度因子范围（$\Delta K = \Delta K_{max} - \Delta K_{min}$）

　　　c, m——常数

该公式只对小范围屈服有效，这时 K 的计算可以接受，并为大多数实验结果所证实就可以应用。虽然后人在他的基础上发展了许多修正公式，但增加了许多参数，使参数确定需要大量的试验，在实际的失效分析中均难以应用。

4. 鉴定方式的选择

根据实际鉴定的需要和金属零部件的具体失效形式，选择全部或部分鉴定方式。

阅读材料 2-1

塑料件的失效分析

1. 塑料件的失效形式

塑料件的性能与其制造材料的性能有很大差距。这是由于材料性能测试试样和环境条件的局限性；由于塑料件对负载响应的特殊性，对温度、时间、形状和尺寸的敏感性；也由于塑料件的加工经历使材料损失了一次性能所造成。因此在塑料件的设计过程中，必须进行失效分析来预测失效形式和寿命，以保证使用期内功能和性能满足要求。塑料制品的多样性、工作条件和环境的复杂多变，使塑料件的失效形式众多。需要正确确定起决定作用的一个或几个主要失效形式，对其进行理论计算和实验预测。下面陈述几种常见的失效形式，供分析时参考。

1) 屈服失效

屈服点是塑性变形的起点。剪切屈服和银纹屈服是塑料件破坏的先兆。短时静态负载作用的塑料件，以一定的安全系数，用屈服点以下的许用应变或允许应力，作为塑件上危险截面的极限应变或极限应力。

2) 蠕变和松弛失效

负载长期作用的塑料件产生过大的蠕变形变，最终会导致蠕变断裂。蠕变塑料件材料的弹性模量称蠕变模量或表观模量，随着时间增长而下降。用蠕变模量计算塑件上最大的变形量，应该小于塑件工作寿命期的极限变形量。压力装配的连接件和有预应力的密封件，应力松弛会使连接松动，密封失效。

3) 冲击失效

冲击下塑料件的形变和断裂是常见失效形式。冲击负载的作用时间极短，塑件的变形速率很高。材料、取向、缺口、温度和冲击速度都影响着塑料件的冲击性能。脆性聚合物与弹塑性聚合物及其复合塑料，有不同的冲击断裂机理；聚合物在低温和高速变形下有独特的冲击断裂特征。理论预测各种塑料件冲击破坏是困难的，塑料件的破坏性冲击性能测试是常用的。

4) 疲劳失效

长期的交变应力作用下，疲劳裂纹的生成和扩展导致塑料件最终断裂。各种塑料的抗疲劳性能有较大差异。疲劳破坏是塑料齿轮和传动带等传动零件及交通工具上受振塑料件的失效形式。使塑料件疲劳破坏的交变载荷的作用频率在 10Hz 以下，过高的频率会产生力学致热的失效。

5) 力学致热失效

在振动负载的作用下，塑料响应的滞后使一部分能量以热的形式被耗散。

单位时间产生的热量与振动频率、应变幅和损耗角正切成正比。一旦塑料件的工作系统失去热平衡，塑料件会热软化失效。

6) 环境失效

气体和液体对塑料件的渗透、扩散和溶解，会使整体力学性能劣化，并引发环境应力裂缝。化学介质、热、光和氧的环境导致塑料件逐渐变质老化，缩短了使用寿命。

7) 摩擦与磨损

摩擦使运动塑料件的工作能量有损失，导致塑件表面材料的损失和损伤。磨损破坏了塑件摩擦表面的性能、形状和尺寸精度。伴随产生的塑性变形，热软化和热熔化，裂纹和撕裂，使塑料件过早丧失表面接触运动的功能。

8) 成型加工形成的损伤

熔合缝是模塑成型塑料件的重要的缺陷，造成了塑件与原材料的力学性能的差距。模塑成型制品的取向、残余应力和收缩，影响塑件的内部和表面质量、形状和尺寸精度。以上两类损伤形成了塑料件材质的弱点和缺陷，也是上述各种失效产生和加剧的内在原因。

2.6 案例分析

受交警部门的委托，×××××司法鉴定所对【导入案例】11·14沁源特大交通事故涉案车辆进行了安全技术鉴定。

本节以此为案例，介绍事故车辆安全技术鉴定方案的确定；鉴定方法的选择以及鉴定项目的确定；鉴定的实施；车辆安全技术鉴定结果。结合人、车、路和环境因素，对事故成因进行综合分析。

1. 交通事故车辆整车常规检验

1) 交通事故案情资料的收集

在进行车辆检验鉴定前，要收集事故现场勘验图、事故现场照片（含录像）、车辆行驶证、当事人驾驶证及当事人的询问笔录等案卷资料；事故车辆发生交通事故时的运行条件（道路、天气状况及周边障碍状况等）；驾驶员连续驾驶行车时间信息；事故车辆的驾乘人员、装载货物、行驶里程数据（种类、实载质量、货物装载位置与固定情况）等，为后面的事故分析做准备。

2) 交通事故痕迹物证的固定

对事故车辆的外观、外部及可见部位的损坏（伤）状况予以记录；对事故车辆与路人及树木等碰撞、摩擦、擦划等痕迹、痕迹位置及形状应予以的记录和测量,并进行拍照,将交通事故痕迹物证固定。

检查、记录交通事故残留物的类别、性质、数量等内容,并用照相的方法将其固定。

2. 确定鉴定方案

这起交通事故发生在凌晨 5 时 55 分,单车事故,事发前无任何先兆,径直冲入正在晨跑的师生队伍中,然后冲向路基,撞断数棵杨树,在路旁的杨树与围墙之间穿行二十多米后,再次冲上路面。

从上述的事故过程中初步分析,就车辆的安全技术方面而言,车辆事故前的灯光照明系统、转向系统、制动系统故障可能与本起事故有关。

事故车由于在事故中碰撞路人和路边的杨树,造成车辆前部损坏严重,转向系统受损(图 2.30),已丧失行驶能力,因此,先对事故车辆进行静态检验。

图 2.30 11·14 沁源特大交通事故车(图片来至新华网)

事故车辆静态检验结果不一定能准确反映事故车事故前的动态性能,由于这起事故在全国影响太大,为准确检测事故车事故前的技术状况,弄清事故发生的真正原因,根据鉴定检验的需要,对车辆做了必要的简易修复,首先对驾驶室外前围钣金件凹陷严重的部分做了扩展,以便鉴定人员操作,并对撞坏的转向器及部分管路做了更换修复,以保证事故车辆能正常行驶,以便对事故车辆的行车制动性能进行路试检验。

3. 静态检验

1) 转向系统

该车转向器已撞损,其他转向系统构件无明显异常现象。

2) 照明系统

该车前灯已全部撞坏,不能断定前部灯具事故前的工作状态,但前部灯具线路正常,后尾灯工作正常。据调查资料显示,前照灯在事发前能正常照明,可以判断该车前部照明系统事故前工作正常。

3）制动系统

（1）驻车制动性能试验。该车驻车制动性能试验在超过额定载荷30%的情况下，坡道为12.5%的路面上进行，驻车5分钟，车辆无明显移动。

（2）行车制动系统静态检验。牵引车和挂车前轴制动鼓与制动摩擦片之间间隙过大，其他构件未见异常。

4. 行车制动性能动态检验

在制动初速度为30km/h时，该车空载制动距离为10.85m，制动试验过程中，车辆未发生制动跑偏现象。

5. 检验结果

1）未发现该车事故前转向系统、灯光照明系统存在安全隐患。
2）该车驻车制动性能符合标准要求；行车制动稳定性符合标准要求。
3）该车空载制动距离为10.85m，不符合GB 7258—2004《机动车运行安全技术条件》"空车制动距离不大于9m"的规定。

6. 驾驶员因素

根据沁源县交警大队调查结果，事故车驾驶员事发前已连续驾车8个小时。

7. 事故成因分析

1）该车空载制动距离为10.85m，超出标准20.5%，制动稳定性符合要求；该车制动系统静态检验结果为牵引车和挂车前轴制动鼓与制动摩擦片之间间隙过大，其他构件未见异常。由于制动鼓与制动摩擦片之间间隙过大，制动时制动协调时间增加，从而导致制动距离增大。结合事故过程分析，可以排除车辆事故前的机械故障引发事故的可能性。

2）事故车驾驶员事发前已连续驾车8个小时，属于典型的疲劳驾驶。

3）根据车辆安全技术检验结果和驾驶员在事故前未采取任何制动措施等因素进行综合分析认为：驾驶员的疲劳驾驶是这起事故的直接原因，虽然该车制动距离不符合GB 7258—2004《机动车运行安全技术条件》的要求，但与本起事故无关。

本 章 小 结

道路交通事故物证是指交通事故处理人员依法收集、获取的能够证明交通事故真实情况的物质、物品和痕迹，道路交通事故车辆是交通事故重要

交通事故车辆安全技术鉴定教程

物证之一。交通事故车辆安全技术鉴定是交通事故物证鉴定的一部分，交通事故车辆安全技术鉴定性质是一项依法进行的专门活动。

道路交通事故车辆安全技术鉴定的法律依据主要包括《中华人民共和国刑事诉讼法》和《道路交通安全法》以及公安部《交通事故处理程序规定》等。道路交通事故车辆鉴定的技术依据主要包括现行的国家、行业、地方及企业标准。

交通事故车辆安全技术检验鉴定按形态分为静态检验鉴定、动态检验鉴定、零部件性能检验鉴定和零部件失效检验鉴定；按车辆的损坏状况分为具有行驶能力的事故车辆安全技术检验鉴定和失去行驶能力的事故车辆安全技术检验鉴定。

根据事故过程的初步推论，分析与事故关联的系统原因，确定事故车辆检测、检验的重点项目或部位。根据事故车辆的损坏状况和有无行驶能力，确定鉴定方案。

具有行驶能力的事故车辆检验鉴定一般分为常规检验、动态检验；视具体情况需要进行必要静态检验（系统静态参数和零部件检验），一般以动态检验为主。

失去行驶能力的交通事故车辆检验鉴定一般分为常规检验、静态检验（系统静态参数和零部件检验）和特殊检验鉴定（零部件失效）检验鉴定，以静态检验为主。

金属件的失效鉴定技术主要包括痕迹鉴定技术、裂纹鉴定技术和断口鉴定技术等相关内容。

案例分析介绍了事故车辆安全技术鉴定方案的确定；鉴定方法的选择以及鉴定项目的确定；鉴定的实施；车辆安全技术鉴定结果。结合人、车、路和环境因素，对事故成因进行综合分析。

阅读材料介绍了塑料件的失效分析方法等。

思考题

1. 简述交通事故车辆安全技术鉴定性质。
2. 道路交通事故车辆安全技术鉴定的法律依据和技术依据有哪些？
3. 道路交通事故车辆安全技术检验鉴定的分类有哪些？
4. 简述确定交通事故车辆安全技术检验鉴定方案的程序。
5. 分析交通事故车辆安全技术检验鉴定的流程。
6. 金属件的失效鉴定的主要方法有哪些？

第 3 章

交通事故车辆转向系统检验鉴定

本章教学要点

知识要点	掌握程度	相关知识
车辆转向系统的结构和功能	了解车辆转向系统的结构、功能	车辆转向系统的常见故障及危害
车辆转向系统的技术要求	掌握车辆转向系统的技术要求	国家和行业的相关标准的技术要求
交通事故车辆转向系统安全技术检验鉴定的项目及方法	掌握交通事故车辆转向系统安全技术鉴定的项目及方法	利用仿真分析模拟转向系统零部件的失效过程
案例分析	掌握针对具体的交通事故，确定转向系统重点检验鉴定项目	事故车转向系统故障与交通事故的关系、事故成因分析

导入案例

2007年7月1日10时50分(天气：阴)，牌照号为川BXXXXX的XXX牌XXXX型客车(图3.1)，由北川县漩坪往金凤方向行驶至瓦厂村熊家田湾处时(土石路面)，发生该车驶出道路左侧坠入河中的特大交通事故，事故造成重大人员伤亡、车辆严重受损。

鉴定人员对车辆进行检验时，发现事故车严重损毁、转向垂臂球销断裂(图3.2)。

是转向垂臂球销事故前断裂导致的交通事故？还是交通事故造成的转向垂臂断裂呢？

图3.1　事故车前部照片

图3.2　连接球销断口

用来改变或保持汽车行驶方向的一系列装置叫汽车转向系统，其功能就是按照驾驶员的意愿控制汽车的行驶方向。汽车转向系统对汽车的行驶安全至关重要。

本章简要介绍机动车转向系统的基本类型、结构，常见故障；转向系统安全技术要求。重点介绍交通事故车辆转向系统检测的内容和方法，通过案例，分析车辆转向系统安全隐患与道路交通事故的关系。

3.1　车辆转向系统简介

汽车在行驶过程中，需要按照驾驶员的意志经常改变其行驶方向，即汽车转向。就轮式汽车而言，驾驶员通过一套专设的机构，使汽车转向桥(一般是前桥)上的车轮(转向轮)相对于汽车纵轴线偏转一定角度来实现汽车转向。在汽车直线行驶时，转向轮受到路面侧向干扰力的作用，会自动偏转而改变行驶方向，此时驾驶员也可以利用这套机构使转向轮向相反的方向偏转,从而使汽车恢复原来的行驶方向。这一套用来改变和恢复汽车行驶方向的专设机构,就是汽车转向系。汽车转向系的功能是保证汽车能按驾驶员的意志来控制汽车行驶方向。

3.1.1 转向系统的类型

1. 机械转向系统

机械转向系统以驾驶员的体力作为转向能源,其中所有传力件都是机械的。机械转向系一般由转向操纵机构、转向器和转向传动机构三大部分组成,系统结构示意图见图3.3。

1) 转向操纵机构

转向操纵机构由方向盘、转向轴、转向管柱等组成,它的作用是将驾驶员转动转向盘的操纵力传给转向器。

2) 转向器

转向器(也常称为转向机)是完成由旋转运动到直线运动(或近似直线运动)的一组齿轮机构,同时也是转向系中的减速传动装置。目前较常用的有齿轮齿条式、循环球曲柄指销式、蜗杆曲柄指销式、循环球-齿条齿扇式、蜗杆滚轮式等。

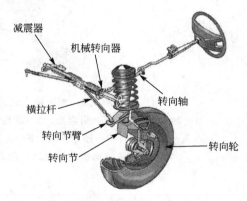

图3.3 机械转向系统示意图

(1) 齿轮齿条式转向器。齿轮齿条式转向器分两端输出式和中间(或单端)输出式两种。

两端输出的齿轮齿条式转向器如图3.4所示,作为传动副主动件的转向齿轮轴11通过向心球轴承12和滚针轴承13安装在转向器壳体5中,其上端通过花键与万向节叉10和转向轴连接。与转向齿轮啮合的转向齿条4水平布置,两端通过球头座3与转向横拉杆1相连。压紧弹簧7通过压块9将齿条压在齿轮上,保证无间隙啮合。弹簧的预紧力可通过调整螺塞6调整。当转动转向盘时,转向齿轮轴11转动,使与之啮合的齿条4沿轴向移动,从而使左右横拉杆带动转向节左右转动,使转向车轮偏转,实现汽车转向。

中间输出的齿轮齿条式转向器如图3.5所示,其结构及工作原理与两端输出的齿轮齿条式转向器基本相同,不同之处在于它在转向齿条的中部用固定螺栓6与左右转向横拉杆7相连。在单端输出的齿轮齿条式转向器上,齿条的一端通过内外托架与转向横拉杆相连。

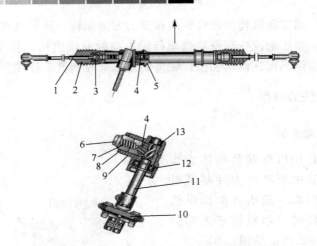

图 3.4 两端输出式的齿轮齿条式转向器

1—转向横拉杆;2—防尘套;3—球头座;4—转向齿条;5—转向器壳体;
6—调整螺塞;7—压紧弹簧;8—锁紧螺母;9—压块;10—万向节叉;
11—转向齿轮轴;12—向心球轴承;13—滚针轴承

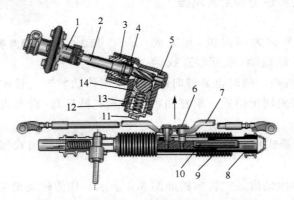

图 3.5 中间输出式的齿轮齿条式转向器

1—万向节叉;2—转向齿轮轴;3—调整螺母;4—向心球轴承;5—滚针轴承;
6—固定螺栓;7—转向横拉杆;8—转向器壳体;9—防尘套;10—转向齿条;
11—调整螺塞;12—锁紧螺母;13—压紧弹簧;14—压块

(2) 循环球式转向器。循环球式转向器是目前国内外应用最广泛的结构型式之一,一般有两级传动副,第一级是螺杆螺母传动副,第二级是齿条齿扇传动副。为了减少转向螺杆转向螺母之间的摩擦,二者的螺纹并不直接接触,其间装有多个钢球,以实现滚动摩擦。转向螺杆和螺母上都加工出断面轮廓为两段或三段不同心圆弧组成的近似半圆的螺旋槽。二者的螺旋槽能配合形成近似圆形断面的螺旋管状通道。螺母侧面有两对通孔,可将钢球从此孔塞入螺旋形通道内。转向螺母外有两根钢球导管，每根导管的两端分别插入螺母侧面的一对通孔中。导管内也装满了钢球。这样，两根导管和螺母内的螺旋管状通道组合成两条各自独立的封闭的钢球"流道"。转向螺杆转动时，通过钢球将力传给转向螺母，螺母即沿轴向移动。同时，在螺杆及螺母与钢球间的摩擦力偶作用下，所有钢球便在螺旋管状通道内滚动，形成"球流"。在转向器工作时，两列钢球只是在各自的封闭流道内循环，不会脱出。

（3）蜗杆曲柄指销式转向器。蜗杆曲柄指销式转向器的传动副，以转向蜗杆为主动件，其从动件是装在摇臂轴曲柄端部的指销。转向蜗杆转动时，与之啮合的指销即绕摇臂轴轴线沿圆弧运动，并带动摇臂轴转动。

3）转向传动机构

转向传动机构（图 3.6）的功用是将转向器输出的力和运动传到转向桥两侧的转向节，使两侧转向轮偏转，且使二转向轮偏转角按一定关系变化，以保证汽车转向时车轮与地面的相对滑动尽可能小。转向传动机构主要包括转向摇臂、转向直拉杆、转向节臂和转向梯形臂。

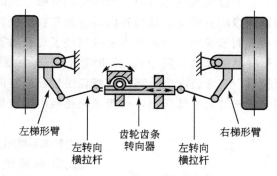

图 3.6 转向传动机构示意图

（1）与非独立悬架配用的转向传动机构。与非独立悬架配用的转向传动机构主要包括转向摇臂、转向直拉杆、转向节臂和转向梯形臂。在前桥仅为转向桥的情况下，由转向横拉杆和左、右梯形臂组成的，转向梯形一般布置在前桥之后，当转向轮处于与汽车直线行驶相应的中立位置时，梯形臂与横拉杆在与道路平行的平面（水平面）内的交角大于 90°。

在发动机位置较低或转向桥兼充驱动桥的情况下，为避免运动干涉，往往将转向梯形布置在前桥之前，此时上述交角小于 90°，若转向摇臂不是在汽车纵向平面内前后摆动，而是在与道路平行的平面向左右摇动，则可将转向直拉杆横置，并借球头销直接带动转向横拉杆，从而推使两侧梯形臂转动。

（2）与独立悬架配用的转向传动机构。当转向轮与独立悬挂配用时，每个转向轮都需要相对于车架作独立运动，转向桥是断开式的，与此相应，转向传动机构中的转向梯形也是断开式的。

(3) 转向直拉杆。转向直拉杆的作用是将转向摇臂传来的力和运动传给转向梯形臂(或转向节臂)。它所受的力既有拉力、也有压力,因此直拉杆都是采用优质特种钢材制造的,以保证工作可靠。在转向轮偏转或因悬架弹性变形而相对于车架跳动时,转向直拉杆与转向摇臂及转向节臂的相对运动都是空间运动,为了不发生运动干涉,上述三者间的连接都采用球销。

4) 转向减振器

随着车速的提高,现代汽车的转向轮有时会产生摆振(转向轮绕主销轴线往复摆动,甚至引起整车车身的振动),这不仅影响汽车的稳定性,而且还影响汽车的舒适性、加剧前轮轮胎的磨损。在转向传动机构中设置转向减振器是消除转向轮摆振的有效措施。转向减振器的一端与车身(或前桥)铰接,另一端与转向直拉杆(或转向器)铰接。

2. 动力转向系统

使用机械转向装置可以实现汽车转向,当转向轴负荷较大时,仅靠驾驶员的体力作为转向能源则难以顺利转向。动力转向系统就是在机械转向系统的基础上加设一套转向加力装置而形成的。转向加力装置减轻了驾驶员操纵转向盘的作用力。转向能源来自驾驶员的体力和发动机(或电动机),其中发动机占主要部分,通过转向加力装置提供。正常情况下,驾驶员能轻松地控制转向。但在转向加力装置失效时,就回到机械转向系统状态,一般来说还能由驾驶员独立承担汽车转向任务。

动力转向系统示意图如图 3.7 所示。

动力转向系统一般分为液压式动力转向系统和电动动力转向系统。

1) 液压式动力转向系统

其中属于转向加力装置的部件是转向液压泵、油管、储油罐以及位于整体式转向器内部的转向控制阀及转向动力缸等。当驾驶员转动转向盘时,通过机械转向器使转向横拉杆移动,并带动转向节臂,使转向轮偏转,从而改变汽车的行驶

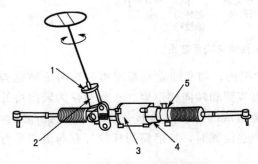

图 3.7 动力转向系统示意图
1—输入轴;2—扭矩传感器;3—电机;
4—循环球螺杆;5—齿条

方向。与此同时,转向器输入轴还带动转向器内部的转向控制阀转动,使转向动力缸产生液压作用力,帮助驾驶员转向操作。由于有转向加力装置的作用,驾驶员只需比采用机械转向系统时小得多的转向力矩,就能使转向轮偏转。

缺点：能耗较高，在低速转弯时，助力效果不理想。由于液压泵的压力很大，助力系统容易出故障。

2）电动助力动力转向系统

电动助力动力转向系统简称电动式 EPS，是在机械转向机构的基础上，增加信号传感器、电子控制单元和转向助力机构。

电动式 EPS 是利用电动机作为助力源，根据车速和转向参数等因素，由电子控制单元完成助力控制，其原理可概括如下：当操纵转向盘时，装在转向盘轴上的转矩传感器不断地测出转向轴上的转矩信号，该信号与车速信号同时输入到电子控制单元。电控单元根据这些输入信号，确定助力转矩的大小和方向，即选定电动机的电流和转动方向，调整转向辅助动力的大小。电动机的转矩由电磁离合器通过减速机构减速增矩后，施加在汽车的转向机构上，使之得到一个与汽车工况相适应的转向作用力。

优点：能耗低，灵敏，电子单元控制，节省发动机功率，助力发挥比较理想。

3.1.2 转向系统的设计要求

一般的，汽车转向系统有以下设计要求。
(1) 汽车转弯行驶时，全部车轮应绕瞬时转向中心旋转；
(2) 转向轮具有自动回正能力；
(3) 在行驶状态下，转向轮不得产生自振，转向盘没有摆动；
(4) 转向传动机构和悬架导向装置产生的运动不协调，应使车轮产生的摆动最小；
(5) 转向灵敏，最小转弯直径小；
(6) 操纵轻便；
(7) 转向轮传给转向盘的反冲力要尽可能小；
(8) 转向器和转向传动机构中应有间隙调整机构；
(9) 转向系统应有能使驾驶员免遭或减轻伤害的防伤装置；
(10) 转向盘转动方向与汽车行驶方向的改变相一致。

正确设计转向梯形机构，可以保证汽车转弯行驶时，全部车轮应绕瞬时转向中心旋转。转向轮的自动回正能力决定于转向轮的定位参数和转向器逆效率的大小，合理确定转向轮的定位参数，正确选择转向器的形式，可以保证汽车具有良好的自动回正能力。转向系中设置有转向减振器时，能够防止转向轮产生自振，同时又能使传到转向盘上的反冲力明显降低。

为了使汽车具有良好的机动性能，必须使转向轮有尽可能大的转角，其最小转弯半径能达到汽车轴距的 2～2.5 倍。

转向操纵的轻便性通常用转向时驾驶员作用在转向盘上的切向力大小指标来

评价。

3. 转向系统常见故障

汽车转向系常见故障主要有汽车前轮轮胎磨损不正常（由转向系统故障引起）、方向盘自由转动量过大、操纵不稳定、前轮摆头、车辆跑偏、转向沉重等。

1）转向沉重

在左、右转动方向盘时，感觉比较吃力，转弯后方向盘（转向轮）没有自动回正的感觉。

原因可能如下：

(1) 转向器内主动部分的辆承太紧；
(2) 转向器的主动部分和从动部分的啮合间隙太小；
(3) 车架变形造成前轮定位失准；
(4) 转向节衬套与主销配合过紧；
(5) 轮胎气压不足；
(6) 转向节止推轴承中缺油或者损坏；
(7) 纵、横拉杆球头节调整过紧或者缺油；
(8) 主销内倾角、后倾角不符合要求。

2）行驶过程中前轮摆头

汽车在低速或者某个车速范围内行驶时，出现两个前轮各自围绕主销进行角震动，即前轮摆头。汽车在高速行驶时出现前轮摆头，驾驶员就无法掌控汽车方向，容易出现危险。

原因可能如下：

(1) 转向器内主、从动部分啮合间隙或者轴承间隙过大；
(2) 转向器垂臂与轴配合松旷；
(3) 拉杆球头销配合松旷；
(4) 前轮动平衡不符合要求；
(5) 左右前悬挂的刚度相差较大；
(6) 转向节衬套与主销配合松旷；
(7) 转向器在车架上的连接松动；
(8) 前车轮失圆；
(9) 前轮轮毂轴承松旷。

3）行驶过程中自动跑偏

汽车在行驶过程中，因转向系统故障会自动往一边转向，必须用力把住方向盘才能保持直线行驶。

原因可能如下：
(1) 汽车前轮的气压相差较大或者车辆装载不均匀；
(2) 左右前悬挂的刚度相差较大；
(3) 前、后轴或者车架变形；
(4) 车轮外倾角、主销后倾角和主内倾角不符合要求；
(5) 前轮前束太小；
(6) 轮毂轴承或者轮毂轴承油封松紧度不一样。

4) 行驶过程中方向不稳定

表现转向操作不灵敏，如果汽车行驶过程中方向不稳定，有很大的安全隐患。

原因可能如下：
(1) 方向盘最大自由转动量过大；
(2) 方向盘与转向轴的连接部位松旷；
(3) 转向器内主、从动啮合间隙过大，或主、从动部分的轴承松旷；
(4) 转向器垂臂轴和垂臂连接部位松旷；
(5) 纵、横拉杆球销磨损松旷；
(6) 纵、横拉杆臂与转向节连接部位松旷；
(7) 转向节衬套与主销松旷；
(8) 前轮毂轴承松旷。

5) 方向失控

转向拉杆、转向节、球销断裂，导致车辆方向完全失控，极易造成重特大交通事故。

3.2 车辆转向系统安全技术条件

汽车转向系统对汽车的行驶安全至关重要，为确保行驶安全，对汽车转向系统及其零部件都有严格的安全技术要求。

(1) 汽车(三轮汽车除外)的方向盘必须设置于左侧，其他机动车的方向盘不允许设置于右侧；专用作业车按需要可设置左右两个方向盘。

(2) 机动车的方向盘(或方向把)应转动灵活，操纵方便，无阻滞现象。机动车应设置转向限位装置，转向系统在任何操作位置上，不允许与其他部件有干涉现象。

(3) 机动车(两轮和三轮的机动车、手扶拖拉机运输机组除外)转向轮转向后应能自动回正以使机动车具有稳定的直线行驶能力。

(4) 机动车方向盘的最大自由转动量不允许大于：
a 最高设计车速不小于100km/h的机动车 20°；
b 三轮汽车 45°；
c 其他机动车 30°。

(5) 汽车(三轮汽车除外)应具有适度的不足转向特性。

(6) 三轮汽车、摩托车及轻便摩托车的转向轮向左或向右转角不允许大于：
a 三轮汽车、三轮摩托车、三轮轻便摩托车 45°；
b 两轮摩托车、两轮轻便摩托车 48°。

(7) 机动车在平坦、硬实、干燥和清洁的道路上行驶不应跑偏，其方向盘(或方向把)不应有摆振、路感不灵或其他异常现象。

(8) 机动车在平坦、硬实、干燥和清洁的水泥或沥青道路上行驶，以10km/h的速度在5s之内沿螺旋线从直线行驶过渡到直径为24m的圆周行驶，施加于方向盘外缘的最大切向力不应大于245N。

(9) 机动车转向轴最大设计轴荷大于4000kg时，应采用转向助力装置。装有转向助力装置的机动车，行驶时其转向助力功能不允许出现时有时无的现象，当转向助力装置失效时，仍应具有用方向盘控制机动车的能力。装有电动转向助力装置的汽车，行驶时应保证转向助力装置的电能供应。

(10) 汽车和汽车列车(不计具有作业功能的专用装置的突出部分)、轮式拖拉机运输机组必须能在同一个车辆通道圆内通过，车辆通道圆的外圆直径 D_1 为25.00m，车辆通道圆的内圆直径 D_2 为10.60m。汽车和汽车列车、轮式拖拉机运输机组由直线行驶过渡到上述圆周运动时，任何部分超出直线行驶时的车辆外侧面垂直面的值(外摆值)不应大于0.80m(对铰接客车和铰接式无轨电车外摆值不允许大于1.20m)。

(11) 汽车(三轮汽车除外)的车轮定位应符合该车有关技术条件，车轮定位值应在产品使用说明书中标明。对前轴采用非独立悬架的汽车，其转向轮的横向侧滑量，用侧滑台检验时侧滑量值应在±5m/km之间。

(12) 转向节及臂，转向横、直拉杆及球销不允许有裂纹和损伤，并且球销不应松旷。对机动车进行改装或修理时横、直拉杆不允许拼焊。

(13) 三轮汽车、摩托车及轻便摩托车的前减振器、上下联板和方向把不应有变形和裂损。

3.3 交通事故车辆转向系统检验鉴定

车辆转向系统安全技术检验包括转向系统的检视、动态检验、静态检验和零部件失效检验。本节对车辆转向系统安全技术检验鉴定做一般性的介绍，在3.4节的案例分析中，在详细分析事故过程的基础上，针对与交通事故原因直接相关的车辆转向系统及部件的安全技术状况进行检验鉴定和分析。

3.3.1 转向系统检视

无论是具有行驶能力的事故车辆还是失去行驶能力的交通事故车辆，都应进行转向系统的检视。

1. 转向系统静态检视

转向系统静态检视主要包括以下内容。

1) 常规检查

(1) 观察汽车(三轮汽车除外)的方向盘是否设置于车辆左侧；

(2) 观察转向系统各部位，在各个操作位置上，是否与其他部件有干涉现象以及干涉痕迹；

(3) 三轮汽车、摩托车及轻便摩托车的前减振器、上下联板和方向把是否有变形和裂损。

(4) 有无转向限位装置。

2) 转向操作机构

(1) 检视转向柱万向传动装置是否连接正常，锁止可靠；

(2) 人工检视转向柱安全吸能装置有无变形，损坏现象。

3) 转向传动机构

(1) 检视转向梯形臂有无运动干涉、变形、裂纹(图3.8)；

图3.8 转向直拉杆与轮胎的干涉痕迹

(2) 检视转向直拉杆有无运动干涉、变形、裂纹，检视转向直拉杆有无拼焊现象；

(3) 检视转向横拉杆有无运动干涉、变形、裂纹，检视转向横拉杆有无拼焊现象；

(4) 检查转向横、直拉杆球销是否松旷；

(5) 检视左、右转向节有无裂纹和损伤现象；

(6) 举升转向轮，转动轮胎，观察轮毂轴承是否工作正常，有无松旷现象。

4) 转向助力装置

(1) 检视转向助力油缸有无泄漏现象；

(2) 检视液压油管有无松动、泄漏现象；

(3) 检视助力液压泵有无泄漏；

图 3.9 转向助力液储液罐

(4) 检视液压油储液罐有无破损、泄漏现象；

(5) 检视储液罐液面高度是否在标识的刻度内(图 3.9)；

(6) 检视储液罐液压油是否清洁，油质是否正常；

(7) 检视助力泵传动皮带是否连接正常；

(8) 电动助力装置连接是否正常，有无受损现象。

5) 转向器

(1) 检视转向器是否定位准确，紧固是否正常；

(2) 检视转向器密封状况是否良好，有无泄漏。

交通事故车辆转向系统检视、检验项目可参考表 3-1 中所列项目。

表 3-1 道路交通事故车辆转向系检验项目记录表

序号	检验项目	检验结果	判别标准	判别结论
1	转向操纵机构			
1.1	转向节及臂	有效□ 失效□ 效能或功能下降□	GB/T 18344	合格□ 不合格□
1.2	转向盘最大自由转动量	_____度	GB 7258	合格□ 不合格□
2	转向传动机构			
2.1	转向梯形臂	完好□ 变形□ 失效□	GB 7258	合格□ 不合格□
2.2	转向直拉杆	完好□ 变形□ 失效□	GB 7258	合格□ 不合格□
2.3	转向横拉杆	完好□ 变形□ 失效□	GB 7258	合格□ 不合格□
2.4	拉杆球销	松旷□ 不松旷□	GB 7258	合格□ 不合格□
2.5	左转向节	有效□ 失效□ 效能或功能下降□	GB 7258	合格□ 不合格□
2.6	右转向节	有效□ 失效□ 效能或功能下降□	GB 7258	合格□ 不合格□
2.7	转向轮轮毂轴承	有效□ 失效□ 效能或功能下降□	GB/T 18344	合格□ 不合格□
3	转向器			
3.1	转向器定位与紧固	有效□ 失效□ 效能或功能下降□	GB 7258	合格□ 不合格□
3.2	转向器密封状况	完好□ 漏油□	GB 7258	合格□ 不合格□
4	转向助力装置			

(续)

序号	检验项目	检验结果			判别标准	判别结论
4.1	助力油缸	完好□	漏油□		GB 7258	合格□ 不合格□
4.2	液压油管	完好□	漏油□		GB 7258	合格□ 不合格□
4.3	助力液压泵	完好□	漏油□		原厂技术条件	合格□ 不合格□
4.4	液压油储液罐	完好□	漏油□		原厂技术条件	合格□ 不合格□
4.5	储液罐液面高度	合格□	不合格□		原厂技术条件	合格□ 不合格□
4.6	储液罐液压油油质	合格□	不合格□		原厂技术条件	合格□ 不合格□
4.7	助力泵传动皮带	有效□	失效□	效能或功能下降□	原厂技术条件	合格□ 不合格□
4.8	助力泵传动皮带张紧度	＿＿＿＿mm			原厂技术条件	合格□ 不合格□
4.9	电动助力装置	有效□	失效□	效能或功能下降□		合格□ 不合格□

2. 转向系统动态检视

转向系统动态检视就是对交通事故车辆在启动发动机和(或)正常行驶条件下对转向系统的所进行的检视，转向系统动态检视主要包括以下内容。

(1) 机动车的方向盘(或方向把)是否转动灵活、操纵方便，有无阻滞现象；机动车(两轮和三轮的机动车、手扶拖拉机运输机组除外)转向轮转向后有无自动回正能力及直线行驶能力；

(2) 汽车(三轮汽车除外)是否具有适度的不足转向特性；

(3) 机动车在平坦、硬实、干燥和清洁的道路上行驶是否跑偏，其方向盘(或方向把)是否有摆振、路感不灵或其他异常现象；

(4) 机动车方向盘的转向是否轻便；

(5) 转向助力装置的可靠性，是否存在时有时无现象。

3.3.2 转向系统动态检验内容

交通事故车辆的转向系统的动态检验鉴定主要对与交通事故原因相关的车辆转向系统的安全技术性能进行检验、测试和分析，以判断事故车辆转向系统的技术状况对车辆行驶安全的影响程度。具有行驶能力的事故车辆转向系统一般以动态检验为主。

转向系统动态检测主要包括以下内容：

(1) 机动车方向盘的转向轻便性检验。如在上述动态检视过程中发现方向盘沉重的，根据鉴定需要进行转向轻便性试验；

（2）汽车和汽车列车（不计具有作业功能的专用装置的突出部分）、轮式拖拉机运输机组的通道圆直径测量；

（3）对前轴采用非独立悬架的汽车，其转向轮的横向侧滑量的测量；

（4）转向轮转向自动回正能力检验。如在检视过程中发现转向自动回正能力差的，根据鉴定需要进行转向轮转向自动回正能力试验；

（5）对动态检视不能确定的其他转向系统的安全技术状况也需要进行动态检验。

3.3.3 转向系统动态检验方法

1. 转向系统动态检验条件

（1）确认事故车具有行驶能力，转向系统在事故中未受损伤。

（2）车辆按厂方（技术条件）规定装备齐全的汽车，检测前应对前轮定位参数进行检查、调整，对转向系、悬挂系统进行检查、调整和紧固。并按规定进行润滑，只有当确认受检汽车已符合国家、行业相关准规定或厂方规定的技术条件时，才能进行检测。

（3）检测汽车所用轮胎轮辋型式及尺寸，必须符合厂方规定，如检测时使用新轮胎，检测前至少经过 200km 正常行驶的磨合；如使用旧轮胎，检测终了时，残留花纹的高度不小于 0.15mm。轮胎气压必须符合厂方规定。

（4）检测时，汽车为最大总质量状态。载货汽车的装载物应均匀分布于货箱内，客车按最大总质量加载，加载物分布地板和座椅上，轴载质量应符合标准的规定。驾驶员、检测员及仪器质量计入总质量内。

（5）检测场地应为干燥、平坦而清洁的水泥或柏油路面，任意方向上的坡度不大于 2%。

（6）检测时风速不大于 5m/s，大气温度为 5～32℃。

（7）高速回正性检测车速按受检汽车最高车速的 70%，并圆整到 80、100、120km/h。

【小提示】

车辆转向系统动态检验时，只有满足以上检验条件，检验的结果才能真实地反映车辆转向系统的动态性能（方向盘的转向轻便性、转向轮转向自动回正能力和转向轮的横向侧滑量等）。

2. 转向系统动态检验的仪器设备

转向系统动态检验的仪器设备包括方向盘力角仪、侧滑检验台及非接触式五轮仪等。

3. 转向轮转向自动回正能力检验

检视过程中,发现机动车(两轮和三轮的机动车、手扶拖拉机运输机组除外)转向轮转向自动回正能力较差的,可按照 GB 6323.4—1994《汽车操纵稳定性试验方法 转向回正性能试验》规定的试验条件和方法对转向轮转向回正能力进行进一步检验。

1) 检测设备、仪器

(1) 测量仪器的量程及精度见表 3-2。

表 3-2　测量仪器的量程及精度

序号	测量仪器	测量变量	量程	精度
1	方向盘力角仪	方向盘转角、转力	0~1080°	±1%
2	车速测量系统	汽车前进速度	0~50m/s	±0.5%
3	车辆动态测试仪	横摆角速度	±50°/s	±0.5°/s
4		侧向加速度	±15m/s²	±0.15m/s²

(2) 测量仪器必须在检定周期内。

(3) 包括传感器及记录仪器在内的整个测量系统频带宽度不小于 3Hz。

(4) 陀螺仪应按箭头标记方向安装,标志指向汽车前进方向,并置于接近汽车重心处,安装平面应尽可能水平,平面度不大于 0.15mm。

(5) 启动陀螺,进行平台调平,只有在平台调平之后方能开始检测。

(6) 非接触车速仪的传感器部分(或五轮仪中的五轮)应安装在车纵向对称平面内,安装高度及方向应正确。

(7) 非接触车速仪(或五轮仪)试验前要进行速度检查,确认正常才可使用。

(8) 测力方向盘与被试汽车的方向盘对中,连接件应夹紧可靠,不得有相对移动,保证同步转动。

(9) 对方向盘测力仪进行转角零刻度、满刻度标定,只有认定二种状况都正常时,才能进行检测。

2) 检测程序

(1) 汽车符合要求测试条件,可以进行检测。

(2) 按仪器说明书接通操纵稳定性测试仪、车辆动态测试仪、方向盘力角仪(图 3.10)、五轮仪或非接触车速仪,接通电源使仪器预热到正常工作温度。

(3) 操作操纵稳定性测试仪,使处于转向回正试验状态,并进入采集状态,检查各信号是否工作正常。

(4) 设置数据处理的标尺，进行零刻度和正、负满刻度标定，将标定信号记录，然后回到采集状态。

(5) 在检测场地上用明显的颜色画出半径 15m 的圆周。

(6) 检测之前，汽车应以侧向加速度为 $3m/s^2$ 的车速沿半径为 15m 的圆周行驶 500m，以使轮胎升温。

(7) 低速回正检测，汽车沿直线行驶，记录转向盘转角及汽车横摆角速度零线然后汽车沿半径为 $(15\pm1)m$ 的圆周行驶，调整车速侧向加速度达到 $4\pm0.2m/s^2$ 之后，稳住车速并开始记录，待稳定 3s 后，驾驶员突然放开方向盘，至少记录松手后 3s 的汽车运动过程，记录时间内油门位置保持不变。

对于侧向加速度达不到 $(4\pm0.2)m/s^2$ 汽车，按侧向加速度为 $(3\pm0.2)m/s^2$ 进行检测，对于侧向加速度 $(3\pm0.2)m/s^2$ 也达不到的汽车，可按受检汽车所能过到的最高侧向加速度进行检测。

(8) 高速回正检测，对于最高车速超过 100km/s 的汽车，要进行高速回正检测，检测时，汽车按第(7)条规定的车速沿检测路段直线行驶，稳定车速记录汽车横摆角速度零线，然后驾驶员转动方向盘使侧向加速度达到 $(2\pm0.2)m/s^2$，待稳定 3s 并开始记录后，驾驶员突然松开方向盘，至少记录松手后 4s 内汽车的运动过程，记录时间内油门位置保持不变。

(9) 将采集的数据记录下来。

(10) 低速、高速回正检测应向右转与向左转各 3 次。

(11) 在检测过程中，受检汽车如出现故障，应立即停止检测，待汽车修好后才能进行检测，前面的数据无效。

(12) 在检测过程中，如测试仪器工作异常，应立即检查仪器发生故障原因，进行修理，前面的数据无效。

(13) 在操纵稳定性测试仪上对采集的数据进行现场处理检查，发现不符合要求，必须重检测。

(14) 检测完毕，要检查测试仪器是否工作正常，如仪器工作异常则应在修好后，进行第二次检测。

3) 检测结果和数据的处理

(1) 在操纵稳定性测试仪显示的 γ 通道上，选取从方向盘撒手点开始后的 3s 记录段进行处理，打印出汽车横摆角速度时间历程曲线。

(2) 将操纵稳定性测试仪打印的数据结果填入表 3-3 中。

4) 结论

参照 GB/T 13047《汽车操纵稳定性指标限值及评价办法》对试验结果进行评定，在限值范围内即为合格，否则为不合格。

表 3-3 转向轻便性试验结果

方向	参数	低速				高速			
		1次	2次	3次	平均	1次	2次	3次	平均
左转	稳定时间								
	残留横摆角速度								
	横摆角速度总方差								
右转	稳定时间								
	残留横摆角速度								
	横摆角速度总方差								

4. 转向系统方向盘外缘的最大切向力(轻便性)检验

以 AM-2012A 型转向力角测量仪(图 3.10)为例来说明汽车方向盘外缘的最大切向力的检验操作方法,AM-2012A 型转向力角测量仪主要用于测量汽车转向时的方向盘转角和方向盘力矩,仪器由测力方向盘和二次显示仪表两部分组成。

图 3.10 AM-2012A 转向力角测量仪

检验方法如下。

(1) 使转向轮处于直行状态下停车,将测力方向盘置于被试车方向盘上,调整卡爪长度使测力方向盘中心与被试车方向盘中心完全对中。

(2) 为防止试验过程中角度测量过于偏向一方而发生转向力角测量仪损坏,在固定卡爪螺钉前应先按以下步骤操作:

a. 将测力方向盘上的电缆插头插入仪表插口,打开后部电源开关,将"测力"、"测角"钮搬向"测角"一边(此时仪器数显屏显示的读数为角度值),"实时"、"保持"钮搬向"实时"一边,"测量"、"标定"钮搬向"测量"一边。

b. 根据被试车具体情况,转动测力方向盘上的电缆固定杆至既便于捆扎固定,又不妨碍驾驶操纵的位置上,观察数显屏,如果读数不为零,则应改变卡爪固定位置,直至显示读数为零或接近零时为之。

(3) 拧紧卡爪螺钉,用布带或铁丝拉紧电缆固定杆,并捆扎牢固。捆扎电缆固定杆时应保证方向盘转动时,固定杆不与卡爪和测力方向盘相碰。

(4) 将"测力"、"测角"钮搬向"测力"一边,此时显示为转向力。在测力方向盘不受力的情况下,显示应为零。如显示有小的偏移,用小改锥调整"零点"电位器，使之显示为零。然后将"测量"、"标定"钮搬向"标定"一边，此时仪器显示出厂时给定的标定数，若有偏差，调整"增益"电位器，调好后搬回到"测量"一边，这样可保证显示和模拟量输出的精度。角度测量由仪表内部自动校正。

（5）根据测试具体要求，将"左转"、"右转"钮和"实时"、"保持"钮置于所需位置。

完成上述操作后即可进入使用，可直接从显示屏读出方向盘最大自由转动量和转力数据。

（6）机动车在平坦、硬实、干燥和清洁的水泥或沥青道路上行驶，以10km/h的速度在5s之内沿螺旋线从直线行驶过渡到直径为24m的圆周行驶，测量施加于方向盘外缘的最大切向力。

（7）可直接在转向力角测量仪显示屏读出方向盘最大转力数据。

（8）如对车辆转向轻便性需要进一步检验的，可按照GB/T 6323.5《汽车操纵稳定性试验方法 轻便性试验方法》规定的试验条件和方法对转向轻便性进行进一步检验。

5. 汽车不足转向特性检验

调整方向盘转角，使机动车能以10km/h的速度在直径为30米的圆上匀速行驶，保持方向盘不动，逐渐提高车速，考查车轮轨迹（直径）是否随着车速的提高而逐渐增大。如车轮轨迹（直径）随着车速的提高而逐渐增大，车辆具有不足转向特性，如车轮轨迹（直径）随着车速的提高而逐渐减小，车辆具有过度转向特性，机动车不允许有过度转向特性（赛车除外）。如车轮轨迹（直径）不随车速的变化而变化，车辆具有中性转向特性。

6. 转向轮横向侧滑量检验方法

要求：转向轮横向侧滑量的检验应在侧滑检验台上进行，将汽车对正侧滑试验台（图3.11），并使方向盘处于正中位置。使汽车沿台板上的指示线以3～5km/h车速平稳前行，在行进过程中，不允许转动方向盘。转向轮通过台板时，测取横向侧滑量。

图3.11 侧滑检验台局部

转向轮的侧滑量测量也可以通过机动车安全检线检测。

7. 车辆通道圆与外摆值测量方法

1）车辆通道圆测量

车辆通道圆与外摆值示意图如图3.12、图3.13所示。

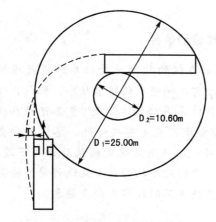

图 3.12 车辆通道圆与外摆值示意图(汽车)

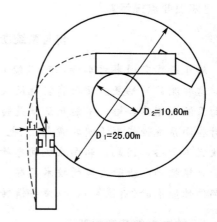

图 3.13 车辆通道圆与外摆值示意图(汽车列车)

(1) 汽车或汽车列车以直线行驶状态停于平整地面上。

(2) 汽车或汽车列车起步,由直线行驶过渡到直径 D_1(按照车辆最外侧部位计算,但是不计具有作业功能的专用装置的突出部分)为 25m 的圆周内行驶,至少在圆周内行驶 1/2 圈(半个圆周),在此过程中车速控制在 5～10km/h。

(3) 在此圆周内运动的车辆,最外侧部位在地面上的投影所形成的圆周轨迹即为车辆通道圆的外圆。

(4) 在此圆周内运动的车辆,最内侧部位在地面上的投影所形成的圆周轨迹即为车辆通道圆的内圆。

(5) 上述过程左右各进行一次。

2) 车辆外摆值测量

(1) 汽车或汽车列车以直线行驶状态停于平整地面上。

(2) 沿车辆最外侧部位向地面做投影,并做与车辆纵向中心线平行的投影线。

(3) 汽车或汽车列车起步,由直线行驶过渡到直径 D_1(按照车辆最外侧部位计算,但是不计具有作业功能的专用装置的突出部分)为 25m 的圆周内行驶,至少在圆周内行驶 1/2 圈(半个圆周),在此过程中车速控制在 5～10km/h。

(4) 上述过程中车辆外侧任何部位在地面上的投影形成外摆轨迹,该轨迹与车辆静止时车辆最外侧部位形成的投影线的最大距离即为车辆外摆值 T。

(5) 上述过程左右各进行一次。

8. 判定

把转向系统每项动态检验结果与对应项的安全技术要求对比,不符合要求的则为不合格。

【知识要点提示】

转向系统动态检验的条件

对于道路交通事故车辆，可以按事故前车辆的状况对转向系统进行模拟测试，这样测试的结果能比较真实地反映事故前车辆整车的技术状态，但是，如果转向系统检测不合格，不能确认就是转向系统本身的技术问题（譬如行驶系统部件对转向系统性能影响就非常大），也很难发现究竟是哪些部件、总成的安全技术状况不合格，因此，转向系统动态检验时，应在满足规定的试验条件下进行，然后再根据动态检验发现的技术问题，进一步的对车辆转向系统进行静态检验或零部件性能检验（拆检等），以便弄清转向系统真正的故障或安全隐患。

3.3.4 转向系统静态检验

一般两种情况下的事故车辆转向系统需要进行静态检测：一是失去行驶能力的事故车辆；二是具有行驶能力的事故车辆转向系统需要在静态条件下检测的项目、或在动态检验中发现问题，但不能确定具体原因、动态鉴定结论不确切的，需要对转向系统、总成工作参数和零部件性能进行静态检验。

1. 转向系统静态检验的内容

转向系统静态检验的内容主要包括转向系统及其转向系统的部分总成的相关工作参数及工作状况检验和关键零部件性能检验，一般包括以下内容。

（1）机动车方向盘的最大自由转动量。

（2）机动车转向轮最大转角。

（3）车轮定位参数测量。

（4）可能与事故有关的零部件性能检验。

2. 转向系统静态检测方法

1）方向盘最大自由转动量

（1）转向系统未受损的情况

车辆保持停止状态，可以利用 AM-2012A 型转向力角测量仪测量汽车方向盘的最大自由转角，检验方法与转向系统方向盘外缘最大切向力（轻便性）的检验方法相同。

（2）转向操纵机构受损坏的情况

测量规范如下（图 3.14）。

a. 把方向盘基本置于中间位置（转向器分度的中间位置）；在方向盘的外沿做一明显标记；

图 3.14　方向盘最大自由转动量测量

b. 用直尺或钢卷尺测量方向盘直径 D；

c. 把方向盘向左（或右）自由转动到极限位置，记下标记点的位置，再把方向盘向右（或左）自由转动到极限位置，测量标记点的自由转动的弧长 L 或弦长 a；

d. 计算方向盘的最大自由转动量。

方向盘的最大自由转动量 $= 360L/\pi D$ 或 $\arcsin(a/D)$。

（3）转向器输入轴最大自由转动量

如果方向盘已严重变形或转向柱（传动轴）脱落，可以从转向器输入轴测量输入轴的最大自由转动量，测量方法如下。

a. 用游标卡尺测量转向器输入轴直径 D；

b. 把转向器输入轴向左（或右）自由转动到极限位置，记下标记点的位置，再把转向器输入轴向右（或左）自由转动到极限位置，测量标记点的自由转动的弧长 L 或弦长 a；

c. 计算转向器输入轴的最大自由转动量为

转向器输入轴的最大自由转动量 $= 360L/\pi D$ 或 $\arcsin(a/D)$。

【知识要点提示】

方向盘最大自由转动量和转向器输入轴最大自由转动量存在差异，因转向器输入轴与方向盘之间一般通过万向节联结，由于万向节有间隙或磨损，因此转向器输入轴的最大自由转动量一般小于方向盘的最大自由转动量，在用转向器输入轴的最大自由转动量来评判时要注意。

2）车轮定位参数和机动车转向轮最大转角

对具有行驶能力事故车辆，如动态检测发现方向盘沉重、或直线行驶能力、或转向轮转向回正能力较差的；失去行驶能力事故车辆、转向系统等未受损、或其他系统损坏对车轮定位参数无影响的，可以通过对汽车前轮定位参数检测，确定具体原因。

（1）车辆技术要求如下。

① 受检汽车载荷应符合该车原设计的规定。

② 汽车轮胎，特别是转向轮应为新的或磨耗量在 20％以内的轮胎，其气压应符合使用说明书之规定，其偏差在 10％以内。

③ 车轮轴承、转向主销不松旷，制动器工作正常，否则应予调整。

(2) 测量场地的要求

① 测量场地为表面平整、不平度每平方米小于 2 毫米，坡度小于 0.1％的专用水磨石地面。

② 汽车前轮放在转盘上，后轮用厚 60 毫米（与前轮转盘等厚度）的平整木块垫起，保持汽车处于水平状态。

(3) 检测设备、仪器

① 检测汽车前轮定位可用 GCD 型光束水准前轮定位仪或其他型号的前轮定位参数测试仪，如图 3.15 所示。

② 仪器技术要求

a. 车轮外倾角测量范围 $+8°$、$-4°$，读数分辨率为 $1'$，测量精度为 $\pm 5'$；

b. 主销后倾角测量范围 $+15°$、$-3°$，读数分辨率为 $1'$，测量精度为 $\pm 5'$；

图 3.15　GCD 型光束水准前轮定位仪

c. 主销内倾角测量范围 $+15°$、$-3°$，读数分辨率为 $1'$，测量精度为 $\pm 5'$；

d. 前束测量范围为 $\pm 40mm$；

e. 车轮转角向内、外转最大各 $60°$，分辨率 $1'$；

f. 检测所用设备、仪器必须经过国家指定的部门进行检定，使用时必须在检定周期内。

(4) 检测程序

① 使车况达到上述受检汽车技术要求。

② 将汽车按下列方法正确地放置在转盘上。

a. 将支架依汽车说明书安装在前轮辋上。

b. 将标牌依说明书安装在后轴中心线处上。

c. 将前桥顶起，依聚光器对标牌投影示值法进行轮辋变形的补偿调整。

d. 前轮处于正常前进位置后，将前轮放在转盘上，并用聚光器向后轴线处标牌确定使主销轴线延长线基本上通过转盘中心。

③ 前束的测定。

a. 将两标杆调整长，且使其内向距离略大于被测车的距离。

b. 将两标杆安放于前桥两侧，平行于该桥，使其距离为车轮半径的 7 倍。

c. 平行调整标杆使某一侧聚光器光束投影到前后标杆的读数为某相同整数，然后读出另一侧聚光器在前后标杆上的读数差即为前束值。

④ 车轮外倾角的测量。

车轮外于正常前进状态下,将水准仪定位销轴插入被测车轮所安装支架中心孔中,使其大致处于水平状态。转动外倾调节盘(α)使水准泡处于中间位置,在黑刻度盘上读出(α)盘红线所示角度即为此车轮的外倾角。以相同的方法测量另一测车轮。

⑤ 主销后倾角的测量。

按的检测程序进行测量,不动水准仪。

a. 将车轮向内转20°,松开弹簧卡,锁紧螺钉,使水准仪沿定位销轴的方向处于水平状态,紧固此螺钉。

b. 转动调节盘(γ.β)使其指示红线与仪表板之蓝、红、黄盘零线重合。

c. 调整水准泡组件上调节施钮,使气泡处于中间位置。

d. 将车轮转向反方向40°,调整"γ.β"盘,直到气泡处于中位置,则在蓝盘上读出"γ.β"盘所示值即为主销后倾角,用相同方法测量另一侧车轮。

⑥ 主销内倾角的测量。

a. 用踏板抵压器压下制动踏板。

b. 取下水准仪,将定位主销插入支架孔中,轻轻拧紧锁紧螺钉,使水准仪不会自由转动。

c. 将车轮向内转20°,松开锁紧螺钉,使水准仪沿定位销轴的方向大致处于水平状态,锁紧螺钉,转动调节盘"γ.β"使其红色线与蓝、红、黄上零线重合,调节水准泡组件上调节旋钮,使气泡处于中间位置。

d. 将车轮转向反方向40°,调整"γ.β"盘,直到气泡再次处于中间位置,则"γ.β"盘红线在红盘或黄盘上所示值即为主销内倾角,用相同方法测量另一侧车轮,其中右轮在红盘上读数,左轮在黄盘上读数。

⑦ 转向轮最大转角测量。

前轮处于正常前进位置后,将前轮放在转盘上,取下转盘上的定位销,向左转动方向盘到极限位置并保持,从转盘上读取左、右前轮左转的最大转角并记录;向右转动方向盘到极限位置并保持,从转盘上读取左、右前轮右转的最大转角并记录。

原地检测:汽车转向轮置于转角盘上,转动转向盘使转向轮达到原厂规定的最大转角,在全过程中用转向力测试仪测得的转动转向盘的操纵力不得大于120N。

3.3.5 零部件性能检验鉴定

1. 零部件性能检验鉴定的项目

具有行驶能力的事故车辆,通过动态检验和静态系统、总成参数检验,发现问题，但不能确定具体原因、鉴定结论不确切的，通过具体分析，对影响转向系统性能直接相关的系统总成或部件进行必要解体，对关键零部件进行检测，查清转向系统技术性能不合格的具体原因。

失行驶能力的交通事故车辆，一般在事故中受到不同程度的损坏，车辆系统、总成的相关工作参数及工作状况，可能已经不能准确地反映系统、总成事故前的技术状态。因此，对丧失行驶能力的交通事故车辆，零部件性能检验鉴定占有非常重要的地位，是交通事故车辆性能取证的最重要途径。

通过拆解检验其主要零部件，分析、判断该系统或零部件的基本技术状况，对整车安全性能所造成的影响及程度。零部件性能检验鉴定属于交通事故车辆静态检验的部分内容。

转向系统零部件性能检验主要包括转向器、球销、主销等构件的磨损量，转向拉杆等构件的变形量等参数。记录表格见表3-4。

表3-4 转向系统零部件检验记录表

项目	技术条件/mm	检验结果/mm	磨损(变形)量/mm
主销			
拉杆球销			
转向器齿轮			
转向器齿条			
转向柱万向节			

2. 转向系统零部件性能检验鉴定

以某事故轿车的左前主销脱出主销孔来分析零部件性能检验鉴定的内容及过程。

1）鉴定材料

（1）牌照号为川RXXXX的客车（图3.16）。

（2）左侧盘式制动器总成（包括左侧转向节）、左前下横臂、及转向器（图3.17）（送检零部件）。

2）车辆损坏状况

检验时，该车前部变形，车身左侧、右侧变形，车顶压塌变形等（图3.16），左前盘式制动器总成、左前下横臂、左侧转向横拉杆、转向器已被拆卸，未见左前轮、右前轮。

 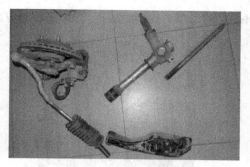

图 3.16　事故车前部照片　　　图 3.17　转向系统零部件

3) 转向系统主要零部件检验

送检材料显示，左前下横臂与转向节处于分离状态(图 3.17)。

(1) 左前下横臂及球销(主销)。

① 左前下横臂。

左前下横臂球销座端向上弯折近 90°，弯折部分长度约为 55mm(图 3.18)，球销座孔上沿口(向外)存在挤压痕迹，挤压痕长度约为 15mm(图 3.19)。经测量，下横臂弯折部分端部宽度约为 35mm，翼板之间的最大距离约为 50mm，翼板厚度约为 2mm(图 3.20)。

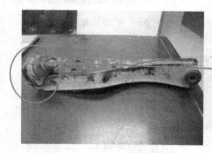 

图 3.18　左前下横臂　　　图 3.19　左前下横臂球销座孔挤压痕

② 球销(主销)。

a. 送检时，见主销存在锈迹。经测量，主销外径约为 $\phi 15.0$mm，环槽处的最小外径约为 $\phi 12.6$mm(图 3.21)。

b. 主销杆身由环槽上缘至端部柱面因挤压导致材料由下往上产生延展性变形(图 3.19、图 3.22)，端部被挤压变形(图 3.23、图 3.24)。杆身沿圆周方向变形区域的接触宽度最大约为 8mm，端部挤压面接触宽度分别约为 8mm、

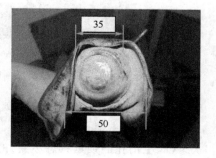

图 3.20　下横臂弯折部分尺寸

4mm(图 3.24)。主销向杆身变形区相对方向发生弯曲变形(图 3.25)。

图 3.21　主销

图 3.22　主销杆身变形区域

图 3.23　主销端部、杆身变形情况

图 3.24　主销端部变形情况

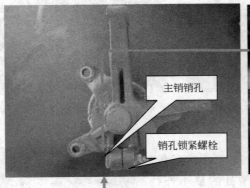
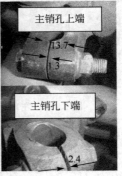
图 3.25　转向节主销孔及锁紧螺栓

(2) 左转向节主销孔及锁紧螺栓。

送检时,主销孔的锁紧螺栓、螺母处于紧固状态。在未改变螺栓、螺母紧固状态(即主销孔的锁紧状态不变)的前提下,进行以下检验。

测量销孔的相关尺寸:销孔上端的内径约为 $\phi13.7$mm,销孔下端孔内未变形

处的内径约为 φ15.0mm，销孔开槽上端宽度约为 1.3mm，下端宽度约为 2.4mm（图 3.25）。经测量，锁紧螺栓的外径约为 φ10.0mm。

将转向节置于工作平台上，经测量，主销孔锁紧螺栓外圆面（螺纹处）至平台的距离约为 16.79mm（测量平均值），主销孔最低点至平台的距离约为 16.02mm（测量平均值）（图 3.26）。

销孔上端无明显变形，销孔下端孔口发生变形，孔口壁材料因挤压向孔外延展呈毛刺状（图 3.27）。锁紧螺栓在位于销孔内的部分见圆弧面状挤压变形痕迹，螺栓材料因挤压向销孔下方延展变形，销孔开槽处螺栓下方有挤压变形形成的毛刺，见螺栓变形处下缘与销孔壁处于接触状态，上缘与销孔壁间存在明显间歇，销孔孔壁见明显沟槽状划痕，两侧划痕的间距约为 8mm（上、下方位以图 3.26 左侧照片作为参照），如图 3.27、图 3.28 所示。

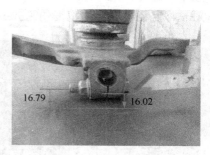

图 3.26 转向节置于工作平台上进行测量

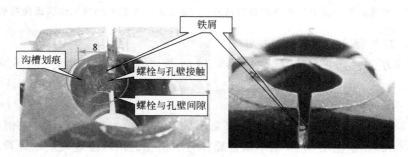

图 3.27 锁紧螺栓及销孔痕迹（由销孔下端看）　　图 3.28 开槽处的毛刺

（3）左前盘式制动器挡板及左前制动盘。

① 挡板。

该车左前盘制动盘挡板背向制动盘的表面在主销孔下方对应方向上存在接触痕迹。接触部位的拱筋被压变形呈扁平状，宽度约为 35mm，最大接触区域宽度约为 52mm，接触区域两侧分别有宽度约为 2.2mm 因挤压形成的沟槽。经测量，未变形的拱筋高度约为 3.5mm（图 3.29）。左前制动盘挡板面向制动

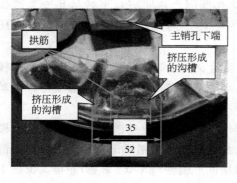

图 3.29 制动盘挡板背向制动盘的表面痕迹

的表面(喷涂黑色漆)存在擦痕,沿圆周方向最大接触宽度约为50mm,最小接触宽度约为30mm,径向方向的接触长度约为38mm(图3.30)。

② 左前制动盘。

该车左前制动盘工作面(面向挡板)存在明显擦痕,局部附着黑色物质,沿圆周方向的最大接触长度约为80mm,附着黑色物质的区域沿圆周方向的长度约为50mm,沿径向方向的宽度约为35mm(图3.31)。

图3.30 制动盘挡板面向制动盘的表面痕迹

图3.31 左前制动盘工作面面向挡板痕迹

(4) 转向器及左侧转向横拉杆。

该车左侧转向横拉杆弯曲变形,转向器齿条断裂为两段,转向器壳体损坏。

4) 分析说明

(1) 该车左前主销孔下端孔内未变形处的内径约为 $\phi15.0$mm,主销外径约为 $\phi15.0$mm,根据图3.26所示锁紧螺栓与主销孔的相对位置关系,计算出锁紧螺栓与主销环槽的锁紧相贯量为0.77mm。

(2) 根据上述相关痕迹检验,该车左前主销挤压锁紧螺栓向下拖出销孔,导致锁紧螺栓被挤压变形,螺栓上缘与销孔壁间产生间隙,下缘与孔壁紧密接触,螺栓下方开槽内遗留因挤压产生的毛刺。同时,主销接触面也被挤压变形。

(3) 根据上述对左前下横臂、左前制动盘及挡板的痕迹检验,该车左前下横臂端部与左前制动盘挡板、制动盘撞击,导致下横臂向上弯折,挡板变形,制动盘工作面留下挡板漆痕及擦痕。

(4) 如图3.32所示,转向节主销孔与主销连接,通过销孔上的锁紧螺栓锁紧主销,利用锁紧螺栓与主销环槽的锁紧相贯量防止主销脱出销孔。主销球头部分安装于下横臂外端球头座内。下横臂内端通过销轴与车架(车身)连接,保证下横臂可以在横向平面内绕销轴上下摆动。在车轮受到横向方向的力作用时,因主销与转向节、下横臂的连接关系，此作用力将会通过主销经下横臂传至车身。反之，作用至车身上的横向方向的力由下横臂经主销传至车轮。当下横臂与主销轴线之间的夹角小于 90°时，作用在车轮或车身上的横向方向的力，会在主销的球头部分产生一个沿主销轴线向下的分力，当这个分力足够大以致超出锁紧螺栓对主销的锁紧力时，则主销将会被强制从销孔中向下拖出。

(5) 根据上述分析，该车应是左前轮或车身受到横向方向的强大撞击力作用，使作用于左前主销球头部分向下的轴向力超出锁紧螺栓的锁紧力，导致主销及其锁紧螺栓被挤压变形，主销被强制向下拖出销孔。当主销在被拖出销孔过程中，左前轮失去正确定位关系，因横向方向力的作用，左前轮将靠近车身，导致左前下横臂外端与制动盘挡板及制动盘发生撞击，使下横臂外端弯折。同时主销端部与销孔孔壁发生接触，主销杆身与主销孔下端孔口及下横臂球销座接触，导致接触部位产生明显挤压痕迹，主销弯曲（图 3.33）。

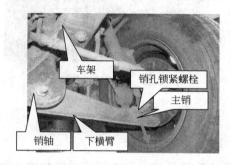

图 3.32　同车型下横臂与转向节安装关系

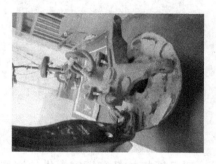

图 3.33　下横臂与转向节安装关系

5) 鉴定意见

(1) 该车左前主销孔锁紧螺栓与主销环槽的锁紧相贯量为 0.77mm。

(2) 因强大的横向力作用超出锁紧螺栓对主销的锁紧力，导致该车左前主销被强制拖出主销孔。

3.3.6　零部件失效检验鉴定

如果在动态检验和静态检验中，发现转向拉杆、转向节、球销等有断裂或其他损坏形态的零部件，而这些零部件可能与交通事故有关联，那么就必须进行必要的零部件失效检验。

一般情况，造成转向横拉杆突然断裂的原因有很多，如横拉杆本身就有裂痕、材质问题、转向时因某种原因而引起的转向横拉杆受力过大等。

下面以北京工业大学的张亦良对某汽车转向横拉杆断裂失效鉴定为例来分析零部件失效检验鉴定的一般内容和方法。

1. 表面宏观检验

先从外观上进行检视、测量，观察横拉杆有无变形、碰撞痕迹，观察其断口颜色特征，是陈旧性断口还是新鲜断口，以及两种断口的面积大小。

某事故车的转向横拉杆，从外观上进行测量，发生断裂的横拉杆已经发生了大约110°的弯曲，如图3.34所示，并且外侧受拉部位有明显裂纹。观察其断口发现，断口上有大约1/5部分已不新鲜，有明显的相互摩擦痕迹，断定其为原有缺陷。其余部分断口新鲜，没有旧痕，基本具有金属灰色特征，如图3.35所示。

图3.34 事故中断裂的横拉杆

图3.35 事故横拉杆的断面

2. 理化检验

1) 化学成分检验

对已断横拉杆和厂家提供的同型号横拉杆样品进行化学成分对比检验，其检验结果如表3-5所示。结果显示：断裂横拉杆材料中，Mn含量稍有偏低；样品横拉杆材料中，除Mn含量稍有偏低外，Cr含量低于标准值，其他元素含量均符合YB6-71标准的要求。

表3-5 化学成分分析结果(%)

检验结果	C	S	Si	Mn	P	Cr
断裂横拉杆	0.41	0.014	0.21	0.45	0.0140	1.10
样品横拉杆	0.41	0.027	0.24	0.45	0.0077	0.66
YB6-71标准值	0.37~0.45	≤0.040	0.20~0.40	0.50~0.80	≤0.0400	0.80~1.10

2) 金相组织检验

从断裂横拉杆断口处切取金相试样，经镶嵌、磨抛和侵蚀后，置于OLYMPUS-PMG3型倒置式高级金相显微镜下进行观察，该材料金相组织为回火索氏体组织，含少量铁素体(图3.36)。根据GB/T 6394—2002金属平均晶粒度测定方法，评定该材料晶粒度为Ⅵ级（图3.37）。材料中存在一定量的夹杂物，根据GB 10516—89钢中非金属夹杂物显微评定方法，评定为Ⅱ级（图3.38）。

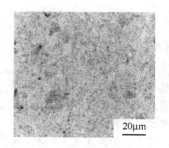 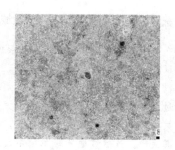 

图3.36 回火索氏体组织　　　图3.37 材料晶粒度　　　图3.38 非金属夹杂物

3）断口检验

对断口取样，用酒精清洗后置于扫描电子显微镜下观察，占断口表面4/5的区域为本次事故中开裂的断口，呈韧性特征，即有明显韧窝（如图3.39所示），显示此材料的韧性很好。断口部分约有1/5的区域与上述断口特征不同，其微观形貌特征已遭破坏（如图3.40所示），但可判断在完全失稳断裂前该横拉杆已有部分开裂，属于早期缺陷。

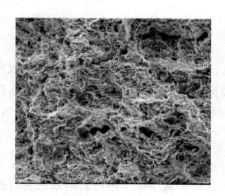 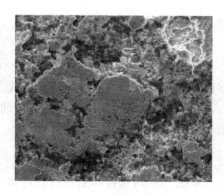

图3.39 韧窝形貌　　　图3.40 破坏形貌特征

3. 检验结果

(1) 断裂横拉杆的化学成分及金相分析表明该材料金相组织正常且具有良好的韧性。

(2) 横拉杆的断裂形式与断口微观分析显示事故是由于受压失稳造成的。

(3) 横拉杆突然断裂前，已有1/5的区域开裂，该横拉杆具有早期缺陷。但该缺陷与本次事故没有直接的因果关系。

交通事故车辆安全技术鉴定教程

失效零部件的新研究领域

北京工业大学的张亦良等在对上述某事故中发生弯曲断裂的横拉杆进行了表面宏观检验、化学成分分析、显微组织分析以及断口扫描电子显微镜分析,得出了鉴定结论,而且从理论及实验等方面进行了系列研究,建立了力学模型,利用有限元软件模拟了含缺陷横拉杆的结构稳定性,并模拟事故的发生过程,考虑了汽车速度及冲击方向对失稳的影响。动态冲击稳定性分析表明,动态下的压缩失稳是横拉杆失效的直接原因,横拉杆突然断裂前,已有1/5的区域开裂,该横拉杆具有早期缺陷。虽然该缺陷与本次事故没有直接的因果关系,但是大大降低了安全系数,使压杆的静、动态临界载荷均降低51.4%,从有限元屈曲分析可以看出,初始缺陷对结构稳定性的影响很大,当横截面积发生19.54%的缺陷时,其最大承载能力将下降51.3%,与 *Koiter* 理论得出的结果极为相似。

失效零部件的新研究领域和的新检验鉴定方法、技术正不断涌现。

3.4 案例分析——转向垂臂与直拉杆的连接球销断裂失效鉴定

1. 事故摘要

2007年7月1日10时50分许(天气:阴),牌照号为川BXXXX的XXX牌的XXX型客车,由北川县漩坪往金凤方向行驶至瓦厂村熊家田湾处时(土石路面),发生该车驶出道路左侧坠入河中的特大交通事故,事故造成重大人员伤亡、车辆严重受损。

2. 检测事项

对事故车转向垂臂与直拉杆的连接球销断痕及事故车辆的转向系统进行检验鉴定。

3. 检材

(1) 已发生交通事故、牌照号为川XXXXX的XX牌XXX型客车(图3.1)。

(2) 已发生断裂的该车转向垂臂与直拉杆的连接球销(图3.2)。

4. 检验方案

由于事故车严重损毁、转向垂臂断裂,完全丧失行驶能力,因此该事故车的检验鉴定采用静态鉴定。从交警提供的笔录中了解到,该车是在行驶过程中,方向突然失控，而发生坠入河中的特大交通事故，因此重点检测检测转向系统、行驶系统和制动系统。

5. 检验过程

1）转向系统

对转向系统进行如下检视。

（1）该车车身前部严重变形，仪表盘已损坏、方向盘严重变形（图3.1，图3.41）；

图3.41　事故车驾驶室损坏情况

（2）该车转向垂臂与直拉杆的连接球销断裂（图3.2）；

（3）该车转向直拉杆后球销及转向横拉杆球销均不松旷；

（4）转向系统与其他部件无干涉痕迹。横、直拉杆无拼焊现象；

（5）该车左前轮转向节主销存在轻微松旷现象（图3.42）；

（6）经检视，该车前保险杠、保险杠支架被撞击变形，其最大变形区域正对转向器垂臂与转向直拉杆前部连接位置（图3.43），但在该区域内未发现前保险杠、保险杠支架与转向垂臂及转向直拉杆存在接触、碰撞的痕迹（图3.43、图3.44）。

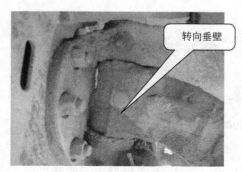

图3.42　左前轮转向节

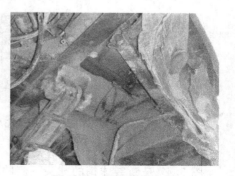

图3.43　保险杠及支架

2) 转向系统检测

（1）经测量转向垂臂的长度及自由摆动量参数后推算，该车转向器螺母齿条与扇形齿之间的啮合间隙在正常范围内。

（2）检验时，该车转向垂臂与直拉杆的连接球销已从球头与螺杆之间的过渡圆弧轴颈处断裂，并且该断面存在疲劳裂纹及扩展区，其面积为整个断面面积的40%左右（图3.45）。

（3）该车转向传动机构严重受损，未能检测方向盘的最大自由转动量。

图3.44 转向直拉杆前端

图3.45 连接球销断口

从上面转向系统的检视、检视结果中，虽然发现了转向垂臂与直拉杆的连接球销的疲劳裂纹及扩展区，但不能准确判定该车转向垂臂与直拉杆的连接球销断裂的真正原因，因此需要对该零件进行零部件失效鉴定。

3) 转向垂臂与直拉杆的连接球销断口检验

（1）取样。

从断裂球销的螺杆一侧靠近断口处截取一个半圆试样，镶嵌后磨制为金相试样（图3.46）。

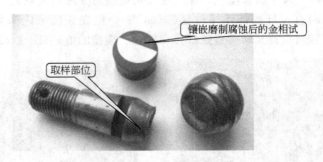
图3.46 清洗后的断裂球销及试样

（2）断口分析。

图3.47是断裂球销的球头一侧的断口面，图3.48是螺杆一侧的断口面。

从图 3.47 可见，球销断口的宏观特征为拉、压疲劳断口，断口的疲劳区域较小，瞬时断裂区域较大。瞬时断裂区域较大，表明球销在服役过程中承受的应力较大，即服役应力远高于材料的疲劳极限，材料的强度明显不足。

图 3.47　球销的球头一侧的断口面　　　　图 3.48　球销的螺杆一侧的断口面

扫描电镜观察表明，疲劳裂纹起源于零件表面（图 3.49），有明显的扩展区（图 3.50）和瞬时断裂区（图 3.51），瞬时断裂区呈现出韧性断裂与脆性断裂的混合断裂特征。

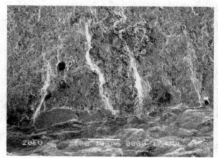

图 3.49　裂纹起源区的低倍和高倍扫描电镜照片

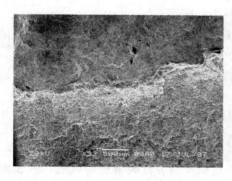

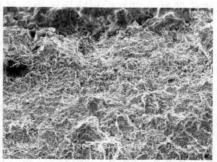

图 3.50　裂纹扩展区的低倍和高倍扫描电镜照片

 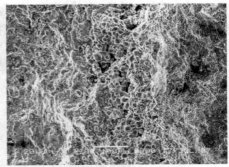

图 3.51　瞬时断裂区的低倍和高倍扫描电镜照片

(3) 金相检验。

图 3.52 是试样半圆处(即球销的表层处)放大 100 倍的金相组织图,图 3.53 为放大 400 倍的金相组织图(照片中的下部黑色区域为镶嵌材料)。

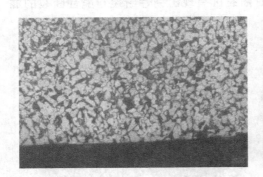 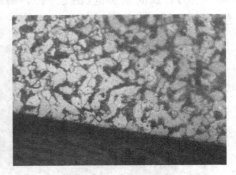

图 3.52　试样表层的 100 倍金相组织图　　图 3.53　试样表层的 400 倍金相组织图

从金相组织图可见,试样的组织为铁素体＋珠光体,其中珠光体的量明显少于铁素体的量,由此可判断该球销的材料为低碳钢。

从金相试样表面观察,试样表层未见有经过表面强化处理的痕迹。

3) 行驶系统检验

经检验,未发现该车行驶系统事故前存在的与本次事故有关的安全隐患。

4) 制动系统

经检验,未发现该车制动系统事故前存在的与本次事故有关的安全隐患。

6. 检验结果

(1) 该事故车辆转向垂臂与直拉杆的连接球销为低碳钢材料制造,其表面未作强化处理。

(2) 未发现该车转向垂臂及转向直拉杆被撞击的痕迹。

(3) 该事故车辆转向垂臂与直拉杆的连接球销断口存在疲劳损伤区，连接球销断裂为疲劳断裂。

(4) 该事故车辆转向垂臂与直拉杆的连接球销在事故前已存在疲劳裂纹，不符合国家标准 GB 7258—2004《机动车运行安全技术条件》中第 6.12 条"转向节及臂，转向横、直拉杆及球销不允许有裂纹和损伤，并且球销不允许松旷。"的要求。

(5) 未发现该车行驶系统、制动系统事故前存在的与本次有关的安全隐患。

7. 事故成因分析

(1) 该事故车辆转向垂臂与直拉杆的连接球销为低碳钢材料制造，其表面未作强化处理。分析认为，该球销的疲劳强度不足，存在质量缺陷；按照国家汽车行业标准 QC/T 650—2000《汽车转向拉杆球头销性能要求及试验方法》的规定，这种质量的球销，其性能很难达到标准第 5 条"样品经 3×10^5 次试验后，不得损坏。"的要求，容易发生疲劳失效。

(2) 未发现该车转向垂臂及转向直拉杆被撞击的痕迹，该事故车辆转向垂臂与直拉杆的连接球销断口存在疲劳损伤区，同时，由于该事故车的左前轮转向节主销存在轻微的松旷，使转向垂臂与直拉杆的连接球销在车辆运行时受到附加的、更大的交变冲击载荷，从而促进了转向拉杆球销的疲劳裂纹的扩展，直至断裂。由于该车事发时在土石公路上行驶，路面的不平整使车轮受到比平整路面大得多的冲击载荷，这种冲击载荷通过主销、转向节传递到转向垂臂与直拉杆的连接球销，而且该事故车的左前轮转向节主销存在轻微的松旷，使得连接球销可能在某一瞬间受到很大的冲击载荷而导致连接球销断裂。结合案情资料"该车在事发前突然失去控制"等因素，综合分析认为：该事故车辆转向垂臂与直拉杆的连接球销从球头与螺杆之间的过渡圆弧轴颈处断裂，不是在事故过程中被撞断的，而是该球销发生疲劳断裂后导致事故车辆的转向失控而坠入河中。

【知识要点提示】

本案例有一个最关键的问题：转向垂臂与直拉杆的连接球销是事故前还是在事故中断裂的？该车转向垂臂及转向直拉杆没有被撞击的痕迹，不足以说明该连接球销是事故前断裂的。该连接球销断口存在疲劳损伤区、连接球销材质不符合标准规定，也不足以说明该连接球销是事故前断裂的。因此，在分析这起事故时，从交警提供的案情资料"该车在事发前突然失去控制"，事故经过"该车从道路左侧坠入河中"等，结合人、车、路、环境等因素综合分析，最终判定该球销发生疲劳断裂后导致车辆转向失控，从而引发车辆坠入河中的交通事故。

从本案例也可以看出，要对一起事故进行公正、客观、科学的鉴定，必须要重视案情资料的收集，选择正确、恰当的检验方法，结合人、车、路、环境等因素综合分析，才能得出正确的鉴定结论。

8. 事故总结

针对具体的交通事故，首先要深入细致分析案情、事故经过，从而确定检验、鉴定的重点，先进行常规检视；再对部件、总成参数进行检验；再进行拆检；必要时对失效零部件进行检验，从而对事故车辆的安全技术状况做出准确的鉴定。并就肇事车辆安全技术状况及与事故之间的因果关系进行分析，做出公正、合理的判断。

通过对车辆转向系统的技术鉴定，不但能发现该车转向系统事故前的安全隐患，而且能为分析交通事故的形成提供有力的证据。

本 章 小 结

用来改变或保持汽车行驶方向的一系列装置叫汽车转向系统，其功能就是按照驾驶员的意愿控制汽车的行驶方向。汽车转向系统对汽车的行驶安全至关重要。

转向系统主要包括机械转向系统和动力转向系统两种类型。动力转向系统又分为液压式动力转向系统和电动助力式动力转向系统。转向系统主要由转向操纵机构、转向器、转向传动机构、转向减振器和转向助力器组成。

转向系统常见故障有转向沉重、行驶过程中前轮摆头、行驶过程中自动跑偏、行驶过程中方向不稳定、方向失控等。

国家标准对转向系统的性能及零部件结构参数和性能有严格的安全技术要求。

介绍了交通事故车辆转向系统静态、动态检视的内容和方法；无论是具有行驶能力的事故车辆还是失去行驶能力的交通事故车辆，都应进行转向系统的检视。

转向系统动态检验必须满足动态检验条件，检验的内容包括转向轮转向自动回正能力检验、转向轻便性检验、汽车不足转向特性检验、转向轮横向侧滑量检验等。

转向系统静态检验的内容主要包括机动车方向盘的最大自由转动量、机动车转向轮向左或向右最大转角、车轮定位参数测量、可能与事故有关的零部件性能检验。

对丧失行驶能力的交通事故车辆，零部件性能检验鉴定占有非常重要的地位，是交通事故车辆安全性能取证的最重要途径。通过拆解检验其主要零部件，分析、判断该系统或零部件的基本技术状况，对整车安全性能所造成的影响及程度。零部件性能检验鉴定属于交通事故车辆静态检验的部分内容。

转向系统零部件性能检验主要包括转向器、球销、主销等构件的磨损量、转向拉杆等构件的变形量等参数的检测。

转向系统零部件失效检验鉴定主要包括表面宏观检验、理化检验（化学成分检验、金相组织检验）和断口检验。

通过案例，系统介绍了车辆转向系统安全技术鉴定的程序、方法等，分析转向系统安全技术状况与道路交通事故的关系等。

思考题

1. 简述汽车转向系统的结构和功能。
2. 交通事故车辆转向系统静态、动态检视的内容有哪些？
3. 转向系统动态检验必须满足哪些检验条件？
4. 交通事故车辆转向系统静态检验的内容主要有哪些？
5. 交通事故车辆转向系统零部件性能检验鉴定主要有哪些项目？
6. 交通事故车辆转向系统零部件失效检验鉴定的程序和方法是什么？
7. 交通事故车辆转向系统安全技术状况与道路交通事故的关系是什么？

第 4 章

交通事故车辆行驶系统检验鉴定

本章教学要点

知识要点	掌握程度	相关知识
车辆行驶系统的结构、功能	了解车辆行驶系统结构、功能	车辆行驶系统的常见故障及危害
车辆行驶系统的技术要求	掌握车辆行驶系统的技术要求	国家和行业相关标准的技术要求
交通事故车辆行驶系统安全技术鉴定的项目及方法	掌握交通事故车辆行驶系统安全技术鉴定的项目及方法、重点掌握失效轮胎的鉴定方法	失效钢板弹簧、螺旋弹簧、减震器的检验鉴定方法
案例分析	掌握针对具体的交通事故，确定行驶系统鉴定的项目与方法	事故车行驶系统故障与交通事故的关系、事故成因分析

交通事故车辆行驶系统检验鉴定 第4章

导入案例

2006年11月24日7时许(天气：雨)，牌照号为川AXXXX学的捷达/JETTACL型轿车(图4.1)，由成都往邛崃方向行驶至成温邛高速公路52km+250m处(湿沥青路面)时发生交通事故，该车与右侧护栏碰撞后，停在主车道上时，其右后部被后面同向行驶的牌照号为川AXXXX学的万丰SHK6470小型普通客车撞击，造成两车人员3死6伤、车辆和路产严重受损。

检验时，该车右后车轮轮辋被撞变形，右后轮胎已变形漏气；该车左后轮胎破损漏气，轮胎上有一"|"字形横断破口。轮胎胎侧外部圆周方向有不明显的低气压摩擦碾压损伤。轮胎胎冠处胎面纵向花纹橡胶层沿圆周与轮胎钢丝带束层完全脱离，脱离轮胎本体的两圈胎面胶条缠绕在左后悬架臂上(图4.2)，暴露的带束钢丝已明显生锈。

图4.1 事故车川AXXXX学左后局部

图4.2 事故车川AXXXX学左后车轮和轮胎

事故车川AXXXX学的左后轮胎爆胎是发生在事故前还是在事故中？

汽车行驶系的主要作用是将整个汽车连接成一整体，并支承全车质量，接受传动系传来的转矩、并通过驱动车轮与路面的附着作用，产生路面对汽车的驱动力。传递并承受路面作用于车轮上的各种反力及形成的力矩，缓和不平路面对车辆造成的冲击以及减少车身振动。

本章简要介绍汽车行驶系的结构、类型和功能，常见故障及危害；汽车行驶系的安全技术要求。重点介绍具有行驶能力的道路交通事故车辆行驶系统检验鉴定的内容和方法；失去行驶能力的道路交通事故车辆行驶系统检验鉴定的内容方法。通过案例，分析车辆行驶系统安全隐患与交通事故的关系。

4.1 车辆行驶系统简介

4.1.1 行驶系统的功能

（1）接受由发动机经传动系传来的转矩，并通过驱动轮与路面间的附着作用，产生路面对驱动轮的作用力，以保证车辆的正常行驶。

（2）传递并承受路面作用与车轮上的各向反力及其所形成的力矩。

（3）缓和不平路面对车身造成的冲击，并衰减其振动，保证车辆的行驶平顺性。

（4）与汽车转向系统协调地配合工作，实现汽车行驶方向的正确控制，以保证汽车的操纵稳定性。

汽车行驶系最普遍的为轮式行驶系，其他还有半履带式、全履带式、车轮履带式等几种形式。这里主要讨论轮式行驶系。

4.1.2 车辆行驶系的构成

大多数汽车采用轮式行驶系，据车型和用途的不同其结构有所不同，但基本组成是相同的，一般由车架（或车身）、车桥、车轮和悬架组成（图4.3）。车轮分别支承在各车桥（前桥、后桥）上，为了减少汽车在不平路面上行驶时受到的振动，车桥又通过弹性悬架与车身（车架）连接。

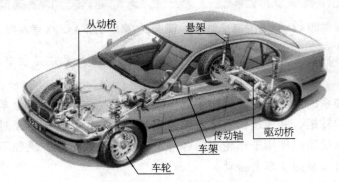

图 4.3 行驶系的构成

1. 车架

车架是汽车的安装基体，用以支承和联结全部零、部件，并承受来自车内、外的各种载荷。车架的结构型式应满足汽车总体布置的要求。有的客车和轿车为了减小质量,取消了车架,制成能够承受各种载荷的承载式车身,即无梁式车身。

车架一般分为边梁式车架、中梁式(俗称"脊骨式")车架以及综合式车架。

1) 边梁式车架

如图 4.4 所示,边梁式车架由位于左右两侧的两根纵梁和其间若干横梁构成,横梁和纵梁通常用低合金钢板冲压而成,采用铆接和焊接的方法将纵、横梁连接成坚固的刚性构架。为提高轿车行驶稳定性,需要降低车架的高度,以尽量降低轿车的重心高度,同时应保证转向轮具有足够的转动空间和悬架弹簧变形时车桥具有足够的上下跳动空间,所以,轿车的车架前部较窄而低,后部向上弯曲。

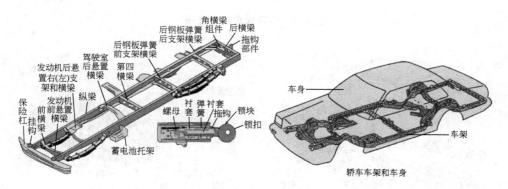

图 4.4 边梁式车架

2) 中梁式车架

中梁式车架(图 4.5)只有一根位于中央而贯穿汽车的纵梁,亦称为脊骨式车架。中梁的断面可做成管形、槽形或箱形。中梁的前端做成伸出支架,用以固定发动机,而主减速器壳通常固定在中梁的尾端,形成断开式后驱动桥。中梁上的悬伸托架用以支承汽车车身和安装其他机件。若中梁是管形的,传动轴可在管内穿过。中梁式车架重量轻,重心低,行驶稳定性好,其结构使车轮跳动空间比较大,有较好的抗扭转刚度和较大的前轮转向角,便于采用独立悬架系统。脊梁还能起传动轴防尘罩作用。但这种车架制造工艺复杂,精度要求高,使维护保养不方便。另外横梁是悬臂梁,弯矩大,易在根部处损坏,故目前应用不多。

3) 承载式车身

部分轿车和大型客车取消了单独的车架,而以车身兼代车架,即把所有零部件固定安装在车身上,并且由车身承受车内、外的各种载荷,这种车身称为承载式车身。图 4.6 为承载式轿车车身壳体零件分解图。承载式车身由于无车架,可以减轻整车质量,使地板高度降低,驾乘人员上、下车更方便。

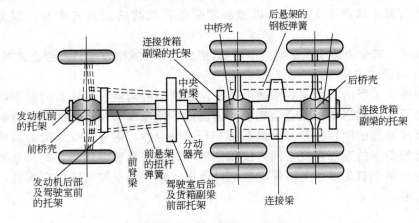

图 4.5 中梁式车架示意图

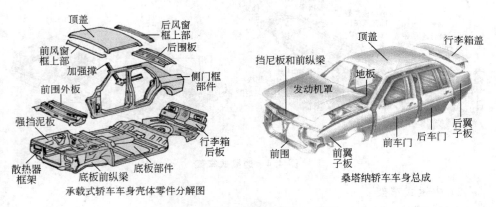

图 4.6 承载式车身

2. 车桥

车桥通过悬架与车架（或承载式车身）相连，车桥的两端安装车轮，车桥在车架（或承载式车身）与车轮之间传递各向作用力。

根据悬架的结构型式，车桥可分为断开式和整体式两种。断开式车桥为活动关节式结构，它与独立悬架配合使用；整体式车桥的中部是刚性实心或空心梁。它多配用非独立悬架。按车轮的不同运动方式，车桥又可分为转向桥、驱动桥、转向驱动桥和支承桥四种类型。

1) 转向桥

利用转向节的摆动使车轮偏转一定角度以实现汽车转向的车桥称为转向桥。一般汽车以前桥为转向桥，其承受车轮与车架之间的垂直载荷、纵向的道路阻力、制动力和侧向力以及这些力所形成的力矩。转向桥主要由前轴、主销、转向节及轮毂组成(图 4.7)。有些轿车不设单独的前轴,而以副车架取而代之。通常轿车中不设独立的主销,而以转向节上下球头中心的连线为主销的轴线,转向时车轮即绕此轴线转动。断开式转向桥的作用与非断开式转向桥一样,所不同的是断开式转向桥与独立悬架匹配,其为活动关节式结构。

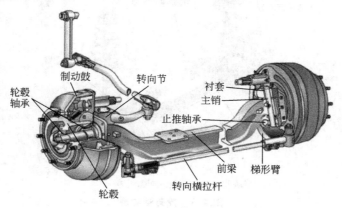

图 4.7 整体式转向桥

2) 驱动桥

驱动桥将传动轴传递来的力矩传给车轮,同时支承着汽车,并承受各向载荷,其结构形式如图 4.8 所示。

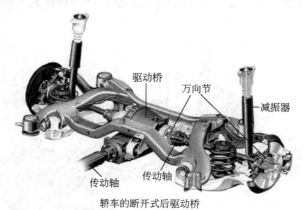

图 4.8 驱动桥

3) 转向驱动桥

同时具有转向桥和驱动桥两项功能的车桥,称为转向驱动桥。如图 4.9 所示,绝大多数轿车采用前置前驱结构,前桥多为断开式转向驱动桥,这使汽车结构紧凑,重心降低;而一些越野汽车和一些高级轿车前桥采用整体式转向驱动桥,其半轴分内、外半轴,用等角速万向节连接,主销分制成上、下两段,转向节轴颈部分制成中空，外半轴经花键接盘与轮毂连接。

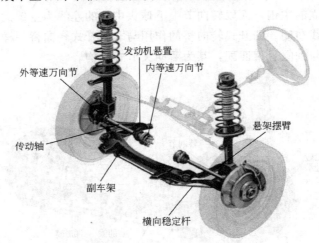

上海桑塔纳轿车前桥(转向驱动桥)

图4.9 转向驱动桥

4) 支承桥

既不能转向又不能传递牵引力，仅起支承汽车作用的车桥称为支承桥。支承桥属于从动桥，是结构最简单的一种车桥(图4.10)。单桥驱动的三轴汽车，其后桥设计成支承桥，挂车上的车桥也是支承桥，发动机前置前驱动轿车的后桥也属于支承桥。

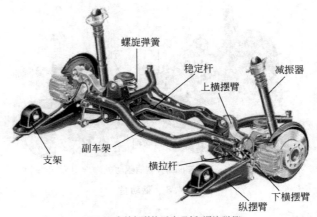

PQ35系列车型的后支承桥(螺旋弹簧)

图4.10 支承桥

3. 悬架

悬架是车架(或承载式车身)与车桥(或车轮)之间全部传力联结装置的总称。

悬架系统的作用是连接车桥和车架，承受并传递载荷；传递各种力和力矩，使车轮按一定轨迹相对于车架或车身跳动，即起导向作用；缓和汽车在不平道路上行驶时所受的冲击和振动，保持车身和车轮之间正确的运动关系，改善汽车行驶的行驶平顺性和操纵稳定性。

悬架由一般由弹性元件、减振装置、导向机构、稳定器几部分组成，如图4.11所示。其中弹性元件的作用是承受和传递垂直载荷，缓冲并抑制不平路面所引起的冲击；减振器用以加快振动的衰减，使车身和车轮的振动得以控制；导向装置是用来传递纵向力、侧向力及其力矩，并保证车轮有正确的运动关系；横向稳定器是一种辅助弹性元件，以防止车身在不平路面上行驶或转向时发生过大的横向倾斜。

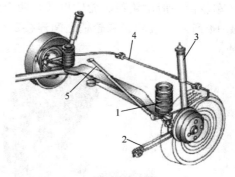

图4.11 悬架系统结构图
1—弹性元件；2—纵向推力杆；
3—减振器；4—横向稳定杆；5—横向推力杆

悬架按导向装置的型式(汽车两侧车轮运动的相互关系)可分为两大类：非独立悬架(图4.12)和独立悬架(图4.13)。比较常用的独立悬架有麦弗逊悬架等，整体式悬架一般用于货车。

图4.12 平行钢板弹簧式非独立悬架示意图

图4.13 麦弗逊式独立悬架示意图

4. 车轮和轮胎

车轮与轮胎又称车轮总成，主要由车轮和轮胎两部分组成。车轮与轮胎是汽车的行走部件，轮胎及车轮连接车轴，接触地面，可以绕车轴转动并沿地面滚动。车轮与轮胎的功用是：支承整车的质量；缓和由路面传来的冲击力；产生驱动力、制动力和侧向力；承担越障提高通过性的作用；产生平衡汽车转向行驶时的离心力的侧抗力，在保证汽车正常转向行驶的同时，通过轮胎产生的自动回正力矩，使车轮保持直线行驶。

车轮由一般由轮毂、轮辋以及这两个元件之间的所有连接部分轮辐组成，如图4.14所示。按轮毂和轮辋之间连接部分的结构，车轮可分为辐板式和辐条式两种。

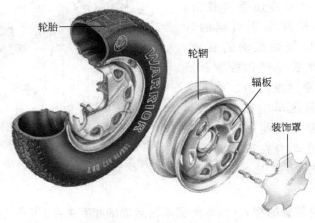

图4.14 车轮和轮胎

轮胎安装在轮辋上(图4.15)，直接与路面接触，其作用是支承汽车的重量；与汽车悬架共同缓和行驶时所受到的冲击，并衰减由此所产生的振动，以保证良好的乘坐舒适性和行驶平顺性；保证车轮与路面有良好的附着性，以提高汽车的牵引性、制动性及通过性等。

汽车轮胎按其用途可分为轿车轮胎和载货汽车轮胎两种；按胎体结构可分为充气轮胎和实心轮胎；按组成结构不同，可分为有内胎轮胎和无内胎轮胎两种；按胎内的工作压力大小，可分为高压胎、低压胎和超低压胎三种；按胎体中帘线排列方向不同，又可以分为普

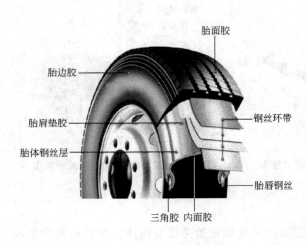

图4.15 轮胎结构示意图

通斜交胎、带束斜交胎和子午线胎。按胎面花纹不同,还可分为普通花纹胎、混合花纹胎和越野花纹胎。

(1) 有内胎轮胎

有内胎轮胎由外胎、内胎和垫带等组成(图4.16、图4.17)。垫带是一个环形橡胶带,安装在内胎与轮辋之间,防止内胎被轮辋及外胎的胎圈擦伤。外胎是保护内胎不受外来损害的强度高而且有一定弹性的外壳。外胎可根据胎体内帘线排列方向的不同,分为普通斜线胎和子午线胎。内胎是一个环形橡胶管,上面装有气门嘴以便充入和排出空气。为使内胎在充气状态下不产生皱折,其尺寸应小于外胎内壁尺寸。

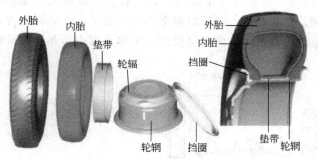

图 4.16　有内胎的车轮和轮胎示意图

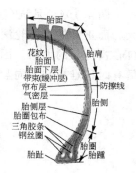

图 4.17　轮胎(外胎)结构示意图

(2) 无内胎轮胎

无内胎轮胎的构造外观上与有内胎轮胎近似,不同的是没有内胎及垫带,空气直接充入外胎内,由轮胎和车辋保证密封,轮胎内壁上有一层硫化橡胶密封层,约2~3毫米,在正对胎面的内壁上,还黏附一层未硫化橡胶的特殊混合物制成的自粘层,在胎圈外侧有一层橡胶密封层,增加胎圈和轮辋的气密性,轮辋底部倾斜且漆层均匀。其气门嘴直接固定在轮辋上(图4.18)。其优点是轮胎穿孔时,压力不会急剧下降;无内胎轮胎中不存在因内外胎之间摩擦和卡住而引起

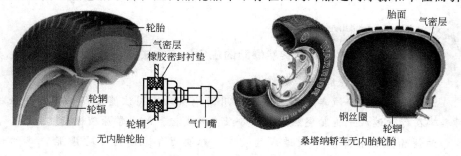

图 4.18　无内胎轮胎示意图

的损坏；气密性较好，可以直接通过轮辋散热，所以工作温度低，使用寿命长；结构简单，质量较小。

4.1.3 常见危及行车安全的行驶系统故障

1）行驶过程中轮胎突然爆裂

爆胎指轮胎在极短时间内完全泄气的情况。爆胎轮半径大幅降低至接近轮辋半径，滚动阻力系数增大10～30倍，侧偏刚度与附着系数大幅降低，爆胎轮胎最大制动力和转弯能力急剧减小，在一定侧偏角下，轮胎容易与轮辋分离，形成卡地现象，从而导致车辆失控、侧翻等事故。

图4.19(a)是汽车右前轮爆胎后的前轮受力图，这时右前轮滚动阻力急剧增大，而正常的左前轮滚动阻力基本不变，这样对整车质心产生了一个顺时针方向（向右转向）的力矩。因为是前轮爆胎，方向盘也受此力矩作用有右转趋势，驾驶员有时很难控制方向盘。

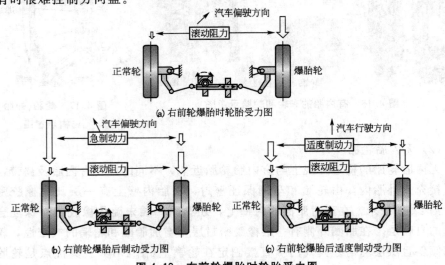

图 4.19 右前轮爆胎时轮胎受力图

阅读材料4-1

轮胎突然爆胎的应急处理方法

1. 行驶过程中轮胎突然爆胎

西华大学交通与汽车工程学院、四川西华机动车司法鉴定所的巢凯年教授对车辆在行驶过程中轮胎突然爆胎，导致车辆失控等的力学原理进行了分析。

为消除或减轻爆胎事故造成的伤害，根据近年来国内外对爆胎汽车的试验、仿真结果和一些力学基本原理，提出一些应对爆胎的方法。

1) 直线道路上爆胎的情况

假定汽车右前轮爆胎，爆胎后，驾驶员未踩制动。这时右前轮滚动阻力急剧增大，而正常的左前轮滚动阻力基本不变(图4.19(a))，这样对整车质心产生了一个顺时针方向(向右转向)的力矩。因为是前轮爆胎，方向盘也受此力矩作用有右转趋势，驾驶员有时很难控制方向盘。因此前轮爆胎、未踩制动时汽车将向爆胎轮的方向偏驶。

后轮爆胎、未踩制动时爆胎轮的较大滚动阻力同样会产生偏转力矩，如果车速较低，这个力矩可能不足以克服后轮侧向附着力产生的与之相抵抗的力矩，汽车就不会偏驶，驾驶员甚至可能觉察不出已经爆胎了。如果车速较高或路面较滑，后轮会向爆胎轮的反向滑移，形成甩尾，汽车也是向爆胎轮的方向偏驶。甩尾严重时会造成车祸，因此后轮爆胎的危险性绝不可低估。

2) 急制动时爆胎汽车的偏驶

因为爆胎轮的制动力远小于正常轮胎，左右不平衡的急制动力将产生使汽车向爆胎轮反方向的力矩，汽车将反向偏驶。如果是前轮爆胎且驾驶员未牢牢把住方向盘，急制动时前轮和方向盘本身也可能反向转向，加剧了汽车反向偏驶，见图4.19(b)。

如果驾驶员死踩着制动不放，情况极为危险。因为这时无论是正常轮还是爆胎轮侧向附着系数都大大降低，相当于轮胎的侧向路面变滑。在强大不平衡制动力的作用下，汽车将持续偏驶，甚至撞护栏后还继续偏转，此时转方向盘很难起作用。

3) 爆胎后驾驶员急打方向盘的情况

爆胎后，由于汽车转向滞后，驾驶员会发现按平时习惯转方向盘后汽车却反应很慢，这时会情不自禁地大角度转方向盘，可能导致汽车侧滑、甩尾，还可能使爆了的前轮轮辋脱离轮胎而卡住地面翻车。驾驶员也可能待汽车转过来后却发现是转得过分了，于是又反向猛打方向盘，造成汽车"画龙"，在左右护栏间来回碰撞。

4) 应对爆胎事故的正确方法

应对爆胎成功的先决条件是不能大角度打方向盘，防止爆胎轮胎脱离轮辋，造成惨重后果。应注意在高速路上变道或转弯时方向盘的转动范围，爆胎后打方向盘不能过多超过此限。

(1) 柔性处理法。爆胎时，汽车将向爆胎方向偏驶，驾驶员双手用力握住并小幅回正有向爆胎方向偏驶趋势的方向盘，尽量使汽车保持原来方向。不踩或轻踩制动并用发动机制动，使汽车慢慢靠右停住。

交通事故车辆安全技术鉴定教程

（2）点刹法。如果判断已经爆胎，不管汽车有无 ABS，立即抢在汽车偏驶前点刹制动，点刹瞬间制动踏板踩到底。其首要目的不是减速，而是要全力扭转爆胎后方向易于失控的危险局面。急踩下制动时，正常轮比爆胎轮制动力大，汽车有向正常轮方向偏驶趋势；抬脚后，制动力消失，爆胎轮比正常轮阻力大，有向爆胎轮方向偏驶趋势。点刹使这两种情况交替出现，维持了方向的大体稳定，同时避免了减速过猛被后车追尾，也避免了汽车减速的同时产生滑移。

（3）适度制动法。爆胎后将制动踏板踩下的过程中，正常轮与爆胎轮的制动力之差越来越大，而滚动阻力基本不变。这样随着踏板深度的增加，爆胎轮和正常轮的制动力与滚动阻力之和越来越接近。踩到某一深度后二者相等，这时汽车就能进入较稳定的行驶状态。如果是前轮爆胎，可能出现的"夺轮"现象也会自动消失，如图 4.19(c)所示。适度制动的主要目的是利用适当大小的制动力与爆胎轮的滚动阻力取得平衡，大大缓和汽车偏驶趋势。如果是前轮爆胎，还可以大大减少方向盘的沉重感。这样就能使局势转危为安。适度制动没有造成急减速，减少被后车追尾的可能性。

（4）紧急纠偏法（短时急刹法）。如果在爆胎后驾驶员猝不及防的情况下汽车已经向爆胎一侧偏驶，再无所作为就要撞护栏了，这时绝不能猛打方向盘纠偏。对质心较低的轿车，应断然猛踩制动，直到汽车接近回正为止。这不仅使汽车加快减速，更重要的是利用剧烈的不平衡制动力产生一个极强大的纠偏力矩，迫使汽车回正。一旦方向接近回正，就把急制动放松为适度制动，以免汽车失控。"适时松急制动"是一个极为重要的关键动作，只有这样做才能消除不再需要的制动纠偏力矩，从而重新控制汽车方向。许多惨重车祸就是因为驾驶员死死踩着制动踏板不放造成的。

2. 高速路弯道爆胎情况

高速路弯道爆胎，情况就复杂了。弯道行驶过程中，维持汽车转弯的侧向力主要由外侧轮承担。如果外侧后轮发生爆胎，汽车有两种偏驶趋势。一种和直线行驶情况一样，是向爆胎方向即弯道外侧方向偏驶的趋势。因后轮侧向附着力急剧减少，汽车还有另一种向弯道外侧甩尾、向内侧偏驶的相反趋势。如果车速较快或弯道较急，甩尾趋势会占上风，汽车就会向弯道内侧偏驶。随着这种偏驶的持续，因转弯半径越来越小，甩尾的势头会越来越强。这是一种极为危险、很难应对的悲观情况，因为脚制动不是减少而是增加其偏驶角速度。驾驶员只能争取尽快抢到最低档，增大发动机制动力，尽可能多减速一点。其他几种应对直线爆胎的方法在此都失效了。如果弯道内侧前轮发生爆胎，汽车也可能向爆胎方向反向（弯道外侧）偏驶。但因内侧轮负荷小，危险程度不太高。

入弯前减速才是主动防御弯道爆胎的正道。ESP 在爆胎时能有一定作用，但如果前轮爆胎后方向盘自行转动而汽车偏驶，ESP 不可能辨别出这是否是驾驶员有意为之，所以不会有动作。如果前轮爆胎后驾驶员勉强稳住了方向，ESP 无法帮助减轻方向盘的沉重负担，也不会有制动动作。所以，车有 ESP 的车辆爆胎，驾驶员仍然要人工积极应对，不要把希望完全寄托在电控设备上。

2）汽车行驶跑偏

汽车行驶跑偏的主要原因如下。

(1) 两侧轮胎气压不相等，导致车轮滚动半径不等。

(2) 两侧轮毂轴承间隙不同。

(3) 车架（或车身）变形。

3）转向盘抖振的原因

汽车在行驶中，出现转向盘抖振，其原因主要是行驶系统不正常。具体原因是：车轮不平衡；前轮两侧气压不同；轮毂轴承间隙过大；减振器失效。

4）汽车行驶中出现摆头现象

汽车在行驶过程中有时会出现摆头现象，其原因主要如下。

(1) 转向轮轴承松动。

(2) 轮胎气压不正常。

(3) 车轮总成不平衡。

(4) 减振器失效。

4.2 车辆行驶系统安全技术要求

为保证车辆安全舒适地运行，对车辆行驶系统有以下安全技术要求。

(1) 轮胎胎冠花纹深度：乘用车、摩托车及轻便摩托车和挂车轮胎胎冠上花纹深度不允许小于 1.6mm，其他机动车转向轮的胎冠花纹深度不允许小于 3.2mm；除此之外的其余轮胎胎冠花纹深度不允许小于 1.6mm。

(2) 轮胎胎面不允许因局部磨损而暴露出轮胎帘布层。轮胎不允许有影响使用的缺损、异常磨损和变形。

(3) 轮胎的胎面和胎壁上不允许有长度超过 25mm 或深度足以暴露出轮胎帘布层的破裂和割伤。

(4) 同一轴上的轮胎规格和花纹应相同，轮胎规格应符合整车制造厂的出厂规定。

(5) 机动车转向轮不允许装用翻新的轮胎。

(6) 机动车所装用轮胎的速度级别不应低于该车最高设计车速的要求。

(7) 双式车轮的轮胎的安装应便于轮胎充气,双式车轮的轮胎之间应无夹杂的异物。

(8) 乘用车用轮胎应有胎面磨耗标志。乘用车备胎规格与该车其他轮胎不同时,应在备胎附近明显位置(或其他适当位置)装置能永久保持的标识,以提醒驾驶员正确使用备胎。

(9) 轮胎负荷不应大于该轮胎的额定负荷,轮胎气压应符合该轮胎承受负荷时规定的压力。具有轮胎气压自动充气装置的汽车,其自动充气装置应能确保轮胎气压符合出厂规定。

(10) 车轮总成的横向摆动量和径向跳动量。总质量不大于3500kg的汽车不应大于5mm;摩托车及轻便摩托车不应大于3mm;其他机动车不应大于8mm。

(11) 最高设计车速大于100km/h的机动车,其车轮的动平衡要求应符合有关技术条件的规定。

(12) 轮胎螺母和半轴螺母应完整齐全,并应按规定力矩紧固。

(13) 悬架系统各球关节的密封件不允许有切口或裂纹,稳定杆应连接可靠,结构件不允许有变形或残损。钢板弹簧不允许有裂纹和断片现象,同一轴上的弹簧形式和规格应相同,其弹簧形式、片数和规格应符合产品使用说明书中的规定。中心螺栓和U形螺栓应紧固、无裂纹且不允许拼焊。钢板弹簧卡箍不允许拼焊或残损。

(14) 减振器应齐全有效,减振器不允许有明显渗漏油现象。

(15) 最高设计车速大于100km/h且轴荷不大于1500kg的乘用车,其悬架特性应符合GB 18565的有关规定。

(16) 悬架特性。对于最大设计车速大于或等于100km/h、轴载质量小于或等于1500kg的载客汽车,应进行悬架特性检测。

(a) 用悬架检测台检测时,受检车辆的车轮在受外界激励振动下测得的吸收率(被侧汽车共振时的最小动态车轮垂直载荷与静态车轮垂直载荷的百分比值)应不小于40%,同轴左右轮吸收率之差不得大于15%。

(b) 用平板检测台检测时,受检车辆制动时测得的悬架效率应不小于45%,同轴左右轮悬架效率之差不得大于20%。

(17) 车架不应有变形、锈蚀和裂纹,螺栓和铆钉不应缺少或松动。

(18) 前、后桥不应有变形和裂纹。

(19) 车桥与悬架之间的各种拉杆和导杆不应变形,各接头和衬套不应松旷或移位。

4.3 交通事故车辆行驶系统检验鉴定

4.3.1 车辆行驶系统检视

具有行驶能力、失去行驶能力的交通事故车辆，一般都应进行行驶系统的检视。

车辆行驶系统检视的内容可参考表4-1所列检验项目。

(1) 检视吊耳及销有无松旷；中心螺栓、U形螺栓有无缺少或松动、有无裂纹、是否拼焊。钢板弹簧卡箍是否拼焊或残损。检查有无车桥移位现象（必要时用卷尺测量左、右侧轴距差值）；

(2) 检查车架纵梁、横梁（或车身）有无变形、锈蚀、裂纹等损伤，铆钉、螺栓有无缺少或松动；

(3) 检查车桥与悬架之间的拉杆和导杆有无松旷和移位；

(4) 检查悬架系统各球关节的密封件是否有切口或裂纹，稳定杆是否连接可靠，结构件是否有变形或残损。钢板弹簧是否有裂纹和断片现象，同一轴上的弹簧形式和规格是否相同，其弹簧形式、片数和规格是否符合产品使用说明书中的规定；

(5) 检查同轴两侧是否装用同一规格、型号轮胎；

(6) 检查转向轮是否装用翻新轮胎；

(7) 检查轮胎的规格、等级、承载能力是否符合规定，胎面、胎壁有无损伤；

(8) 检视轮胎表面是否有破损、破口、裂纹，为分析轮胎损坏原因提供依据；

(9) 检视、测量轮胎胎面和胎壁上有无长度超过25mm或深度足以暴露出轮胎帘布层的破裂和割伤；

(10) 检视减振器是否有渗漏油现象；

(11) 检视轮辋变形、受损情况，为分析轮胎损坏原因提供依据；

(12) 检视前、后桥是否有变形和裂纹；

(13) 检视车桥与悬架之间的各种拉杆和导杆是否有变形，各接头和衬套是否有松旷或移位；

(14) 检查轮胎充气压力（用轮胎气压表检验）；

(15) 检查轮胎螺栓、半轴螺栓是否齐全并按规定扭力紧固。

4.3.2 车辆行驶系统动态检验

车辆行驶系统动态检验一般只包括用平板检测台检验车辆悬架特性，在交通事故鉴定中较少涉及，视检验鉴定需要，对交通事故车辆行驶系统进行车辆悬架特性检验。根据第二章的定义，用悬架装置检测台检验车辆悬架特性不属于事故车辆动态检验范畴。

对于最大设计车速大于或等于100km/h、轴载质量小于或等于1500kg的载客汽车，用平板检测台检验其悬架特性的程序如下：

(1) 平板检测台平板表面应干燥，没有松散物质及油污。
(2) 驾驶员将车辆对正平板台以5～10km/h的速度驶上平板，置变速器于空挡，急踩制动，使车辆停住。
(3) 测量制动时的动态轮荷；记录动态轮荷的衰减曲线。
(4) 计算并显示悬架效率和同轴左右悬架效率之差值。

表4-1 行驶系检验项目记录表

序号	检验项目	检验结果	判别标准	判别结论
1	轮胎			
1.1	轮胎规格	左前：__；右前：__左后：__；右后：__	原厂技术条件	合格□ 不合格□
1.2	轮胎气压/kPa	左前：__；右前：__左后：__；右后：__	原厂技术条件	合格□ 不合格□
1.3	胎冠花纹最小深度/mm	左前：__；右前：__左后：__；右后：__	GB 7258	合格□ 不合格□
1.4	前轴轮胎花纹	一致□ 不一致□	GB 7258	合格□ 不合格□
1.5	后轴轮胎花纹	一致□ 不一致□	GB 7258	合格□ 不合格□
1.6	轮胎胎面及胎壁状况	左前：完好□破损□ 右前：完好□破损□ 左后：完好□破损□ 右后：完好□破损□	GB 7258	合格□ 不合格□
1.7	轮胎速度级别	符合□ 不符合□	原厂技术条件	合格□ 不合格□
1.8	转向轮不得使用翻新胎	符合□ 不符合□	GB 7258	合格□ 不合格□
2	车轮			
2.1	车轮动平衡	符合□ 不符合□	GB 7258	合格□ 不合格□
2.2	车轮横向摆动量	——mm	GB 7258	合格□ 不合格□
2.3	右前车轮横向摆动量	——mm	GB 7258	合格□ 不合格□

(续)

序号	检验项目	检验结果	判别标准	判别结论
2.4	左前车轮径向跳动量	—— mm	GB 7258	合格□ 不合格□
2.5	右前车轮径向跳动量	—— mm	GB 7258	合格□ 不合格□
2.6	轮胎螺母	有效□ 失效□效能或功能下降□	GB 7258	合格□ 不合格□
2.7	轮辋状况	有效□ 失效□效能或功能下降□	GB 7258	合格□ 不合格□
2.8	轮毂轴承油封	有效□ 失效□	GB/T 18344	合格□ 不合格□
3	悬挂			
3.1	减振弹簧	有效□ 失效□效能或功能下降□	GB 18565	合格□ 不合格□
3.2	弹簧紧固橡胶件	有效□ 失效□效能或功能下降□	GB 18565	合格□ 不合格□
3.3	减振器	有效□ 失效□效能或功能下降□	GB 7258	合格□ 不合格□
3.4	稳定杆及推杆	有效□ 失效□效能或功能下降□	GA 7258	合格□ 不合格□
3.5	橡胶衬套、防护套	有效□ 失效□效能或功能下降□	原厂技术条件	合格□ 不合格□
3.6	悬架杆件、摆臂	有效□ 失效□效能或功能下降□	GA 468	合格□ 不合格□
3.7	后轴节	有效□ 失效□效能或功能下降□	原厂技术条件	合格□ 不合格□
3.8	杆件连接衬套、防护套、球头防护套、轴承	有效□ 失效□效能或功能下降□	原厂技术条件	合格□ 不合格□
3.9	稳定杆衬套	有效□ 失效□效能或功能下降□	原厂技术条件	合格□ 不合格□
3.10	前轴(工字梁)	有效□ 失效□效能或功能下降□	原厂技术条件	合格□ 不合格□
3.11	转向节	有效□ 失效□效能或功能下降□	原厂技术条件	合格□ 不合格□
3.12	转向节与前轴间隙	—— mm	原厂技术条件	合格□ 不合格□
3.13	主销与前轴孔间隙	—— mm	原厂技术条件	合格□ 不合格□
3.14	主销	完好□ 松旷□	原厂技术条件	合格□ 不合格□
3.15	球头销	完好□ 松旷□	GB 7258	合格□ 不合格□
3.16	钢板弹簧销和吊耳销	有效□ 失效□效能或功能下降□	原厂技术条件	合格□ 不合格□

(续)

序号	检验项目	检验结果		判别标准	判别结论
3.17	弹簧衬套和吊耳衬套	有效□	失效□	原厂技术条件	合格□ 不合格□
3.18	钢板弹簧	有效□	失效□效能或功能下降□	GA 468	合格□ 不合格□
3.19	U型螺栓	有效□	失效□效能或功能下降□	原厂技术条件	合格□ 不合格□
4	车架				
4.1	车架变形状况	变形□	未变形□	GB 7258	合格□ 不合格□
4.2	车架裂纹	有□	没有□	GB 7258	合格□ 不合格□
5	车桥				
5.1	车桥变形	有□	没有□	GB 7258	合格□ 不合格□
5.2	车桥裂纹	有□	没有□	GB 7258	合格□ 不合格□

4.3.3 车辆行驶系统静态检验

1. 行驶系统静态参数的检测

1）轮胎充气压力及胎冠最小花纹深度测量

用轮胎气压表检测轮胎的充气压力；用轮胎花纹深度计或游标尺测量轮胎胎冠最小花纹深度，检验项目及记录表见表4-2。

表4-2 轮胎型号规格、品牌、胎冠花纹最小深度、充气压力检测数据

项目		规格	品牌	轮胎标定最大载荷/kg或最大充气压力/kPa	胎冠花纹最小深度/mm	轮胎气压/kPa	损伤情况
前轴	左						
	右						
后轴	左						
	右						

2）左前车轮、右前车轮横向（轴向）跳动量测量

顶起前桥，将百分表磁力座固定好，用百分表触点触到轮胎前端胎冠外侧，检测人员用手轻轻转动轮胎，读出百分表的最大和最小读数，其差值就是车轮横向跳动量（图4.20）。

3）左前车轮、右前车轮径向跳动量测量

将百分表移至轮胎上方,将百分表磁力座固定好,使百分表触点触到轮胎胎冠中部,然后用撬杆往上撬动轮胎,测量其径向摆动量(图4.20)。

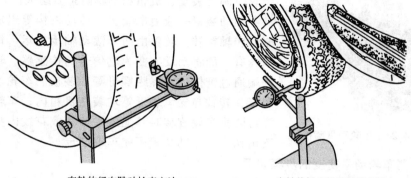

车轮的径向跳动检查方法　　　　车轮的轴向跳动检查方法

图 4.20　车轮跳动检查

如汽车车轮横向和径向摆动量超出相关标准限制,行驶时可能会出现方向盘发抖、摆振、行驶不稳定现象。

4）用悬架装置检测台检验事故车辆悬架特性

对于最大设计车速大于或等于 100km/h、轴载质量小于或等于 1500kg 的载客汽车,用悬架装置检测台检验事故车辆悬架特性的程序如下。

(1) 汽车轮胎规格、气压应符合规定值,车辆空载,不乘人(含驾驶员)。

(2) 将车辆每轴车轮驶上悬架装置检测台,使轮胎位于台面的中央位置。

(3) 启动检测台,使激振器迫使汽车悬挂产生振动,使振动频率增加超过振荡的共振频率。

(4) 在共振点过后,将激振源关断,振动频率减小,并将通过共振点。

(5) 记录衰减振动曲线,纵坐标为动态轮荷,横坐标为时间。测量共振时动态轮荷。计算并显示动态轮荷与静态轮荷的百分比及其同轴左右轮百分比的差值。

2. 零部件性能检验鉴定

1）车轮动平衡检测

车轮动平衡是指补偿因质量分布不均匀而在车轮和轮胎总成上产生的静态和动态作用力。除质量分布外,主要还有径向摆动和径向力摆动因素。这些因素对车轮的运转不平稳性影响很大。车轮运转不平稳不仅使轮胎磨损严重,而且会导致轮胎与地面附着性能降低,影响车辆的正常行驶。

图 4.21 车轮动平衡机

目前车轮动平衡检测应用最多的是硬式二面测定车轮动平衡机,图 4.21 为离车式车轮动平衡机。其主要由驱动装置、转轴与支承装置、显示与控制装置、制动装置、机箱和车轮防护罩组成。

驱动装置一般由电动机、传动机构等组成,可驱动转轴旋转。转轴由两个滚动轴承支承,每个轴承均有一能将动反力变为电信号的传感器。转轴的外端通过锥体和大螺距螺母等固装被测车轮。驱动装置、转轴与支承装置等均装在机箱内;车轮防护罩可防止车轮旋转时其上的平衡块或花纹内夹杂物飞出伤人;制动装置可使车轮停转。

检测车轮动平衡度的步骤如下。

(1) 清除被测车轮上的泥土、石子和旧平衡块。

(2) 检查轮胎气压,视必要充至规定值。

(3) 根据轮辋中心孔的大小选择锥体,仔细地装上车轮,用螺母拧紧。

(4) 打开车轮平衡机电源开关,检查指示与控制装置的面板是否指示正确。

(5) 用卡尺测量轮辋宽度 b、轮辋直径 d(也可由胎侧读出),用平衡机上的标尺测量轮辋边缘至机箱距离 a,再用键入或选择器旋钮对准测量值的方法,将 a、b、d 值键入指示与控制装置中去。

(6) 放下车轮防护罩,按下启动键,车轮旋转,平衡测试开始,自动采集数据。

(7) 车轮自动停转或听到"笛"声后按下停止键并操纵制动装置使车轮停转后,从指示装置读取车轮内、外不平衡量和不平衡位置。

(8) 测试结束,关闭电源开关。

2) 减振器性能检验

(1) 对于一般轿车,用力按下保险杠,然后松开,如果汽车有 2~3 次上下跳跃,则说明减振器工作良好。

(2) 汽车行驶一定里程后,用手试减振器外壳。如果比其他部分温度高,说明减振器工作正常,否则说明减振器可能已损坏。

(3) 拆下减振器将其直立,并把下端连接环夹于台钳上,用力拉压减振杆数次,此时应有稳定的阻力,往上拉(复原)的阻力应大于向下压时的阻力,如阻力不稳定或无阻力,可能是减振器内部缺油或阀门零件损坏。

(4) 如检验鉴定需要,则拆检减振器。检查活塞与缸筒的配合间隙是否过大;检查阀门、阀瓣、阀座间工作是否良好,贴合是否严密,缸筒有无拉伤,以及减振器的伸张弹簧是否过软或折断等。

(5) 若发现漏油,首先拧紧油缸盖螺母,若减振器仍漏油,则可能是油封、密封垫圈损坏失效,再进一步检查活塞与缸筒间的间隙是否过大,减振器活塞连杆有无弯曲,活塞连杆表面和缸筒是否有划伤或拉痕。

【知识要点提示】

减振器性能检验可以在减振器性能试验台上进行,按照相应标准规定的试验条件和方法进行检验。

3) 钢板弹簧和螺旋弹簧性能检验

如鉴定需要,可根据相关标准规定的试验条件和方法对钢板弹簧和螺旋弹簧性能检验进行检验。

3. 零部件失效检验鉴定

车辆行驶系统比较容易失效的零部件是轮胎、减震器,尤其是轮胎失效最为常见。

轮胎失效对汽车行驶安全造成重要影响,而轮胎在事故前或在事故中失效,事故性质可能完全不同。因此应对轮胎失效进行检验,弄清失效原因,为事故分析提供确凿的证据。第 4.4 节就轮胎失效的鉴定方法做全面的介绍。

钢板弹簧或螺旋弹簧及附件失效形态主要是断裂,一般需要进行断口分析、金相试验、理化分析等。断口分析及金相试验的方法等见第 2 章。

4.4 交通事故车辆轮胎失效的鉴定方法

在车辆行驶过程中,由于轮胎质量缺陷、使用不当、路面障碍物、天气恶劣等原因,轮胎爆胎较为常见,这是导致交通事故的重要因素之一。在处理涉及轮胎爆胎的交通事故中,正确认识爆胎机理,准确分析爆胎原因,根据现场痕迹和爆裂状态等判定爆胎类型,是查明交通事故事实、还原事故过程、认定事故责任的基础,对于交通事故的正确处理有着重要的意义。

4.4.1 轮胎损坏形式

1. 轮胎的损坏形式

轮胎的损坏形式主要有机械损坏、疲劳损坏、热损坏三种。

1) 机械损坏

机械损坏是指轮胎受外物的撞击或刺伤、表面擦伤及挤压等导致的损坏。这种损坏形式常见于载重汽车、大型客车所用轮胎中。由于轮胎受到非正常的摩擦、撕裂作用或路面硬物对轮胎表面的穿刺,当超过胶料的极限强度时,将引起轮胎的裂缝，形成应力集中，产生机械损坏，引起轮胎表面裂纹、掉皮、扎伤、划伤等现象(图 4.22)。

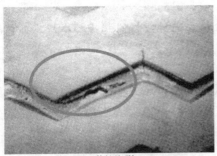
(a) 花纹沟裂

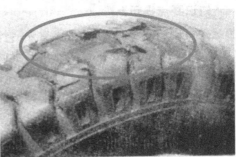
(b) 胎冠掉皮

(c) 胎冠扎伤

(d) 胎侧划伤

图 4.22　轮胎机械损伤图片

2) 疲劳损坏

疲劳损坏是指轮胎受到快速的动态应力和应变作用而发生的损坏。由于轮胎胶料的黏弹特性，轮胎受到载荷作用发生交变变形时，应力和应变不同步，产生永久变形，使得分子链缓慢破坏。这种损坏称为疲劳损坏。疲劳损坏最显著的表现是轮胎表面出现明显的裂缝，这主要是由于填充剂(炭黑)分布不均匀、局部应力集中、表面裂纹划伤等引起(图 4.23)。

(a) 胎侧的裂缝

(b) 胎里黑圈、脱胶

图 4.23　轮胎疲劳损坏

3) 热损坏

热损坏是指轮胎胶料的黏弹性能使其在交变应力作用下,会产生滞后损失,这部分能量以热能的形式存在于胶料中,其中的一部分通过轮胎外表面散失在空气、路表面中,另一部分则导致了轮胎的温度升高。当温度升高到一定程度时,轮胎胶料的各种热学、力学性能将会下降,影响到轮胎的行驶安全,甚至导致轮胎的过热损坏。

轮胎的机械损坏、疲劳损坏、热损坏等在轮胎行驶过程中是同时存在的,是个逐步累积的过程。一旦损坏程度突破轮胎的承受极限,就有可能引发爆胎。

4) 爆胎

爆胎是指轮胎在极短的时间内(一般少于 0.1s),胎体突然破裂泄气是一种非正常快速失压。从交通事故调查和处理角度,爆胎可分为主动性爆胎和被动性爆胎:

(1) 主动性爆胎指由于轮胎爆胎造成车辆失控,导致事故发生,例如,车辆在高速行驶中轮胎爆胎,车辆方向失控造成交通事故。

(2) 被动性爆胎指轮胎在事故过程之中(或之后)受外力撞击导致的爆胎,例如,车辆发生事故碰撞后失控,轮胎撞击路缘石导致爆胎。

不同爆胎类型的事故分析和处理有着本质的区别。一般而言,主动性爆胎发生于事故之前,是导致事故的原因;被动性爆胎发生于事故之中(或之后),是事故造成的后果。准确区分主动性爆胎和被动性爆胎,是正确分析和处理涉及爆胎交通事故的关键点。

4.4.2 轮胎爆胎原因分析

轮胎结构上的固有弱点、轮胎制造缺陷、使用维护不当、外力撞击、气候因素等都可能造成车辆轮胎爆胎。

1. 轮胎结构固有的弱点

车辆轮胎的带束层、胎体帘线、胎唇的边缘等部位是两种性能差异很大的材料的交叉边界,在受力变形的情况下会产生应力集中,从而导致局部变形、生热。往复变形一段时间后,轮胎局部温度可高达 250℃ 以上,这将导致材料的结合性能劣化并由此引发分离、熔断等缺陷。轮胎过热使胎面或帘布层脱层,并使胎面沟槽及胎肩龟裂、帘线断裂、胎肩部位快速磨耗,而不规则磨损会造成轮胎滚动阻力增加。胎圈与轮辋之间的异常摩擦是引起胎圈损伤或者轮胎与轮辋脱离而发生爆胎的最大隐患。

2. 轮胎制造缺陷

轮胎在制造过程中会产生各种不可避免的缺陷，如气泡、杂质等。这些缺陷在轮胎动态运行中都会成为应力集中点。随着缺陷的发展，会因为胎腔气体的高压渗透作用而形成空腔，并导致层间剥离，在外观上表现为脱层、鼓泡，即使在正常使用情况下，这些缺陷也会使轮胎发生爆胎。

3. 使用维护不当

主要有三种情况：一是超载，当车辆超载行驶时，轮胎承受的负荷、形变增大，胎体所承受的压力也相应增加，胎面与路面的接触面增大，相对滑移加剧，磨损加快，特别是胎侧弯曲变形会引起胎肩磨耗、胎温升高、轮胎帘布层脱落；二是高速行驶，随着车辆行驶速度增加，轮胎寿命不断降低，当行驶速度达到70km/h时，轮胎寿命下降30%左右，车速过快会使轮胎与地面形成不规则的磨损，胎面易出现剥离现象，同时会加速轮胎劣化过程，造成胎圈损伤或轮胎与轮辋脱离，胎面中心快速磨耗；三是轮胎欠压或过压，轮胎气压过低，车轮的下沉量增大，轮胎径向变形量增大，胎面与地面摩擦增加，滚动阻力上升，胎体的内应力也随之上升，造成胎体温度急剧升高，胎面橡胶变软，老化速度加快，引起胎体局部脱层和胎面磨损加剧。

应用案例4-1

2004年2月20日，在成雅高速公路成都至峨眉方向，离成都收费站18km+200m处，牌照号为川L XXXXX的五十铃双排座小货车，在行驶中右后轮爆裂，车辆失控，碰撞中央防护栏后翻于路中，造成车上乘员1死1伤。

（1）送检轮胎损伤情况检验

送检右后轮胎外胎如图4.24所示，该轮胎规格为215/75 R15 100S RADIAL TUBELESS，轮胎品牌是GRANDTOUR SAVERO，经检验送检轮胎外胎是进口子午线无内胎轮胎。

该轮胎胎面、胎侧以及胎圈均有损伤。其中有3处大的损伤：胎面损伤A（图4.25），胎冠横向断裂，并延及轮胎内侧胎肩横断至胎踵处。豁口沿轮胎周向呈弧状，胎冠横断豁口向胎肩两侧纵向延伸约50cm。胎侧损伤B（图4.26），在轮胎安装外侧胎肩区有一约10cm的较小豁口，其距豁口A处约46cm。胎侧损伤C（图4.27），在轮胎安装内侧胎肩区有一约6cm的小豁口，其距豁口A处28cm。

轮胎安装外侧的胎圈有几处明显的脱层、横裂纹（图4.28）。轮胎安装外侧的胎侧有长约10mm，宽约1～2mm，深约1～2mm的凹坑（图4.29）。轮胎橡胶已老化，强度降低。

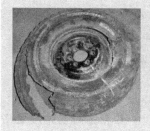  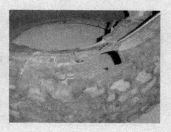

图4.24　事故车右后轮胎　　图4.25　胎面损伤A　　图4.26　胎侧损伤B

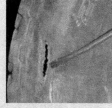  

图4.27　外侧损伤C　　图4.28　外侧胎圈损伤　　图4.29　外胎胎侧的损伤

经检验，轮胎胎面最大磨损标志尚未暴露。轮胎胎冠花纹最小深度符合要求。

（2）车轮检验

因送检车轮的轮辋缺少锁圈部件（图4.30），故仅对所送部分轮辋部件进行了检验。该轮辋无任何可见标识，但从结构上可判定该轮辋为多件式轮辋（即平式轮辋）。该车轮的轮辋与轮辐焊接处在外力作用下焊缝已开裂，并且变形的轮辐上有三处异常碰撞伤痕（图4.31）。

（3）其他检验

送检轮胎外胎是进口无内胎子午线轮胎，但事故现场的照片表明该轮胎在事故时装有内胎（图4.32）。

图4.30　车轮外观　　图4.31　轮辐的损伤　　图4.32　送检方所附事故车照片

(4) 鉴定结果

根据国家标准(GB/T 2978—1997)判定该轮胎应使用深槽轮辋,而送检车轮的轮辋(缺锁圈)为多件式轮辋(即平式轮辋)。事故车错误地配用轮胎、轮辋和内胎,使用中导致轮胎过热,是该轮胎爆破的一个重要因素。

4. 外力撞击

当轮胎受较强外力撞击时,容易产生外伤甚至爆胎。一是轮胎高速碾过道路上的石块、螺钉、玻璃等尖锐异物时,可能会划伤胎体,轮胎也可能会产生脱层缺陷,导致轮胎强度降低,进而导致爆胎;二是轮胎直接撞击路面上的固定物或坠车等,也会因胎体内应力的瞬间集中而发生爆胎。

1) 案情摘要

据委托人称:2008年7月23日18时30分许(天气:晴),牌照号为渝H00XXX的小型越野客车,由新津往成都方向行驶至成新大件路东升芦蒿6组段(沥青路面)时,车辆失控与对面相向行驶的牌照号为川AMQxxx小型客车相撞,事故造成两车受损、人员受伤,渝H00XXX的小型越野客车左前轮胎损坏。渝H00XXX的小型越野客车左前轮胎被破损变形的左前轮翼子板卡住,且已破损漏气(图4.33和图4.34),该轮胎的安装位置外侧胎侧和胎冠胎面有多处大小不一、破坏程度不同的损伤,根据委托人的委托,对该轮胎的损坏做进一步检验。

2) 渝H00XXX的小型越野客车轮胎检验

(1) 该车所装用的各轮胎型号规格、品牌、胎冠花纹最小深度、充气压力检测数据如表4-3所示。

表4-3 轮胎型号规格、品牌、胎冠花纹最小深度、充气压力检测数据

项目		型号	品牌	轮胎标定最大载荷/kg 或最大充气压力/kPa	胎冠花纹最小深度/mm	轮胎气压/kPa
前轴	左	275/70R16	BFGOODRICH	1360/450	12.2	已损坏
	右	275/70R16	BFGOODRICH	1360/450	10.3	200
后轴	左	275/70R16	BFGOODRICH	1360/450	10.6	220
	右	275/70R16	BFGOODRICH	1360/450	10.2	200

(2) 车辆左前轮胎和车轮检验 内容如下。

① 该车左前轮胎胎侧品牌标示为 BFGOODRICH All-Terrain T/A KO，轮胎规格为 275/70R16 119/116S RADIAL TUBELESS。显示该轮胎为百路驰牌 All-Terrain T/A KO 系列 SUV 越野轮胎，规格为 275/70R16 119/116S 的半钢无内胎子午线轮胎，其胎冠胎体采用 3 层聚酯纤维加 1 层尼龙帘布，2 层钢丝带束层，胎侧胎体为 3 层聚酯纤维帘布（图 4.34 和图 4.35）。左前车轮为 16×8JJ 的深槽轮辋。

图 4.33　事故车左前轮胎　　图 4.34　事故车左前轮胎　　图 4.35　事故车左前轮胎侧标识

② 轮胎外侧胎侧产品系列标识 All-Terrain T/A KO 的英文字母"e"和"a"之间，距离前轴中心约 300mm 处有一近似"∩"形不规则豁口（图 4.36），经测量豁口尺寸约为 86mm×70mm（图 4.37、图 4.38）。经检验豁口处帘布层帘线全部断裂，豁口断面橡胶有撕裂痕迹。豁口处帘布层帘线断裂较整齐，断面较整齐规则（图 4.39）。

图 4.36　左前轮胎外侧胎侧豁口　　图 4.37　胎侧豁口　　图 4.38　胎侧豁口

③ 轮胎胎冠胎面橡胶层在与上述豁口对应的几乎同一圆周位置处有一约 80mm×90mm 近似梯形不规则切口，该切口位于胎冠靠轮胎安装位置外侧，距离上述胎侧豁口位置处的轮胎胎肩约为 40mm（图 4.40）。经检验切口断面基本整齐，撬开胎面橡胶可见钢丝带束层未受破坏（图 4.41）。

④ 轮胎外侧胎侧产品系列标识 All-Terrain T/A KO 的两个英文字母"I"之间，距离前轴中心约 250mm 处有一约 90mm×43mm 近似"＜"形切口（图 4.42），经检验切口断面整齐，未损伤到胎体帘布层。同侧胎侧上有少许长宽均不到 10mm 的胎面划痕和掉胶损伤，且均未暴露帘布层（图 4.43）。

⑤ 该车轮轮辋外缘局部有轻微划痕和小凹坑，轮缘处无明显刮痕和擦伤（图4.44）。

图4.39　胎侧豁口断面

图4.40　胎冠切口照片

图4.41　胎冠切口断面

图4.42　胎侧切口

图4.43　胎侧划痕、掉胶

图4.44　轮辋外缘局部划痕

3) 分析说明

(1) 事故车左前轮胎外侧胎侧上"∩"形豁口处帘布层帘线全部断裂，豁口断面橡胶有撕裂痕迹，豁口处帘布层帘线断裂较整齐，断面较整齐规则。该断面形状系典型的爆破裂痕。

(2) 轮胎胎冠胎面橡胶层的梯形不规则切口、胎侧的"＜"形切口和划痕，切口断面整齐，均未损伤到胎体帘布层。且根据道路交通事故现场图和事故现场照片分析得知该车在事故中左前轮与相向行驶的川A MQXXX小型客车发生过直接碰撞，这些轮胎损伤应为事故中碰撞所致。

(3) 通过对该车左前轮轮胎和轮辋的检测，且根据道路交通事故现场图和事故现场照片分析：该车在与川A MQXXX小型客车发生碰撞前，路面没有因任何轮胎漏气车轮轮辋与地面的刮擦痕迹，且该车左前轮轮辋轮缘没有明显在滚动中与地面持续刮擦形成的连续刮痕损伤，轮胎胎侧没有明显的由于轮胎低气压(如轮胎漏气时)状态下轮辋压刮轮胎形成的擦伤和变形损伤等；基于以上痕迹分析及第(1)、(2)两点的分析结论，与事故车左前轮胎胎冠上被撞击形成的梯形切口几乎在同一径向断面的胎侧爆破豁口，应为撞击过程中轮胎爆破形成的。从该车左前悬架的变形和前桥向后移位的损伤可见，在事故中两车发生过严重碰撞，且该车左前轮胎系半钢无内胎子午线轮胎，轮胎胎冠比胎侧多 2 层钢丝带束层，刚度大，虽然受到严重撞击受损伤却未爆破。由于胎侧强度较小，在撞击中发生爆破损坏。

4）鉴定结果

（1）轮胎胎冠胎面和胎侧的切口损伤为事故中碰撞所致。

（2）事故车左前轮胎外侧胎侧上"∩"形爆破豁口系事故中该轮胎受撞击后轮胎爆破所致。

5. 气候因素

气候是影响轮胎使用的重要外在因素，特别是气温的高低，对于爆胎有着直接影响。夏季气温较高，太阳直射下路面温度可高达 60～70℃，轮胎长时间接触高温路面，热量聚集加剧，容易诱发爆胎。据统计，每年炎热的夏季（6 月～8 月）爆胎事故高发，占全年总数的近三分之一。

6. 其他因素

诸如车轮不平衡、车轮定位不准、不同速度级别的轮胎混用、轮胎结构选用不当等因素，也会引起车辆爆胎。

4.4.3 爆胎机理分析

导致爆胎的原因较多，但除被固定物撞裂、被尖锐物割裂等情形外，爆胎的发生与轮胎的结构特点、应力与应变、生热机理等密切相关。

1. 轮胎的应力与应变

轮胎由于承载着车辆的重量，与地面接触的部分变形量较大，没有接触地面的部分变形量较小。因此，车辆在行驶过程中，轮胎产生周期性的应力与应变。这种应力与应变随着车辆运行速度的变化而变化，其应力、应变与时间的关系在一般情况下符合正弦曲线的变化规律。由于轮胎橡胶中存在黏性阻力，应变滞后于应力，应力与应变之间存在相位差 δ，如图 4.45 所示。

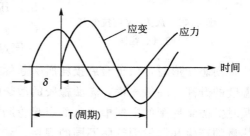

图 4.45 轮胎应力、应变与时间的关系图

应力、应变与时间的函数关系可表示为

$$\sigma = \sigma_0 \sin\omega t$$
$$\varepsilon = \varepsilon_0 \sin(\omega t - \delta)$$

式中：σ——应力振幅的最大值；

ε_0——应变振幅的最大值;

σ,ε——应力、应变的瞬间值;

ω——周期变形的角频率;

t——时间(s);

δ——应力与应变的相位差。

由于轮胎橡胶存在黏性阻力,这种黏性阻力越大,应力与应变的相位差就越大。弹性变形在周期运转下可以恢复,但黏性变形却是不能恢复的,这种不能恢复的黏性变形将被吸收而转变成热量,成为引起轮胎温度升高的滞后热源。轮胎在运动过程中发生周期性变形时,作用在轮胎上的应力可以分为两大类:一类是促使轮胎产生弹性变形的动力,这部分应力的效果是使得轮胎发生周期性的伸展和压缩,交替地存储和释放能量,保持轮胎运动过程中的周期性变化;另一类是克服轮胎橡胶黏性阻力的应力,由于这部分应力在作用过程中完全损耗,因此全部转化成为热量,导致轮胎的温度升高。

2. 轮胎生热机理

轮胎在压缩伸展的周期性变化过程中,由于黏性阻力的存在,应变的相位落后于应力,所以轮胎的压缩与伸展的过程并不相同,即轮胎压缩时存储的能量与伸展时释放的能量不等同。这两种能量的差值,就是轮胎在应变过程中损耗的能量,这部分能量就转化成为热量。如图4.46所示,轮胎橡胶随着应力的增加变形量增大,压缩过程和伸展过程中应力和变形量的对应关系基本相同。但是从图中可以看出,压缩过程与伸展过程的路径不相同,且由于存在着塑性变形,压缩过程与伸展过程的原点不同。

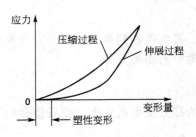

图 4.46 应力-应变拉伸与回缩曲线图

动态变形时,由于滞后损耗所引起的机械能耗将全部转化为热能,引起轮胎温度的升高。一般来说,轮胎橡胶的散热性能不佳,轮胎内部所产生的热量很难及时扩散到周围的空气中,从而引起轮胎温度的上升,直至达到平衡状态。这些热量的产生和散发因轮胎不同的规格、结构以及使用条件而异。车辆刚刚开始行驶时,轮胎内部的温度与周围环境的温度相同,轮胎处于热平衡状态。随着轮胎的滚动,由于轮胎在运动过程中周期性地进行压缩、伸展,轮胎在这个过程中发热导致温度升高,此时轮胎处于温度上升阶段。大约经过30~60min后,轮胎的生热速度和散热速度达到动平衡。轮胎本身的温度随行驶时间的延长而上升,至某一时间呈平衡状态。此时,轮胎断面上各点的温度并不相同,而是呈现出一定的分布特性。轮胎外表的温度较低，越往里越高，直至出现最高温度，再往里又略有下降。

4.4.4 爆胎分析方法

在处理涉及爆胎的交通事故时，需要对轮胎进行特定检验鉴定，主要目的是鉴定爆胎类型，看它属于主动性爆胎还是被动性爆胎，即爆胎是诱发交通事故的原因，还是事故造成的后果。主要方法有运动轨迹判定法、断口形态判定法和轮辋损伤形态判定法等。

1. 运动轨迹判定法

交通事故中车辆的运动轨迹主要是通过轮胎遗留在地面的痕迹来判定的。一般事故中，事故车辆在地面都留有痕迹。通过对这些痕迹的类型、方向进行分析，可得到事故车辆的运动轨迹。轮胎在地面上遗留的痕迹有滚印、压印、拖印、侧滑印、挫划印等。滚印是指车辆轮胎相对于地面作纯滚动运动时，留在地面上的印迹，能清晰反映轮胎胎面花纹形态、花纹组合形态、胎面磨损和机械损伤等特征。压印是指车辆轮胎受制动力作用，沿行进方向相对于地面作滚动、滑移复合运动时留在地面上的印迹，特征为胎面痕迹在车辆行进方向有所延长。拖印是指车辆轮胎受制动力作用，沿行进方向相对于地面作滑移运动时留在地面上的印迹，特征为带状，不显示胎面花纹，宽度与胎面宽度基本一致。侧滑印是指车辆轮胎受制动力、碰撞冲击力或转向离心力的作用，偏离原行进方向相对于地面作横向滑移运动时留在地面上的印迹，特征为印迹宽度一般大于或小于轮胎胎面宽度，不显示胎面花纹。挫滑印是指事故车辆的相关物体在地面上形成的刮擦印迹或沟槽，如车辆翻车后车厢金属部件与地面接触形成的痕迹。

在轮胎主动性爆胎引发的事故中，车辆的运动轨迹一般都会在爆胎点处发生突然的偏转。如图4.47所示，在图中偏转点的位置，事故车辆的运动轨迹发生显著偏移，且痕迹形态发生明显改变。如果结合现场勘查情况，判明该点不是碰撞点（无碰撞痕迹、散落物等），即可确定事故车辆在该位置发生了爆胎。在实际的事故分析中，应结合偏转点前后的车辆运动轨迹、爆胎轮胎位置（左前轮、右前轮、左后轮、右后轮）、车辆行驶状态、车辆运动力学等，进行综合分析、判定。

图4.47 事故车辆运动轨迹

2. 断口形态判定法

主动性爆胎和被动性爆胎，在轮胎断口状态上有着明显区别。主动性爆胎的主要特征：一是在轮胎胎体上有明显的缺陷或陈旧性伤痕，而这些缺陷点往往就是轮胎爆胎的起爆点位置；二是断口呈不规则、放射状形态，同时断口端面存在部件间脱层、缺损现象；三是由于爆胎时缺损部位温度较高，往往有橡胶熔化现象。主动性爆胎断口形态如图 4.48 所示。

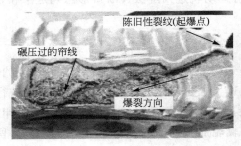
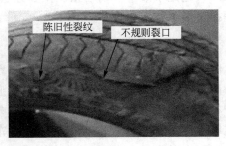

图 4.48　主动性爆胎断口形态

在轮胎被动性爆胎中，一般来说断口呈规则状，细微痕迹与轮胎的帘线方向一致；断口端面没有部件间的脱层、缺损现象，也没有橡胶熔化现象；带束层、胎体钢丝帘线端点整齐，呈撞击切割状。被动性爆胎断口形态如图 4.49 所示。

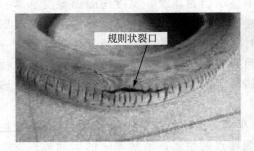
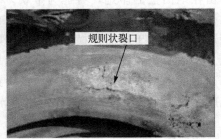

图 4.49　被动性爆胎断口形态

3. 轮辋损伤形态判定法

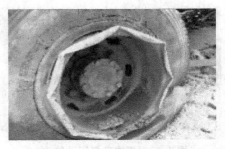

图 4.50　主动性爆胎轮辋损伤形态

在轮胎主动性爆胎中，轮辋直接承载车辆的重量并继续行进一段距离，往往会造成轮辋显著损伤变形，且变形呈持续状，严重时遍及整个圆周（图 4.50）。同时，由于轮辋与轮胎内壁接触，轮辋会在轮胎的内壁形成碾压痕迹，这种痕迹往往印迹较新，与陈旧性的痕迹有很大区别。

轮胎被动性爆胎中，一般不会形成轮辋的明显损伤变形，多为一次撞击形成，往往不具有持续性损伤特征，如图 4.51 所示。事故判定中，应根据碰撞物、碰撞角度、行驶路径等进行综合分析。

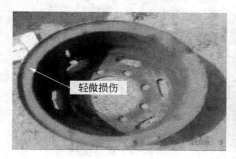

图 4.51　被动性爆胎轮辋损伤形态

上述三种方法是轮胎爆胎分析的常用方法，在具体分析过程中，应根据个案情况适当选用。可使用尽量多的方法进行综合分析，以得到更为准确的结果。

应用案例 4-3

1) 案情摘要

据委托人称：2009 年 3 月 12 日（天气：阴），牌照号为川 AXXXXX 的时代牌轻型普通货车，由成都往崇州方向行驶至成温邛高速 16km＋200m 处（沥青路面）时，车辆冲过中央隔离带与由相向行驶的车辆发生碰撞交通事故，事故造成车辆受损，人员伤亡。

检验时，该车左前轮胎已损坏漏气，左前轮轮辋锁圈脱落（图 4.52）。

2) 车辆左前轮检验

(1) 左前轮胎胎侧标志显示该轮胎品牌为驭通牌，轮胎规格为 7.00－16LT，尼龙 12 层级，标准轮辋 4.50F，轮胎速度符号 G。经查询，该轮胎为诸城市国信橡胶有限公司生产的驭通牌 7.00－16LT 轻型载重普通断面斜交轮胎，轮胎帘布层为尼龙 12 层级，轮胎的最高速度为 90km/h，标准安装轮辋为 4.50F 的半深槽轮辋。

(2) 检验时左前轮胎已漏气变形，轮胎外胎外侧胎圈从锁圈脱落的轮辋外侧滑出。外侧胎侧径向局部变形，外侧胎侧胎面无明显损伤。外胎内侧胎侧有三处损伤（如图 4.53 所示Ⅱ、Ⅲ、Ⅳ）。三处豁口断面规则、层次清楚。

图 4.52　左前轮胎损坏

(3) 经检验，轮胎内胎有四处损伤(图4.54)。

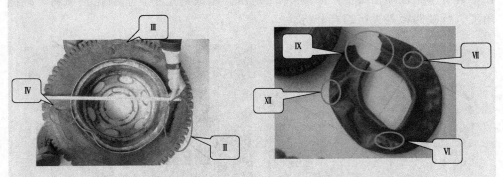

图4.53　外胎内侧损伤位置　　　　　图4.54　内胎损伤

(4) 经检验，左前轮辋外侧锁圈已脱落失灭，外侧轮缘无明显刮痕和擦伤，轮辐沿周向有连续划痕和擦伤(图4.55)；轮辋内侧轮缘有向轮辋中心凹陷的变形损伤，轮缘有局部擦伤(图4.56)。

图4.55　轮辋外侧　　　　　　　　　图4.56　轮辋内侧

(5) 分析说明

根据轮辋损伤形态判定法和断口形态判定法判定，该事故车左前轮胎是在事故中受撞击后爆破所致(被动性爆胎)。

3) 鉴定意见

(1) 该车所安装的轮胎，均系诸城市国信橡胶有限公司生产的驭通牌7.00-16LT轻型载重普通断面斜交轮胎，该轮胎的速度符号(速度级别)为G，表明轮胎的最高速度为90km/h；查询国家发改委汽车公告(批次：2001H8)所示时代牌BJ1033V3JE6-6型轻型普通货车的车辆参数(参见附注)，表明该车最高设计车速为95km/h。

该车所安装轮胎的速度级别低于车辆最高设计车速,不符合国家标准 GB 7258-2004《机动车运行安全技术条件》中第9.1.6条"机动车所装用轮胎的速度级别不应低于该车最高设计车速的要求"。

(2)该车左前轮胎的损坏系事故中受撞击后爆破所致。

4.5 案例分析

4.5.1 案例1——【导入案例】解析

1. 案情摘要

如【导入案例】所描述的情况进行案情分析,事故车川 AXXXX 学的左后轮胎爆胎是主动性(事故前)爆胎还是被动性(事故中或事故后)爆胎,是这起事故鉴定的关键。

2. 鉴定过程

(1)该车所装用的各轮胎型号规格、品牌、胎冠花纹最小深度、充气压力检测数据如表4-4所示。

表4-4 轮胎型号规格、品牌、胎冠花纹最小深度、充气压力检测数据

项目		型号	品牌	轮胎标定最大载荷/kg 或最大充气压力/kPa	胎冠花纹最小深度/mm	充气压力/kPa
前轴	左	185/70R13 86H	NANKANG	530/300	4.2	250
	右	185/70R13 86H	NANKANG	530/300	4.3	300
后轴	左	185/70R13 86H	MICHELIN	530/350	2.8	已损坏
	右	185/70R13 86T	WARRIOR	530/300	7.9	已损坏

(2)事故车左后轮胎和车轮的检验内容如下。

① 送检轮胎胎侧标识该轮胎的品牌为 MICHELIN CERTIS,轮胎规格为 185/70R13 86H RADIAL TUBELESS 06-90358-02。该轮胎是2006年生产的米其林赛驰系列,规格为 185/70R13 86H 的半钢无内胎子午线轮胎,胎面花纹为纵向沟槽和纵向肋条花纹。

送检车轮为5JK13H2的深槽轮辋(图4.57)车轮。

② 该轮胎上有一"｜"字形爆破口,横断于整个轮胎的胎冠和两侧胎肩及胎侧,爆破口处帘布层帘线全部断裂,断口帘线基本整齐,钢丝带束层钢丝成发散断裂形态(图4.58)。

图4.57 左后轮胎

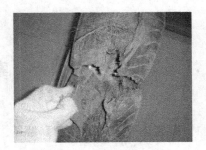

图4.58 左后轮胎爆破口

③ 检验时,该轮胎胎冠处胎面纵向花纹橡胶层已沿圆周方向与轮胎钢丝带束层脱离,脱层处暴露的带束层钢丝明显生锈;从委托人提供的关于该轮胎的事故现场照片(图4.59)中可见,该锈迹在事故发生时已经存在。

④ 该轮胎胎冠胎面有花纹沟刺伤裂口、胎冠崩花掉块等损伤,胎冠上扎有一生锈的铁钉(图4.60),胎冠上有多处明显的刺穿胎面但未刺到帘布层的损伤(图4.61、图4.62)。在脱离胎体的两圈胎面胶条上也发现刺穿胎面的损伤(图4.63、图4.64)。

⑤ 解剖撕开一刺穿胎面的穿口处胎面橡胶,该处胎面下的钢丝带束层钢丝已生锈(图4.65)。撕开爆破口周边没有损伤的胎面,胎面下的钢丝带束层钢丝也已生锈(图4.66)。

⑥ 该轮胎外侧胎圈滑入轮辋凹槽内,左后车轮轮辋外侧轮缘有近半周的擦伤和局部变形(图4.67和图4.68)。

图4.59 交警提供的左后轮胎照片

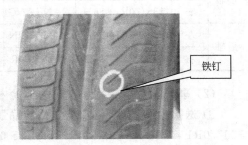

图4.60 胎冠扎有铁钉

图4.61 胎冠上刺穿胎面的损伤

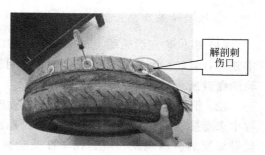
图4.62 胎冠上刺穿胎面的损伤

图4.63 胎面胶条上刺穿胎面的损伤

图4.64 胎面胶条上刺穿胎面的损伤

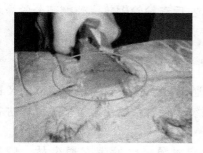
图4.65 胎面刺穿口处带束层

图4.66 爆破口周边处的带束层

图4.67 轮轮辋轮缘

图4.68 轮轮辋轮缘擦痕

3. 检验结果及分析说明

(1) 事故车左后轮胎上"｜"字形豁口处帘布层帘线全部断裂，断口帘线基本整齐，且轮胎胎侧外部圆周方向有不明显的低气压摩擦碾压损伤，该豁口应为轮胎爆破所致。

(2) 根据道路交通事故现场图和事故现场照片分析：该车左后轮胎在事故过程中未受撞击和外物划割，轮胎胎冠处胎面纵向花纹橡胶层沿圆周方向与轮胎钢丝带束层的脱离现象，应为该车在受到牌照号为川AXXXX学的万丰SHK6470小型普通客车撞击前已发生。

(3) 该车左后轮胎的花纹深度和使用期均属正常范围内，正常情况下，轮胎胎冠胎面橡胶与胎体钢丝带束层之间的黏接是十分可靠的。但事故现场照片和检验情况表明，轮胎胎冠胎面脱层处暴露的带束层钢丝的锈迹及解剖所发现的带束层钢丝锈迹均应为在事故发生前已经存在。根据该车左后轮胎胎冠存在多处刺伤（刺扎到带束层）的情况分析，从轮胎扎孔处渗入的水、泥土等异物可能使钢丝生锈，引起轮胎的胎面与带束层逐渐脱层，从而导致轮胎性能逐渐下降，由此在车辆行驶时，可能导致轮胎突然爆破。

(4) 该车左后车轮轮辋轮缘外侧的擦伤，是该车右后部被同向行驶的牌照号为川AXXXX学的万丰SHK6470小型普通客车撞击时，左后轮胎受到较大侧向外力作用下，轮胎外侧胎圈滑入轮辋凹槽内，左后车轮轮辋轮缘外侧部分轮缘着地，被地面刮划所致。

4.5.2 案例2——轮胎爆胎检验鉴定

委托事项：对2005年10月11日发生交通事故，牌照号为川WXXXXX的CFA2030C小型越野客车的转向系统、制动系统、行驶系统及事故形成原因进行技术鉴定。

图4.69 事故车前部

鉴定对象：已发生交通事故、牌照号为川WXXXXX的猎豹CFA2030C小型越野客车（图4.69和图4.70）。

1. 案情摘要

2005年10月11日0时40分（天气：晴），牌照号为川WXXXXX的猎豹CFA2030C小型越野客车，由泸沽至西昌方向行驶至攀西高速公路37km+940m处时，发生交通事故。该事故造成两人死亡、两人受伤。

2. 车辆整车损坏状况简述

该车右前部严重变形（图 4.69），车门及车窗玻璃损坏，车顶变形，天窗损坏，前后风窗玻璃损坏，右后轮胎损坏（图 4.70、图 4.71）。

图 4.70 事故车后部

图 4.71 事故车右后轮胎

3. 主要系统（机构）检验

1）转向系统

（1）该车方向盘最大自由转动量为 10.6°，转向拉杆变形弯曲（图 4.72），分析认为转向拉杆变形是事故所致。

（2）该车转向助力液油质及液面高度正常。

2）制动系

（1）该车制动器及各轮缸无泄漏现象，制动液油质及液面高度正常。

图 4.72 转向拉杆

（2）该车制动踏板自由行程为 15mm。

（3）该车制动器的制动盘、制动鼓及摩擦片轻微磨损。

（4）用专用测试仪提取该车的故障码，未发现制动系统存在故障码。

3）轮胎

（1）该车所装用的各轮胎型号规格、品牌、胎冠花纹最小深度、充气压力检测数据如表 4-5 所示。

生产厂推荐的轮胎使用气压：前轮为 196kPa，后轮为 275kPa。

（2）右后轮。右后轮胎损坏（图 4.73～图 4.75）。

① 车轮内侧胎面距轮胎外圆周约 130mm 处存在一条穿透性豁口，豁口总长

度约90mm，豁缝表面有擦痕(图4.73)。

表4-5 轮胎型号规格、胎冠花纹最小深度、充气压力检测数据

项目		型号规格	品牌	轮胎标定最大载荷/kg或最大充气压力/kPa	胎冠花纹最小深度/mm	充气压力/kPa
前轴	左	31×10.5R15LT 109S M+S	KUMHO	1030/350	8.24	240
	右	31×10.5R15LT 109S M+S	KUMHO	1030/350	8.34	290
后轴	左	31×10.5R15LT 109S M+S	KUMHO	1030/350	10.76	260
	右	31×10.5R15LT 109S M+S	KUMHO	1030/350	11.34	已损坏

② 从轮胎豁口形态看，其断口整齐，被切斜口端面最深10.3mm，断口处帘布线断面亦为整齐断面(图4.74)。

③ 豁口的帘布层下胎里层断口形态粗糙(图4.75)。

④ 轮胎外部其余区域未发现龟裂、老化等陈旧性缺陷。

⑤ 右后车轮轮辋外侧局部轮缘上存在明显的横向刮伤槽痕，而轮辋内、外侧轮缘沿圆周方向上没有明显连续的压痕(图4.76)。

图4.73 轮胎豁口及表面擦痕

图4.74 轮胎豁口形态

图4.75 胎里层断口形态粗糙

图4.76 轮辋外侧刮伤槽痕

4) 右后车轮挡泥罩对应部位痕迹

(1) 右后车轮挡泥罩、挡泥罩托架和车架上(轮胎的对应位置处)有明显擦

痕,托架底板一角弯曲变形(图 4.77 和图 4.78),托架底板距车轮挡泥罩上的擦痕边沿约为 130mm,与轮胎切口至轮胎外圆周的距离一致。

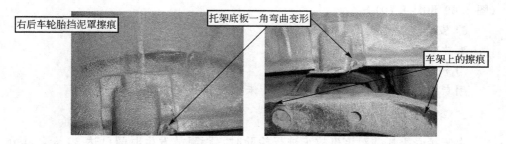

图 4.77　右后车轮挡泥罩擦痕　　图 4.78　车轮挡泥罩托架底板一角弯曲变形

(2) 后桥的横向稳定杆曾相对于车身向左侧大幅移位达 20mm(图 4.79)。

(3) 后桥钢板弹簧相对于车身向左侧移位,后桥左、右钢板弹簧活动吊耳均卡死在前端位置,钢板弹簧的向上严重翘曲(图 4.80 和图 4.81)。

(4) 后桥右钢板弹簧上的橡胶缓冲块与右纵梁有明显强烈冲撞痕迹,冲撞点偏离原接触点达 20mm(图 4.82)。

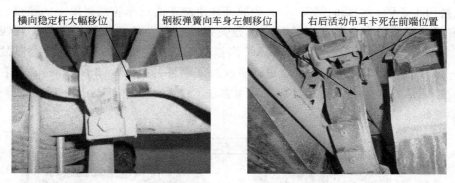

图 4.79　后桥的横向稳定杆大幅移位　　图 4.80　右后钢板弹簧向车身左侧移位、吊耳卡死

图 4.81　左后钢板弹簧向车身
　　　　　左侧移位、吊耳卡死

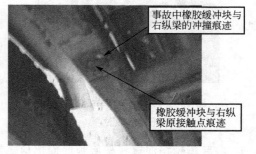

图 4.82　橡胶缓冲块与车架冲撞痕迹

5）照明及信号系统

检验时，该车的照明及信号装置除右前小灯灯罩损坏外，其余均完好有效（图 4.69 和图 4.70）。

6）安全气囊系统

事故中，安全气囊未打开。

7）汽车电控系统

用专用测试仪提取该车的故障码，未发现该车存在故障码。

4. 分析说明

由于接受委托并对该事故车进行检验时，距事故发生时间已达 37 天，部分事故现场痕迹、物证已无法核实查证。依据本所鉴定人对该事故车辆检验结果和四川省公安厅交警总队高速公路支队 XX 高速公路大队提供的复查现场图（2005 年 10 月 11 日 8 时 40 分绘制）以及鉴定委托人 XXX 提供的有关资料，进行如下分析说明。

1）事故车右后车轮挡泥罩异常升高问题

根据现场检验，该事故车右后车轮挡泥罩托架底板底面离地高度为 785mm（在换用了备胎，空载的情况下）。为验证该事故车右后车轮挡泥罩上的擦痕、托架底板高度位置与轮胎切口的对应位置关系，鉴定人员在回到成都后，到四川 XX 汽车股份服务有限公司、成都 XX 汽修厂等三菱、猎豹专修店，对与事故车同一型号的对比车辆的相关部位进行多次验证测量（图 4.83 和图 4.84），其右后车轮挡泥罩托架底板及轮胎的相关尺寸如下（测量时乘坐 4 人，乘坐位置：正、副驾驶位，第二排座位）：

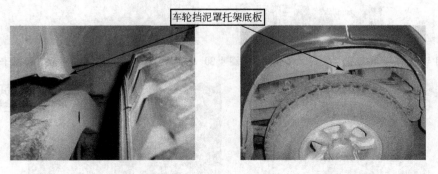

图 4.83　对比车的车轮挡泥罩托架底板位置　　图 4.84　对比车车轮挡泥罩托架底板底面相对高度位置

右后车轮挡泥罩托架底板底面离地高度：680mm

轮胎高度（直径）：750mm

轮胎内侧距车身托架底板边缘水平距离：80mm
（空载：右后车轮挡泥罩托架底板底面离地高度：700mm）
分析认为：该车在事故中发生侧向翻滚和旋转，后轮受到猛烈撞击，致使后悬挂的左右钢板弹簧的后吊耳（活动吊耳）前移并卡死在极限位置，使钢板弹簧不能恢复到正常的工作位置，导致该车在事故后车架升高，改变了右后车轮挡泥罩托架底板与车轮的相对位置关系。

2）右后轮豁口问题

从图 4.79～图 4.81 反映出左、右钢板弹簧、横向稳定杆曾一度相对于车身向左侧大幅位移，图 4.82 中橡胶缓冲块与车架的新冲撞痕迹反映出钢板弹簧曾在冲击载荷下被压缩产生大幅变形。

由于该车在事故中发生猛烈的侧向翻滚和旋转，在翻滚和旋转过程中，车轮挡泥罩位置发生过大幅的压缩和伸张跳动，同时整个后桥相对车身向左侧产生大幅位移，从而导致右后车轮与挡泥罩托架底板擦刮，托架底板边沿切入轮胎内侧，形成整齐的切口，直至割断帘布层。由于帘线帘布割断，轮胎切口处剩余断面难以承受胎压负荷而形成突然爆破的爆口，故豁口的帘布层下胎里层断口、切口及外轮胎豁口呈粗糙断面。

3）右后车轮轮辋外侧局部轮缘上存在明显的横向刮伤槽痕问题

右后车轮轮辋外侧局部轮缘上明显的横向刮伤槽痕是车辆在侧翻和旋转时与路面发生横向剧烈摩擦造成的，同时在公路上留下拉槽。

4）安全气囊未打开

由于该车在事故过程中的正面碰撞未达到（正面安全气囊）碰撞传感器的作用范围，故安全气囊未打开。

4. 鉴定结论

（1）该车转向系统正常。

（2）该车制动系统正常。

（3）该车照明及信号装置齐全有效。

（4）安全气囊未打开。

（5）该车电控系统未发现存在故障码。

（6）该车两前轮轮胎充气压力均明显高于汽车生产厂家推荐的轮胎使用气压。左前轮超过推荐的轮胎使用气压 22%，右前轮超过推荐的轮胎使用气压 48%，前轮左右轮胎气压不平衡度较大，这对汽车高速行驶的稳定性有不利的影响。

（7）右后轮胎内侧的长度约 90mm 的豁口，系该轮胎在车辆翻滚、旋转、撞击过程中被右后车轮挡泥罩托架底板划伤后爆胎形成的。

(8)事故车右后车轮挡泥罩托架底板位置高于轮胎上顶面,是后桥钢板弹簧活动吊耳卡死在前端位置,不能恢复到正常工作位置所致。

本章小结

汽车行驶系的主要作用是将整个汽车连接成一整体,并支持全车质量,接受传动系传来的转矩、并通过驱动车轮与路面的附着作用,产生路面对汽车的驱动力。传递并承受路面作用于车轮上的各种反力及形成的力矩,缓和不平路面对车辆造成的冲击以及减少车身振动。

大多数汽车采用轮式行驶系,据车型和用途的不同其结构有所不同,但基本组成是相同的,一般由车架(或车身)、车桥、车轮和悬架组成。车轮分别支承在各车桥(前桥、后桥)上,为了减少汽车在不平路面上行驶时受到的振动,车桥又通过弹性悬架与车身(车架)连接。

汽车行驶系常见危及行车安全的行驶系统故障有行驶过程中轮胎突然爆裂、汽车行驶跑偏、汽车行驶中出现摆头现象等。

国家和行业标准对车辆行驶系统的零部件及总成结构参数和性能都有明确的安全技术要求。

交通事故车辆行驶系统检验鉴定包括车辆行驶系统检视、车辆行驶系统动态检验和车辆行驶系统静态检验。动态检验一般只包括用平板检测台检验车辆悬架特性。静态检验包括行驶系统静态参数的检测、零部件性能检验鉴定和零部件失效检验鉴定。

系统静态参数检测包括轮胎充气压力及胎冠最小花纹深度测量;前车轮横向(轴向)、径向跳动量测量;用悬架装置检测台检验事故车辆悬架特性。

零部件性能检验鉴定包括车轮动平衡检测;减震器性能检验、钢板弹簧和螺旋弹簧性能检验等。

零部件失效检验鉴定主要包括轮胎、减震器、悬挂弹簧失效检验鉴定等。

重点介绍了交通事故车辆轮胎失效的鉴定方法。轮胎的损坏形式主要机械损坏、疲劳损坏、热损坏。引起轮胎爆胎原因主要有轮胎结构固有的弱点、轮胎制造缺陷、使用维护不当、外力撞击、气候因素、其他因素等。

爆胎机理分析介绍了轮胎的应力与应变和轮胎生热机理。

爆胎分析方法有运动轨迹判定法、断口形态判定法和轮辋损伤形态判定法。

案例分析重点介绍了事故车辆行驶系统鉴定的项目和方法，以及事故车辆行驶系统故障与交通事故的关系等。

思考题

1. 简述汽车行驶系统的功能。
2. 交通事故车辆行驶系统检视的内容有哪些？
3. 简述行驶系统的常见故障。
4. 简述行驶系统静态检验的内容。
5. 简述轮胎的损坏形式有哪几种？各有什么特征？
6. 简述轮胎失效的鉴定方法有哪些。
7. 简述轮胎爆胎的主要原因有哪些。
8. 分析轮胎爆胎机理。

第5章
交通事故车辆传动系统检验鉴定

本章教学要点

知识要点	掌握程度	相关知识
车辆传动系统的结构和功能	了解车辆传动系统结构、功能	车辆传动系统的常见故障及危害
车辆传动系统的技术要求	掌握车辆传动系统的技术要求	国家和行业标准的安全技术要求
交通事故车辆传动系统安全技术检验鉴定的项目及方法	掌握交通事故车辆传动系统安全技术检验鉴定的项目及方法	事故车传动系统的动力学分析和事故再现技术
案例分析	掌握针对具体的交通事故,确定传动系统鉴定的项目与方法	事故车传动系统故障与交通事故的关系、事故成因分析

导入案例

2010年2月5日深夜,牌照号为川 RM2XXX 的车辆(图5.1),因离合器故障停驶于沪蓉高速公路南充至成都方向 1795km+300m 处(沥青路面),在承担救援任务的清障车将其拖离停驶现场的过程中,事故车辆离合器发生破裂,部分破裂构件击穿飞轮壳(图5.2),击穿驾驶室底板,将车上一乘员击伤致死。

一般来说,汽车传动系统出现故障,车辆的动力会减弱或逐渐丧失,车辆通常会停驶,绝大多数情况不会直接引发重大交通事故。但是该车离合器为何会破损、破裂的离合器部件如何能击穿飞轮壳和驾驶室底板,将车上乘员击伤致死?

图 5.1　川 RM2XXX 事故车

图 5.2　川 RM2XXX 事故车飞轮壳

汽车传动系统的基本功能就是将发动机发出的动力传递给驱动车轮,以保证汽车能在不同使用条件下正常行驶,并具有良好的动力性和燃油经济性。具备减速增扭、实现汽车倒驶、必要时中断传动、差速作用等功能。

本章简要介绍汽车传动系统的结构、常见故障及危害,汽车传动系统安全技术要求;主要介绍道路交通事故车辆传动系统检测的内容方法;通过案例,判定可能与事故相关的车辆传动系统故障,确定重点检测的部位和项目,分析传动系统安全隐患与交通事故的关系。

5.1　车辆传动系统简介

5.1.1　传动系统的类型

汽车传动系统的类型按结构和传动介质的不同可分为机械式传动系统、液力机械式传动系统等。汽车传动系统的组成及布置形式主要与发动机的形式和性能、汽车总体结构形式和汽车行驶系及传动系本身结构形式有关。目前，应用广泛并与活塞式发动机配用的是机械式传动系统和液力机械式传动系统。

1. 机械式传动系统

机械式传动系传动系统主要由离合器、变速器、万向传动装置和传动轴以及安装在驱动桥上的主减速器、差速器、半轴组成。图5.3为传统的发动机纵向前置，后桥驱动的4×2汽车布置示意图。发动机发出的动力经离合器、变速器、万向传动装置传到驱动桥。在驱动桥处，动力经过主减速器、差速器和半轴传给驱动车轮。

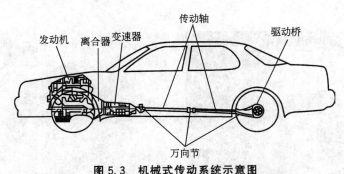

图5.3 机械式传动系统示意图

2. 液力机械传动系统

液力机械式传动系统主要由液力变矩器、自动变速器、万向传动装置和驱动桥组成，系统组成示意图如图5.4所示，其特点是组合运用液力传动和机械传动。液力传动是指利用液力变矩器传动，它利用液体介质（自动变速器液）将发动机动力传递到一个能自动变速的有级式机械变速器；机械传动是指利用自动变速器、万向传动装置和驱动桥传动，将动力传至驱动轮。

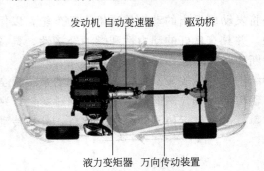

图5.4 液力机械传动系统示意图

5.1.2 汽车传动系布置形式

1）发动机前置后轮驱动方案（简称FR前置后驱动）

前置后驱动是传统的布置形式，主要用于货车、部分客车和部分高级轿车。

该类型汽车在变速器至驱动桥之间设有万向传动装置(图 5.5)。

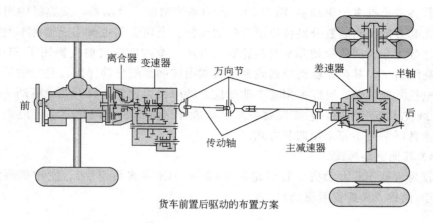

货车前置后驱动的布置方案

轿车采用的前置后驱动布置方案

图 5.5　发动机前置后轮驱动布置示意图

2) 发动机前置前轮驱动(简称 FF 前置前驱)

前置前驱是轿车上较普遍的布置形式(图 5.6),具有结构紧凑、减小轿车的质量、降低地板的高度、改善高速时的操纵稳定性等优点。其中发动机布置可以采用纵置和横置两种形式,发动机横置时,其发动机曲轴轴线与车轮轴线平行,主减速器可以采用圆柱齿轮传动。发动机纵置时发动机曲轴轴线与车轮轴线垂直,主减速器必须采用圆锥齿轮传动。

一般前置前驱轿车的驱动桥多采用断开式车桥,其半轴必须采用断开式(一般分为三段),各段半轴用等速万向节连接,保证动力传递到驱动车轮,同时也能保证前轮正常转向。由于其传动系、转向系、前悬、制动系主要部件和发动机一起安装在汽车前部发动机舱内,因此,要求各系统装配位置精确,但当某一部件出现故障时,可能会影响其他系统正常工作,甚至导致车辆安全性能下降,引发交通事故。

3) 全轮驱动（简称 AWD）

其特点是有多个驱动桥（图 5.7），传动系统增加了分动器，变速器输出的动力经几套万向传动装置分别传给所有的驱动桥。全轮驱动主要用于越野车及重型货车，分为分时四轮驱动和全时四轮驱动两种。全时四驱目前主要用于 SUV 和少数高级轿车，其两轮驱动或四轮驱动模式由控制系统自动操纵，且在前后轴间装有电控差速装置，可以根据需要改变前后轴牵引力比例；分时四轮驱动一般在 SUV 或皮卡车上使用，它需要驾驶员手动操作选择四驱或两轮驱动，但是一般在干燥良好路面不宜采用四驱方式。

4) 其他驱动形式

较为常见还有发动机中置后轮驱动（简称 MR 中置后驱动）、发动机后置后轮驱动（简称 RR 后置后驱动）。

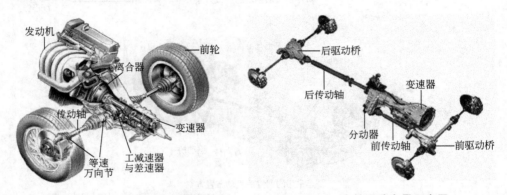

图 5.6　发动机前置前轮驱动布置示意图　　图 5.7　全轮驱动布置示意图

5.1.3　传动系主要总成

1. 离合器

离合器位于发动机和变速器之间，是机械式传动系统中与发动机连接并且将其动力传递至变速器的总成。其功用是使发动机与传动系逐渐接合，保证汽车平稳起步；必要时暂时切断发动机与传动系的联系，便于发动机的启动和变速器的换档，保证传动系换档时工作平顺；限制所传递转矩，防止传动系过载，保护发动机和传动系。

目前机械式传动系统中广泛应用的是干式摩擦片离合器（图 5.8）。主要由主动部分、从动部分、压紧装置和操纵机构四部分组成。

主动部分是离合器的动力输入部件，其与发动机曲轴连在一起，包括飞轮、离合器盖、压盘等部件组成。其中离合器盖与飞轮靠螺栓紧固连接，通过 3~4

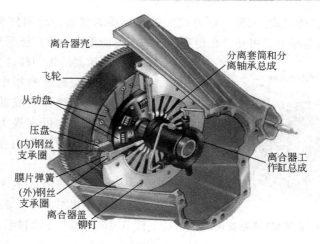

图 5.8　机械摩擦片式离合器

组传动片驱动压盘。

从动部分是动力输出部件,从动部分是由单片、双片或多片从动盘所组成,它将从动盘摩擦片通过机械摩擦传来的动力传给变速器的输入轴。从动盘由从动盘本体、摩擦片和从动盘毂三个基本部分组成。为了避免转动方向的共振,缓和传动系受到的冲击载荷,大多数汽车都在离合器的从动盘上附装有扭转减震器。

压紧装置是将主、从动部分压紧产生摩擦作用的机构,主要由螺旋弹簧或膜片弹簧组成,与主动部分一起旋转,它以离合器盖为依托,将压盘压向飞轮,从而将处于飞轮和压盘间的从动盘压紧。

操纵机构是使离合器主、从动部分分离断开动力传递的机构。它包括分离杠杆、分离杠杆支承柱、分离叉、分离套筒、分离轴承、离合器踏板等。

2. 变速器

变速器是汽车传动系统的重要总成,一般具有以下功能。

改变传动比,扩大驱动轮转矩和转速的变化范围,以适应经常变化的行驶条件,使发动机在较好工况下工作;在发动机旋转方向不变的情况下,使汽车实现倒向行驶;利用空挡,中断动力传递,以使发动机能够启动、怠速运转和滑行等;一些汽车如自卸汽车、专用汽车等还能输出动力驱动其他机构。

变速器按传动比变化情况可分为有级式、无级式和综合式三种。

有级式变速器是目前使用最广的一种。它采用齿轮传动,具有若干个定值传动比。目前,轿车和轻、中型货车变速器的传动比通常有 3～5 个前进档和一个倒档,在重型货车用的组合式变速器中,则有更多档位。

无级式变速器其传动比在一定的数值范围内可按无限多级变化,常见的有电力式和液力式(动液式)两种。电力式无级变速器的变速传动部件为直流串激电动机,除在无轨电车上应用外,在超重型自卸车传动系中也有广泛采用的趋势。动液式无级变速器的传动部件为液力变矩器。

综合式变速器是指由液力变矩器和齿轮式有级变速器组成的液力机械式变速器,其传动比可在最大值与最小值之间的几个间断的范围内作无级变化,目前应用较多。

按换档操纵方式的不同,变速器可分为手动操纵式(图5.9)、自动操纵式(图5.10和图5.11)和半自动操纵式。

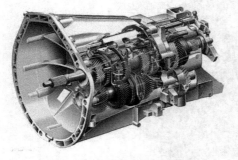

图5.9 6速MT手动变速箱

图5.10 8速AT自动变速器

图5.11 CVT无级变速器

自动操纵式变速器其传动比选择和换档是自动进行的,即机械变速器每个档位的变换是借助反映发动机负荷和车速的信号系统来控制换档系统的执行元件而实现的,驾驶员只需操纵加速踏板以控制车速。常见的自动变速器有3种类型:电控液力自动变速器(EAT)、机械无级变速器(CVT)电控机械自动变速器(AMT)。

半自动操纵式变速器有两种型式:一种是常用的几个档位自动操纵,其余档位则由驾驶员操纵;另一种是预选式,即驾驶员预先用按钮选定档位,在踩下离合器踏板或松开加速踏板时,接通一个电磁装置或液压装置来进行换档。

3. 分动器

分动器一般用于多轴驱动的汽车上,输出轴可以有多个,将变速器输出的动力分配到各驱动桥;多数车装用两档分动器,兼起副变速作用。

4. 万向传动装置

1) 万向传动装置的功用

汽车上任何一对轴线相交,且相对位置变化(长度和角度)的旋转轴之间的动力传递,均需要用万向传动装置,作用是在轴间夹角和相对位置经常发生变化的转轴之间传递动力。万向传动装置广泛应用于汽车中,尤其是汽车的传动系统和转向系统,其应用如图 5.12、图 5.13 所示。

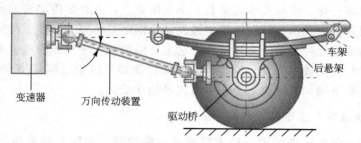

图 5.12　变速器与驱动桥之间万向传动装置

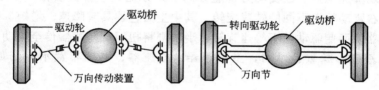

图 5.13　驱动桥与驱动轮之间万向传动装置

万向传动装置应用于变速器与驱动桥之间实现二者间的动力传递;应用于越野汽车变速器与分动器之间消除车架变形及制造、装配误差等引起的其轴线同轴度误差对动力传动的影响。汽车转向驱动桥的半轴是分段的,转向时两段半轴轴线相交且交角变化,因此转向驱动桥要用万向节;断开式驱动桥的半轴,主减速器壳在车架上是固定的,两端桥壳上下摆动,半轴是分段的,须用万向节。

2) 万向传动装置组成

(1) 传动轴。传动轴总成主要由传动轴、花键轴、滑动叉、中间支承和万向节叉等组成(图 5.14)。传动轴是万向传动装置中的主要传力部件。通常用来连接变速器(或分动器)和驱动桥,在转向驱动桥和断开式驱动桥中,则用来连接差速器和驱动轮。

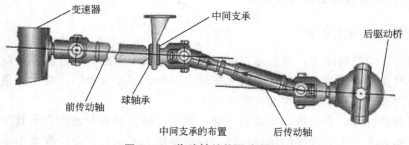

图 5.14　传动轴结构及布置图

(2) 中间支承。如果万向传动装置传递的动力较远，传动轴中间会分段，并加中间支承(图 5.15)。其作用防止产生共振，传动轴过长时自振频率低，易产生共振；补偿传动轴的轴向角度方向的安装误差，以及行驶时的轴窜动、车架变形引起的位移变化。中间支承通常装在车架横梁上，能补偿传动轴轴向和角度方向的安装误差，以及汽车行驶过程中因发动机窜动或车架变形等引起的位移。中间支承常用弹性元件来满足上述要求，它主要由轴承、带油封的盖、支架、弹性元件等组成。摆动式中间支承的特点是中间传动轴可以通过摆臂绕支承轴摆动；支承轴和摆臂下端均有橡胶衬套，可以改善轴承受力。

5. 主减速器、差速器、半轴

万向传动装置传来的动力经主减速器、差速器、半轴等最终传递到驱动车轮，并实现降速增矩、改变动力传递方向后，分配到左右驱动轮，使汽车行驶，并允许左右驱动轮以不同的转速旋转。其中主减速器具有降速、增矩、变向的功用；差速器使两侧驱动轮不等速旋转；半轴则将扭矩从差速器传至驱动桥；而桥壳是安装基础，承重且承力，主减速器、差速器、半轴布置示意图如图 5.16 所示。

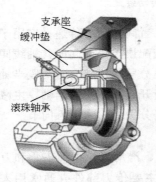

图 5.15 中间支承结构示意图

图 5.16 主减速器、差速器、半轴布置示意图

5.1.4 传动系统常见故障及危害

1. 离合器常见故障

离合器常见故障有：离合器打滑；离合器分离不彻底；离合器发响以及起步时离合器发抖等问题。可能会导致汽车动力下降、起步和换挡困难，严重时可能会导致汽车无法启动，丧失动力无法行走等。

离合器打滑，会造成车辆动力下降，其主要原因是离合器压盘弹簧过软或有折断，离合器与飞轮连接的螺丝松动，或者是离合器踏板自由行程太小等。离合器从动盘和压盘长期使用后因磨损使压盘前移,最终使压盘总是处于半分离状态。

离合器分离不彻底会导致汽车起步和换挡困难,严重时可能会导致发动机以及传动系中变速器和传动轴损坏等。

在使用离合器过程中出现异响,其故障原因是分离轴承磨损严重、轴承回位弹簧过软或折断、膜片弹簧支架有故障等。

2. 变速器的常见故障

常见故障有:变速器跳挡、变速器乱挡和换挡困难等。

变速器跳挡是指变速杆从某挡自动跳回到空挡位置。变速器跳挡严重时可能导致汽车丧失动力,有可能使车辆无法机动通过或绕开障碍而引发交通事故。

变速器乱挡在离合器分离彻底的情况下,挂不上挡或摘不下挡;有时要挂某挡,结果挂在别的挡上,这就是变速器乱挡的故障现象。该故障一样会使车辆操控性下降,或者使得汽车动力性下降,这对汽车的正常行走产生不利影响。

换挡困难表现为变速杆在换挡时困难费力。

产生故障的原因很多,但均与变速器壳体或内部的轴以及轴承或齿轮的非正常装配或非正常工作有关。一般情况其仅仅会影响传动系的正常动力传递,会使汽车操控性和动力性变差;但某些情况例如变速器漏油后致使变速器轴或齿轮高温烧蚀,导致变速器轴与壳体或齿轮与轴烧蚀为一体;或者变速器换挡机构、齿轮或同步器部件破裂,导致传动机构卡死。这些严重故障均可能导致变速器卡死无法换挡或传递动力,会导致汽车完全丧失动力,对于某些汽车如前置后驱的汽车还可能导致后轮甩尾,从而引发严重交通事故。

3. 万向传动装置的常见故障

传动轴部件的损坏、磨损、变形以及失去动平衡,都会造成汽车在行驶中产生异响和振动,严重时会导致相关部件的损坏。万向传动装置的常见故障是异响和游动角度增大。

1) 万向节和伸缩节响

故障现象:在汽车起步或车速突然改变时,传动装置发出"抗"的一声;当汽车缓速行驶时,传动装置发出"呱啦、呱啦"的响声。故障原因主要为:①万向节轴承因磨损或冲击造成松旷;②传动轴伸缩节花键因磨损或冲击造成松旷;③万向节凸缘盘连接螺栓松动。

2) 传动轴响

故障现象:在万向节与伸缩节技术状况良好的情况下,传动轴于汽车行驶中发出周期性响声;车速越快时响声越大,严重时车身发生抖振,甚至握转向盘的手有麻木感。故障原因一般是：①传动轴弯曲或轴管凹陷；②传动轴管与万向节叉焊接时未找正或传动轴未进行动平衡；③传动轴上的平衡片失落；④伸缩节未按标记安装，使传动轴失去平衡，并有可能造成传动轴两端的叉不在同一平面上；⑤中间支承吊架的固定螺栓或万向节凸缘盘连接螺栓松动，使传动轴位置偏斜；⑥橡胶夹紧式中间支承紧固方法不妥，造成中间传动轴前端偏离原轴线。

3）中间支承响

故障现象：汽车行驶中产生一种连续的"鸣、鸣"的响声，车速越快响声越大。其原因：①滚动轴承脱层、麻点、磨损过甚或缺油；②中间支承安装方法不当，造成滚动轴承承受附加载荷；③橡胶圆环损坏；④车架变形。

4）游动角度增大

万向传动装置的游动角度，主要包括伸缩节和各万向节的游动角度。当伸缩节和万向节在工作中因磨损和冲击致使旋转方向上的角间隙增大时，其游动角度就增大。因此，游动角度是传动机件技术状况的重要诊断参数之一。

4. 驱动桥的常见故障

驱动桥部件的损坏、磨损、变形等，会造成汽车在行驶中产生异响和振动，严重时会导致相关部件的损坏。驱动桥的常见故障为漏油、过热和异响。

1）漏油

故障现象：从驱动桥加油口螺塞、放油口螺塞、油封处或各接合面处可见到明显的漏油痕迹。

故障原因：①加油口或放油口螺塞松动；②油封与轴颈不同轴、油封装反、油封本身磨损或硬化；③油封轴颈磨损成沟槽；④结合平面变形或加工粗糙；⑤结合平面处密封垫片太薄、硬化或损坏；⑥两接合平面的紧固螺钉松动或螺钉上紧方法不符合要求；⑦通气孔堵塞；⑧桥壳有铸造缺陷或裂纹。

2）过热

故障现象：汽车行驶一定里程后，用手触试驱动桥壳中部，有烫手感觉。

故障原因：①齿轮油不足、变质或牌号不符合要求；②锥形滚动轴承调整过紧；③主传动器一对锥形齿轮啮合间隙调整过小；④差速器行星齿轮与半轴齿轮啮合间隙太小；⑤油封过紧；⑥止推垫片与主传动器从动齿轮背面间隙太小。

3）异响

故障现象：汽车挂挡行驶时驱动桥发出较大响声，而当滑行或低速行驶时响声减弱或消失；汽车行驶、滑行时驱动桥均发出较大响声；汽车转弯行驶时驱动桥发出较大响声，而直线行驶时响声减弱或消失；汽车起步或突然改变车速时，驱动桥发出"抗"的一声；汽车缓车时驱动桥发出"格啦、格啦"的撞击声。

故障原因：①滚动轴承损伤、严重磨损或过于松旷；②主传动器一对锥形齿轮严重磨损、轮齿变形、轮齿断裂、齿面损伤、啮合面调整不当、啮合间隙太大或太小、啮合间隙不匀或未成对更换齿轮等；③主传动器从动齿轮变形或连接松动；④主传动器主动齿轮凸缘盘紧固螺母松动；⑤主传动器壳体或差速器壳体变形；⑥差速器壳与十字轴配合松旷；⑦行星齿轮孔与十字轴配合松旷；⑧行星齿轮与半轴齿轮啮合间隙太大或太小；⑨半轴齿轮与半轴花键配合松旷；齿轮油不足、黏度太小或牌号不符合要求；⑩行星齿轮与半轴齿轮的齿面严重磨损、损伤、轮齿变形或断裂；齿轮油中有杂物或较大金属颗粒。

驱动桥故障可能会导致驱动桥润滑条件变差，部件传动效率下降，致使驱动桥寿命下降；严重时可能导致部件损坏，驱动桥卡死，可能会使汽车丧失动力，甚至导致甩尾，发生交通事故；外半轴油封漏油，润滑油泄漏至制动器内，导致汽车制动器失效，严重时会发生制动跑偏甚至丧失制动能力。

5.2 传动系统安全技术要求

1. 离合器

（1）机动车的离合器应接合平稳，分离彻底，工作时不允许有异响、抖动或不正常打滑等现象。

（2）踏板自由行程应符合整车技术条件的有关规定。

（3）离合器彻底分离时，踏板力不应大于300N（拖拉机运输机组不应大于350N），手握力（变速杆操纵力）不应大于200N。

【知识要点提示】

离合器彻底分离，是指能完全切断发动机与传动系统动力传递时的一种状态，离合器踏板需要踩到极限位置。这里定义的踏板力，不是离合器踏板踩到极限位置的踏板力，在检测时要注意。

2. 变速器和分动器

（1）换挡时齿轮应啮合灵便，互锁、自锁和倒挡锁装置应有效，不允许有乱挡和自行跳挡现象；运行中应无异响；换挡杆及其传动杆件不应与其他部件干涉。

（2）在换挡杆上应有驾驶员在驾驶座位上即可容易识别变速器和分动器挡位位置的标志。若换挡杆上难以布置，则应布置在换挡杆附近易见部位。

（3）有分动器的机动车，应在挡位位置标牌或产品使用说明书上说明连通分动器的操作步骤。

（4）如果电动汽车是通过改变电机旋转方向来实现倒车行驶，且前进和倒车两个行驶方向的转换仅通过驾驶员的一个操作动作来完成，应通过设计保证只有在车辆静止或低速时才能够实现转换。

3．传动轴

传动轴在运转时不允许发生振抖和异响，中间轴承和万向节不允许有裂纹和松旷现象。发动机前置后驱动的客车的传动轴在车厢地板的下面沿纵向布置时，应有防止传动轴滑动连接（花键或其他类似装置）脱落或断裂等故障而引起危险的防护装置。

4．驱动桥

驱动桥壳、桥管不允许有变形和裂纹，驱动桥工作应正常且不允许有异响。

5．车速受限车辆的特殊要求

三轮汽车和低速货车等车速受限车辆应在设计及技术特性上确保其实际最大行驶速度在满载状态下不会超过其最高设计车速，在空载状态下不会超过其最高设计车速的110％。

【知识要点提示】

实际最大行驶速度是指车辆在平坦良好路面行驶时能达到的最大速度。除三轮汽车和低速货车等车速受限车辆外，其他车辆的最高车速不用检测。

5.3　交通事故车辆传动系统鉴定

因传动系统故障直接引起交通事故的比例不大，一般来说，传动系统故障可能会导致汽车动力下降、起步和换挡困难等，有可能使车辆无法机动通过或绕开障碍而引发交通事故。但是在一些特殊的状况下，例如，下长坡、挡位失效，可能无法控制车速而发生事故，或者传动轴及其他部件损坏导致传动系统卡死，车辆可能甩尾失控，或者间接导致制动系和转向系性能下降或功能丧失，从而引发严重交通事故。

5.3.1　车辆传动系统检视

1．车辆传动系统静态检视

交通事故车辆传动系统静态检视的内容可参考表5-1所列项目。

表 5-1 传动系检验记录表

序号	检验项目	检验结果	判别标准	判别结论
1	离合器			
1.1	离合器踏板高度	____ mm	GB 18565	合格 □ 不合格 □
1.2	离合器踏板自由行程	____ mm	GB 18565	合格 □ 不合格 □
1.3	离合器液压传动机构	有效 □ 失效 □ 效能或功能下降 □	GB 18565	合格 □ 不合格 □
1.4	离合器储液罐	完好 □ 漏油 □	GB 18565	合格 □ 不合格 □
1.5	离合器功能	有效 □ 失效 □ 效能或功能下降 □	GB 18565	合格 □ 不合格 □
2	变速器及分动器			
2.1	手动变速器档杆所在位置	1 □ 2 □ 3 □ 4 □ 5 □ 倒 □ 空 □	GB 18565	合格 □ 不合格 □
2.2	变速器操纵连动机构	有效 □ 失效 □ 效能或功能下降 □	GB 18565	合格 □ 不合格 □
2.3	变速器功能	有效 □ 失效 □ 效能或功能下降 □	GB 18565	合格 □ 不合格 □
2.4	自动变速器档位杆位置	P □ R □ N □ D □ 3 □ 2 □ 1 □		
2.5	电控自动变速器故障灯	有效 □ 失效 □ 效能或功能下降 □	GB/T 18344	合格 □ 不合格 □
3	万向传动装置			
3.1	传动轴	有效 □ 失效 □ 效能或功能下降 □	GB 7258	合格 □ 不合格 □
4	驱动桥			
4.1	主减速器	有效 □ 失效 □ 效能或功能下降 □	GB/T 15746	合格 □ 不合格 □
4.2	差速器	有效 □ 失效 □ 效能或功能下降 □	GB/T 15746	合格 □ 不合格 □
4.3	半轴	有效 □ 失效 □ 效能或功能下降 □	GB/T 15746	合格 □ 不合格 □
4.4	分动箱传动轴	有效 □ 失效 □ 效能或功能下降 □	GB/T 15746	合格 □ 不合格 □
4.5	分动箱操纵杆位置	结合 □ 分离 □	GB/T 15746	合格 □ 不合格 □
4.6	分动箱功能	有效 □ 失效 □ 效能或功能下降 □	GB/T 15746	合格 □ 不合格 □

（1）换挡杆及其传动杆件是否与其他部件干涉。

（2）在换挡杆上是否有驾驶员在驾驶座位上即可容易识别变速器和分动器挡位位置的标志。

（3）有分动器的机动车，是否在挡位位置标牌或产品使用说明书上说明连通分动器的操作步骤。

（4）传动轴车厢地板的下面沿纵向布置时，是否有防止传动轴滑动连接（花键或其他类似装置）脱落或断裂等故障而引起危险的防护装置。

（5）变速器及分动器支架是否连接正常、固定可靠。

（6）传动各部件是否连接正常；传动轴、万向节安装正确；中间轴承及支架是否有裂纹和松旷现象。

（7）检视驱动桥壳、桥管是否有变形和裂纹。

2. 车辆传动系统动态检视

对具有行驶能力的交通事故车辆，传动系统动态检视的内容如下。

（1）离合器接合是否平稳，有无异响、打滑、抖动、沉重、分离不彻底等现象。

（2）变速器倒挡能否锁止，换挡是否正常，有无异响。

（3）传动轴/链有无异响、抖动；驱动桥的主减速器和差速器有无异响。

5.3.2　车辆传动系统动态检验

根据检验鉴定的需要，在规定实验条件的下，用非接触式五轮仪测试三轮汽车和低速货车的车速。

5.3.3　车辆传动系统静态检验

1. 系统静态参数的检测

1）离合器踏板自由行程

离合器踏板自由行程检查方法如图 5.17 所示，用一钢直尺抵在驾驶室底板上，先测量踏板自由高度，再用手轻按踏板，当感到阻力增大时测量此时踏板高度，两次测量的高度差即为离合器踏板自由行程。

2）离合器踏板力测量和变速杆操纵力测量

离合器彻底分离时，用踏板力计测量踏板力的最大值；用拉力计测量变速杆换挡时的最大操纵力。

3）离合器滑转状况的检测

用离合器打滑测定仪（图 5.18）测定离合器的打滑状况。

(1) 把驱动轮置于底盘测功机或车速表试验台滚筒上,无条件者可支起驱动桥。

图 5.17 离合器踏板自由行程检测　　图 5.18 离合器打滑测定仪

(2) 汽车变速器挂直接挡,此时若离合器不打滑,发动机转速与传动轴转速相同。

(3) 测定仪以汽车蓄电池作为电源,由发动机火花塞或一缸点火高压线通过电磁感应给测定仪的高压电极输入信号脉冲,控制闪光灯的闪光时刻,因此闪光灯的闪光频率与发动机转速成正比。

4) 传动系间隙测量

在汽车使用过程中,传动系统因传递动力,且配合表面或相啮合零件间有相对滑移而产生磨损,从而使间隙增大,如变速器、主减速器、差速器中的齿轮啮合间隙,传动轴、半轴的花键连接间隙,十字轴颈与滚针轴承间的间隙及滚针轴承与万向节间的间隙等。这些间隙都可使相关零件间产生相对角位移或角间隙,其角间隙之和构成传动系统的总角间隙。

传动系的角间隙(游动角度):是离合器、变速器、万向传动装置和驱动桥的游动角度之和。

传动系统各总成和机件的磨损与其间隙存在着密切关系,总角间隙随汽车行驶里程近似呈线性增长。所以总角间隙可作为诊断参数评价传动系统的技术状况。

由于角间隙可分段检测,还可用角间隙对传动系统有关总成或机件的技术状况进行检测。

主要仪器和设备包括、底盘测功机、离合器打滑测定仪(频闪仪)、指针式角间隙测量仪和数字式角间隙检测仪。

(1) 指针式角间隙检测仪。

指针式角间隙检测仪(图 5.19)指针固定在主减速器主动轴上，而刻度盘固定在主减速器壳体上，测力扳手钳口可卡在传动轴万向节上，扳手上带有刻度盘和指针，以便指示出测力扳手所施加的力矩。测量角间隙时，测力扳手应从一个极限位置转至另一个极限位置，施加力矩应不小于30N·m，角间隙的数值即为指针在刻度盘上的指示值。

(2) 数字式角间隙检测仪。

数字式角间隙检测仪由用导线相连的倾角传感器(图 5.20)和测量仪构成。传感器实际上是一个倾角-频率转换器。其作用是将传感器感受到的倾角变化转变为线圈中电感量的变化，从而改变检测仪电路的振荡频率。在重心作用下，摆杆始终偏离垂线某一固定角度。弧形线圈则固定在外壳中的夹板上，当外壳随传动轴摆动时，线圈也随之摆动，因而线圈与磁棒的相互位置发生变化，从而改变了线圈电感值，电感的变化量则反映了传动轴的摆动量。当电感值可变化的线圈作为检测仪振荡电路中的一个元件时，传动轴的摆动所引起的线圈电感值的变化就改变了电路的振荡频率。

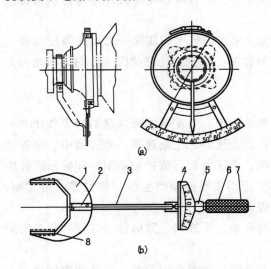

图 5.19 指针式角间隙测量仪
1—卡嘴；2—指针座；3—指针；4—刻度盘；
5—手柄 6—套筒；7—定位销；8—可换钳口

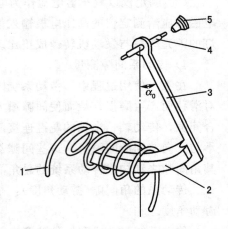

图 5.20 倾角传感器内部结构示意图
1—弧形线圈；2—弧形磁棒；
3—摆杆；4—心轴；5—轴承

测量仪是一台专用的数字式频率计，采用与传感器特性相应的门时并可初始置数，通过标定可直接显示出倾角大小。把角间隙两个极端位置的倾角相减，其差值即为角间隙值。

(3) 传动系角间隙的检测。

利用指针式角间隙检测仪进行传动系统角间隙的检测，测量过程中，将仪器指针安装固定在驱动桥主动轴上；刻度盘固定在主减速器壳上；测量扳手一端U形卡嘴卡在十字万向节上。

驱动桥角间隙包括主传动器、差速器和半轴花键处的角间隙。驱动桥角间隙测量流程如图 5.21 所示。

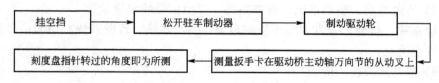

图 5.21　驱动桥角间隙测量流程

同理测量出离合器、变速器、万向传动装置和驱动桥的游动角度，离合器、变速器、万向传动装置和驱动桥的游动角度之和即为传动系的总角间隙。中型货车传动系统游动角度参考数据见表 5-2。

表 5-2　中型货车传动系统游动角度参考数据

部　位	角间隙	部　位	角间隙
离合器与变速器	≤5°～15°	驱动桥	≤5°～65°
万向传动装置	≤5°～6°	传动系	≤65°～86°

【知识要点提示】

在国家和行业相关标准未对传动系统角间隙进行规定，其检测结果可以评价传动系统各总成和构件间隙以及磨损状况以及传动系统的技术状况。

2. 零部件性能检验鉴定

零部件性能检验主要是针对可能与事故有关的传动系统零部件如齿轮、万向节十字轴、转动轴等零部件进行检测，下面以一具体的案例来解析传动系统零部件的检验。

1) 案情摘要

2007 年 02 月 23 日（天气：晴），牌照号为川 EXXXXX 的松花江牌 HFJ6370G 型小型普通客车（图 5.22），行驶至隆纳高速公路隆昌至纳溪方向

图 5.22　事故车前部

72km+500m 处(干水泥路面)时,车辆突然发生失控侧翻的交通事故,造成车上人员受伤、车辆受损。

事故车注册登记日期为 2007 年 1 月 23 日,购买使用后驾驶员发现该车有突然"制动"的现象,事故发生前曾经到 4S 店做过检查,未发现制动系统异常。那么一辆使用只有一个月的新车究竟有何未查明的故障?究竟是何原因导致该车失控侧翻?

2) 转向系统、制动系统、行驶系统、照明信号装置检验

经检视、检验,未发现该车转向系统、制动系统、行驶系统、照明信号装置存在安全隐患。

3) 传动系检视、检验

(1) 经检视,事故车传动系各部件总成安装紧固,外形完整无损坏痕迹。后桥与后悬架出厂时装配记号清晰完整(图 5.23)。

(2) 检验时,用力拉或推停放地面的事故车时,事故车后轮(驱动轮)不能转动。用举升机举起事故车,使驱动轮离地,用手轻拨后轮,两侧车轮均能反向自由转动。

初步判断:传动系统零部件可能有故障或损坏,必须对传动系统零部件进行必要的拆检。

(3) 拆卸传动轴与驱动桥输入花键凸缘连接螺栓,断开传动轴与驱动桥连接(图 5.24)。经检查,在变速器置于空挡时,转动传动轴转动自如,无发卡现象。转动驱动桥输入花键凸缘不能转动。

图 5.23　后悬架处标记

图 5.24　传动轴

进一步分析,零部件故障或损坏可能在驱动桥内。

(4) 拆卸驱动桥左右半轴,放掉驱动桥机油,拆卸主减速器壳与驱动桥壳连接螺钉,取下主减速器及差速器总成。检验发现主减速器主、从动齿轮与差速器壳体间卡有一已变形的类似螺塞状物体(图 5.25 和图 5.26)。

 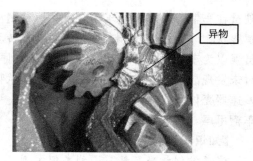

图 5.25　主减速器及差速器总成　　　　图 5.26　主减速器发现异物

（5）经检视、检验，未发现主减速器及差速器总成有零件缺失，卡在主减速器主、从动齿轮与差速器壳体间的螺塞状物体不是驱动桥内部零件，且该物体将主减速器主、从动齿轮完全卡死，主减速器无法转动。但该车普通对称锥齿轮差速器未受影响，仍能工作。

（6）经检视、检验，发现驱动桥内部壳体上有明显刮痕（图 5.27 和图 5.28），且驱动桥放油螺塞处有大量铁屑。

图 5.27　驱动桥内刮痕　　　　　　图 5.28　驱动桥内刮痕近照

4）检验结果及分析说明

该车驱动桥内主减速器主、从动齿轮与差速器壳体间卡有一已变形的类似螺塞状物体，不是驱动桥正常工作应有的零件。检验时该物体卡死在减速器主、从动齿轮与差速器壳体间，导致主减速器无法转动。由于事故发生前事故车仍在行驶，且驱动桥内部壳体上有明显刮痕，表明事故发生前该物体虽已存留在驱动桥内，但并未导致事故车主减速器无法转动。在事故发生时，该物体卡死在减速器主、从动齿轮与差速器壳体间，导致主减速器无法转动，因为车辆仍在行驶，且差速器正常工作，根据普通对称锥齿轮差速器工作原理，此时，事故车驱动桥左右车轮将会等速反向转动，导致车辆甩尾。

5）事故成因分析

该车系新购汽车，但在制造装备过程驱动桥内掉入一螺塞状物体，事故前驾驶员在车辆行驶时发现车辆时有突然"制动"现象，这实际上是掉入驱动桥内的螺塞状物体卡住(但并未卡死)主驱动桥转动部件，致使车辆突然丧失动力，驾驶员误以为车辆"自行制动"。因为对故障原因未能分析清楚，4S店检查制动系统时未发现故障。在事故发生时，该螺塞状物体突然卡死在减速器主、从动齿轮与差速器壳体间，导致主减速器无法转动，致使事故车驱动桥左右车轮反向转动，车辆甩尾，最终导致车辆侧翻。

【知识要点提示】

这类案例相当罕见。遇到类似案例，不要急于拆检，先分析、判定，要大体确定问题所在部位再进行拆检。发现异物后，关键要鉴定异物是否是构件自身脱落的一部分；还是在制造、装配时掉入的；还是人为放入的。

5.3.4 零部件失效检验

可以采用光谱分析、显微组织观察和硬度测试等分析方法，对传动系统失效零部件进行检验鉴定。下面以某汽车后桥半轴断裂为例，来分析失效零部件检验鉴定的内容和方法。

1. 检测方法

采用ARI3460型光谱仪分析后桥半轴的化学成分，KEYENCE VEX100型显微镜观察断口宏观形貌，LECADMLM型金相显微镜分析材料的显微组织，MH5型显微硬度计测试材料的硬度，在装配有EDAX能谱仪的SIRON100型场发射扫描电镜进行断口观察和微区能谱分析。

2. 检测结果与分析

1) 后桥半轴的化学成分分析

用光谱仪检测该汽车后桥半轴的材料主要化学成分(质量分数百分比)，检测结果见表5-3，余量Fe。样品检测成分与钢材厂家提供的40Cr化学成分基本相符，但样品材料中碳含量略高。

表5-3 后桥半轴的材料主要化学成分(质量分数百分比)

元素	C	Si	Mn	P	S	Cr	Ni	Mg	Cu
成分(%)	0.47	0.27	0.58	0.01	0.007	1.01	0.01	0.01	0.02

2) 断口宏观分析

图5.29(a)显示断口宏观形貌，断口周边已严重磨损，中间则有一明显凸起，呈现四周发散的放射纹，说明心部由此处起裂。图5.29(b)显示半轴断裂部位位于花键与主轴交界处，近断口侧面有一条明显的裂纹(箭头所指)，裂纹起始于

花键键槽一侧根部，与轴向约呈 45 度夹角，为典型的脆性样品在扭转应力作用下形成的裂纹。图 5.29(c)黑色箭头所指三条裂纹起始于表面，中止于感应淬火层或过渡层，半轴断面即为裂纹优先扩展面，说明感应层先开裂，心部后开裂。图 5.29(d)显示淬硬层深度超过 10mm。

(a) 半轴宏观断口形貌

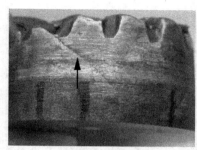
(b) 花键端侧面裂纹形貌

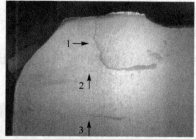
(c) 侧面裂纹分布

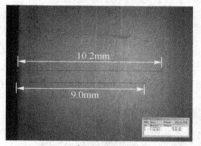
(d) 感应淬火层深度

图 5.29 断口宏观分析

3) 断口微观结构

采用扫描电镜观察到断口中间放射纹部位有大量韧窝及球状夹杂物，同时还可发现少量二次裂纹，断口凸起部位微观形貌主要为韧窝组织(图 5.30)。

(a) 断口中间放射纹部位

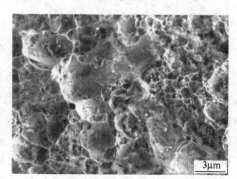
(b) 断口凸起部位SEM形貌

图 5.30 断口微观分析

4) 组织分析

取断裂后桥半轴横截面在抛光态观察夹杂物情况,参照 GB/T 10561-2005 钢中非金属夹杂物含量,其硫化物夹杂评为 2 级,球状氧化物夹杂评为 1.5 级(图 5.31(a))。同时在断面附近发现多处大块状非金属夹杂物(图 5.31(b))。

(a) 抛光态组织照片

(b) 端口附近的非金属夹杂物

图 5.31　组织分析

半轴的心部组织为回火索氏体＋少量羽毛状上贝氏体＋少量网状及针状铁素体,局部呈现魏氏组织形态,组织较粗大,显示过热组织特征(图 5.32)。

(a) 低倍

(b) 高倍

图 5.32　试样心部的显微组织

图 5.33(a)显示表面感应层组织为粗大的回火马氏体,参照 QC/T 502—1999《汽车感应淬火零件金相检验》,其淬硬层显微组织评为 2 级,属不合格级别(3～7 级合格)。图 5.33(b)显示裂纹沿晶扩展。在断口附近可观察到白色条带,采用显微硬度计测试该条带及基体的硬度,硬度压痕如图 5.34 所示,白色区域硬度为 878HV0.2,附近感应淬火层(图中 B 处)硬度为 674 HV0.2,白色区域硬度很高。扫描电镜中能谱分析结果(表 5-4)表明,白色区域与附近感应淬火层化学成分无明显差异,从形貌上看应为二次淬火层,可能感应淬火前(或

(a) 粗大回火马氏

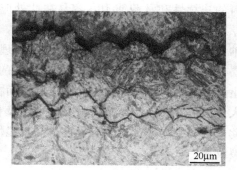
(b) 裂纹沿晶扩展

图 5.33　表面感应层组织

感应淬火返工前)此处就存在裂纹,感应加热时裂纹处温度很高甚至局部熔化,导致淬火后硬度高、脆性大。

5) 硬度测试

样品的显微硬度测试结果如表 2 所示。半轴心部硬度 232～266HV0.2,相当于 230～262HB,表面感应层硬度 590～714HV0.2,相当于 54.5～60HRC,硬度测试结果基本符合技术要求。由表 5-5 中数据显示有效淬硬层深度超过 9mm,与图 5.29(d)观测结果相符,超出技术要求上限(9mm)。

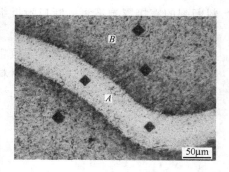

图 5.34　断口附近白色条带及硬度压痕形貌

表 5-4　图 5.36 中 EDS 测量结果(质量分数百分比)

区域	C	Cr	Mn	Fe
Fig6 中 A 区	1.93	1.06	0.50	96.51
Fig6 中 B 区	1.78	1.02	0.51	96.69

表 5-5　样品的显微硬度

离表面距离/mm	0.1	0.5	2	4	6	8	9	10	心部
显微硬度/HV0.2	707	714	692	647	590	360	301	264	243

6) 失效原因分析讨论

样品材料中碳含量略高,对半轴断裂的直接影响不大,但可能导致组织硬度提高而塑性降低。组织中大块状非金属夹杂物割裂基体间的联系,降低了材料的连续性和承载能力,容易在此处应力集中形成裂纹源,可能是材料失效的原因之一。而样品材料心部组织粗大,且有较多针状魏氏组织铁素体,说明半轴调质处理时已过热。而感应淬火处理后淬火层为粗大的针状马氏体,且淬硬层深度超过技术要求上限,这种粗大的针状马氏体长大到原奥氏体晶界时会产生高应力,导致晶界裂纹的形成,从而在断裂失效过程中形成沿晶断口。这种粗大的组织状态会严重降低材料的强度及韧性,应该是样品材料失效的主要原因。此外材料中局部区域含有硬度很高,脆性很大的二次淬火层,也容易在此处形成裂纹源。

3. 结论

失效半轴材料的化学成分基本符合 40Cr 钢的技术要求,略高的碳含量对材料断裂的直接影响不大。断口附近组织中的大块非金属夹杂是材料应力集中形成裂纹的原因之一。

由于前期调质处理的过热导致粗大的表面感应层组织和过深的淬火层,严重降低材料的强度与韧性,是样品材料失效的主要原因。

5.4 案例分析

5.4.1 案例 1——【导入案例】解析

1. 检案摘要

见【导入案例】所述。

2. 鉴定材料

(1) 已发生交通事故、牌照号为川 RM2XXX 的事故车(图 5.1)。

(2) 路交通事故现场图复制件。

(3) 机动车行驶证与当事驾驶员驾驶证复制件。

(4) 询问笔录复制件。

(5) XXXX 司法鉴定中心出具的《XXXX 司法鉴定中心法医病理司法鉴定意见书》及附件的复制件。

3. 事故车制动系统及检验

检验时,因该车储气筒已无存气,故先将其 2 个后制动气室的弹簧储能装置放松,支撑后桥,使后轮离地,左、右后轮均能转动,无卡滞现象。

4. 事故车传动系统构件检验

(1) 拆下传动轴检查，十字万向节、伸缩齿及套、传动轴管柱以及前、后联接法兰，均未见明显损伤与异常，传动轴的伸缩齿处未安装防尘套。

(2) 在拆下变速器前，经检查，驾驶室内的变速杆处于空档位置。拆除选档器、车箱举升控制装置后，取下变速器，打开变速器上盖，发现变速器拨叉轴上的拨叉槽处于2挡位置（图5.35），用手顺时针转动变速器第一轴（动力输入轴），观察变速器第二轴（输出轴）输出端法兰盘，其旋转方向为反时针转向。当将第一轴反时针转动，第二轴则顺时针旋转，由此判定，检验时变速器处于倒挡齿轮啮合状态。当将第二轴上的所有换挡接合套拨至空挡位置，再转动第一轴，变速器第二轴的转动方向仍与第一轴转动方向相反。经多次、反复撬动倒挡齿及接合套，倒挡齿轮无轴向移动，倒挡接合套虽然能与倒挡齿圈脱开或挂上啮合，但均未使倒挡解除（图5.36）。

图5.35 变速器拨叉轴位置

图5.36 换挡接合套位置

经检视，该变速器各齿轮外观完好，除倒挡齿咬死在第二轴上外，其余齿轮无明显损伤。变速器内润滑油液面正常。

(3) 检验时，该变速器输入轴（第一轴）表面呈高温发蓝颜色，前端轴颈不但严重发蓝，且轴颈表面上有一挤压变形凹坑（图5.37）。与之配合的发动机飞轮中心支承轴承已损坏（图5.38），其内、外圈表面严重发蓝、烧蚀，内圈破损，滚动体及保持架与轴承外圈脱离并灭失。

(4) 检验时，该车的离合器分离轴承座表面呈高温发蓝颜色，且已破断为数块，部分碎块灭失，轴承座上的回位弹簧仅剩一根。该车的离合器分离轴承表面呈高温发蓝颜色，轴承保持架损坏、灭失，内圈与局部滑套烧结在一起（图5.39）。

检验时，该变速器第一轴端的轴承盖上的与离合器分离轴承座相配合的圆管形滑套已从根部断裂，其断口为烧熔性撕裂，滑套表面呈高温发蓝颜色。

图 5.37 变速器第一轴损伤状况

图 5.38 已损坏的飞轮中心支承轴承

(5) 检验时, 该车的飞轮壳上部出现很大的豁口, 豁口约为飞轮壳上部宽度的四分之三, 其残骸已不齐全。检验时, 离合器分离叉轴的左端轴颈已与飞轮壳上的支承孔脱开 (图 5.2)。

(6) 检验时, 该车的离合器从动盘总成已受损、解体, 摩擦片、减震阻尼弹簧、减震器盘、及减震阻尼片全部脱落, 从动盘本体及减震弹簧灭失。从动盘毂已破损不全, 其断口呈烧蚀形状, 表面呈高温发蓝颜色 (图 5.40 和图 5.41)。

图 5.39 离合器分离轴承及轴承座

图 5.40 离合器减震器盘

(7) 检验时, 该车的离合器盖已变形、损坏, 局部表面具有明显的碰撞痕迹。4 只离合器分离杠杆中, 有 1 只分离杠杆已与离合器盖脱离、灭失。离合器盖与飞轮间联结螺栓有 7 只被剪断、灭失, 仅剩 1 只联结在离合器盖与飞轮间, 但已处于变形且大部松退状态 (图 5.42)。

检验时, 该车的离合器压板及飞轮平面上存在明显的烧蚀和擦刮损伤痕迹 (图 5.43)。

(8) 被检车变速器上盖上的标牌标明, 该变速器倒挡的减速传动比为 7.66 (图 5.44)。

图 5.41 离合器从动盘毂

图 5.42 离合器盖组件损坏状况

图 5.43 发动机飞轮平面状况

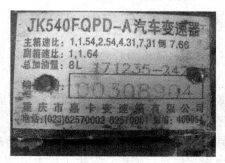
图 5.44 变速器标牌

(9) 在该车驾驶室后底部，有多处撞痕及破洞，其中最大两处穿孔，A 处为距驾驶室左内侧约 640～700mm 处有一 55mm×40mm 自外向内击穿的破洞（图 5.45）；B 处为距驾驶室左内侧约 800mm 处有一个自外向内击穿的破洞，尺寸为 260mm×35mm（图 5.46）。两处破洞斜上方向对应位置的后排泡沫座椅垫也被击穿，并留有明显血迹。A 处破洞对应的座垫表面，留有两块零件碎块残骸（图 5.47 和图 5.48），经检验、识别，一块（图 5.48 上方碎块）为离合器从动盘毂残骸，另一块（图 5.48 下方碎块）为已变形的离合器从动盘钢片残骸。

图 5.45 驾驶室后底部 A 处破口

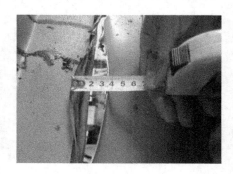
图 5.46 驾驶室后底部 B 处破口

图5.47 遗留在后排座椅上的构件残骸Ⅰ

图5.48 遗留在后排座椅上的构件残骸Ⅱ

4. 其他送检材料的检验

（1）据交警提供的询问笔录得知：川RM2XXX车因离合器发生故障停驶，路政拖车前往救援。川RM2XXX车驾驶员称，在救援拖车将川RM2XXX车拖离停驶现场时，起动了发动机，在拖行了一段距离后，驾驶员听到自己车上发动机异响，马上将发动机熄火，同时不断按喇叭示意拖车停驶，在向前方救援拖车发出停车信息过程中，发生了川RM2XXX车离合器机件破裂飞出，击穿驾驶室后下部，使后排座乘员受伤致死。

（2）从XXXX司法鉴定中心所出具的《XXXX司法鉴定中心法医病理司法鉴定意见书》中，对死者的死亡原因鉴定结论为：XXX系半圆形钢板嵌入后腹膜内出血疼痛性休克死亡。

鉴定人经对该鉴定报告所附照片识别、确认，上述结论中的"半圆形钢板"为川RM2XXX号车的离合器从动钢片本体半圆形残骸。另从该鉴定报告所附照片中对应标识尺寸识别及报告中提供的测量数据，该离合器从动钢片半圆形残骸长度约为300mm，宽度约为140mm（图5.49、图5.50）。

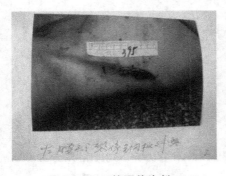

图5.49 尸检照片资料1

图5.50 尸检照片资料2

5. 川 RM2XXX 号事故车的事故过程与成因分析

1) 事故车检验结果

(1) 现场检验结果表明，事故车第二轴倒挡齿轮内孔中的滚针轴承已损坏，致使倒挡齿轮与第二轴咬死。即检验时事故车变速器处于倒挡动力传递状态。

(2) 经对事故车驾驶室后底部破损状况检验，以及对击穿驾驶室底部后遗留于座垫表面的机件残骸的检验识别。分析认为，击穿该车驾驶室后底部的残骸系该车离合器从动盘总成碎片。

(3) 事故车离合器总成已严重破损，离合器总成外部的飞轮壳也严重破损，变速器第一轴上与其安装连接的部件也有损伤。

(4) 事故车离合器从动盘总成已破损、解体。离合器盖压盘总成局部受损，与飞轮连接螺栓断裂 7 只，且仅剩的 1 只也处于松退状态，即该车离合器盖压盘总成与发动机飞轮处于部分分离状态。这为事故车从动盘总成破裂的碎片高速甩出离合器总成提供了可能。

2) 事故过程分析

分析认为，该车在离合器发生严重故障及损坏的条件下被迫停驶，并报救援。在施救拖车到达施救现场后，在未先断开传动轴或驱动半轴的情况下，拖牵事故车。由于事故车变速器处于倒挡动力传递状态，在事故车被拖动前移，其后轮朝前进方向转动时，通过传动轴的连接，经变速器倒挡传动变速，此时变速器输入轴及与装配其上的离合器从动盘处于反向高速转动状态；与此同时，因事故车发动机处于启动运转状态，该车发动机飞轮与离合器压盘随发动机曲轴正向旋转；即事故车在被救援拖车拖行的一段距离过程中，其离合器压盘和发动机飞轮与离合器从动盘处于高速反向旋转状态；且事故车离合器已损坏，其离合器主从动盘处于非正常工作状态，主从动盘间存在严重滑摩（正常结合状态下二者系静摩擦）；长时间滑摩使从动盘摩擦表面急剧升温，致使已受损的离合器构件加剧损坏，离合器从动盘总成烧蚀、解体、破损，离合器部分从动盘构件在高速旋转离心力作用下先击破飞轮壳。随事故车继续拖牵，部分从动盘构件继续飞出进而击穿驾驶室后底部钢板及座垫等，其中一块长约 300mm，宽约 140mm 的碎片嵌入后排座乘员体内。

3) 事故成因分析

(1) 川 RM2XXX 号车在事故前因离合器存在严重故障，导致其不能正常工作，车辆无法正常行驶。

(2) 在拖拽事故车前，救援车的救援人员未按操作工艺要求断开传动轴或驱动半轴等，解除事故车传动系与行驶系的联结。川 RM2XXX 号车离合器存在故障,在发动机处于启动运行状态,并且变速器处于倒挡动力传动状态,以及传动系与行走系联结状态等多种因素综合作用下被强行拖牵,使事故车离合器压盘及发动机飞轮与离合器从动盘处于高速反向旋转状态,离合器的主、从动构件间加剧相对摩擦、撞击,致使离合器总成的部分构件损坏加剧,部分构件高速飞出,击穿驾驶室并击伤乘员。

(3) 在事故车拖救过程中,救援车的救援人员与川 RM2XXX 号车驾驶员未要求事故车上的驾、乘人员离开被拖车,以回避安全风险。

(4) 救援车的救援人员与川 RM2XXX 号车驾驶员对车辆结构、原理等方面知识较缺乏,未能科学、安全地拖牵车辆。同时,在车辆拖牵过程中,未严格执行事故车辆施救的相关技术规程。

5.4.2 案例2——传动轴失效分析

1. 案情摘要

某一乘龙牌重型厢式货车(图 5.51),在运行中经常出现传动轴过桥胶垫(即中间支撑缓冲垫)损坏、变速箱卡档等问题。2009 年 11 月 27 日,该车被送至东风汽车公司技术服务站维修,经检修、更换该车第二节传动轴后,在该车由南充往成都方向行驶至沪蓉高速公路 1901km+200m 处(沥青路面)时,车辆传动轴脱落,致左侧储气筒损坏,车辆停驶在高速路上。随后发生该车后部被一辆美亚牌小型普通客车碰撞的交通事故,事故造成人员伤亡、车辆受损。

图 5.51 某乘龙牌重型厢式货车

这是一起因车辆传动系统故障引发的交通事故。该车从购买使用到发生事故时间不到一年,为何该车传动轴反复出现故障?并且多次维修都未能解决问题。为何经过最后一次维修后,事故车在高速路没有行行驶多久又发生了传动轴脱落事故?

2. 检验过程

1) 车辆整车损坏状况记录

该车后下部防护装置脱落,右后灯具受损(被美亚牌小型普通客车碰撞所致);左、右储气筒表面有碰撞凹坑,左侧储气筒排污阀破裂损坏(图 5.52);第二节传动轴后端中间支承 U 形支架变形,支承胶垫已从 U 形支架中脱出,第二节传动轴后端万向节叉十字轴轴孔损坏,该万向节叉一端十字轴滚针轴承损坏,另一端十字轴滚针轴承及其锁片、紧固螺钉等灭失,第二、三节传动轴连接万向节十字轴灭失(图 5.53 和图 5.54);检验时第三节传动轴的滑动轴总成部分已从驱动桥输入轴凸缘盘拆下,第三节传动轴的滑动叉灭失(图 5.55),第三节传动轴保护钢带断裂(图 5.56)。

图 5.52 左侧储气筒排污阀破裂损坏

图 5.53 第二节传动轴中间支承

图 5.54 第二节传动轴后万向节叉

图 5.55 第三节传动轴滑动轴总成

2)事故车传动轴总成检验

(1)第二节传动轴总成。

① 第二节传动轴两端未发现焊接平衡片;该轴前端与万向节叉、后端与凸缘盘间均有手工焊接焊缝,焊缝外观较粗糙,不平整、光滑,焊缝部位已生锈(图 5.57 和图 5.58)。

② 经检测第二节传动轴总成前后凸缘盘外端间距约为 125.5cm,前后万向节叉中心间距约为 125.5cm。

图 5.56 第三节传动轴保护钢带断裂

图 5.57　第二节传动轴前端

图 5.58　第二节传动轴后端

③ 第二、三节传动轴连接万向节十字轴已灭失。第二节传动轴后端万向节叉十字轴轴孔已局部变形损坏，该万向节叉一端十字轴滚针轴承损坏，另一端十字轴滚针轴承及其锁片、紧固螺钉等灭失(图 5.59)。

图 5.59　第二节传动轴后万向节叉

图 5.60　第二中间支承支架左紧固螺钉倾斜

(2) 第二节传动轴中间支承

① 第二节传动轴中间支承(以下简称为第二中间支承)的 U 形支架与车架横梁的紧固螺钉已倾斜，U 形支架及其加强筋已扭曲变形(图 5.60 和图 5.61)。

图 5.61　第二中间支承支架加强筋变形

图 5.62　支承胶垫与轴承脱离

② 经检验，第二中间支承黄色塑料状支承胶垫从其嵌入的轴承座凹槽中拖出，且其外缘从 U 形支架中脱落(图 5.62)。

图 5.63　第二中间支承注油嘴孔

图 5.64　支架紧固螺钉右侧安装孔变形

③ 第二中间支承轴承注油嘴弹簧灭失(图 5.63，注：照片中胶垫已被安装至轴承座凹槽中)。

④ 安装 U 形支架的车架横梁上加工有 4 个 U 形支架紧固螺钉安装孔。经检验，该车未安装 U 形支架紧固螺钉的两孔均为直径约 15.0mm 的通孔；U 形支架安装于横梁的左侧紧固螺钉孔已变形，经检测其纵向最长尺寸约为 22.4mm，横向最长尺寸约为 15.5mm(图 5.64)。因 U 形支架及其加强筋已扭曲变形，未能拆卸右侧紧固螺钉，拆下的右侧紧固螺钉其螺母开口弹簧垫圈开口并死(图 5.65 和图 5.66)。

图 5.65　支架右侧紧固螺钉组件

图 5.66　右侧紧固螺钉弹簧垫圈

⑤ 第二中间支承 U 形支架已变形，经检测，U 形支架厚度约为 4.6mm；宽度约为 47.8mm(图 5.67)。

(3) 第一节传动轴中间支承

第一节传动轴中间支承(以下简称为第一中间支承)安装紧固。经检验，第一中间支承装配的胶垫系黑色橡胶状胶垫，U 形支架与横梁采用锁止螺母装配紧固。

经检测,第一中间支承U形支架厚度约为7.9mm;宽度约为74.1mm(图5.68)。

图5.67 第二中间支承U形支架

图5.68 第一中间支承

(4)其他相关检验

2010年4月某日,对成都某汽车维修有限公司(系东风柳州汽车有限公司成都4S店)一辆与事故车底盘型号相同的待售乘龙牌LZ5160XXYLAS重型厢式货车的传动轴进行了相关检验(如图5.69和图5.70)。经检测该车第二节传动轴总成前后万向节叉中心间距约为125.0cm。该车第一节、第二节传动轴中间支承的结构相同,中间支承均采用黑色橡胶状胶垫,U形支架与横梁采用锁止螺母装配紧固,U形支架厚度约为8.0mm;宽度约为75.0mm(图5.71和图5.72)。

图5.69 与事故车相同底盘型号的货车

图5.70 传动轴检验

图5.71 第二中间支承

图5.72 中间支承支架与横梁装配状况

3. 分析说明

(1) 汽车传动轴是一个高转速、少支承的旋转体，保证其动平衡至关重要。由于传动轴的制造加工、安装、维修等均会影响传动轴总成的平衡，故一般传动轴都要进行动平衡试验，在平衡机上进行调整，传动轴两端焊平衡片，校正不平衡量，并在传动轴标记正确装配位置。在维修拆卸传动轴时，应在伸缩套与凸缘轴上打印装配标记，以保证重新装配时保持原装配关系不变。

根据送检材料3(事故车车维修记录表)所示，事故车第二节传动轴及其胶套进行了检修。检验时，第二节传动轴两端均有手工焊接的焊缝痕迹，焊缝不平整、光滑，焊缝部位已生锈，未发现焊接平衡片。事故车第二节传动轴未校核传动轴动平衡，在传动轴高速旋转时，受到不平衡的离心力的影响，该传动轴会发生剧烈振动。

(2) 与事故车底盘型号相同的一辆乘龙牌LZ5160XXYLAS重型厢式货车(待售新车)的传动轴检测数据比对，事故车第二节传动轴总成长度(第二节轴总成前后万向节叉中心间距)较对比车长约1.5cm。

在其他传动轴和中间支承安装位置不变的情况下，第二节传动轴总成长度加长，使该传动轴弯曲刚度下降，不平衡度增加；其次，该轴后端十字轴万向节连接的第三节传动轴总成的滑动叉安装位置被改变。滑动叉的伸缩套位置相对向汽车后部移动，与其花键配合的滑动轴相对前移，即与符合原设计要求的滑动轴与滑动叉装配位置比较，缩短了事故车的传动轴伸缩花键的收缩方向的工作长度，这不利于传动轴保证在设计要求的工作长度范围内轴向滑动。

(3) 事故车第二节传动轴中间支承U形支架、胶垫、U形支架与车架横梁的紧固螺钉均与比对车的第二节传动轴中间支承不一致。

检验时，事故车横梁上安装U形支架的左侧螺钉倾斜，螺钉孔变形。支架左侧紧固螺钉螺母的开口弹簧垫圈失效，这降低了该螺母自锁能力。

事故车第二中间支承的U形支架与比对车支架相比，其厚度减小了约3.4mm，宽度减小了约为27.2mm，减小了第二传动轴的支承刚度。

(4) 事故车后桥钢板弹簧较同型号样车不一致，其钢板弹簧数量和厚度都被增加。该车后轴处车架较同型号样车离地高度(空载时)增高了约10cm。

4. 事故车传动轴的动力学分析和事故再现

为进一步分析事故过程，通过查询公告和整车厂相关信息，并对事故车和同型号样车传动轴进行了测绘，获取了相关基本参数。东风乘龙牌LZ5160XXYLAS重型厢式货车的相关参数如表5-6、表5-7、表5-8所示。

表 5-6 乘龙牌 LZ5160XXYLAS 重型厢式货车参数

最高车速	75km/h	最小转弯半径	8m
最大爬坡度	30%	终合工况油耗	35L/100km
驱动方式	4×2	乘员人数	2
整备质量	4410kg	额定载质量	1990kg
总质量	6400kg		
发动机型号	YC4E140-31	发动机排量	4.257L
最大功率—功率	103ps	最大转矩-转矩	430N·m
最大功率-转速	2500n/min	最大转矩-转速	1200~1600n/min

表 5-7 变速器参数

变速器	六挡变速器	输入最大扭矩	833N/m
前进挡数	6	倒挡数	1
挡速比	8.015, 4.512, 2.633, 1.660, 1.000, 0.853 / 8.027		
换挡助力	气压助力	自重	220kg

表 5-8 事故车传动轴结构参数

	长度	支撑	直径	
第一轴	1170mm	有	外径 90mm	内径 86mm
第二轴	1265mm	有	外径 90mm	内径 86mm
第三轴	1370mm	无	外径 90mm	内径 86mm

运用 CATIA 建立了事故汽车传动轴三维模型及传动轴装配模型,见图 5.73～图 5.77。

图 5.73 第一轴模型

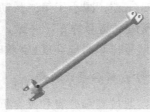
图 5.74 第二轴模型

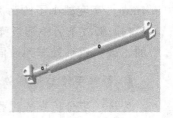
图 5.75 第三轴模型

 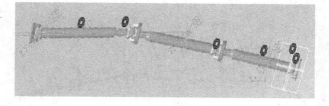

图 5.76　支撑装配图模型　　　　图 5.77　传动轴总装配图模型

通过 ADAMAS 建立了该轴多刚体的虚拟样机模型,创建万向传动轴各部件约束,其中各个传动轴用虎克副连接约束,各轴支撑位置建立柔性约束(图 5.78 和图 5.79)。然后更改传动轴质量、转动惯量、质心等参数,以符合实际传动轴参数;模拟事故车工作状态,添加载荷,最终得到传动轴的相关零部件基本运动、动力学特性。

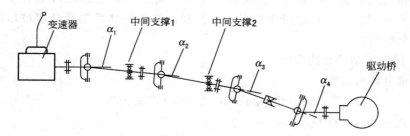

图 5.78　事故车传动轴布置示意图

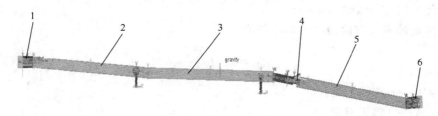

图 5.79　事故车传动轴虚拟模型

1—变速器输出轴;2—第一传动轴;3—第二传动轴;4—花键;
5—第三传动轴;6—主减速器输入轴

1) 传动轴的夹角分析

由于事故车传动轴部分已灭失,不能测出其夹角关系,故运用 AUTOCAD 绘制万向传动轴机构图来确定传动轴的夹角(图 5.80)。

通过计算得出同型号样车传动轴夹角分别为

$$\alpha_1 = 4.25°, \alpha_2 = 3.02°, \alpha_3 = 5.84°, \alpha_4 = 11.5°;$$

万向传动装置总夹角 $\alpha' = 1.61°$。

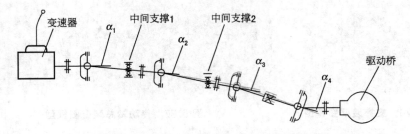

图 5.80 事故车中间支承 2 胶垫脱落对万向节夹角影响分析示意图

同样事故车传动轴夹角分别为

$\alpha_1 = 4.09°$，$\alpha_2 = 2.61°$，$\alpha_3 = 7.48°$，$\alpha_4 = 9.04°$；

万向传动装置总夹角 $\alpha'' = 5.14°$。

根据行业标准，载重汽车在满载静止时万向传动装置总夹角不大于 4°，且最大不大于 7°。由于上述两辆车都处于空载，如果是满载则后悬架被压缩，传动轴夹角要增大。

2) 运动模型参数的确定

根据发动机功率

$$P_e = T_e(2\pi n/60)/1000 = T_e n/9550 \tag{5-1}$$

式中：T_e——有效转矩，N·m；

n——发动机转速，r/min；

计算出 $T_e = 289.3 \text{N·m}$

传动轴横向弯曲振动的固有频率

$$\omega_0 = \pi^2 \sqrt{\frac{E_a I}{\rho A L^4}} \tag{5-2}$$

式中：L——轴的长度；

A——截面面积；

E_a——材料的轴向拉压弹性模量；

ρ——材料的密度；

I——截面关于中性轴的惯性矩

$$K = m\omega_n^2 \tag{5-3}$$

$$C = 2\xi m\omega_n \tag{5-4}$$

式中：ω_N——固有频率；

m——传动轴的等效质量；

K——为弹簧刚度；

C——阻尼系数；

ζ——相对阻尼

样车：$\rho = 910 \text{kg/m}^3$；$E_a = 2 \times 10^9 \text{N/m}^2$；$L = 1.250 \text{m}$；$A = 0.55 \times 10^3 \text{m}^3$；$m = 24.1 \text{kg}$

联立(5-2)(5-3)(5-4)求解可得表 5-9 所列数据。

$$K = 300 \text{N/m}, \quad C = 1.878 \text{Ns/mm}$$

从调研可知，事故车第二中间轴加长了 1.5cm，更换了中间支承，支承胶垫材料由橡胶换成尼龙，故确定事故车相关参数：

事故车：$\rho = 1200 \text{kg/m}^3$；$E_a = 2 \times 10^6 \text{N/m}^2$；$L = 1.265 \text{m}$；$A = 0.55 \times 10^3 \text{m}^3$；$m = 24.2 \text{kg}$；

联立(5-2)(5-3)(5-4)求解可得表 5-9

$$K = 650 \text{N/m}, \quad C = 0.55 \text{Ns/mm}$$

表 5-9 弹簧刚度和阻尼系数

车型	弹簧刚度(N/mm)	阻尼系数(Ns/mm)
样车支撑	300	1.878
事故车支撑	650	0.55

3) 运动仿真

由于传动轴比较长，在实际情况下，传动轴在扭矩和弯矩的作用情况下会发生一定变形，所以动力学模型的传动轴管部分应该采用柔性体，其余部分则保持用刚体。故仿真试验中采用模态柔性来表示物体的弹性，采用模态展开法，用模态向量和模态坐标的线性组合来表示弹性位移，研究其刚柔耦合情况下的动力学特性。

(1) 事故车万向传动轴危险位置的确定

十字轴万向节具有不均匀的运动特性，其主从动轴之间存在以下关系（图 5.81）：

$$\tan\partial = \tan\theta\cos\alpha \tag{5-5}$$

式中，α 为主、从动轴的夹角；θ 为主从动轴的转角。设主动轴的转速为 ω_1，从动轴的转速为 ω_2 将式(5-5)对时间 t 求导，得

$$\frac{\omega_2}{\omega_1} = \frac{\cos\alpha}{1 - \sin^2\alpha\cos^2\vartheta} \tag{5-6}$$

经傅里叶级数变换得

$$\omega_2 = \omega_1 + 1/2\omega_1\sin\alpha\cos2\omega_1 t \tag{5-7}$$

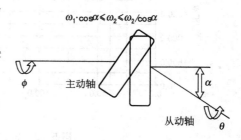

图 5.81 主动轴和从动轴示意图

由于从动轴为一质量环节，我们可认为其质量集中于传动轴的中部。假设支承是刚性，且下计万向节传动的摩擦损失，可以认为输入输出功率相等，由此对从动轴转矩进行等效近似计算

$$M_{res} = M^* \frac{1-\sin^2\alpha\cos^2\vartheta}{\cos\alpha} \qquad (5-8)$$

表示为时间的函数为

$$M_{res} = M^* \frac{1-\sin^2\alpha\cos^2\omega t}{\cos\alpha} \qquad (5-9)$$

经变形分解为傅里叶级数得

$$M_{res} \approx \frac{M}{1+1/2\sin^2\alpha\cos(2\omega_1 t)} \qquad (5-10)$$

$$F = M/R \qquad (5-11)$$

各轴力与时间曲线图如图 5.82～5.84 所示。

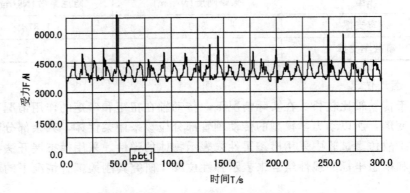

图 5.82　第一轴受力曲线图

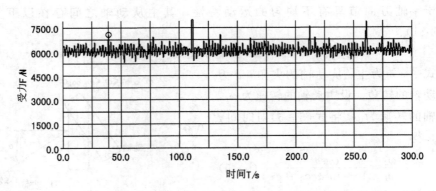

图 5.83　第二轴受力曲线图

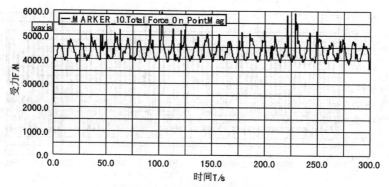

图5.84 第三轴受力曲线图

从试验结果可以看出，看出第二传动轴受载荷最大。说明第二轴最容易破坏或者是中间支撑最容易破坏。故优先对第二传动轴及其中间进行仿真分析。

(2) 事故车的仿真分析

通过对事故车检验得知事故车改装了悬架，抬高了车架，传动轴的夹角相应改变，第二轴的长度增大，且更换了第二中间支承，改变了支承的刚度和阻尼。代入事故车仿真条件进行试验，仿真结果见图5.85～图5.88。

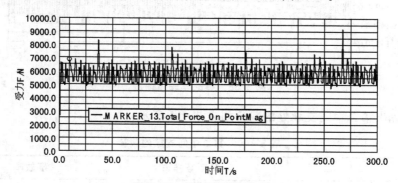

图5.85 样车传动轴受力

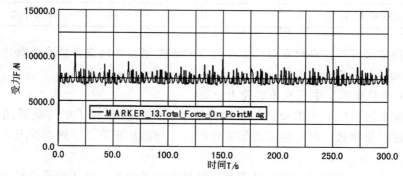

图5.86 事故车传动轴受力

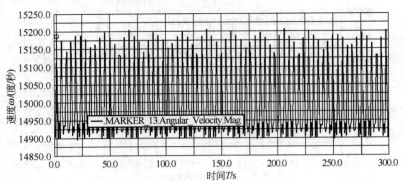

图 5.87　样车轴角速度

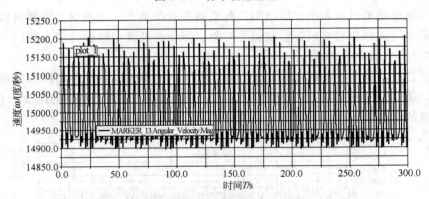

图 5.88　事故车轴角速度

计算出第二中间支承处的载荷如表 5-10 所示：

表 5-10　第二中间支撑的载荷

	同型号样车	事故车
力的平均值(N)	4587.66	7371.62
力的最大值(N)	6183.33	10214.02

实验结果可知，事故车更换了中间支承致使第二中间支撑所受载荷比同型号样车增大了 122.7%。

(3) 事故车第二中间支承的受力分析

事故车第二中间支承胶垫材料被更换为尼龙，且改变了中间支承结构和尺寸，确定相关参数，将上述运动分析得到的载荷添加至第二中间支撑上，进行强度分析。

第二中间支承没有达到屈服强度，但是事故车胶套已经从轴承中挤出，而同样载荷作用下同型号样车支承未受损(图5.89和图5.90)。

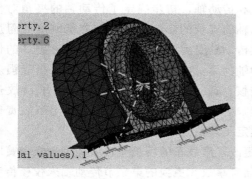 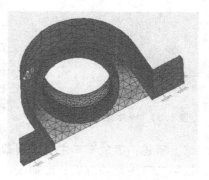

图5.89 事故车第二中间支承应力图   图5.90 同型号样车应力图

(4) 事故车第二轴的强度分析

汽车传动轴主要功能是把变速器输出的转矩传递给驱动桥,故对传动轴强度分析主要是变速器受扭的强度及刚度的校核。利用CATIA工程分析模块——ANALYSIS&SIMULATION进行传动轴的强度及刚度校核,得到扭转应力图。

该车发动机输出最大转矩是340N·m 变速器输出最大传动比为8.015,故传动轴第一轴输入转矩为

$$T = T_q \times i = 2725.1 \text{N} \cdot \text{m}$$

如不计万向节的摩擦损失,主、从动轴转矩 T_1 和 T_2 与各自相应的角速度有

$$T_1\omega_1 = T_2\omega_2 \quad \omega_2/\omega_1 = \frac{1-\sin^2\alpha\cos^2\vartheta_1}{\cos\alpha} \quad T_2 = \frac{1-\sin^2\alpha\cos^2\vartheta_1}{\cos\alpha}T_1 \quad (5-12)$$

α 是十字轴万向节的主、从动轴之间的夹角;ϑ 是主动叉转角

第二中间轴的最大转矩为 $T_{2\max} = T_1/\cos\alpha_1\cos\alpha_2 = 2745.26\text{N} \cdot \text{m}$

由应力分布图可知,应力最危险在轴的轴颈和轴孔,也可以从图上看出,最大的应力值为 $5.18e+008 > 2.5e+008(\text{N/m}^2)$,十字轴孔已屈服损坏(图5.9、图5.92和图5.93)。

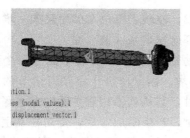 

图5.91 网格化结果   图5.92 应力分布图

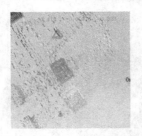

图5.93 十字轴轴孔应力图

通过仿真实验找到万向传动轴危险的支承和传动轴,初步确定了传动轴的夹角对传动轴的支承的影响,传动轴支承刚度和阻尼对传动轴受力的影响。对事故中已破坏的传动轴的第二中间支承进行了运动分析和强度校核。通过以上分析和试验再现了事故过程,为进一步分析事故成因和确定事故责任奠定了理论基础。

综上所述:事故车车主为了超载更改了事故车的后悬架,增加了钢板弹簧厚度,使第二节传动轴总成长度加长,而且事故车更换的第二节传动轴未校核传动轴动平衡。十字轴万向节的主动轴(输入轴)与从动轴(输出轴)夹角增大。当传动轴高速旋转时,由于从动轴相对主动轴不等速旋转,第二节传动轴在传递扭矩同时,会受到附加的弯曲振动。并且第二中间支承进行了改动使第二传动轴的支承能力下降,故第二节传动轴容易发生弯曲变形。在第二节传动轴弯曲变形严重时,第二节传动轴中间支承胶垫会受到一定轴向力的作用,这使得支承胶垫从其嵌入的轴承座凹槽中脱出,最终被挤压到U形支架外,致第二节传动轴失去可靠支承。此时,第二节传动轴和第三节传动轴的万向节夹角较原装配状态被改变。事故车传动轴原设计要求的等速传动条件被破坏。由于传动轴等速条件被破坏,同时第二节传动轴已无可靠支承,导致第二节传动轴在高速旋转过程振动加剧,发生弹性弯曲变形。为平衡传动轴弯曲变形,在第二节传动轴两端万向节十字轴处产生一定的径向力。第二节传动轴前端万向节十字轴所受径向力由其前端连接的第一节传动轴的中间支承约束支承;其后端万向节十字轴因第二节传动轴已无可靠支承,故在径向力直接作用下,其十字轴滚针轴承底部受压,致使第二节传动轴后端万向节叉十字轴轴孔损坏,一端十字轴滚针轴承锁片、紧固螺钉脱落,十字轴从万向节叉中脱落,最终使第二节传动轴与第三节传动轴滑动叉脱开。

5. 事故成因分析

综合分析认为:事故车车主为能够超载,改装了事故车的后悬架,增加了钢板弹簧厚度,致使事故车万向传动轴原厂等速安装条件被改变。

根据汽车设计相关理论,汽车万向传动轴(万向节叉安装平面和每个万向节的夹角)的安装必须保证符合原厂的设计要求。由于单个十字轴万向节的主动轴(输入轴)与从动轴(输出轴)存在一定夹角时,其从动轴相对主动轴是不等速旋转的,这会使十字轴万向节在传递扭矩的同时,产生附加弯矩,传动轴发生弹性弯曲变形,致使传动轴振动加剧,严重时会造成传动轴中间支承、万向节等损坏。

故汽车传动轴一般采用双万向节或多万向节传动,并且通过对传动轴的设计计算和正确装配,使传动轴万向节叉安装平面和万向节夹角满足一定的传动轴等速传动条件,从而保证在汽车运行时,传动轴的附加载荷、振动和噪声控制在汽车安全行驶允许的范围内。

此外,事故前最后一次维修更换的第二节传动轴未校核传动轴动平衡,其第二节传动轴总成长度加长。当传动轴高速旋转时,第二节传动轴在传递扭矩同时,会受到附加的弯曲振动。并且第二中间支承对第二传动轴的支承能力下降,故第二节传动轴容易发生弯曲变形。在第二节传动轴弯曲变形严重时,第二节传动轴中间支承胶垫会受到一定轴向力的作用,这使得支承胶垫从其嵌入的轴承座凹槽中脱出,最终被挤压到U形支架外(图 5.89)。

在第二节传动轴的中间支承弹性减振胶垫被挤压到U形支架外后,第二节传动轴已失去可靠支承。此时,第二节传动轴和第三节传动轴的万向节夹角较原装配状态被改变(见图 5.94,图中虚线为原装配位置时第二、第三传动轴轴线的位置,实线系中间支承胶垫从U形支架脱出后,第二、第三传动轴轴线的位置),事故车传动轴原设计要求的等速传动条件被破坏。由于传动轴等速条件被破坏,同时第二节传动轴已无可靠支承,导致第二节传动轴在高速旋转过程振动加剧,发生弹性弯曲变形。为平衡传动轴弯曲变形,在第二节传动轴两端万向节十字轴处产生一定的径向力(图 5.95)。第二节传动轴前端万向节十字轴所受径向力由其前端连接的第一节传动轴的中间支承约束支承;其后端万向节十字轴因第二节传动轴已无可靠支承,故在径向力直接作用下,其十字轴滚针轴承底部受压,致使第二节传动轴后端万向节叉十字轴轴孔损坏,一端十字轴滚针轴承锁片、紧固螺钉脱落,十字轴从万向节叉中脱落,最终使第二节传动轴与第三节传动轴滑动叉脱开。

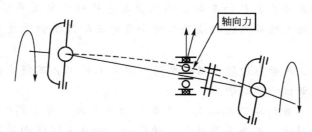

图 5.94 第二节传动轴弯曲变形时中间支承胶垫受力示意图

第三节传动轴滑动叉与第二节传动轴脱开后,由于事故车仍在惯性行驶中,第三节传动轴被主减速器带动回转;由于该车左、右储气筒安装位置正处于第三节传动轴滑动叉附近,在第三节传动轴滑动叉碰撞作用下,事故车左、右储气筒被撞击受损,最终致使左侧储气筒排污阀破裂损坏。

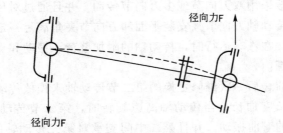

图 5.95　无可靠支承的第二节传动轴弯曲变形时两端万向节十字轴受力示意图

本 章 小 结

  汽车传动系统的基本功能就是将发动机发出的动力传递给驱动车轮，以保证汽车能在不同使用条件下正常行驶，并具有良好的动力性和燃油经济性。具备减速增扭、实现汽车倒驶、必要时中断传动、差速作用等功能。

  汽车传动系统的类型按结构和传动介质的不同可分为机械式传动系统、液力机械式传动系统等。机械式传动系统主要由离合器、变速器、万向传动装置和传动轴以及安装在驱动桥上的主减速器、差速器、半轴组成。液力机械式传动系统主要由液力变矩器、自动变速器、万向传动装置和驱动桥组成。

  国家和行业标准对车辆行驶系统的零部件及总成结构参数和性能都有明确的安全技术要求。

  车辆传动系统检视包括车辆传动系统静态检视和传动系动态检视；车辆传动系统动态检验只包括最高车速受限的三轮汽车和低速货车的车速检测。

  车辆传动系统静态检验包括系统静态参数的检测、零部件性能检验鉴定、零部件失效检验鉴定等。

  系统静态参数的检测包括离合器踏板自由行程、离合器踏板力测量、变速杆操纵力测量、离合器滑转状况的检测、传动系间隙测量等，一般不涉及系统、总成的拆检。

  零部件性能检验鉴定是针对可能与事故有关的总成或部件进行必要的拆卸、解体，对相关的零部件进行检验鉴定。如主减速器齿轮的磨损量、传动轴的动平衡检测等。

零部件失效检验鉴定主要针对传动系统失效零部件进行表面宏观检验、理化检验（化学成分检验、金相组织检验）和断口检验等。

通过案例，系统介绍了车辆传动系统安全技术鉴定的程序、方法、重点检测的部位和项目等，分析传动系统安全技术状况与道路交通事故的关系等。

 思 考 题

1. 简述汽车传动系统的功能。
2. 简述传动系统常见故障及危害。
3. 交通事故车辆传动系统静态、动态检视的内容有哪些？
4. 交通事故车辆传动系统静态检验的项目主要有哪些？

第 6 章

交通事故车辆制动系统检验鉴定

 本章教学要点

知识要点	掌握程度	相关知识
车辆制动系统的结构和功能	了解车辆制动系统的结构、功能	车辆制动系统的常见故障及危害
车辆制动系统的技术要求	掌握车辆制动系统的技术要求	国家和行业标准的安全技术要求
交通事故车辆制动系统安全技术鉴定的项目及方法	掌握交通事故车辆制动系统安全技术鉴定的项目及方法	事故车制动系统的动力学分析和事故再现
案例分析	掌握针对具体的交通事故,确定制动系统鉴定的项目与方法	交通事故车辆制动系统故障与交通事故的关系、事故成因分析

导入案例

2011年4月29日15时55分许(天气：晴)，牌照号为川RXXXXX的重型罐式货车(图6.1)沿厦蓉高速公路重庆向成都方向行驶至厦蓉高速公路2190km+300m处(沥青路面)时，即出龙泉山隧道后的下坡路段，发生该车碰撞中心护栏后冲入对面车道，先后与对面车道四辆小型客车碰撞的交通事故，事故造成该车及两辆小型客车燃烧，五人死亡，多人受伤，车辆、路产严重受损。

据交警提供的笔录：在事发路段，车辆制动失效，驾驶员在事故过程中跳车(重伤)，尔后车辆越过中央护栏冲入对面车道先后与四辆小型客车发生碰撞。

在检验时发现，该车严重烧损，仅存的一个制动分泵皮膜陈旧性裂口(图6.2)，是否是因为该车制动失效造成的特大交通事故呢？

图6.1 事故车前部照片　　图6.2 事故车第三轴右侧制动气室皮膜

汽车制动系统是在汽车上设置的一套或多套能由驾驶员控制的、产生与汽车行驶方向相反的力的专门装置。其主要功能包括使行驶中的汽车按照驾驶员的要求进行强制减速甚至停车；使已停驶的汽车在各种道路条件下(包括在坡道上)稳定驻车；使下坡行驶的汽车速度保持稳定等。

本章简要介绍机动车制动系统的结构、功能类型，常见故障及危害，制动系统安全技术要求；重点介绍具有行驶能力的道路交通事故车辆制动系统检测的内容和方法、失去行驶能力的道路交通事故车辆制动系统检测的内容方法；通过案例，分析制动系统安全技术状况与交通事故的关系。

6.1　车辆制动系统简介

6.1.1　制动系统的类型

1. 按制动系统的作用分类

制动系统可分为行车制动系统、驻车制动系统、应急制动系统及辅助制动系统等。

使行驶中的汽车降低速度甚至停车的制动系统称为行车制动系统；使已停驶的汽车驻留原地不动的制动系统则称为驻车制动系统；在行车制动系统失效的情况下，保证汽车仍能实现减速或停车的制动系统称为应急制动系统；在行车过程中，辅助行车制动系统降低车速或保持车速稳定，但不能将车辆紧急制停的制动系统称为辅助制动系统。上述各制动系统中，行车制动系统和驻车制动系统是每一辆汽车都必须具备的。

2. 按制动操纵能源分类

制动系统可分为人力制动系统、动力制动系统和伺服制动系统等。

以驾驶员的肌体作为唯一制动力源的制动系统称为人力制动系统；完全由发动机的动力转化而成的气压或液压形式的动力进行制动的系统称为动力制动系统；兼用人力和发动机动力进行制动的制动系统称为伺服制动系统或助力制动系统。

3. 按制动能量的传输方式分类

制动系统可分为机械式、液压式、气压式、电磁式等。同时采用两种以上传能方式的制动系统称为组合式制动系统。

4. 按回路多少可分类

可以分为单回路制动系统和双回路制动系统，现在的汽车基本上都采用双回路制动系统。

6.1.2 制动系统的功能和工作原理

1. 制动系统的功能

（1）汽车紧急制动时，在尽可能短的距离内将车速降为零；
（2）汽车下长坡时，将车速限制在一定安全值内，并保持稳定；
（3）汽车在坡道驻停时，应使汽车可靠的驻留在原地不动；
（4）保证汽车行驶中能按驾驶员要求减速停车；
（5）保证车辆可靠停放；
（6）保持整车最大限度的操纵稳定性。

目前，防抱死制动系统（ABS）和电子稳定程序（ESP）正逐渐在汽车的制动系统中得到广泛的应用。采用防抱死制动系统装置和电子稳定程序可防止汽车车轮抱死，从而能够保持整车最大限度保持操纵稳定性。因此，制动时既保证了前轮的转向性能，又保证了后轮不产生侧滑，能使汽车在充分利用路面附着系数状况下制动。在附着系数较低的路面上，如湿路面和冰雪路面，比未装 ABS、ESP

系统制动距离及车辆的稳定性都有了明显改善。

2. 制动系统的工作原理

(1) 制动系不工作时：蹄鼓间有间隙，车轮和制动鼓可自由旋转。

(2) 制动时：要使汽车减速，脚踏下制动器踏板通过推杆和主缸活塞，使主缸油液在一定压力下流入轮缸，并通过轮缸活塞推使制动蹄绕支承销转动，上端向两边分开，其摩擦片压紧在制动鼓的内圆面上。不转的制动蹄对旋转制动鼓产生摩擦力矩，从而产生制动力。

(3) 解除制动：当放开制动踏板时回位弹簧即将制动蹄拉回原位，制动力消失。

6.1.3 制动系统的结构

车辆制动系统一般由供能装置、控制装置、制动器、传动装置四个基本组成部分组成(图6.3)。

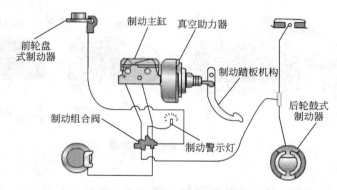

图6.3 制动系统组成示意图

(1) 供能装置：包括供给、调节制动所需能量以及改善传动介质状态的各种部件；

(2) 控制装置：产生制动动作和控制制动效果各种部件，如制动踏板；

(3) 传动装置：包括将制动能量传输到制动器的各个部件如制动主缸、轮缸；

(4) 制动器：产生阻碍车辆运动或运动趋势的力的部件。

较为完善的制动系统还具有制动力调节装置、报警装置、压力保护装置等附加装置。

液压式制动系统主要由车轮制动器和液压传动机构等组成(图6.4)。车轮制动器主

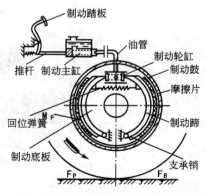

图6.4 液压式制动系统结构简图

要由旋转部分、固定部分和调整机构组成，旋转部分是制动鼓；固定部分包括制动蹄和制动底板；调整机构由偏心支承销和调整凸轮组成用于调整蹄鼓间隙。制动传动机构主要由制动踏板、推杆、制动主缸、制动轮缸和管路组成。

下面简单介绍一下制动传动装置和制动器。

1. 传动装置

1）制动主缸

制动主缸的作用是将自外界输入的机械能转换成液压能，液压能通过管路再输给制动轮缸。制动主缸分单腔和双腔式两种，分别用于单、双回路液压制动系统。

2）制动轮缸

制动轮缸的功用：是将液力转变为机械推力，有单活塞和双活塞两种。其基本组成是缸体、活塞、调整螺钉（顶块）、放气阀等（图6.5），其中放气阀是制动系统的必备部件，用以排除制动管路中混入的空气。

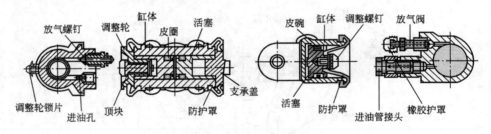

图6.5 制动轮缸结构图

2. 制动器

制动器是用以产生制动力矩的部件。制动器按照结构可分为鼓式制动器和盘式制动器（图6.6和图6.7）；按安装位置可分为车轮制动器和中央制动器。车轮制动器可用于行车制动和驻车制动，中央制动器只用于驻车制动和缓速制动。

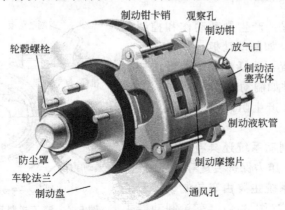

图6.6 盘式制动器

桑塔纳轿车鼓式制动器

图 6.7　鼓式制动器

6.1.4　制动系统常见故障

1. 制动时车辆无规律忽左忽右的跑偏

造成无规律制动跑偏的主要原因是轮胎磨损严重不均，特别是后轮内外轮胎直径差越大，无规律制动跑偏越严重。因为这种直径差将导致在车轮对地面的压力随路面的不平而随时发生变化，制动时，车轮的制动力矩就严重失调，产生无规律的跑偏现象。

2. 制动突然跑偏

制动时车辆突然跑偏，常常是制动系统或悬架部分突然发生故障。这种故障虽然为数不多，但其危害极大，可能造成严重后果。

制动突然跑偏的原因主要有：某侧车轮制动管路突然失效。如管路受挤压或碰撞而产生凹瘪以致制动液或压缩空气不能通过，或因铁锈或污物过多而堵塞，或因某侧钢板弹簧固定螺栓松动而突然发生移动，使前桥与后桥不能保持平行而导致制动跑偏等。

3. 制动不灵

(1) 制动管（如接头处）漏油或阻塞，制动液不足，制动油压下降而失灵。

(2) 制动管内进入空气使制动迟缓，制动管路受热，管内残余压力太小，致使制动液气化，管路内出现气泡。

(3) 制动间隙不当。制动摩擦片工作面与制动鼓内壁工作面的间隙过大，制动时分泵活塞行程过大,以致制动迟缓、制动力矩下降。

(4) 制动鼓与摩擦片接触不良,闸瓦变形或制动鼓圆度误差超过 0.5mm 以上,导致摩擦衬片与制动鼓接触不良,制动摩擦力矩下降。

(5) 制动摩擦片被油垢污染或浸水受潮,摩擦系数急剧降低,引起制动失灵。

(6) 制动总泵、分泵皮碗(或其他件)损坏,制动管路不能产生足够的压力,油液渗漏,致使制动不良。

4. 制动单边

(1) 同轴左右两边制动器制动协调时间不一致,大多是两边制动器制动间隙不均或接触面积差异所引起的。

(2) 同轴两边制动器的制动力矩不同,致使车轮转速不同,从而造成制动单边。

(3) 左、右轮胎气压不均造成跑偏。

6.2　机动车制动系统安全技术要求

6.2.1　基本要求

机动车应设置足以使其减速、停车和驻车的制动系统或装置。

(1) 机动车应具有完好的行车制动系统。

(2) 汽车(三轮汽车除外)应具有应急制动功能。

(3) 机动车(两轮、边三轮摩托车和轻便摩托车除外)应具有驻车制动装置。

(4) 行车制动的控制装置与驻车制动的控制装置应相互独立。

(5) 制动系应经久耐用,不允许因振动或冲击而损坏。

(6) 某些零件,如制动踏板及其支架、制动主缸及其活塞、制动总阀、制动主缸和踏板、制动气室、轮缸及其活塞和制动臂及凸轮轴总成之间的连接杆件应视为不易失效的零部件。这些零部件应易于维修保养。若这些零部件的失效会导致汽车无法达到应急制动规定的性能,则这些零部件都必须用金属材料或具有与金属材料性能相当的材料制造,并且在制动装置正常工作时不应产生明显的变形。

(7) 制动系统的各种杆件不允许与其他部件在相对位移中发生干涉、摩擦,以防杆件变形、损坏。

(8) 制动管路应为专用的耐腐蚀的高压管路。它们的安装必须保证其具有良好的连续功能、足够的长度和柔性，以适应与之相连接的零件所需要的正常运动，而不致造成损坏；它们必须有适当的安全防护，以避免擦伤、缠绕或其他机械损伤，同时应避免安装在可能与机动车排气管或任何高温源接触的地方。制动软管不允许与其他部件干涉且不应有老化、开裂、被压扁等现象。其他气动装置在出现故障时不允许影响制动系统的正常工作。

6.2.2 行车制动

行车制动必须保证驾驶员在行车过程中能控制机动车安全、有效地减速和停车。行车制动必须是可控制的，且必须保证驾驶员在其座位上双手无须离开方向盘（或方向把）就能实现制动。

（1）汽车（三轮汽车除外）、摩托车及轻便摩托车、挂车（总质量不大于750kg 的挂车除外）的所有车轮应装备制动器。

（2）行车制动应作用在机动车（三轮汽车、拖拉机运输机组及总质量不大于750kg 的挂车除外）的所有车轮上。

（3）行车制动的制动力应在各轴之间合理分配。

（4）机动车（两轮、边三轮摩托车和轻便摩托车除外）行车制动的制动力应在同一车轴左右轮之间相对机动车纵向中心平面合理分配。

（5）制动器应有磨损补偿装置。制动器磨损后，制动间隙应易于通过手动或自动调节装置来补偿。制动控制装置及其部件以及制动器总成应具备一定的储备行程，当制动器发热或制动衬片的磨损达到一定程度时，在不必立即作调整的情况下，仍应保持有效的制动。

（6）采用真空助力的行车制动系统，当真空助力器失效后，制动系统仍应能保持规定的应急制动性能。

（7）行车制动系统制动踏板的自由行程应符合该车有关技术条件。

（8）行车制动在产生最大制动效能时的踏板力，对于乘用车不应大于500N；对于其他机动车不应大于700N。摩托车及轻便摩托车（正三轮摩托车除外）行车制动系产生最大制动效能的踏板力不应大于400N，手握力不应大于250N。

（9）液压行车制动在达到规定的制动效能时，踏板行程不应大于踏板全行程的四分之三；制动器装有自动调整间隙装置的机动车的踏板行程不应大于踏板全行程的五分之四，且乘用车不应大于120mm，其他机动车不应大于150mm。

（10）液压行车制动系不允许因制动液对制动管路的腐蚀或由于发动机及其他热源的作用形成气阻而影响行车制动系的功能。

（11）总质量大于12000kg 的长途客车和旅游客车、总质量大于16000kg 允许挂接总质量大于10000kg 的挂车的货车及总质量大于10000kg 的挂车必须安装符合 GB/T 13594 规定的防抱制动装置。

注：本条中半挂车的总质量是指半挂车在满载并且和牵引车相连的情况下，通过半挂车的所有车轴垂直作用于地面的静载荷，不包括转移到牵引车牵引座的静载荷。

(12) 汽车列车行车制动系的设计和制造应保证挂车最后轴制动动作滞后于牵引车前轴制动动作的时间不大于 0.2s。

6.2.3 应急制动

(1) 应急制动应保证在行车制动只有一处管路失效的情况下，在规定的距离内将汽车停住。

(2) 应急制动可以是行车制动系统具有应急特性或是与行车制动分开的系统。

(3) 应急制动应是可控制的，其布置应使驾驶员容易操作，驾驶员在座位上至少用一只手握住方向盘的情况下，就可以实现制动。它的控制装置可以与行车制动的控制装置结合，也可以与驻车制动的控制装置结合。

6.2.4 驻车制动

(1) 驻车制动应能使机动车即使在没有驾驶员的情况下，也能停在上、下坡道上。驾驶员必须在座位上就可以实现驻车制动。对于汽车列车和轮式拖拉机运输机组，若挂车与牵引车脱离，挂车（由轮式拖拉机牵引的装载质量 3000kg 以下的挂车除外）应能产生驻车制动。挂车的驻车制动装置应能够由站在地面上的人实施操纵。

(2) 驻车制动应通过纯机械装置把工作部件锁止，并且驾驶员施加于操纵装置上的力：手操纵时，乘用车不应大于 400N，其他机动车不应大于 600N；脚操纵时，乘用车不应大于 500N，其他机动车不应大于 700N。

(3) 驻车制动的控制装置的安装位置应适当，其操纵装置应有足够的储备行程(开关类操作装置除外)，一般应在操纵装置全行程的三分之二以内产生规定的制动效能；驻车制动机构装有自动调节装置时允许在全行程的四分之三以内达到规定的制动效能。棘轮式制动操纵装置应保证在达到规定驻车制动效能时，操纵杆往复拉动的次数不允许超过三次。

(4) 采用弹簧储能制动装置做驻车制动时，应保证在失效状态下能快速解除驻车状态；如需使用专用工具，这种工具应作为随车工具。

6.2.5 储气筒

(1) 压缩空气与真空保护：装备储气筒或真空罐的机动车均应采用单向阀或相应的保护装置，以保证在筒(罐)与压缩空气源(真空源)连接失效或漏损的情况下，由筒（罐）提供的压缩空气（真空度）不致全部丧失。

（2）储气筒的容量应保证在调压阀调定的最高气压下，且在不继续充气的情况下，机动车在连续五次踩到底的全行程制动后，气压不低于起步气压（未标起步气压者，按 400kPa 计）。

（3）储气筒应有排污阀。

6.2.6　制动报警装置

（1）采用液压制动的机动车，其储液器的加注口必须易于接近，从结构设计上必须保证在不打开容器的条件下就能很容易地检查液面。若不能满足此条件，则必须安装制动液面过低报警装置。

（2）采用液压制动的汽车（三轮汽车和装用单缸柴油机的低速货车除外），若液压传能装置任一部件失效，应通过红色报警信号灯通知驾驶员，该信号灯不应迟于促动控制装置发亮。只要失效继续存在且点火开关处在开（运行）的位置，该信号灯应保持发亮。但也允许采用当储液器内液面低于制造厂规定值时点亮的红色信号灯。报警信号灯即使在白天也应很醒目，驾驶员在其座位上应能很容易地检查报警信号灯工作是否正常，该装置的失效不应导致制动系统完全丧失制动效能。

（3）采用气压制动的机动车，当制动系统的气压低于起步气压（未标起步气压时按 400kPa 计）时，报警装置应能连续向驾驶员发出容易听到或看到的报警信号。

（4）安装具有防抱制动装置的汽车，当防抱制动装置失效时，报警装置应能连续向驾驶员发出容易听到或看到的报警信号。

6.2.7　路试检验制动性能

机动车行车制动性能和应急制动性能检验应在平坦、硬实、清洁、干燥且轮胎与地面间的附着系数不小于 0.7 的水泥或沥青路面上进行。检验时发动机应脱开（空挡）。

1. 行车制动性能检验

1）用制动距离检验行车制动性能

机动车在规定的初速度下的制动距离和制动稳定性要求应符合表 6-1 的规定。对空载检验的制动距离有质疑时，可用表 6-1 规定的满载检验制动距离要求进行。

制动稳定性要求：是指制动过程中机动车的任何部位（不计入车宽的部位除外）不允许超出规定宽度的试验通道的边缘线。

表 6-1 制动距离和制动稳定性要求

机动车类型	制动初速度/(km/h)	满载制动距离/m	空载制动距离/m	试验通道宽度/m
三轮汽车	20	≤5.0		2.5
乘用车	50	≤20.0	≤19.0	2.5
总质量不大于3500kg的低速货车	30	≤9.0	≤8.0	2.5
其他总质量不大于3500kg的汽车	50	≤22.0	≤21.0	2.5
其他汽车、汽车列车	30	≤10.0	≤9.0	3.0
两轮摩托车	30	≤6.0		—
边三轮摩托车	30	≤8.0		2.5
正三轮摩托车	30	≤6.5		2.3
轻便摩托车	20	≤4.0		
轮式拖拉机运输机组	20	≤6.5	≤6.0	3.0
手扶变型运输机	20	≤6.5		2.3

2) 用充分发出的平均减速度检验行车制动性能

汽车、汽车列车在规定的初速度下急踩制动时充分发出的平均减速度及制动稳定性要求应符合表 6-2 的规定，且制动协调时间对液压制动的汽车不应大于 0.35s，对气压制动的汽车不应大于 0.60s，对汽车列车、铰接客车和铰接式无轨电车不应大于 0.80s。对空载检验的充分发出的平均减速度有质疑时，可用表 6-2 规定的满载充分发出的平均减速度进行检验。

表 6-2 制动减速度和制动稳定性要求

机动车类型	制动初速度/(km/h)	满载充分发出的平均减速度/(m/s²)	空载充分发出的平均减速度/(m/s²)	试验通道宽度/m
三轮汽车	20	≥3.8		2.5
乘用车	50	≥5.9	≥6.2	2.5
总质量不大于3500kg的低速货车	30	≥5.2	≥5.6	2.5
其他总质量不大于3500kg的汽车	50	≥5.4	≥5.8	2.5
其他汽车、汽车列车	30	≥5.0	≥5.4	3.0

充分发出的平均减速度 MFDD 为

$$\text{MFDD} = \frac{V_b^2 - V_e^2}{25.92(S_e - S_b)}$$

式中，MFDD 为充分发出的平均减速度，（m/s²）；V_o 为试验车制动初速度，（km/h）；V_b 为 $0.8V_o$，试验车速，（km/h）；V_e 为 $0.1V_o$，试验车速，（km/h）；S_b 为试验车速从 V_o 到 V_b 之间车辆行驶的距离，（m）；S_e 为试验车速从 V_o 到 V_e 之间车辆行驶的距离，（m）。

制动协调时间：是指在急踩制动时，从脚接触制动踏板（或手触动制动手柄）时起至机动车减速度（或制动力）达到表 6-2 规定的机动车充分发出的平均减速度（或表 6-4 所规定的制动力）的 75% 时所需的时间。

3）进行制动性能检验时的制动踏板力或制动气压应符合以下要求。

（1）满载检验时

气压制动系：气压表的指示气压≤额定工作气压；

液压制动系：踏板力，乘用车≤500N；

其他机动车≤700N。

（2）空载检验时

气压制动系：气压表的指示气压≤600kPa；

液压制动系：踏板力，乘用车≤400N；

其他机动车≤450N。

两轮、边三轮摩托车和轻便摩托车检验时，踏板力不应大于 400N，手握力不应大于 250N。

三轮汽车、正三轮摩托车和拖拉机运输机组检验时，踏板力不应大于 600N。

4）汽车、汽车列车在符合规定的制动踏板力或制动气压下的路试行车制动性能若符合第 1）或第 2）点所述性能，即为合格。

【知识要点提示】

只要车辆的制动距离或充分发出的平均减速度符合标准，车辆的路试制动性能判定为合格，满足其中之一即可，不要求同时满足。

2. 应急制动性能检验

汽车（三轮汽车除外）在空载和满载状态下，按表 6-3 所列初速度进行应急制动性能检验，应急制动性能应符合表 6-3 的要求。

3. 驻车制动性能检验

在空载状态下，驻车制动装置应能保证机动车在坡度为 20%（对总质量为整备质量的 1.2 倍以下的机动车为 15%）、轮胎与路面间的附着系数不小于 0.7 的坡道上正、反两个方向保持固定不动，其时间不应少于 5min。对于允许挂接挂车的汽车，其驻车制动装置必须能使汽车列车在满载状态下时能停在坡度为

12%的坡道(坡道上轮胎与路面间的附着系数不应小于0.7)上。

检验时操纵力按 6.2.4 第(2)条的规定作为标准。

注：在规定的测试状态下，机动车使用驻车制动装置能停在坡度值更大且附着力符合要求的试验坡道上时，应视为达到了驻车制动性能检验规定的要求。

表 6-3　应急制动性能要求

机动车类型	制动初速度/(km/h)	制动距离/m	充分发出的平均减速度/(m/s²)	允许操纵力不应大于/N	
				手操纵	脚操纵
乘用车	50	≤38.0	≥2.9	400	500
客车	30	≤18.0	≥2.5	600	700
其他汽车(三轮汽车除外)	30	≤20.0	≥2.2	600	700

6.2.8　台试检验制动性能

1. 行车制动性能检验

(1) 汽车、汽车列车在制动检验台上测出的制动力应符合表 6-6 的要求。对空载检验制动力有质疑时，可用表 6-6 规定的满载检验制动力要求进行检验。

摩托车及轻便摩托车的前、后轴制动力应符合表 6-4 的要求，测试时只允许乘坐一名驾驶员。

表 6-4　台试检验制动力要求

机动车类型	制动力总和与整车重量的百分比		轴制动力与轴荷[a] 的百分比	
	空载	满载	前轴	后轴
三轮汽车	≥45	—	—	≥60[b]
乘用车、总质量不大于 3500kg 的货车	≥60	≥50	≥60[b]	≥20[b]
其他汽车、汽车列车	≥60	≥50	≥60[b]	—
摩托车	—	—	≥60	≥55
轻便摩托车	—	—	≥60	≥50

注：a. 用平板制动检验台检验乘用车时应按动态轴荷计算。
　　b. 空载和满载状态下测试均应满足此要求。

检验时制动踏板力或制动气压按 6.2.6 的规定。

(2) 制动力平衡要求(两轮、边三轮摩托车和轻便摩托车除外)

在制动力增长全过程中同时测得的左右轮制动力差的最大值,与全过程中测得的该轴左右轮最大制动力中大者之比,对前轴不应大于20%,对后轴(及其他轴)在轴制动力不小于该轴轴荷的60%时不应大于24%;当后轴(及其他轴)制动力小于该轴轴荷的60%时,在制动力增长全过程中同时测得的左右轮制动力差的最大值不应大于该轴轴荷的8%。

(3) 汽车的制动协调时间,对液压制动的汽车不应大于0.35s,对气压制动的汽车不应大于0.60s;汽车列车和铰接客车、铰接式无轨电车的制动协调时间不应大于0.80s。

(4) 汽车车轮阻滞力要求:进行制动力检验时各车轮的阻滞力均不应大于车轮所在轴轴荷的5%。

2. 驻车制动性能检验

当采用制动检验台检验汽车和正三轮摩托车驻车制动装置的制动力时,机动车空载,乘坐一名驾驶员,使用驻车制动装置,驻车制动力的总和不应小于该车在测试状态下整车重量的20%(对总质量为整备质量1.2倍以下的机动车为不小于15%)。

3. 复检

当机动车经台架检验后对其制动性能有质疑时,可用6.2.7规定的路试检验进行复检,并以满载路试的检验结果为准。

6.2.9 其他要求

(1) 采用液压制动的机动车,在保持踏板力为700N(摩托车及轻便摩托车为400N)达到1min时,踏板不允许有缓慢向前移动的现象。

(2) 采用气压制动的机动车,在气压升至600kPa且不使用制动的情况下,停止空气压缩机3min后,其气压的降低值不应大于10kPa。在气压为600kPa的情况下,将制动踏板踩到底,待气压稳定后观察3min,汽车气压降低值不应大于20kPa,汽车列车、铰接客车及铰接式无轨电车、轮式拖拉机运输机组气压降低值不应大于30kPa。

(3) 采用气压制动的机动车,发动机在75%的额定转速下,4min(汽车列车为6min,铰接客车和铰接式无轨电车为8min)内气压表的指示气压应从零开始升至起步气压(未标起步气压者,按400kPa计)。

(4) 气压制动系统应装有限压装置,以确保储气筒内气压不超过允许的最高气压。

(5) 汽车(三轮汽车除外)的行车制动应采用双回路或多回路,当部分管路失效后,剩余制动效能仍应能保持原规定值的 30% 以上。

(6) 机动车在运行过程中不允许有自行制动现象。当挂车(由轮式拖拉机牵引的装载质量 3000kg 以下的挂车除外)与牵引车意外脱离后,挂车应能自行制动,牵引车的制动仍应有效。

(7) 汽车制动完全释放时间(从松开制动踏板到制动消除所需要的时间)不应大于 0.80s。

6.3 交通事故车辆制动系统检验鉴定

6.3.1 制动系统检视

包括具有行驶能力和失去行驶能力的事故车辆的检视,检视项目可参考表 6-5、表 6-6 中所列项目。

表 6-5 制动系项目检视、检测原始记录表(液压制动)

序号	检验项目	检验结果	判别标准	判别结论
1	传动装置			
1.1	踏板及总泵推杆	有效□ 无效□ 效能或功能下降□	原厂技术条件	合格□ 不合格□
1.2	踏板自由行程	____ mm	原厂技术条件	合格□ 不合格□
1.3	踏板有效行程	____ mm	原厂技术条件	合格□ 不合格□
2	助力装置			
2.1	助力器气管真空度	____ kpa	原厂技术条件	合格□ 不合格□
2.2	真空助力器功能	有效□ 无效□ 效能或功能下降□	GB 7258	合格□ 不合格□
2.3	真空助力器管路、接头	完好□ 漏气□ 失效□	GB 7258	合格□ 不合格□
3	控制装置			
3.1	制动液储液罐	完好□ 泄漏□ 失效□	GB 7258	合格□ 不合格□
3.2	储液罐制动液液面高度	合格□ 不合格□	原厂技术条件	合格□ 不合格□
3.3	储液罐制动液油质	合格□ 不合格□	原厂技术条件	合格□ 不合格□
3.4	制动主缸	完好□ 泄漏□ 失效□	GA468-2004	合格□ 不合格□

(续)

序号	检验项目	检验结果	判别标准	判别结论
3.5	ABS控制器管路接头	完好□ 泄漏□ 失效□	GB 7258、GB/T 13594	合格□ 不合格□
3.6	ABS控制器	有效□ 失效□ 效能或功能下降□	GB 7258、GB/T 13594	合格□ 不合格□
3.7	ABS轮速传感器系统	有效□ 失效□	GB/T 13594	合格□ 不合格□
3.8	ABS/EBD故障警告灯	有效□ 失效□	GB/T 13594	合格□ 不合格□
3.9	制动灯系统	有效□ 失效□	GB 7258	合格□ 不合格□
3.10	主缸输出油压	___ MPa	原厂技术条件	合格□ 不合格□
4	传能装置			
4.1	制动管路及接头	完好□ 泄漏□ 失效□	GB 7258	合格□ 不合格□
4.2	制动主缸	完好□ 泄漏□ 失效□	GB 7258	合格□ 不合格□
4.3	轮缸入口压力	___ MPa	原厂技术条件	合格□ 不合格□
5	制动器			
5.1	制动盘损坏记录	完好□ 失效□	GB/T 18344	合格□ 不合格□
5.2	制动鼓损坏记录	完好□ 失效□	GB/T 18344	合格□ 不合格□
5.3	半轴油封	完好□ 损伤□ 磨损□ 漏油□	GB/T 18344	合格□ 不合格□
5.4	轮毂油封	完好□ 损伤□ 磨损□ 漏油□	GB/T 18344	合格□ 不合格□
5.5	制动盘原始厚度	左前：__ mm 右前：__ mm 左后：__ mm 右后：__ mm	原厂技术条件	合格□ 不合格□
5.6	制动盘工作面厚度	左前：__ mm 右前：__ mm 左后：__ mm 右后：__ mm	原厂技术条件	合格□ 不合格□
5.7	制动臂	有效□ 失效□ 效能或功能下降□	GB 7258	合格□ 不合格□
5.8	制动盘端面跳动	___ mm	原厂技术条件	合格□ 不合格□
5.9	摩擦元件一致性	一致□ 不一致□	原厂技术条件	合格□ 不合格□
5.10	制动蹄异常损坏记录	完好□ 失效□	GB/T 18344	合格□ 不合格□
5.11	制动鼓工作面状况	无油污□ 有油污□	GB/T 18344	合格□ 不合格□
6	驻车制动			

(续)

序号	检验项目	检验结果	判别标准	判别结论
6.1	驻车制动系统构件	有效☐ 失效☐ 效能或功能下降☐	GB/T 18344	合格☐ 不合格☐
7	制动器磨损补偿机构	有效☐ 失效☐ 效能或功能下降☐	GB 7258	合格☐ 不合格☐
8	回位弹簧	有效☐ 失效☐ 效能或功能下降☐	原厂技术条件	合格☐ 不合格☐

表6-6 制动系项目检视、检测原始记录表(气压制动)

序号	检验项目	检验结果	判别标准	判别结论
1	供能装置			
1.1	空气压缩机	有效☐ 失效☐ 效能或功能下降☐	GB 7258	合格☐ 不合格☐
1.2	气压表指示压力	____ MPa	GB 7258	合格☐ 不合格☐
1.3	储气筒	有效☐ 失效☐	GB 7258	合格☐ 不合格☐
2	控制装置			
2.1	制动阀	有效☐ 失效☐	GB/T 18344	合格☐ 不合格☐
2.2	应急制动阀	有效☐ 失效☐	GB 7258	合格☐ 不合格☐
2.3	挂车制动阀	有效☐ 失效☐	GB 7258	合格☐ 不合格☐
2.4	制动踏板自由行程	____ mm	原厂技术条件	合格☐ 不合格☐
2.5	制动踏板有效行程	____ mm	原厂技术条件	合格☐ 不合格☐
3	传动装置			
3.1	双管路气压系统	有效☐ 失效☐	GB 7258	合格☐ 不合格☐
3.2	制动软管	有效☐ 老化☐ 漏气☐	GB 7258	合格☐ 不合格☐
3.3	储气筒	有效☐ 失效☐	GB 7258	合格☐ 不合格☐
3.4	制动气室推杆行程	左前：____ mm；右前：____ mm 左后：____ mm；右后：____ mm	原厂技术条件	合格☐ 不合格☐
4	制动器			
4.1	制动鼓异常损坏记录	左前☐ 右前☐ 左后☐ 右后☐	GB/T 18344	合格☐ 不合格☐
4.2	制动鼓工作面状况	无油污☐ 有油污☐	GB/T 18344	合格☐ 不合格☐

（续）

序号	检验项目	检验结果		判别标准	判别结论
4.3	制动鼓内径原始尺寸	左前：__ mm 右前：__ mm 左后：__ mm 右后：__ mm		原厂技术条件	合格□ 不合格□
4.4	制动鼓工作面直径	左前：__ mm 右前：__ mm 左后：__ mm 右后：__ mm		原厂技术条件	合格□ 不合格□
4.5	制动摩擦片宽度	左前：__ mm 右前：__ mm 左后：__ mm 右后：__ mm		原厂技术条件	合格□ 不合格□
4.6	制动摩擦片厚度	左前：__ mm 右前：__ mm 左后：__ mm 右后：__ mm		原厂技术条件	合格□ 不合格□
4.7	半轴油封	完好□ 漏油□		GB/T 18344	合格□ 不合格□
4.8	摩擦元件材料一致性	一致□ 不一致□		原厂技术条件	合格□ 不合格□
4.9	制动蹄异常损坏记录	左前□ 右前□ 左后□ 右后□		GB/T 18344	合格□ 不合格□
5	驻车制动				
5.1	驻车制动装置	完好□ 有效□ 失效□		GB 7258	合格□ 不合格□
5.2	驻车制动拉杆行程	齿数____		原厂技术条件	合格□ 不合格□
5.3	制动器磨损补偿机构	有效□ 失效□ 效能或功能下降□		GB 7258	合格□ 不合格□

1. 液压制动系统

（1）检查真空助力器连接件状况及真空助力器效能。

（2）检查制动液储液罐、液面高度、液质，记录及拍照（图6.8）。

（3）检查制动主缸是否漏液。

（4）检查 ABS 连接是否可靠，ABS/EBD 故障警告灯是否点亮。

（5）制动灯是否正常显示。

（6）检查制动管路及接头是否完好。

图 6.8 制动液检视

（7）检查制动系统构件、管道是否存在与其他构件的摩擦、干涉现象。

（8）通过摇动及转动轮胎，检测车轮径向、轴向间隙及轴承是否松旷、卡滞、损坏。

（9）检查驻车制动，检测驻车制动闸把行程，制动拉索是否卡滞，回位迅速。

【知识要点提示】

制动系统可能已在事故中受到损坏，在检视时应对损坏的部位及零部件做详细的记录、照相，对损坏状况做必要的描述。

2. 气压制动系统

（1）检查制动总阀，制动连接管路以及其他的控制阀，如单向阀、继动阀、快放阀、挂车阀等有无漏气现象。

（2）检测双管路气压系统的连接及管道等有无漏气现象。

（3）检查制动气室及连接管道是否完好，有无漏气现象。

（4）检查制动系统构件、管道是否存在与其他构件的摩擦、干涉现象。

（5）通过摇动及转动轮胎，检测车轮径向、轴向间隙及轴承是否松旷、卡滞、损坏。

（6）检查驻车制动器，检测驻车制动闸把行程，制动拉索是否卡滞，回位迅速。或检查弹簧储能制动器自锁装置是否有效。

6.3.2 制动系统动态检验

具有行驶能力的事故车辆制动系统检验一般采用动态检验，车辆制动系统动态检验一般分为台试制动性能检验和路试制动性能检验。

1. 动态检验前的准备工作

以 20km/h 左右的速度正直行驶，双手轻扶方向盘，急踩制动踏板后迅速放松，初步掌握车辆制动协调时间、释放时间和有无跑偏现象。对气压制动汽车，踩下并放松制动踏板若干次，使制动气压下降至起步气压（未标起步气压者，按 400kPa 计），检查低气压报警装置是否报警；对装用弹簧储能制动器的车辆，报警后起步行驶，检查在低气压时弹簧储能制动器自锁装置是否有效。

对 2005 年 2 月 1 日起新注册登记的总质量大于 12000kg 的长途客车和旅游客车、总质量大于 10000kg 的挂车、总质量大于 16000kg 允许挂接总质量大于 10000kg 的挂车的货车、半挂牵引车，还应检查其装备的防抱制动装置自检功能是否正常。

【知识要点提示】

制动系统动态检验前的准备工作很重要，通过准备工作，可以对车辆的制动性能有初步的了解，特别是车辆制动功能是否失效或制动性能是否严重下降或制动时有无严重跑偏现象，才能保证动态检验时的安全。

2. 台试制动性能检验

1) 检验设备的选择

(1) 机动车制动性能的检验宜采用滚筒反力式制动检验台或平板制动检验台进行,对于前轴驱动的乘用车,更宜采用平板制动检验台测试。采用滚筒反力式制动检验台(图 6.9)时,制动检验台的电气系统应能分别控制左右两组滚筒停机以测得左、右车轮的最大制动力;

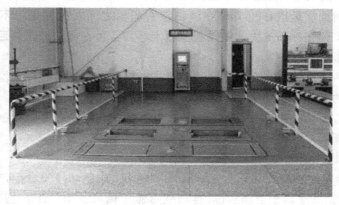

图 6.9 滚筒反力式制动检验台

(2) 对于前轴驱动的座位数不大于 9 的载客汽车,宜采用平板式制动检验台测试;

(3) 对于部分无法在滚筒反力式制动检验台上检测的车辆(如全时四轮驱动车辆、多轴半挂车等),应路试检验制动性能;平板制动检验台能检验时,可用平板制动检验台检验。

2) 检验前准备

(1) 制动检验台滚筒(或平板)表面应清洁,没有异物及油污,表面附着系数不小于 0.75;

(2) 检验辅助器具应齐全;

(3) 气压制动的车辆,储气筒压力应能保证该车各轴制动力测试完毕时,气压仍不低于起步气压(未标起步气压者,按 400kPa 计);

(4) 液压制动的车辆,根据需要将踏板力计装在制动踏板上。

3) 用滚筒反力式检验台检验

(1) 被检车辆正直居中行驶,各轴依次停放在轮(轴)重仪中间位置,并按仪器说明书规定的时间停放,分别测出轮(轴)静态载荷(轴重、制动分列式);

(2) 被检车辆正直居中行驶,将被检测车轮停放在滚筒上,变速器置于空挡;

(3) 启动滚筒电机,在 2s 后开始采样并保持足够的采样时间(5s),测得阻滞力;

(4)检验员按显示屏指示在5～8s(或按厂家规定的速率)将制动踏板逐渐踩到底(对气压制动车辆)或踩到制动性能检验时规定的制动踏板力,测得左、右车轮制动力增长全过程的数值;并依次测试各车轴;对驻车制动轴,拉紧驻车制动操纵装置,测得驻车制动力数值;

(5)制动检验时,如果被测试车轮在滚筒上抱死,但制动力未达到合格要求的,应采用(6)或(7)方法进行检验;

(6)在车辆上增加足够的附加质量或相当于附加质量的作用力(在设备额定载荷以内,附加质量或作用力应在该轴左右车轮之间对称作用,不计入轴荷)。为防止被检车辆在滚筒反力式制动检验台上后移,可在非检测车轮后方垫三角垫块或采取整车牵引的方法;

(7)用平板式制动检验台检验制动力或按标准规定的路试方法检验制动距离或充分发出的平均减速度和制动协调时间;

(8)台试检验左右制动力差不合格,但底盘动态检验过程中点制动时,车辆无明显跑偏现象,应换用平板制动检验台或采用路试方法检验。

4)用平板式制动检验台检验

(1)检验员将被检车辆以5～10km/h的速度(或制动检验台生产厂家推荐的速度)滑行,置变速器于空挡后(对自动变速器车辆可位于"D"挡),正直平稳驶上平板;

(2)当被测试车轮均驶上平板时,急踩制动,使车辆停止,测得各车轮的轮荷(对乘用车应为动态轮荷)、阻滞力、最大轮制动力等数值,计算各车轴的制动率、左右轮制动力差百分比、整车制动率等指标;

(3)重新启动车辆,待车辆驻车制动轴驶上平板时操纵驻车制动操纵装置,测得驻车制动力数值,计算驻车制动力百分比;

(4)车辆制动停止时,如被测试车轮已离开平板,则此次制动测试无效,应重新测试;

(5)对制动反应迟缓的车辆,必要时应连接踏板开关信号,检验车辆制动协调时间是否符合规定。

3. 制动性能的路试检验

1)行车制动性能检验试验条件

(1)路试制动性能检验应在纵向坡度不大于1%、轮胎与地面间的附着系数不小于0.7的硬实、清洁、干燥的水泥或沥青路面上进行。检验时车辆变速器应置于空挡。

(2)对于无法上制动检验台检验的车辆及经台架检验后对其制动性能有质疑的车辆,用制动距离或者充分发出的平均减速度和制动协调时间判定制动性能。

必要时应安装踏板力计,检查达到规定制动效能时的制动踏板力是否符合标准。

(3) 在试验路面上,按照 GB 7258 划出规定的试车道的边线,被测车辆沿着试车道的中线行驶。使用便携式制动性能测试仪进行测试时,行驶至规定初速度后,置变速器于空挡,急踩制动,使车辆停止,测量充分发出的平均减速度(MFDD)和制动协调时间,并检查车辆有无驶出车道边线;当使用第五轮仪或非接触式速度仪进行测试时,行驶至高于规定的初速度后,置变速器于空挡,滑行到规定的初速度时,急踩制动,使车辆停止,测量车辆的制动距离和检查车辆有无驶出车道边线。

(4) 对已在制动检验台上检验过的车辆,制动力平衡及前轴制动率符合要求,但整车制动率未达到合格要求时,用便携式制动性能测试仪检测,对于乘用车及其他总质量不大于 4500kg 的汽车的制动初速度应不低于 30km/h,对于其他汽车、汽车列车及无轨电车,制动初速度应不低于 20km/h,急踩制动后测取 MFDD 及制动协调时间。

2)用便携式汽车制动减速度仪测试制动减速度

(1) 准备

① 将减速度仪平放在被试车辆上,仪器箭头指向汽车前进方向(图 6.10),安放时,应将仪器固定牢固,应防止制动时仪器向前移动。

② 参照仪器上的水平仪,调整水平调整螺钉使仪器处于水平状态。

③ 将踏板开关放在汽车的制动板上,其输出插头插入仪器相应插孔内。

④ 打开电源开关,检查电源电压。

⑤ 按下输纸钮,检查输纸情况,并输出一段白纸。

⑥ 打开锁定扭。

图 6.10　用便携式制动减速度仪测制动减速度

(2) 检测

行驶至规定初速度后,置变速器于空挡,急踩制动,使车辆停止,测量充分发出的平均减速度(MFDD)和制动协调时间,并检查车辆有无驶出车道边线。仪器同时绘出曲线,曲线反映出制动器释放时间。

(3) 结束

按下输纸钮,输出绘好曲线,撕下记录纸,锁定锁定钮,关上电源。

【知识要点提示】

用便携式汽车制动减速度仪测试制动减速度、制动距离时,一般制动初速度较难精确地控制在标准规定的速度,因此,检验结果中一般情况不采用制动距离这个数据。而制动初速度对制动减速度的影响较小，因此，检验结果中一般采用制动减速度数据。

3）用非接触式五轮仪测量制动距离、制动减速度

(1) 车辆准备

① 汽车装配调整情况应符合样车技术条件及 GB 7258—2004 的规定。

② 试验前，应进行预热行驶，使汽车各部分温度达到规定温度状态。

(2) 试验道路

试验道路应为平直、干燥、干净的混凝土路面或其他具有相同附着系数的路面上进行。其纵坡不大于±1%。

(3) 气象条件

无雨无雾晴天或阴天，风速不大于 3m/s，气温在 0~40℃。

(4) 试验仪器

① 第五轮仪，精度不低于 1%；

② 减速度仪，测量精度不低于 $0.1m/s^2$；

③ 综合气象仪，风速仪测量精度不低于 0.5m/s；

④ 钢卷尺。

(5) 检验验程序

① 对汽车进行技术条件检查。

② 将第五轮仪牢固可靠地安装在样车上。

③ 将减速度仪安放在车内，箭头指向车辆前进方向。

④ 将第五轮仪的踏板开关置于制动踏板上，并可靠固定。

⑤ 样车以规定的速度（初速 30km/h 和 50km/h，最高车速超过 100km/h 的车辆，需增加初速为 80km），以能平稳行驶的最高档匀速行驶，并用第五轮仪监视车速。

⑥ 在满足⑤条的要求后，打开减速度仪的开关，1~2s 之后，踏下离合器踏板，同时以不大于 700N 的力，（可用踏板计监视）迅速踏下制动踏板，使车辆产生最大减速度，直至车辆停稳为止。

⑦ 用五轮仪打印制动距离、制动初速度和制动所需时间，用减速度仪打印减速度曲线。

⑧ 各个车速往返各进行一次，以两个方向上所测值的算术平均值为试验结果。

⑨ 在试验时若未满足⑤~⑦条的要求，则应重新进行试验。

⑩ 试验结果和数据处理。先试验结果记录在附表中，打印纸带粘贴在其背后，再进行数据处理。

a. 制动距离校正。制动初速度在极限偏差为 3% 的范围内，制动距离按下式校正。

$$L_i = L_{i'}\left(\frac{V_i}{V_{i'}}\right)^2 \qquad (6-1)$$

式中　L_i——校正后制动距离，m；
　　　$L_{i'}$——测定的制动距离，m；
　　　V_i——规定初速度，km/h；
　　　$V_{i'}$——实测初速度，km/h；
　　　i——试验次数区别号。

b. 制动距离按下式计算。

$$L = \frac{L_1 + L_2}{2} \qquad (6-2)$$

式中，L——制动距离，m；
　L_1、L_2——校正后的单向制动距离，m。

c. 制动减速度 j。

在制动减速度曲线上读取初期值、中期值、终期值，计算其算术平均值 j_1（正向）j_2（反向）。

初期值：达到稳定减速度时的初始值；
中期值：一次制动过程中车速接近 10km/h 时的纵坐标值；
终期值：初期值与终期值的时间坐标中点对应的纵坐标值。
制动减速度试验结果为

$$j = \frac{j_1 + j_2}{2} \qquad (6-3)$$

（6）按表 6-7 填写试验记录表，表格必须填写完整，必须由试验人和试验负责人签字，签字时不得使用铅笔，否则无效。

表 6-7　汽车制动性能试验记录表

汽车制动系统冷态效能试验记录表									
试验车牌照号：									
试验日期：									
汽车型号：			里程表读数：			试验地点：			
整备质量		轴载	前：	后：		气象：		气温：	
满载质量		质量	前：	后：		风向：		风速：	
初速度		方向	制动距离/m			减速度/(m/s²)		跑偏量/mm	噪声	备注
规定	实际		测定	校正	平均	测定	平均			
		正								
		反								
		正								
		反								

4. 驻车制动性能检验

1）坡道法测量驻车制动性能

将车辆驶上坡度为20%（总质量为整备质量的1.2倍以下的车辆为15%），附着系数不小于0.7（混凝土或沥青路面）的坡道上，将试验车驶到坡道上，用行车制动器停车；将变速器操纵杆置于空挡位置上，发动机熄火，然后用规定的控制力操纵驻车制动装置，解除行车制动；确认车辆停稳后，读出控制力，同时启动秒表，观察5分钟，样车是否移动。满载和空载进行试验，上坡和下坡各进行一次（图6.11）。

图6.11 驻车性能试验

在挂车和牵引车（客车、货车）的驻车制动控制装置不联动时，仍按上述方法分别操作。

对于弹簧制动，不需要读出控制力，只需完成规定的操作即可，在记录中应注明弹簧制动。

样车如果驻车不稳，应减少坡度直到样车依上述程序操作而不发生移动为止，用角度仪测量出该坡度值。

2）牵引法测量驻车制动性能

（1）车辆准备。

① 车辆载荷依照产品技术条件的规定，按最大载荷装载，且载荷分配符合要求。

② 汽车驻车制动操纵系统的连接应牢固可靠，不得有卡滞现象，否则应进行调整。

③ 车辆应按照汽车厂的技术条件装配、调整、润滑和检验。

（2）试验道路。

① 试验道路应为干燥、干净、平整的混凝土或沥青路面，其坡度不大于0.1%，汽车的轴线应平行于道路中心线，牵引力方向应平行于路面，且通过试验车纵向中心平面。

② 施加在操纵杆上或踏板上的控制力应在正常操作时的方向，承受控制力的部分，应在操纵手柄或踏板有正中间，如果操纵手柄的中间部位不明显，可以取离顶端(50±5)mm处。

（3）试验仪器。

测力计、秒表、角度仪、测温仪、牵引设备。

(4) 试验程序。

① 该试验应在满载情况下进行。

② 试验方法。

将样车驶到试验路上,用行车制动停车;将变速器操纵杆置空挡,以规定的控制力操作驻车制动装置,然后解除行车制动。

用测力计将样车和牵引车连接起来,并使测力计受力方向平行于路面且通过试验车纵轴平面。

牵引车缓慢均匀地增加牵引力,当试验车产生运动的瞬时,读出测力计上指示的牵引力数值。

按进、退两个方向,各进行三次。

③ 数据处理。

按下列计算式计算被检车辆相应驻坡度为

$$\alpha_i = \mathrm{tg}^{-1}\left\{\sin\left(\frac{p_i}{m \cdot g}\right)\right\} \tag{6-4}$$

式中,α_i 为驻坡度,(°)。P_i 为最大牵引力,(N)。m 为样车最大总质量,(kg)。g 为重力加速度,(m/s²)。

其平均驻坡度为 6 次测量结果的算术平均值为

$$\alpha = \frac{\sum_{i=1}^{6}\alpha_i}{6} \tag{6-5}$$

(5) 按表 6-8、表 6-9 填写试验记录,表格必须填写完整并由试验人员和试验负责人签字,不得使用铅笔,否则无效。

表 6-8 驻车制动试验记录表(坡道试验)

驻车制动试验记录表 (坡道试验)				试验车牌照号:	
				试验日期:	
汽车型号:		里程表读数:		载荷情况:	
试验地点:		天气状况:		坡道坡度:	
项目	次数	测试值/kg		测试结果/(°)	备 注
上坡	1				
	2				
	3				
下坡	1				
	2				
	3				

表 6-9 驻车制动试验记录表(牵引试验)

驻车制动试验记录表(牵引试验)				试验车编号：	
				试验日期：	
汽车型号：		里程表读数：		载荷情况：	
试验地点：		天气状况：		坡道坡度：	
项目	次数	牵引力 /kg		驻坡度/(°)	平均驻坡度/(°)
前进	1				
	2				
	3				
后进	1				
	2				
	3				

6.3.3 制动系统性能静态检验

1. 制动系统相关工作参数及工作状况检验

这部分参数需要车辆在静态条件下测量，一般不涉及零部件拆解检验。包括具有行驶能力事故车辆、虽失去行驶能力但制动系统未受损的事故车辆制动系统相关工作参数及工作状况检验。

1）制动踏板的自由行程

制动踏板自由行程的检测可用直尺进行测量。先测出制动踏板在完全放松时的高度，再用手轻轻按下踏板，当感觉有阻力时(对于气压制动系，高速螺钉端面与挺杆端面刚刚接触；对于液压式制动系，总泵活塞推杆端面与活塞刚刚接触)，测出踏板高度。前后两次测出的高度差即为制动踏板自由行程。测量方法可参考离合器踏板自由行程的检测方法。

2）制动鼓与摩擦片、制动盘与摩擦片之间的间隙测量

可以用塞尺通过观察孔测量制动鼓与摩擦片、制动盘与摩擦片之间的间隙。

3）液压制动系统的管路压力的测量

可以通过压力传感器接口或分泵接口，接上压力表，排掉管路中的空气，按规定的踏板力踩下制动踏板，读出压力表的读数，重复操作四次。

4）液压制动系统的密封性检验

保持踏板力为700N(摩托车及轻便摩托车为400N)达到1min时，检查踏板是否有缓慢向前移动的现象。

5）气制动系统的分泵的推杆行程

按规定的踏板力踩下制动器踏板，用钢尺或游标卡尺测量气制动系统的各分泵的推杆行程。

6) 气制动系统的气密性和报警装置检验

(1) 启动发动机,在75%的额定转速下,用秒表记录气压表的指示气压从零开始升至起步气压(未标起步气压者,按400kPa计)的时间。

注:规定时间为4min(汽车列车为6min)内。

(2) 在气压升至600kPa且不使用制动的情况下,停止空气压缩机3min后,测定其气压降低值,其气压降低值不应大于10kPa。在气压为600kPa的情况下,将制动踏板踩到底,待气压稳定后观察3min,汽车气压降低值不应大于20kPa,记录以上数据。

(3) 在储气筒已调定的最高充气压力下,停止充气,机动车在连续5次踩到底的全行程制动后,气压是否低于起步气压。

(4) 当制动系统的气压低于起步气压时,报警装置是否能连续向驾驶员发出容易听到或看到的报警信号。对装用弹簧储能制动器的车辆,报警后起步行驶,检查在低气压时弹簧储能制动器自锁装置是否有效。

6.3.4 制动系统零部件性能检验

当车辆制动系统通过动态检验和静态系统工作参数检验中发现问题,不能确定具体原因的,动态鉴定结论不确切的,根据实际情况,具体分析,有必要对系统的关键部件进行零部件性能检验,而对失去行驶能力的车辆制动系统零部件性能检验是检验工作的重点。如制动系统的摩擦片、制动盘或制动鼓的磨损量,以及摩擦片、制动盘或制动鼓摩擦面的磨损状况的检验等。

检验鉴定时,一般需要对系统、总成或部件进行必要的拆卸、解体,借助一定检测仪器、设备对零部件性能进行检验鉴定。

1. 液压制动系统

(1) 视情况检查主缸输出油压。

(2) 拆检制动器(注意举升机构的安全操作)。检测制动轮缸是否漏液,轮缸活塞是否卡滞、锈蚀;检查制动钳、盘是否损坏,制动摩擦片是否损坏;检查制动鼓是否损坏,制动盘、片、鼓是否沾有油污。

(3) 用千分尺测量制动盘端口厚度、工作面厚度(图6.12和图6.13),记录并拍照;用游标卡尺测量制动片工作面最小厚度;用游标卡尺测量制动鼓端口直径及工作面最大直径。

(4) 用磁力表座及百分表检测制动盘端面跳动。

2. 气压制动系统

1) 制动器

(1) 拆检制动器(注意举升机构的安全操作)。检测制动摩擦片是否损坏;检查制动鼓是否损坏，制动片、鼓是否沾有油污。

(2) 用游标卡尺测量制动摩擦片铆钉头深度及工作面最小厚度；用游标卡尺测量制动鼓端口直径及工作面最大直径；用螺旋千分尺测量制动盘的端口和工作面厚度（图 6.12 和图 6.13），记录并拍照。

图 6.12　制动鼓直径测量

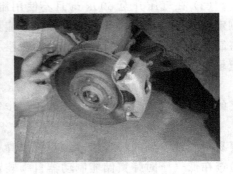

图 6.13　制动盘厚度测量

制动器的制动盘、制动鼓及摩擦片检验记录表见表 6-10。

表 6-10　制动系统检验记录表

项目			一轴/mm		二轴/mm		三轴/mm		四轴/mm	
			左	右	左	右	左	右	左	右
制动摩擦片	盘式外片 鼓式前(上)片	铆钉头深度								
		摩擦片厚度								
	盘式内片 鼓式后(下)片	铆钉头深度								
		摩擦片厚度								
制动盘		端口厚度								
		工作面厚度								
制动鼓		端口内径								
		工作面直径								
气制动推杆工作行程										

系统密封性：＿＿＿＿＿＿＿＿＿＿　制动鼓有无裂纹：＿＿＿＿＿＿＿＿＿
制动液储液器液面及油质：＿＿＿＿＿＿　摩擦元件工作表面油污状况：＿＿＿＿＿
制动摩擦片与制动鼓接触面积：＿＿＿＿mm²　同轴摩擦元件一致性：＿＿＿＿＿
液压制动系统的主缸、轮缸及管路有无泄漏：＿＿＿＿　ABS 有无故障：＿＿＿＿

备注

6.3.5 制动系统零部件失效检验

具有行驶能力的交通事故车辆在动态检验和静态检验中发现有制动系统零部件损坏的、对失去行驶能力的车辆制动系统在静态检验、零部件性能检验时发现有制动系统零部件损坏的，根据鉴定和事故分析的需要，应对失效检验零部件进行检验鉴定。

如制动鼓的贯穿性裂纹、制动盘破裂、摩擦片破裂，制动管路断裂、制动分泵皮膜破裂等，就必须对这些零部件进行失效检验，金属件失效的鉴定方法可参见第2章和第6章的阅读材料。

橡胶密封件在车辆制动系统中广泛使用，也是制动系统中最容易失效的零部件之一，这些部分一旦失效，往往造成车毁人亡的重特大交通事故。

下面就介绍一下橡胶密封件的失效分析与橡胶断口形态。主要讨论橡胶密封件的失效形式、失效原因及断口形态分析在失效分析中的作用，阐述橡胶断口形态的一般特征、形成原因，探讨老化失效对橡胶断口形态的影响。

1. 橡胶密封件的失效分析

1) 橡胶密封件的失效形式

橡胶密封件常见的失效形式为老化、磨损、划伤、变形和开裂。老化过程主要是聚合物发生降解和交联反应的过程。橡胶老化的表现形式有龟裂、软化、硬化(变脆)、发黏、粉化、变色、霉变、电性能降低等，具体状态随橡胶种类不同而表现各异。橡胶密封件磨损的表现形式为橡胶密封件表面呈凹凸不平的损伤状态。

2) 橡胶密封件的失效的原因

引起橡胶密封件失效的原因大致可归纳为如下几个方面。

(1) 原材料问题。由原材料问题导致的失效可分为选材不当和材料本身存在质量问题两个方面。如从工艺操作的方便性考虑，选择理论上可以达到橡胶件所要求的材质性能的材料，但由于配方或硫化工艺不当导致橡胶件失效或选用的橡胶的摩擦系数不合适。胶料混炼不均或混炼过程中不慎掺入杂质，添加剂含量超标或偏聚、气孔、疏松及补强剂与基体在相界面上结合不良，导致性能下降。典型的夹杂物断口形态见图6.14，沿添加剂偏聚区域开裂的断口形态见图6.15。

(2) 设计问题。橡胶密封件都是依靠安装时密封件会产生一定的压缩变形，使密封件与被密封面紧密贴合，达到密封目的。若初始压缩量过小，在低压时就会产生泄漏。设计密封装置时，如果密封件的截面选择过小，安装槽的截面过大，就会造成密封件的初始压缩量过小或没有。对于动密封件，安装槽偏小或密

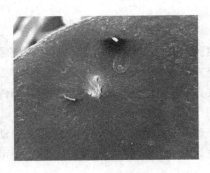
图 6.14　夹杂物断口形态

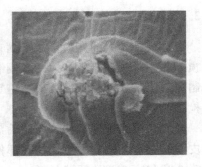
图 6.15　沿偏聚区断裂形态

封件截面选择过大，就会使密封件的压缩量过大，产生较大的密封面接触应力，进而密封面间的润滑剂被挤出，形成干摩擦从而引起过度磨损。另外，密封件与密封介质不相容，密封件吸收密封介质后发生溶胀、变形而失效。

(3) 加工问题。密封件表面有飞边、毛刺、裂痕、切边或几何尺寸及精度不符合标准要求，存在着缺陷（如沟槽、毛刺、划伤等），表面粗糙度过低，加工纹理不合理等都会成为低压时的泄漏通道。某橡胶膜片设计上要求增强纤维布两侧的橡胶层厚度相同，由于加工不当，造成增强纤维布两侧的橡胶层厚度差别较大（断面形态见图 6.16），引起橡胶膜片失效。由密封件表面沟槽萌生的断面形态裂纹见图 6.17。加工过程中的偶然因素造成的材料缺陷也可能引起橡胶密封件的失效。如某橡胶皮碗因生产过程中混炼工艺性差、排气不净使零件内部出现了分层而导致失效。另外，与密封件配合使用的金属零件尺寸、表面粗糙度不合格等也会导致密封件失效。

(4) 装配问题。装配过程控制不合理引起密封件局部塑性变形，表面被划伤，夹入了金属屑、沙土或棉纱等异物。起源于表面压痕的橡胶膜片裂纹形态见图 6.18。

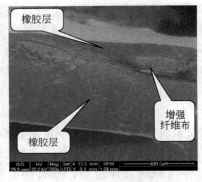
图 6.16　橡胶层厚度差异明显的断口形态

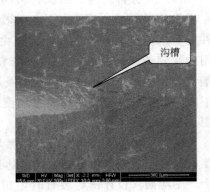
图 6.17　裂纹起源于表面沟槽

(5) 使用问题。使用过程中可能会出现超温、应力过大，润滑不良等现象。超温将导致密封件老化和使用寿命降低。与密封件接触的油液被污染，导致密封件发生老化、龟裂、膨胀、变形等。润滑不良将导致密封件磨损失效。如某密封件在使用过程中经油浸泡后发生过度溶胀而失效。

断口形态记录了裂纹萌生、扩展、直至断裂的全过程，其特征反映了断裂的性质。为准确分析橡胶密封件的失效性质及原因必须对橡胶密封件的损伤形式，特别是断口形态特征进行准确的判断。

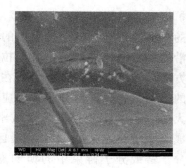

图 6.18　裂纹起源于压痕

2. 橡胶断口形态

1) 橡胶断口形态的一般特征及形成原因

橡胶断口分为脆性断口和韧性断口两种。橡胶属于高弹性材料，但实际失效时橡胶件的断口却以脆性断口最为常见。这是因为使用温度较低时，橡胶件由高弹态转变为玻璃态而发生脆断；另一方面，橡胶件使用过程中发生老化，弹性性能下降而发生脆断。

橡胶的典型脆性断口有如下三个特征区组成：镜面区、雾状区和粗糙区。镜面区是裂纹的萌生阶段，宏观上呈平坦光滑镜面状，一般位于橡胶件的边缘或棱角处，呈半圆形，有时也出现在橡胶件内部，呈圆形，在高倍显微镜下可见从裂纹源出发，沿裂纹扩展方向延伸的线条状裂纹。雾状区宏观上平整，但不反光，也称平坦区，是裂纹缓慢扩展阶段，在高倍显

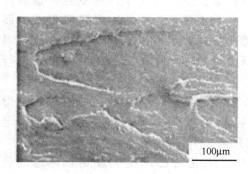

图 6.19　抛物线形态

微镜下可见抛物线花样（图 6.19）。抛物线的轴线指向裂纹源，随距裂纹源距离的增加，密集程度增高。粗糙区是裂纹快速扩展阶段，由众多的次生裂纹在不同的平面上同时扩展形成。粗糙区宏观上较粗糙，有时可见与裂纹源同心的弧状肋带，离裂纹源越远，肋带越粗，肋带之间的距离越宽。在肋带区以外有时呈粗糙的块状或台阶状。

橡胶韧性断口分为裂纹慢速扩展区和快速扩展区。但是，橡胶韧性断口形态与橡胶脆性断口形态相反，在裂纹慢速扩展区表现为粗糙形态，在裂纹快速

扩展区呈光滑形态(图 6.20),这是由橡胶的高弹性形变本质所决定的。橡胶的高弹性形变本质上是卷曲的高分子链(或交联橡胶中的网链)通过链段运动沿拉伸方向伸展取向。橡胶拉伸高弹形变中,分子链的伸展取向使垂直于拉伸方向的缺陷尖端钝化,从而在一定程度上抑制了缺陷扩展。随着橡胶高弹形变的不断增大,取向分子链上应力分布的不均匀性越来越大。承受拉伸应力特别大的分子链将首先被拉断或滑移,形成断裂源。在裂纹慢速扩展区,由于分子链或分子链束中的薄弱点是随机分布的,未必都位于与应力方向垂直的某个平面附近,所以,在取向分子链被一条条或一束束相继拉断时,就形成了较粗糙的断口形态。在裂纹快速扩展区,因为许多分子链同时被快速拉断,所以,就形成了较光滑的断口形态。

图 6.20 韧性断口

2) 老化对橡胶断口形态的影响

老化是聚合物的一种固有现象,指在外界的物理、化学、生物(霉菌)及环境综合因素的长期作用下,聚合物由表及里地发生了结构变化,造成外观变质,物理、力学性能下降。老化失效是橡胶件失效的一种常见形式。而断口形态则反映了材料结构和力学性能的变化,所以,老化必然使橡胶材料断口形态发生一定变化。为此,许多研究者对橡胶老化前后的断口形态进行了研究。

朱立群等人研究了丁腈橡胶在 110 ℃乙二醇中老化后的拉伸断口微观形态(图 6.21)。研究结果表明,丁腈橡胶老化 5d 后添加剂颗粒已经松动;老化 7d 后,添加剂颗粒已有脱落,形成孔洞,开始有片状结构出现;老化 9d 后片状结构更加明显,开始有裂纹产生;老化后已产生大量相互连通的裂纹。R. S. RAJEEV 等人研究了未经过老化和经过老化后的短纤维增强 EP-DM 橡胶的断面形态。结果表明,老化提高了纤维和基体的黏接强度(图 6.22 和图 6.23)。KALPANA SINGH 等人的研究则表明,弹性体中不相容硫化体拉伸断面表现出了微观塑性变形的痕迹——沿滑移线和微观凹坑断裂(图 6.24)。材料老化后硬度、模量增大,拉伸率和拉伸强度减小,滑移线消失,由于橡胶老化过程中的降解而在断裂过程中出现了大量的凹坑(图 6.25)。而对于天然橡胶其拉伸断口上撕裂棱线的起始区域较粗糙,而后是一个相对光滑的区域,撕裂线间距约 $10\mu m$;经过在 150 ℃/h 的老化后,拉伸强度降低,拉伸断面较光滑,撕裂棱线数量较少,撕裂线间距约 $10\mu m$。

经过在 150℃/3h 的老化后断面变得更加光滑，仅可见少量间距较大的撕裂棱线，撕裂线间距约 30μm。

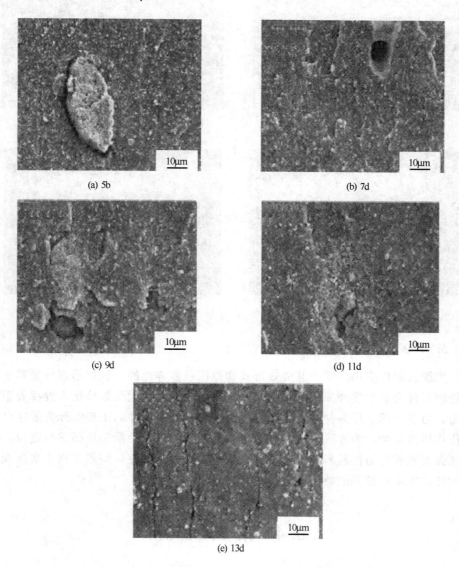

图 6.21　丁腈橡胶在 110℃ 乙二醇中老化的断口照片

老化是橡胶件失效的一种常见形式。深入研究橡胶老化前后在拉伸、疲劳及冲击载荷作用下的断口形态特征，对于快速、准确判断橡胶件的老化失效形式及认识橡胶老化的机制。

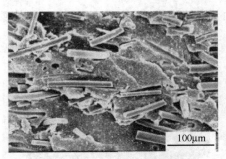

图 6.22　未老化、纤维剥离

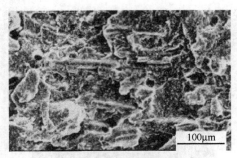

图 6.23　纤维与基体界面明显改善

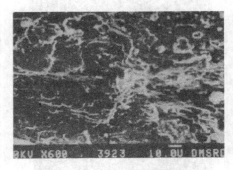

图 6.24　滑移线及微观凹坑形态

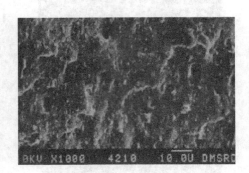

图 6.25　凹坑形态

3. 小结

橡胶密封件应用广泛，其失效形式和原因是多样性的。断口形态分析是认识橡胶密封件失效性质和原因的重要手段，在橡胶密封件的失效分析中发挥着重要作用。由于实际工作条件的复杂性和多样性，橡胶密封件的工程实际失效断口形态往往相当复杂。为准确、快速地对橡胶密封件的失效性质和原因进行定位，应当加强对橡胶密封件材料断口形态特征的一般规律性研究，积累工程中实际橡胶密封件失效断口形态的特征。

6.4　案例分析

6.4.1　案例1——制动分泵皮膜失效引发的事故

1. 案情摘要

2009年11月6日12时15分许（天气：晴），牌照号为川 L1XXXX 的大客车,在犍为县下(渡)新(盛)路伏龙乡一心村六组路段(水泥路面),发生坠落坡下的特大交通事故。

该车车身严重变形,前、后风窗玻璃破损,前、后保险杠变形,后桥脱落,转向轴花键轴与花键套脱开,左前、右后灯具外壳损坏等(图6.26和图6.27)。

图6.26 事故车前部照片　　　　图6.27 事故车后部照片

2. 检验方式

事故车已完全丧失行驶能力,因此采用静态检验鉴定的方式。根据案情资料分析,该车转向系统、制动系统、行驶系统的安全技术状况都可能与事故有关,因此重点检测这几个系统。

3. 转向系统检验

(1)该车转向柱花键轴与花键套脱开,分析认为,转向柱花键轴、套脱开为事故所致;经装复花键轴与套后测量、计算,该车方向盘的最大自由转动量约为23°。

(2)经检验,该车转向拉杆及球销不松旷。

(3)该车在事故中侧翻,转向助力液储液罐内的液压油已大部流失,检测时,储液罐内尚余部分液压油,经检验,其油质正常。

4. 制动系

(1)检验时,该车仪表台的气压表指示气压为100kPa,检验时间是2009年11月9日,时隔3日,制动系统尚存气压,说明制动储气系统密封良好。

(2)该车制动鼓及摩擦片(图6.28~图6.31)测量数据如表6-11所示。

(3)该车后轴左、右侧制动鼓工作面直径相差5.4mm(表6-11)。

表 6-11 制动鼓和摩擦片测量数据 (mm)

项目			前轴		后轴	
			左	右	左	右
摩擦片	上片	铆钉头最小深度	8.6	5.3	10.0	6.9
		摩擦片最小厚度	16.0	16.0	14.8	15.3
	下片	铆钉头最小深度	8.0	9.1	9.4	5.6
		摩擦片最小厚度	14.3	16.4	14.8	14.1
制动鼓		端口直径	323.2	323.2	320.4	325.5
		工作面直径	323.9	323.9	320.4	325.8

图 6.28 前轴左侧制动器底板组件

图 6.29 前轴右侧制动器底板组件

图 6.30 后轴左侧制动器底板组件

图 6.31 后轴右侧制动器底板组件

(4) 该车后轴右侧制动鼓工作面有一道宽 12.8mm 深 2.3mm 的沟槽（图 6.32）。

(5) 该车后轴左侧制动气室皮膜片中部穿孔，孔直径约为 30mm（图 6.33）。

(6) 该车后轴右侧制动气室皮膜片中部有未穿透的损伤，与该皮膜相对应的制动气室推杆支承盘中部裂开、变形（图 6.34 和图 6.35）。

图 6.32 后轴右制动鼓的凹槽

图 6.33 后轴左侧制动气室皮膜穿孔

图 6.34 后轴右侧制动气室皮膜

图 6.35 后轴右侧制动气室推杆支承盘

（7）经检验，该车各制动鼓工作面表面均未发现有高温发蓝、高温龟裂等痕迹，说明该车事故前制动鼓与摩擦片工作温度正常，未发生热衰退现象。

（8）经检验，该车制动踏板自由行程正常。

5. 行驶系统检验

1）轮胎

（1）该车所装用的各轮胎型号、胎冠花纹最小深度如表 6-12 所示。

表 6-12 轮胎型号规格、胎冠花纹最小深度检测数据

项目		型号规格	轮胎标定最大载荷(kg)/最大充气压力(kPa)	胎冠花纹最小深度/mm
前轴	左	8.25R16	1700/670	3.2
	右	8.25R16	1700/670	2.0
后轴	左主	8.25-16	1500/630	3.4
	左副	8.25-16	1500/630	8.7
	右主	8.25-16	1500/630	4.4
	右副	8.25R16	1800/670	10.3

(2) 该右前轮胎胎冠花纹最小深度为 2mm，胎面磨损超过轮胎磨耗标志。

2) 悬架

(1) 检测时，后桥及后悬挂与该车底盘脱开（图 6.36）。

(2) 该车后轴左、右后悬挂的第一片钢板弹簧后卷耳断裂，其中左侧钢板后部卷耳断口处磨损严重，该片未磨损处厚度为 10.1mm，磨损处厚度为 6.2mm（图 6.37）。从端口等因素综合分析，卷耳是在事故中受到强烈撞击后发生断裂的。

图 6.36　后轴与车体脱开

图 6.37　后轴左侧钢板后部卷耳断口

(3) 经检验，该车左后钢板弹簧后钢板座与车架间的铆钉连接已被替换为螺栓连接，且该螺栓连接已发生明显的松动与位移，其贴合面有陈旧性泥锈痕迹（图 6.38）。

(4) 检验发现，在后桥壳体的右后减振器座表面布满陈旧性灰尘、油污，未见安装减振器（图 6.39）。

图 6.38　后轴左侧钢板后吊耳螺栓连接

图 6.39　后轴右侧未安装减振器

6. 分析说明

(1) 分析认为，该车左后气室的夹布层橡胶膜片老化、龟裂，在事故发生前瞬间发生大面积穿孔破裂，在车辆处于下陡坡、弯道行驶的运行条件下，驾驶员频繁使用制动，导致后制动系统压缩空气消耗过大，气压迅速下降，从而使车辆制动效能迅速下降。

（2）分析认为，该车左后钢板弹簧后钢板座严重松动；左后第一片钢板弹簧因严重磨损而承载负荷断面不足，且刚度、弹性严重下降，对悬架的稳定特性造成严重的不利影响；该车未安装右后减振器。上述因素严重影响车辆的操控性，从事故路段该车后轮轮胎在路面留下的明显的横滑痕迹也印证了上述分析。卷耳是在事故中受到强烈撞击后发生断裂的。

（3）分析认为，驾驶员在刚下坡时的车速控制以及事发前的临危处置措施也是事故形成的重要成因之一。

7. 鉴定意见

（1）该车后轴左、右侧制动鼓工作面直径相差 5.4mm；后轴右侧制动鼓工作面有一道宽 12.8mm 深 2.3mm 的沟槽，不符合 GB/T 18344—2001《汽车维护、检测、诊断技术规范》附录 A "主要车型维护工艺规程"中"左右制动鼓内径相差小于 1mm"及"制动鼓工作面平整光洁，其沟槽深度不大于 0.15mm，圆度误差小于 0.15mm，最大直径与标准直径差不大于 3mm"的要求；不符合 GB 7258—2004《机动车运行安全技术条件》中第 7.7.1 条"机动车应具有完好的行车制动系"的要求。

（2）该车后轴左侧制动气室皮膜片中部穿孔，孔直径约为 30mm，严重影响该车制动性能；该车后轴右侧制动气室皮膜片中部有未穿透的损伤，与该皮膜相对应的制动气室推杆支承盘中部裂开、变形，以上隐患不符合 GB/T 18344—2001《汽车维护、检测、诊断技术规范》附录 A "主要车型维护工艺规程"中"制动气室不变形，膜片无裂纹或老化现象。"的要求；不符合 GB 7258—2004《机动车运行安全技术条件》中第 7.7.1 条"机动车应具有完好的行车制动系"的要求。

（3）该右前轮胎胎冠花纹最小深度为 2mm，不符合 GB 7258—2004《机动车运行安全技术条件》中第 9.1.1 条"轮胎胎冠花纹深度：乘用车、摩托车及轻便摩托车和挂车轮胎胎冠上花纹深度不允许小于 1.6mm，其他机动车转向轮的胎冠花纹深度不允许小于 3.2mm"的规定。

（4）该车后轴左侧钢板后部卷耳断口处磨损严重，该片未磨损厚度为 10.1mm，磨损后为 6.2mm。该车左后钢板弹簧后吊耳用螺栓连接，已松旷，不符合国家标准 GB 7258—2004《机动车运行安全技术条件》中第 9.6 条"悬架系统各球关节的密封件不允许有切口或裂纹，稳定杆应连接可靠，结构件不允许有变形或残损。"及 9.9 条"车架不应有变形、锈蚀和裂纹，螺栓与铆钉不应缺少或松动"的要求。

（5）该车后轴右侧未安装减振器，不符合国家标准 GB 7258—2004《机动车运行安全技术条件》中第 9.7 条"减振器应齐全有效，减振器不允许有明显渗透油现象"的要求。

6.4.2 案例2——【导入案例】解析

1. 检案摘要

详细描述见【导入案例】。

图 6.40 事故车后上部照片

鉴定材料：

(1) 已发生交通事故，牌照号为川RXXXXX的重型罐式货车（图 6.1 和图 6.40）。

(2) 机动车信息复制件。

(3) 道路交通事故现场图复制件。

2. 鉴定方案

该车驾驶室严重变形，方向盘、前风窗玻璃、前保险杠灭失，第二轴、第三轴脱落，各轴悬架损坏，驾驶室及罐体有过火痕迹，轮胎烧损等（图 6.41～图 6.46）。

图 6.41 事故车转向系统照片

图 6.42 事故车下部照片

图 6.43 事故车第三轴

图 6.44 事故车第三轴左制动气室

图 6.45 事故车转向柱　　　　图 6.46 事故车转向器

由于事故车在这起事故中严重烧损,给鉴定工作带来了很大的困难。鉴定人员在对整车及各系统进行充分检视之后,结合案情资料和笔录,确定了该车转向、制动系统为重点检测对象,确定了以零部件性能检验为主要的检测方式。

3. 传动系统检验

检验时,该车变速器与档位操纵杆已脱离、损坏,故不能确定事故时的工作挡位。

4. 转向系统

(1) 方向盘及转向柱

由于该车转向系统因碰撞及严重烧损,该车方向盘灭失,转向轴与转向柱管烧结卡死(图 6.45)。

(2) 转向器

检验时,该车转向器输入花键轴与转向柱十字结花键套连接紧固,转向器输入花键轴端弯曲变形,转向助力液管接头紧固,其中一根助力液管已烧损(图 6.46 和图 6.47)。

(3) 转向拉杆及球销

该车转向器转向摇臂与转向拉杆球销连接处于连接状态,该车一、二轴为转向轴,两轴的转向横、直拉杆均处于连接状态,拉杆球销未见松旷(图 6.48 和图 6.49),横直拉杆等构件齐全。

(4) 分析说明

该车方向盘灭失为烧毁所致,转向器输入花键轴端弯曲变形,分析认为是事故时碰撞所致。

该车一、二转向轴的转向横、直拉杆事故后仍处于连接状态,球销无松旷,表明事故前该车转向系连接是有效的。

该车转向轴与转向柱管卡死系事故中烧结所致。

图 6.47 事故车转向器输入轴

图 6.48 事故车转向拉杆球销

由于转向器轴弯曲变形,各连接件烧结,不能拆下转向器盖或拆下整个转向器,如采取火焰切割、破坏式拆检则会损坏检材,因未经当事人认可,故未对转向器内的零部件拆开检验。

5. 制动系

(1) 经检验,该车制动系统管路及制动控制阀、储气系统烧损(图6.50)。

图 6.49 事故车转向拉杆

图 6.50 部分烧损的制动系统控制阀件

(2) 该车制动鼓及摩擦片(图 6.51～图 6.56)测量数据如表 6-13 所示。

表 6-13 制动鼓和摩擦片测量数据　　　　　　　　　　mm

项目			一轴		二轴		三轴	
			左	右	左	右	左	右
摩擦片	上片	铆钉头最小深度	/	/	/	/	8.8	6.5
		摩擦片最小厚度	/	14.4	/	12.8	15.9	14.6
	下片	铆钉头最小深度	/	/	/	/	6.3	6.9
		摩擦片最小厚度	12.1	13.5	12.3	12.5	14.8	15.6

(续)

项目		一轴		二轴		三轴	
		左	右	左	右	左	右
制动鼓	端口直径	/	/	/	/	409.7	409.3
	工作面直径	/	/	/	/	411.3	410.1

图 6.51 第一轴右侧制动器局部

图 6.52 第二轴右侧制动器局部

图 6.53 第三轴左侧制动器底板组件

图 6.54 第三轴右侧制动器底板组件

（3）经检查，第三轴左、右侧制动鼓内工作面存在部分表面高温龟裂及高温发蓝现象（图 6.55 和图 6.56）。

图 6.55 第三轴左侧制动鼓

图 6.56 第三轴右侧制动鼓

(4) 经拆检，该车第三轴右侧制动器制动气室皮膜严重老化、变形，存在四处裂纹，其中有二处已穿透：皮膜中心处穿透裂口长约 8mm，另一处穿透裂口长约 33mm（图 6.57～图 6.59）。在拆检该制动气室时，发现制动气室内（气室推杆一侧）有很多陈旧的泥土。

图 6.57 第三轴右侧制动气室皮膜　　图 6.58 第三轴右侧制动气室皮膜裂口

图 6.59 第三轴右侧制动气室皮膜裂口　　图 6.60 第三轴左侧制动气室皮膜照片

(5) 该车第三轴左侧制动器制动气室皮膜已烧变形（图 6.60）；该车第一、二轴左、右侧制动器制动气室皮膜已完全烧损（图 6.61）。

6. 轮胎

该车共三轴，装有 8 只轮胎，均已大部烧毁，从第三轴左侧残存的两只轮胎胎冠处测量（图 6.62），其主、副轮胎胎冠花纹最小深度分别为 4.8mm 及 11.8mm。

图 6.61 第一轴右侧制动气室照片　　图 6.62 第三轴左侧轮胎

7. 分析说明

该车第三轴右侧制动器制动气室皮膜严重老化、变形,有两处穿透裂口,在下长坡路段,连续制动时,右侧制动器制动气室气体迅速泄漏,同时第三轴左侧制动器制动气室气压迅速下降,从而导致第三轴制动器制动效能下降以致制动失效。

8. 鉴定意见

(1) 未发现转向系统事故前存在的安全隐患。

(2) 该车第三轴左侧制动器制动气室皮膜已烧变形;该车第一、二轴左、右侧制动器制动气室皮膜已完全烧损,无法判定其事故前的有效性。

(3) 该车第三轴右侧制动器制动气室皮膜严重老化、变形,存在四处裂纹,其中有两处已穿透,导致该轴制动器失效,影响该车制动效能,不符合 GB 7258—2004《机动车运行安全技术条件》中 7.1.1 条"机动车应具有完好的行车制动系"的规定。

9. 事故成因分析

该起事故,只有第三轴右侧制动器制动气室皮膜未被烧损,但该制动气室皮膜有两处穿透裂口,皮膜失效呈现明显的老化失效特征,其失效应该发生在事故前的较长时间。另外,在拆检该制动气室时,发现制动气室内(气室推杆一侧)有很多陈旧的泥土,这两方面都说明该车制动器室较长时间没有维护(没有按期维护),由此可以推断其他 5 个已经烧损的制动气室,部分制动气室皮膜存在同样老化失效的可能性非常大。在事发地,车辆处于长下坡路段,满载(从罐体容积推算,应该是超载),由于制动气室皮膜破损,在连续制动的情况下,导致制动失效,从而引发这起特大交通事故。

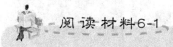

阅读材料6-1

汽车制动鼓断裂分析

目前汽车制动鼓材质主要是灰铸铁,如 HT250,虽然灰铸铁铸造性能良好、成本低廉,也具有一定的强度和耐磨性,但是随着汽车向着高速重载方向发展,特别是在复杂路况下频繁制动等影响,导致制动鼓失效事件频发,失效形式多样化。

下面是一批制动鼓失效件,除少量的黑斑、白亮点外,暂不考虑磨损,分析断裂失效的形式和成因。

1. 制动鼓失效件宏观分析

1) 宏观失效形式

对这批失效制动鼓件进行抽样分析,选取 50 件拍照和标号,抽样结果如

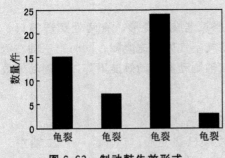

图 6.63 制动鼓失效形式

图 6.63 所示。可见制动鼓失效形式多样，表现在制动鼓底部上的横向断裂，制动鼓内工作面上的纵向裂纹和热疲劳龟裂，以及横向和纵向联合的纵横断裂。

2) 失效原因

制动鼓在制动过程中，制动面受到制动片的挤压，产生强大摩擦力达到车辆减速制动的效果。因此，制动鼓内工作面将受到沿周向的动静摩擦力，一方面这种力将导致材料表面产生拉应力，另一方面由于摩擦能产生的大量热能，以及为了防止制动面过热产生的硬度下降而对其进行的激冷处理，使得材料表面产生复杂的交变热应力。在这两种应力的共同作用下，不仅有利于热疲劳裂纹的萌生和失稳扩展形成交织的热疲劳龟裂，而且更有利于热疲劳裂纹的结合和深入形成严重的脆性断裂。通过对比图 6.64 中的 4 种失效形式比，发现除了图 6.64（b）掉底外，其他 3 幅图中都有热疲劳裂纹，且裂纹都位于制动鼓内工作面上。因此将掉底断裂形式除外的其余断裂形式归为一类，称为热疲劳及其升级断裂。

(a) 制动面纵向断裂　　(b) 掉底横向断裂　　(c) 纵横断裂　　(d) 热疲劳裂纹

图 6.64　制动鼓宏观失效形式

制动鼓的底部固定在法兰盖上，受到扭转力矩产生的扭转剪切应力，断裂发生在底部倒角处。由于是非工作表面，可以认为不受热冷交互过程影响，即不用考虑热疲劳的影响，所以可以认为此处受到外在的剪切应力和倒角处残余内应力之和超过抗拉强度是导致制动鼓掉底的原因。

2. 失效件微观分析

1) 断口微观形貌分析

对于不同失效形式的样品，在失效断口处取样，利用酒精反复清洗试样后，用 JSM-5610LV 型扫描电镜观察断口的微观形态。图 6.65(a)、图 6.65(c)的断口形貌表现为河流花样，为典型的脆性解理断裂；图 6.65(b)处断口形貌为菊花状，可以认为是 B 型菊花状石墨引起应力集中导致的断裂；图 6.65(d)为热疲劳龟裂形貌，图中可见主裂纹及其开始扩展情况。

(a)纵裂断口　　　(b)掉底断口　　　(c)纵横裂继口　　　(d)疲劳裂纹

图 6.65　失效断口微观形貌

2) 断口微观组织分析

用失效断口样品制取金相试样，观察抛光态，发现只有掉底断口试样中存在较大的夹渣缺陷，其他形式的断口组织形貌都符合一般的行业标准（细小的 A 型石墨均匀地分布在珠光体基体上），如图 6.66 所示，可以看出，虽然失效断裂形式有开始提到的四种，但是对于其中图 6.66(a)、图 6.66(c)、图 6.66(d)三种来说，其金相组织特征基本一致，都是基体上分布着 A 型石墨，而至于图 6.66(b)，除了 A 型石墨在基体上分布外，还有一些夹杂物。

(a)纵裂断口处　　　(b)掉底断口处　　　(c)纵横裂断口处　　　(d)疲劳裂纹处

图 6.66　失效断口部位抛光后的金相组织

图 6.67 反映了图 6.66(b)中夹杂物的化学成分，主要有 Si、Al、Zn、Ca、O 等超量元素，由此可知夹杂物主要是硅酸盐类杂质，可能是由于铁液净化不足，导致在浇注成型（反盖底注式）过程中杂质上浮，残留在制动鼓底所致。

3. 分析总结

(1) 制动鼓主要失效形式为断裂（除磨损外）和热疲劳龟裂，把断裂中纵向断裂、纵横断裂与热疲劳龟裂归为一类分析，统称为热疲劳裂纹的升级。热疲劳裂纹是产生龟裂和纵向断裂的最内在动因，如何有效地降低热疲劳裂纹对制动鼓使用的影响，将极大地减少制动鼓的失效。

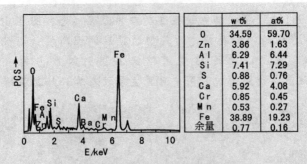

图 6.67　夹杂物的化学成分

（2）制动鼓横向掉底断裂，一方面是由于制动鼓设计不合理，使其在铸造后倒角处存在严重的残余应力；另一方面是由于铁液净化不足或者孕育剂未能充分溶解，夹杂物上浮到鼓底，成为铸造夹渣缺陷，这两方面都有可能导致掉底断裂。

本 章 小 结

汽车制动系统是在汽车上设置的一套或多套能由驾驶员控制的、产生与汽车行驶方向相反的力的专门装置。其主要功能包括使行驶中的汽车按照驾驶员的要求进行强制减速甚至停车；使已停驶的汽车在各种道路条件下（包括在坡道上）稳定驻车；使下坡行驶的汽车速度保持稳定等。

按制动系统的作用可以分为行车制动系统、驻车制动系统、应急制动系统及辅助制动系统；按制动能量的传输方式分为机械式、液压式、气压式、电磁式等。同时采用两种以上传能方式的制动系统称为组合式制动系统。

制动系统是汽车最重要的主动安全系统之一，对其制动距离、制动减速度、制动稳定性等方面都有严格的安全技术要求。

事故车辆制动系统检视包括具有行驶能力和失去行驶能力的事故车辆的检视，事故车辆液压制动系统和气压制动系统检视的内容和方式。

具有行驶能力的事故车辆的制动系统检验一般采用动态检验，车辆制动系统动态检验一般分为台试制动性能检验和路试制动性能检验。台试制动性能检验台主要有滚筒式、平板式试验台两种。

制动性能的路试检验，可以用便携式汽车制动减速度仪测试汽车制动减速度；也可以用非接触式五轮仪测量汽车的制动距离、制动减速度。

驻车制动性能检验常用牵引力法和坡道法测量车辆驻车制动性能。

车辆制动系统性能静态检验主要包括车辆制动系统相关工作参数及工作状况检验：制动踏板的自由行程、制动鼓与摩擦片、制动盘与摩擦片之间的间隙测量、液压制动系统的管路压力的测量、液压制动系统的密封性检验、气制动系统分泵的推杆行程、气制动系统的气密性和报警装置检验。

车辆制动系统零部件性能检验主要包括制动器、制动器储能装置、制动管路、阀件等的拆检。

制动系统零部件失效检验，包括制动鼓的贯穿性裂纹、制动盘破裂、摩擦片破裂、制动管路断裂、制动器分泵皮膜破裂等的失效检验。

通过案例，系统介绍了车辆制动系统失效检验鉴定的程序、方法等，分析车辆车辆制动系统安全技术状况与道路交通事故的关系等。

思考题

1. 简述汽车制动系统的结构和功能。
2. 事故车辆液压制动系统和气压制动系统检视的内容和方式有哪些？
3. 事故车辆制动性能台试检验的检验条件和内容是什么？
4. 事故车辆制动性能路试检验的检验条件和内容是什么？
5. 事故车辆制动系统性能静态检验主要包括哪些项目？
6. 事故车辆制动系统零部件性能检验主要包括哪些项目？
7. 事故车制动系统常见的零部件失效有哪些？应采用什么样的鉴定方法？

第7章

交通事故车辆照明信号装置检验鉴定

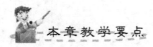
本章教学要点

知识要点	掌握程度	相关知识
车辆照明信号装置的种类、结构和功能	了解车辆照明信号装置的种类、结构和功能	车辆照明、信号装置的常见故障及危害
车辆照明信号装置的技术要求	掌握车辆前照灯、位置信号灯、反光标识等的技术要求，了解其他照明信号装置的技术要求	灯光照明装置、灯光信号装置等区别；国家和行业标准关于照明信号装置的安全技术要求
事故车辆照明信号装置安全技术鉴定的项目及方法	掌握交通事故车车外主要照明信号装置安全技术鉴定的项目及方法，了解车内照明信号装置的检验鉴定方法	车身反光标识的耐候性能试验、附着性试验、盐雾腐蚀试验、抗溶剂试验、冲击试验、耐温等试验
案例分析	掌握针对具体的交通事故，确定照明信号装置鉴定的项目与方法	事故车照明信号装置故障与交通事故的关系、事故成因分析

导入案例

2007年10月13日21时04时20分许（天气：晴），牌照号为川T03XXX的东风牌EQ1141G7D3重型普通货车（图7.1），由成都往雅安方向行驶至成雅高速公路20km+900m处（沥青路面）时，发生该车被后行的川A30XXX的雪佛莱牌轿车（图7.2）追尾碰撞的交通事故，事故造成川A30XXX的雪佛莱牌轿车驾驶员死亡，雪佛莱牌轿车碰撞后起火燃烧，川T03XXX的东风牌货车后部受损。

经检验，前车右后灯具完好、有效，右后灯罩被泥尘污染，左后灯具撞损；该车货箱后部贴有五条反光标识。但货箱后栏板为载货而被放下，后部灯光信号和反光标识信号均被货箱后栏板遮挡，灯光信号和反光标识信号未发挥相应的功效，处于失效状态。

前车后部的信号装置处于失效状态是引发这起交通事故的重要因素之一。

图7.1 川T03XXX货车后部

图7.2 川A30XXX雪佛莱牌轿车前部

本章简要介绍机动车照明、信号装置的结构和类型和功能；机动车照明、信号装置的安全技术要求；介绍道路交通事故车辆照明、信号装置检测的内容和方法，包括常规检视、静态检测、动态检测、车身反光标识的简易查验方法以及灯具失效特征的检验；通过案例，分析车辆照明、信号装置安全隐患与交通事故的关系。

7.1 车辆照明、信号装置简介

为保证汽车行驶安全和工作可靠，在汽车上装有各种照明装置和信号装置，用以照明道路、表示车辆宽度和车辆所处的位置、照明车厢内部、指示仪表以及夜间车辆检修等。此外，在转弯、制动、会车、停车、倒车等工况下，还发出光亮或音响信号，以警示行人和其他车辆。

7.1.1 车辆照明装置

汽车上的照明装置一般包括车外照明装置和车内照明装置两部分。

1. 车外照明装置

常见的车辆外部灯具有：近光灯、远光灯、前雾灯、牌照灯、倒车灯、防空灯等。这些照明装置可以以独立灯的形式出现，也可以以组合灯、复合灯或混合灯的形式出现。所谓组合灯是指具有分开的发光面，分开的光源和共同灯体的装置，复合灯具有分开的发光面，共同的光源和共同灯体；而混合灯具有分开的光源或在不同的情况下工作的单一光源，全部或部分共有发光面和灯体，图 7.3 和图 7.4 分别为桑塔纳轿车的组合前照灯、后灯。

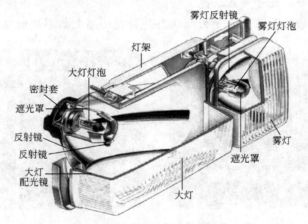

图 7.3　组合前照灯

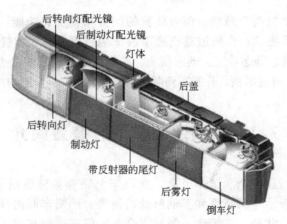

图 7.4　组合后灯

1) 前大灯

前大灯也叫前照灯,是汽车用于夜间行驶时照明前方道路的灯具,它能发出远光和近光两种光束。远光在无对方来车的道路上,汽车以较高速度行驶时使用,远光应保证在车前100m或更远的路上得到明亮而均匀的照明。近光则在会车时和市区明亮的道路上行驶时使用,会车时为避免使迎面来车的驾驶员产生眩目而发生危险,前大灯应该可以将强的远光转变成光度较弱而且光束下倾的近光。

前大灯可分为二灯式和四灯式两种。前者是在汽车前端左右各装一个前大灯;而后者是在汽车前端左右各装两个前大灯。

前大灯主要由灯泡组件、反光罩和透光玻璃组成,如图7.5所示。灯泡组件是将电能转变为光能的装置,现代汽车的前大灯都采用双丝灯泡。远光灯丝位于反光罩的焦点上,近光灯丝位于焦点上方。在近光灯丝下方加有金属遮罩,下部分的光线被遮罩挡住,以防止光线向上反射及直接照射对方驾驶员而引起眩目。反光罩的形状是一旋转抛物面,其作用是将灯泡远光灯丝发出的光线聚合成平行光束,并使光度增大几百倍。透光玻璃是许多透镜和棱镜的组合体,其上有皱纹和棱格。光线通过时,透镜和棱镜的折射作用使一部分光束折射并分散到汽车的两侧和车前路面上,以照亮驾驶员的视线范围。

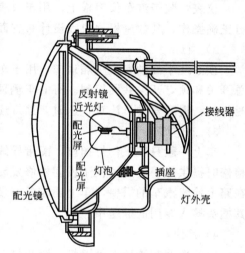

图7.5 前照灯结构示意图

2) 前小灯

前小灯也叫前位灯,从车辆前方观察,表明车辆存在和宽度的灯。前小灯也可供近距离照明用。很多公共汽车在车身顶部装有一个或两个标高灯,若有两个,则同时兼起示宽作用。

3) 前雾灯

用于改善在雾、雪、雨或尘埃情况下道路照明的灯具。前雾灯装于汽车前部比前照灯稍低的位置,用于在雨雾天气行车时道路的照明,雾灯的光色规定为光波较长的黄色、橙色或红色。

4) 牌照灯

牌照灯装于汽车尾部的牌照上方,用于夜间照亮汽车牌照。

5) 防空灯

越野汽车往往还在车身前部装有防空灯,其特点是灯上部有伸出的灯罩,以免被在空中发现。

6）倒车灯

倒车灯装于汽车尾部，一般情况左右各一只，光色为白色，用于倒车时照亮车后路面。

2. 车内照明装置

车内照明装置包括顶灯、仪表灯、车门灯、阅读灯、壁灯、发动机仓灯、行李箱和工作灯。车身内部的照明灯要求造型美观、光线柔和悦目。

1）仪表灯

仪表灯装于汽车仪表板上，用于仪表照明，以便于驾驶员获取行车信息和进行正确操作，其数量根据仪表设计布置而定。

2）顶灯

顶灯装于驾驶室或车厢顶部，用于车内照明，灯光一般为白色，通常由灯光总开关和顶灯开关共同控制。有的车辆顶灯还具有门灯的作用，当车门关闭不严时灯亮，提醒驾驶员注意，这时，顶灯还受门柱开关控制。

3）工作灯

车上一般只装工作灯插座，配带导线及移动式灯具，用于在排除汽车故障或检修时提供照明。为了便于夜间检修发动机，还设有发动机罩下灯。为满足夜间在路上检修汽车的需要，车上还应备有带足够长灯线的工作灯，使用时可临时将其插头接入专用的插座中。

4）其他

内部照明装置还包括壁灯、踏步灯、行李箱灯等。

7.1.2 车辆信号装置

1. 车辆外部信号装置

车辆外部信号装置主要包括位置灯、停车灯、转向信号装置、制动信号装置、警告灯、后雾灯、标识灯、示廓灯、反射器和反光标识等。

汽车信号装置的作用是通过声、光信号向行人和其他车辆的驾驶员发出有关车辆运行状况或状态的信息，以引起有关人员注意，确保车辆行驶安全。

1）位置灯

包括前位灯和后位灯。前位灯与后位灯，俗称小灯。它的作用主要是用以表示汽车的存在及大体的宽度，便于其他车辆在会车和超车时判断。

2）转向信号装置

汽车转向信号装置由转向信号灯、转向信号闪光器和转向信号灯开关等组成。

(1) 转向信号灯。

转向信号灯简称转向灯,它分装在车身前端和后端的左右两侧。由驾驶员在转向之前,开亮左侧或右侧的转向信号灯,以提示其他道路交通参与者注意。为了在白天能引人注目,转向信号灯的亮度很高,在转向信号灯电路中装有转向信号闪光器,使转向信号灯光发生闪烁。闪烁式转向信号灯可以单独设置,也可以与前小灯合成一体,在后一种情况下,一般用双丝灯泡,也有的后转向信号灯和后灯合成一体。

(2) 转向信号闪光器。

常用的转向信号闪光器有电热式、电容式和电子式等多种。

3) 制动信号装置

制动信号装置主要由制动信号灯和制动信号灯开关组成。制动信号灯安装在汽车的尾部,在驾驶员踩下制动踏板时立即点亮,发出强烈的红色光亮,即使在白天也十分明显,以警示随后车辆及行人。制动信号灯多采用组合式灯具,一般与尾灯共用灯泡(双丝灯),但制动灯功率较大。由于制动灯对汽车的安全关系重大,因此,它的亮度明显大于后位灯,白天距离 100m 以外就可识别。

制动信号灯开关安装在汽车制动回路中,随制动系统结构形式的不同,有液压式和气压式两种。

4) 危险报警灯

危险报警灯与转向信号灯共用。当车辆出现故障停在路面上时,按下危险警报开关,全部转向灯同时闪亮,提示车辆、行人注意。

5) 示宽灯

安装在车辆最外缘和尽可能靠近车顶,用来表明车宽、车高的灯具;是对车辆前、后位灯的补充,以引起其他车辆、行人对其整体的识别。

6) 倒车信号装置

倒车信号装置由倒车信号灯、倒车信号灯开关以及倒车报警器等组成。

倒车信号灯和倒车报警器由倒车灯开关控制。用于照明车辆后方道路和警告其他道路使用者,车辆正在或即将倒车的灯。倒车信号灯点亮的同时,倒车报警器也发出断续的声响或语音报警。

一般倒车灯开关安装在变速器盖上,变速器处于空挡或前进挡时,钢球被倒挡拨叉轴的圆柱面顶起,固定在推杆上的金属盘上移,与固定触点分开,倒车信号灯和倒车报警器的电路均被切断。倒车时变速杆拨到倒挡位置,倒挡拨叉轴上的凹槽对准钢球,两个并联弹簧将推杆连同钢球向下推至极限位置,使触点闭合,倒车信号灯点亮,倒车报警器也发出声响。倒车报警器有蜂鸣器式报警器、语音式报警器等多种形式。

7) 回复反射器

简称反射器,通过外来光源照射后的反射光,向位于光源附近的观察者表明车辆存在的装置。是一种无光源的光线反射装置。它可在夜间反射车外光源的光线，以显示汽车的外廓。这样，夜间在路边停放汽车，即使不开灯，其他车辆也容易发现。按我国安全标准规定，各种汽车均应装置后反射器，车长大于10m的汽车应装侧反射器。实际上，不少汽车还装有前反射器。后反射器的颜色是红色，前反射器是接受光的颜色，侧反射器是琥珀色。回复反射牌照板，有关危险品运输中的各种回复反射信号和按国家规定必须用于某些类型车辆或操纵方法上的其他回复反射板和信号均不属于回复反射器。

8）后雾灯

在大雾情况下，从车辆后方观察，使得车辆更为易见的灯具。

9）汽车喇叭

汽车喇叭是用来在汽车运行中警示行人和其他车辆注意交通安全的声响信号装置，按使用能源的不同，汽车喇叭分为电喇叭和气喇叭两种。

2. 车辆内部信号装置

车内信号装置主要用来提示驾驶员车辆各主要系统工作情况。主要包括车辆仪表系统和各种指示灯。

汽车仪表系统是为了便于驾驶员随时了解汽车各主要系统的工作情况，正确使用汽车，及时发现问题、采取措施，防止发生人身和机械事故，保证汽车可靠而安全的行驶。在汽车驾驶室前方仪表板上安装有各种仪表和指示灯，用来反映汽车的一些重要运行状态参数，必要时发出警示信号。

1）车速里程显示系统

包括车速表（指示汽车行驶速度）、里程表（指示汽车累计行驶里程）、转速表（指示发动机转速的高低）。

2）充放电显示系统

包括电流表（指示蓄电池充电或放电的电流值）、电压表（指示蓄电池充电或放电的电压值）、充电指示灯（指示蓄电池充电或放电）。

3）机油压力显示系统

包括机油压力表（指示发动机主油道中机油压力大小）、机油压力报警灯或蜂鸣器（机油压力过低时报警）。

4）燃油量显示系统

包括燃油表（指示汽车燃油箱内储存燃油量的多少）、液面报警灯（燃油箱内燃油量过少时报警）。

5）冷却液温度显示系统

包括水温表（指示发动机水套中冷却液温度的高低）、水温报警灯或蜂鸣器（冷却液温度过高时报警）。

6）汽车故障报警灯

现代汽车电脑检测到某一系统出现故障时，就点亮相应的指示灯，提醒驾驶员及时修理或采取紧急措施。在刚开机时，电脑对各个系统进行自检，这些灯也会点亮，自检完成后，若没有故障会自动熄灭。图 7.6 为常见的故障报警灯。

图 7.6　故障报警灯示例

3. 反光标识

车身反光标识是为增强车辆的可识别性而安装或粘贴在车身表面的反光材料的组合。主要用于载货车辆的车身轮廓标识，通过回复反射（是指光线沿着与入射光方向的邻近方向反射，当照射角在很大范围内变动时，仍能保持这一特性）外来光源的照射光向位于光源附近的观察者表明车辆存在的位置、车身的大体长度、宽度和高度。对车辆大体的外形起到了视觉上的确认，以便其他车辆的驾驶员采取正确的应对措施。

按组成车身反光标识材料的不同，可分为反射器型车身反光标识（以下简称反射器型）和反光膜型车身反光标识（以下简称反光膜型）；按逆反射系数的不同，反光膜分为一级（Class Ⅰ）和二级（Class Ⅱ）。目前车辆上主要采用的是反光膜型车身反光标识。

反射器分为白色和红色单元，所有性能应符合 GB 11564 中ⅣA 的要求。反光膜由白色、红色单元相间的条状材料组成，其尺寸参数如图 7.7 所示，在无法粘贴 50mm 宽度尺寸反光膜的情况下，反光膜可采用宽度为 25mm 的反光膜。

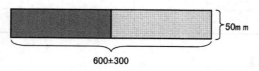

图 7.7　反光标识尺寸示例

7.2 车辆照明、信号装置技术要求

7.2.1 车辆照明、信号装置基本要求

机动车的灯具应安装牢靠、完好有效，不允许因机动车振动而松脱、损坏、失去作用或改变光照方向；所有灯光的开关应安装牢固、开关自如，不允许因机动车振动而自行开关。开关的位置应便于驾驶员操纵。除转向信号灯、危险警告信号及消防车、救护车、工程救险车和警车安装使用的标志灯具外，其他外部灯具不允许闪烁。

7.2.2 照明和信号装置的数量、位置、光色和最小几何可见度

（1）汽车（三轮汽车和装用单缸柴油机的低速货车除外）及挂车的外部照明和信号装置的数量、位置、光色、最小几何可见度应符合 GB 4785 的规定。部分照明和信号装置的最小几何可见度要求见表 7-1。

（2）两轮摩托车和轻便摩托车的照明和信号装置及其安装应符合 GB 18100 的规定。

（3）三轮机动车、装用单缸柴油机的低速货车及拖拉机运输机组应设置前照灯、前位灯、后位灯、制动灯、后牌照灯、后反射器和前、后转向信号灯，正三轮摩托车还应设置后雾灯。照明和信号装置的光色应符合 GB 4785 有关规定，其数量、位置、最小几何可见度等参照 GB 4785 要求。

表 7-1 部分照明和信号装置的最小几何可见度要求

项目	α(纬度)/(°)		β(经度)/(°)		备注
	向上	向下	向外	向内	
远光灯	5	5	5	5	
近光灯	15	10	45	10	
前位灯	15	15	80	45	
后位灯	15	15	80	45	
后反射器	10	10	30	30	

【知识要点提示】

不少货车在运输超长货物时，由于货物超出车厢太多，从而影响了后部灯光

信号的几何可见度,在夜间容易发生后车追尾碰撞的交通事故。

(4) 其他机动车的外部照明和信号装置的数量、位置、光色、最小几何可见度等参照 GB 4785 执行。

(5) 机动车必须装置后反射器。挂车及车长大于 6m 的机动车应安装侧反射器和侧标志灯,反射器应与机动车牢固连接,且应能保证夜间在其正后方 150m 处用汽车前照灯照射时,在照射位置就能确认其反射光。

(6) 空载高大于 3.00m 或宽度大于 2.10m 的机动车均应安装示廓灯。

(7) 牵引杆挂车应在挂车前部的左右各装一只前白后红的标志灯,其高度应比牵引杆挂车的前栏板高出 300~400mm,距车厢外侧应小于 150mm。

(8) 附加的灯具、反射器或附属装置不允许影响本标准规定安装的灯具和信号装置的性能且不应对其他的道路使用者造成不利影响。

7.2.3 照明和信号装置的一般要求

(1) 机动车(手扶拖拉机运输机组除外)的前位灯、后位灯、示廓灯(若安装)、侧标志灯(若安装)、挂车标志灯(若安装)、牌照灯和仪表灯应能同时启闭,当前照灯关闭和发动机熄火时仍应能点亮。汽车和挂车的电路连接应保证前位灯、后位灯、示廓灯(若安装)、侧标志灯(若安装)和牌照灯只能同时打开或关闭,但当前位灯、后位灯、侧标志灯作为驻车灯使用(复合或混合)时,则上述情况不适用。

(2) 机动车的前、后转向信号灯、危险警告信号及制动灯白天在距其 100m 处应能观察到其工作状况,侧转向信号灯白天在距 30m 处应能观察到其工作状况;前、后位置灯、示廓灯、挂车标志灯夜间好天气时在距其 300m 处应能观察到其工作状况;后牌照灯夜间好天气时在距其 20m 处应能看清牌照号码。制动灯的发光强度应明显大于后位灯。

【知识要点提示】

前、后位置灯、示廓灯、挂车标志灯夜间好天气时在距其 100m 处应能观察到其工作状况,但对于不少货车,由于灯具破损或灯罩泥污,严重影响对其的可视性,这在检验鉴定时容易被忽略。

(3) 对称设置、功能相同的灯具的光色和亮度不应有明显差异。

(4) 机动车照明和信号装置的任一条线路出现故障,不允许干扰其他线路的正常工作。

(5) 驾驶区的仪表板应采用不反光的面板或护板,车内照明装置及其在风窗玻璃、视镜、仪表盘等处的反射光线不应使驾驶员炫目。

(6) 仪表板上应设置仪表灯。仪表灯点亮时,应能照清仪表板上所有的仪表且不应眩目。

(7) 汽车(三轮汽车和装用单缸柴油机的低速货车除外)仪表板上应设置与行驶方向相适应的转向指示信号和蓝色远光指示信号。

(8) 汽车(三轮汽车除外)和轮式拖拉机运输机组均应具有危险警告信号装置,其操纵装置不应受灯光总开关的控制。对于牵引挂车的汽车,危险警告信号控制开关也应能打开挂车上的所有转向信号灯,即使在发动机不工作的情况下,仍应能发出危险警告信号。危险警告信号和转向信号灯的闪光频率应为(1.5±0.5)Hz,启动时间不应大于1.5s。

(9) 客车应设置车厢灯和门灯。车长大于6m的客车应至少有两条车厢照明电路,仅用于进出口处的照明电路可作为其中之一。当一条电路失效时,另一条仍应能正常工作,以保证车内照明。车厢灯和门灯不应影响驾驶员的视线和其他机动车的正常行驶。

7.2.4 前照灯

(1) 在正常使用条件下,机动车前照灯光束照射位置应保持稳定。

(2) 装有前照灯的机动车应有远、近光变换装置,并且当远光变为近光时,所有远光应能同时熄灭。同一辆机动车上的前照灯不允许左、右的远、近光灯交叉开亮。

(3) 前照灯的远、近光灯上下并列设置时,近光灯应位于上侧,其他情况下近光灯应位于外侧。

(4) 所有前照灯的近光都不允许眩目。

(5) 汽车(三轮汽车除外)、摩托车及轻便摩托车装用的前照灯应分别符合 GB 4599、GB 5948 及 GB 19152 的规定。

(6) 远光光束发光强度

机动车每只前照灯的远光光束发光强度应达到表 7-2 的要求。测试时,其电源系统应处于充电状态。

(7) 光束照射位置要求

① 在检验前照灯近光光束照射位置时,前照灯照射在距离 10m 的屏幕上时,乘用车前照灯近光光束明暗截止线转角或中点的高度应为 0.7～0.9H(H 为前照灯基准中心高度,下同),其他机动车(拖拉机运输机组除外)应为 0.6～0.8H。机动车(装用一只前照灯的机动车除外)前照灯近光光束水平方向位置向左偏不允许超过 170mm,向右偏不允许超过 350mm。

② 轮式拖拉机运输机组装用的前照灯近光光束的照射位置,按照上述方法检验时,要求在屏幕上光束中点的离地高度不允许大于 0.7H;水平位置要求,向右偏移不允许超过 350mm,不允许向左偏移。

③ 在检验前照灯远光光束及远光单光束灯照射位置时,前照灯照射在距离

10m 的屏幕上时，要求在屏幕光束中心离地高度，对乘用车为 0.9~1.0H，对其他机动车为 0.8~0.95H；机动车(装用一只前照灯的机动车除外)前照灯远光光束水平位置要求，左灯向左偏不允许超过 170mm，向右偏不允许超过 350mm，右灯向左或向右偏均不允许超过 350mm。

表 7-2　前照灯远光光束发光强度最小值要求(cd)

机动车类型		检查项目					
		新注册车			在用车		
		一灯制	两灯制	四灯制a	一灯制	二灯制	四灯制a
三轮汽车		8000	6000	—	6000	5000	—
最高设计车速小于 70km/h 的汽车		—	10000	8000	—	8000	6000
其他汽车		—	18000	15000	—	15000	12000
摩托车		10000	8000	—	8000	6000	—
轻便摩托车		4000	—	—	3000	—	—
拖拉机运输机组	标定功率＞18kW	—	8000	—	—	6000	—
	标定功率≤18kW	6000b	6000	—	5000b	5000	—

注：a. 四灯制是指前照灯具有四个远光光束；采用四灯制的机动车其中两只对称的灯达到两灯制的要求时视为合格。
　　b. 允许手扶拖拉机运输机组只装用一只前照灯。

7.2.5　喇叭性能要求

(1) 机动车(手扶拖拉机运输机组除外)应设置具有连续发声功能的喇叭，其工作应可靠。

(2) 机动车喇叭声级在距车前 2m、离地高 1.2m 处测量时，其值对发动机最大净功率为 7kW 以下的摩托车及轻便摩托车为 80~112dB(A)，对其他机动车为 90~115dB(A)。

7.2.6　车身反光标识的基本要求

1. 形状和外观要求

反光膜由白色、红色单元相间的条状材料组成。

反光膜的白色单元上，应有印刷、水印、激光刻印、模压或其他适当方式加施的制造商标识、材料等级标识和国家有关部门规定的其他标识，标识应易于识别。采用印刷方式加施的标识应在反光面的次表面。

反光膜表面应平滑、光洁，无明显的划痕、气泡、裂纹、颜色不均匀等缺陷或损伤。

2. 尺寸要求

任何一种颜色单元的连续长度不应大于 450mm，也不应小于 150mm，两种颜色单元长度比例不应大于 2，也不应小于 0.5。

反光膜的宽度应从以下数值中选取：50mm、75mm、100mm。在无法粘贴 50mm 宽度尺寸反光膜的情况下，反光膜的宽度可为 25mm。

3. 色度性能

白色、红色反光膜的色品坐标和亮度因子应在表 7-3 和规定的范围内，色品图如图 7.8 所示。

表 7-3 反光膜颜色各角点的色品坐标和亮度因子（D65 光源）

颜色	色品坐标								亮度因子 Y
	①		②		③		④		
	x	y	x	y	x	y	x	y	
白色	0.350	0.360	0.300	0.310	0.285	0.325	0.335	0.375	≥0.15
红色	0.690	0.310	0.658	0.342	0.569	0.341	0.595	0.315	0.03~0.15

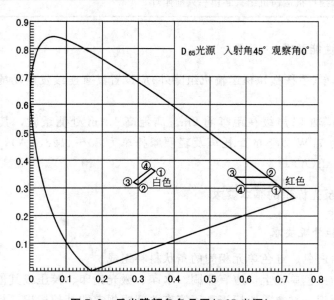

图 7.8 反光膜颜色色品图（D65 光源）

4. 反光性能

1) 逆反射系数 R'

反光膜（0°和90°方向）的逆反射系数 R' 不应低于表 7-4 规定的值

2) 逆反射性能均匀性

任意选取红、白单元各 5 个，其中同一颜色的任何一个单元的逆反射系数 R'，既不应大于同一颜色所有单元逆反射系数平均值的 120%，也不应小于所有单元逆反射系数平均值的 80%。

3) 湿状态下的逆反射

在观察角为 12′、入射角为 -4°条件下，湿状态下反光膜的逆反射系数 R' 应不小于表 7-4 规定值的 80%。

4) 耐候性能

自然暴露试验或人工气候加速老化试验后，反光膜表面不应有明显的开裂、刻痕、凹陷、气泡、皱纹、侵蚀、剥离、粉化或变形，从任何一边均不应出现超过 1mm 的收缩或膨胀，也不应出现从底板边缘的脱胶现象，在观察角为 12′、入射角为 -4°条件下，逆反射系数 R' 不应小于表 7-4 相应数值的 70%，而且色品坐标仍应在表 7-3 规定的范围内。

表 7-4 反光膜的最小逆反射系数

项目		一级(Class Ⅰ) cd/(lx·m²)				二级(Class Ⅱ) cd/(lx·m²)			
观察角		12′		30′		12′		30′	
颜色		白色	红色	白色	红色	白色	红色	白色	红色
入射角	-4°	500	120	130	30	250	60	65	15
	30°	375	90	100	25	250	60	65	15
	45°	90	25	30	8	60	15	15	4

当自然暴露试验的结果与人工气候加速老化试验的结果发生冲突时，以自然暴露试验的结果为准。

5) 附着性能

附着性试验后，反光膜背胶的 180°剥离强度不应小于 25N。

6) 耐盐雾腐蚀性能

盐雾试验后，反光膜不应有软化、气泡、皱纹、溶解、掉色、变色或被侵蚀的痕迹，在观察角为 12′、入射角为 -4°条件下，逆反射系数 R' 不应小于表 7-4 中相应数值的 70%，按规定的方法测得的背胶 180°剥离强度不应小于 20N。

7) 抗溶剂性能

抗溶剂试验后，反光膜表面不应出现软化、皱纹、起泡、掉色、变色、开裂或表面边缘被溶解的痕迹，在观察角为 $12'$、入射角为 $-4°$ 条件下，逆反射系数 R' 不应小于表 7-4 相应数值的 80%，色品坐标仍应在表 7-3 规定的范围内。

8) 抗冲击性能

冲击试验后，反光膜表面在以冲击点为圆心、半径为 6mm 的圆形区域以外，不应出现裂缝、层间脱离或其他损坏。

9) 耐温性能

耐温试验后，反光膜不应有皱纹、气泡、裂缝、剥落、碎裂或翘曲的痕迹，在观察角为 $12'$、入射角为 $-4°$ 条件下，逆反射系数 R' 不应小于表 7-4 相应数值的 80%，色品坐标仍应在表 7-3 规定的范围内。

10) 耐弯曲性能

弯曲试验后，反光膜不应出现裂缝、剥落、层间分离的痕迹。

11) 耐水性能

试验后不能用手剥开产品各组成部分。如目测观察没有发现或不能肯定有水进入，则在观察角为 $12'$、入射角为 $-4°$ 条件下测量其逆反射系数 R'，不应小于表 7-4 相应的规定值。

12) 耐冲洗性能

冲洗试验后，反光膜不应有破损、颜色脱落、起皱以及边缘翘曲、剥落等现象。

5. 安装和粘贴要求

1) 通用要求

（1）车身反光标识应安装或粘贴在无遮挡且易见的车身后部、侧面外表面。

（2）车身反光标识不应替代 GB 4785 要求安装的机动车回复反射器。

（3）车身后部和侧面可以安装或粘贴不同类型或等级的车身反光标识，但后部车身反光标识和侧面车身反光标识应分别选用同一类型或等级的车身反光标识。

（4）安装或粘贴时，车身后部和侧面的车身反光标识均应由白色单元开始、白色单元结束。

（5）车辆安装或粘贴车身反光标识后，不应影响车辆其他照明及信号装置的性能。

（6）车辆安装或粘贴车身反光标识后，不得在车身反光标识上钻孔、开槽。

2) 后部车身反光标识安装和粘贴要求

（1）基本要求

在结构允许的条件下，后部车身反光标识应左右对称分布并尽可能地体现车辆后部宽度和轮廓,横向水平安装或粘贴总长度(不含间隔部分)不应小于车辆后部宽度的80%,厢式货车在满足前述要求后,应使用车身反光标识勾勒车厢后部的轮廓。其他车辆粘贴面积达不到规定要求时,首先应体现车辆后部宽度,再采用勾勒轮廓的方法进行补偿。

车身反光标识离地面的高度最低为380mm。

【知识要点提示】

车身反光标识粘贴不规范是较常见的问题,一般情况为粘贴的长度(面积)不足,或未能体现车辆的轮廓等。

(2) 反光膜型

采用一级反光膜时,其与后反射器的面积之和不应小于$0.1m^2$;采用二级反光膜时,其与后反射器的面积之和不应小于$0.2m^2$。

粘贴允许中断,但每一连续段长度不应小于300mm、且包含红、白色车身反光标识至少各一个单元。特殊情况下,允许红、白单元分开粘贴,但应保持红、白相间,每一连续段长度不应小于150mm。

(3) 反射器型

采用反射器时,反射器应横向水平布置,红、白单元相间并且数量相当,相邻反射器的边缘距离不应大于100mm。

(4) 车身反光标识被遮挡的,应在被遮挡的车身后部至少水平固定一块2000mm×150mm的柔性反光标识。

3) 侧面车身反光标识安装和粘贴要求

(1) 基本要求

侧面车身反光标识应尽可能的连续安装或粘贴,采用断续安装或粘贴时,其总长度(不含间隔部分)不应小于车长的50%,安装或粘贴长度达不到规定要求时,可采用勾勒轮廓的方法进行补偿。侧面车身反光标识的长度对三轮汽车不应小于1.2m;对货厢长度不足车长50%的货车应为货厢长度;侧面车身结构无连续表面的专用作业车(混凝土搅拌车及专项作业类车辆),应在可粘贴部位(如侧防护装置)连续粘贴,其粘贴总长度不应小于车长的30%。

(2) 反光膜型

采用反光膜时,侧面车身反光标识允许中断,但每一连续段长度不应小于300mm,且包含红、白色车身反光标识至少各一个单元,粘贴间隔不应大于100mm,粘贴应尽可能纵向均匀分布。特殊情况下,允许红、白单元分开粘贴,但应保持红、白相间,每一连续段长度不应小于150mm。

(3) 反射器型

采用反射器时,反射器应横向均匀布置,红、白单元相间并且数量相当,相邻反射器的边缘距离不应大于150mm。

4) 专用作业车安装和粘贴的补充要求

部分专用作业类车辆除驾驶室外的车身结构无连续平面，车辆后部安装或粘贴的车身反光标识总长度可小于车辆后部宽度的80%，但应能体现车辆后部宽度；车身侧面条件受限的情况下，侧面反光标识的粘贴总长度可以小于车辆长度的50%，但不应少于车辆长度的30%，断开间隔不受限制。

这类车辆的车身反光标识应尽可能粘贴在防护装置或车身的固定构件上。

5) 其他安装和粘贴要求

尽可能选取平整的车身表面粘贴反光膜，粘贴前，应对粘贴部位作清洁处理。

反光膜应与车身表面牢固、可靠地粘结。粘贴后应与车辆外观协调，结构允许时尽可能采用水平方向或垂直方向粘贴。车身表面无法直接粘贴反光膜时，应将反光膜先粘贴在具有一定刚度、强度、抗老化的条形衬板上，再将条形衬板牢固地粘贴或铆接到车身上。固定条形衬板的铆钉孔必须采取防水、防尘措施。

粘贴后，反光膜边缘应作防水、防尘处理。

6) 粘贴示例

下面给出了部分典型车型的反光膜粘贴样式，反射器型反光标识的安装可参照执行。

(1) 栏板式货车、栏板式挂车、三轮汽车、低速货车粘贴示例。

栏板式货车、栏板式挂车、三轮汽车、低速货车粘贴示例如图7.9和图7.10所示。

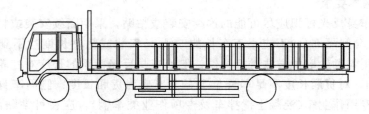

图7.9 侧面粘贴示例

图7.10 后部粘贴示例

三轮汽车、低速货车、部分微型货车和轻型货车后部栏板高度不足以粘贴连续长度为300mm的车身反光标识(含红、白各1个单元)时，可只粘贴长150mm的白色单元。中型和重型栏板式货车、栏板式挂车应在驾驶室后方围栏上方两侧或驾驶室后部上方两侧边角用白色车身反光标识拼接成"倒L"，"倒L"水平方向和垂直方向均由2个长度为150mm的白色单元拼接而成。图7.10是二级车身反光标识材料的粘贴示例，三轮汽车、低速货车、微型货车及部分轻型货车,后部可粘贴成"囗"形以满足粘贴面积的要求。后部使用一级车身反光标识材料时,可以断续粘贴,垂直方向最上方和最下方应粘贴,水平方向最左侧、最右侧和中间部位应粘贴。

(2)厢式低速货车、厢式货车、厢式挂车粘贴示例

厢式低速货车、厢式货车、厢式挂车粘贴示例如图7.11和图7.12所示。

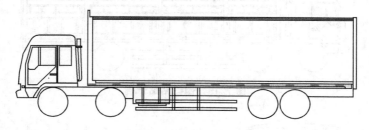

图7.11 侧面粘贴示例

侧面车身反光标识应沿车厢下边缘粘贴,在侧面车厢上部两侧边角用白色车身反光标识拼接成"倒L","倒L"水平方向和垂直方向均由2个长度为150mm的白色单元拼接而成。后部车身反光标识应勾勒出车厢后部的轮廓,四个角应为白色单元相接。图7.12是二级车身反光标识材料的粘贴示例,使用一级车身反光标识材料时,货厢后部四角应用白色单元勾勒轮廓,其他部位采用断续粘贴。

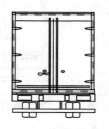

图7.12 后部粘贴示例

(3)封闭式货车粘贴示例。

封闭式货车粘贴示例见图7.13、图7.14。

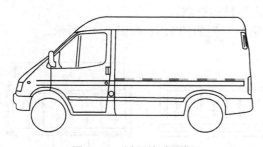

图7.13 侧面粘贴示例

图7.14 后部粘贴示例

后部车身反光标识应勾勒出车辆后部轮廓,四个角应为白色单元相接。因铰链等无法连续粘贴时,允许断续粘贴。图7.14是二级车身反光标识材料的粘贴示例,使用一级车身反光标识材料时,货厢后部四角应用白色单元勾勒轮廓,其

他部位采用断续粘贴。

(4) 仓栅式货车、仓栅式挂车粘贴示例。

仓栅式货车、仓栅式挂车粘贴示例如图 7.15、图 7.16 和图 7.17 所示。

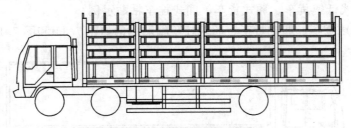

图 7.15　侧面粘贴示例

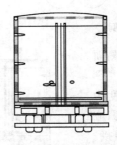
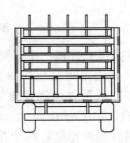

图 7.16　后部装有货厢门的粘贴示例　　图 7.17　后部没有货厢门的粘贴示例

图 7.16 是二级车身反光标识材料的粘贴示例，使用一级车身反光标识材料时，货厢后部四角应用白色单元勾勒轮廓，其他部位采用断续粘贴；图 7.17 是二级车身反光标识材料的粘贴示例，使用一级车身反光标识材料时，采用断续粘贴，垂直方向最上方和最下方应粘贴，水平方向最左侧、最右侧和中间部位应粘贴。

(5) 自卸式低速货车、自卸式货车粘贴示例。

自卸式低速货车、自卸式货车粘贴示例如图 7.18 和图 7.19 所示。

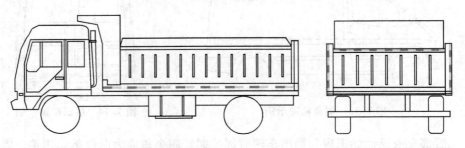

图 7.18　侧面粘贴示例　　　　　　　　图 7.19　后部粘贴示例

后部水平方向粘贴除了栏板上部，还可粘贴在栏板下部或后下部防护装置等其他位置。图 7.19 是二级车身反光标识材料的粘贴示例，使用一级车身反光标识材料时，在确保体现车辆后部宽度和高度的前提下，采用断续粘贴，垂直方向最上方和最下方应粘贴，水平方向最左侧、最右侧和中间部位应粘贴。

(6) 平板货车、平板挂车、低平板挂车、集装箱挂车粘贴示例。

平板货车粘贴示例如图 7.20 和图 7.21 所示。

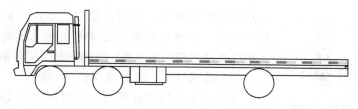

图 7.20　侧面粘贴示例

图 7.21 是二级车身反光标识材料粘贴示例，如果平板后部无法粘贴，应在后下部防护装置上水平并列连续粘贴两排车身反光标识，粘贴面积不应低于 $0.2m^2$。后部使用一级车身反光标识材料时，可在平板后部或后下部防护装置上水平连续粘贴，粘贴面积不应低于 $0.1m^2$。

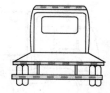

图 7.21　后部粘贴示例

平板挂车、集装箱挂车粘贴示例如图 7.22 和图 7.23 所示。

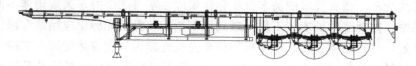

图 7.22　侧面粘贴示例

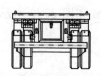

图 7.23　后部粘贴示例

侧面车身反光标识沿车架侧面水平粘贴，因车架结构原因，侧面粘贴的车身反光标识可不在同一水平面上。后部有后下部防护装置，则后下部防护装置上应粘贴。平板后部、后下部防护装置应连续粘贴二级车身反光标识材料，使用一级车身反光标识材料时，可断续粘贴。集装箱挂车装载集装箱时，应在集装箱后部和侧面至少水平固定一块 2000mm×150mm 的柔性反光标识，安装部位应尽可能接近集装箱顶部。

低平板挂车粘贴示例如图 7.24 和图 7.25 所示。

侧面沿车架平整的连续表面粘贴，因车架结构原因，侧面粘贴的车身反光标识可不在同一水平面上。平板后部应连续粘贴二级车身反光标识材料，使用一级车

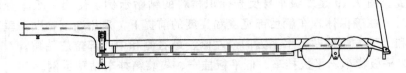

图 7.24 侧面粘贴示例

图 7.25 后部粘贴示例

身反光标识材料时,可断续粘贴。车辆后部如有爬梯,还应在两个爬梯最外侧的爬梯架上粘贴车身反光标识,至少应在爬梯架的最上端、中间和最下端粘贴。

(7) 罐式货车、罐式挂车粘贴示例

罐式货车、罐式挂车粘贴示例如图 7.26 和图 7.27 所示。

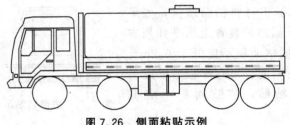

图 7.26 侧面粘贴示例　　　　图 7.27 后部粘贴示例

罐式货车、罐式挂车侧面车身反光标识应在车身侧面的车架或罐体中间部位水平粘贴,体现罐体长度。不规则罐式挂车侧面车身反光标识应粘贴在罐体侧面中间位置,体现罐体长度。罐体后部用车身反光标识勾勒罐体轮廓,二级车身反光标识材料的粘贴间隔应不大于 50mm,一级车身反光标识材料的粘贴间隔应不大于 100mm。

运输剧毒化学品或爆炸品的罐式货车粘贴示例如图 7.28 和图 7.29 所示。

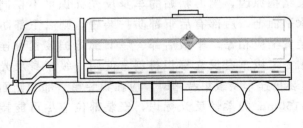

图 7.28 侧面粘贴示例　　　　图 7.29 后部粘贴示例

侧面车身反光标识应在车身侧面的车架部位水平粘贴,体现车架长度,并在罐体侧面用边长为 300mm(2 个 150mm 长的单元拼接)白色车身反光标识拼接成

"L"和"倒 L",上部车身反光标识最下沿与橙色反光带的距离应在 100mm 至 300mm 内,下部车身反光标识最上沿与橙色反光带的距离应在 100mm 至 300mm 内,车身反光标识与罐体前、后端的最大距离应不大于 300mm。罐体后部应用白色车身反光标识勾勒轮廓,二级车身反光标识材料的粘贴间隔应不大于 50mm,一级车身反光标识材料的粘贴间隔应不大于 100mm。

(8) 混凝土搅拌车粘贴示例

混凝土搅拌车粘贴示例如图 7.30 和图 7.31 所示。

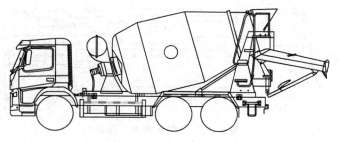
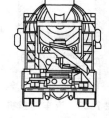

图 7.30　侧面粘贴示例　　　　图 7.31　后部粘贴示例

混凝土搅拌车侧面车身反光标识应在可粘贴部位(如侧防护装置)连续粘贴,粘贴总长度可以小于车长的 50%,但不应少于车长的 30%,断开间隔不受限制。车辆后部应尽可能选取能够体现车身后部宽度和高度的连续平面粘贴,如后下部防护装置、金属挡泥板等固定结构件。

(9) 专用作业车粘贴示例

专用作业车粘贴示例如图 7.32~图 7.35 所示。专用作业车上车身反光标识的粘贴应尽可能按前述基本粘贴要求进行粘贴,部分专用作业车除驾驶室外的车身结构无连续平面,不能满足要求时,车辆后部应尽可能选取能够体现车身后部宽度和高度的连续平面粘贴,如后下部防护装置、金属挡泥板等固定结构件;侧面车身反光标识应在可粘贴部位(如侧防护装置)连续粘贴,粘贴总长度可以小于车辆长度的 50%,但不应少于车辆长度的 30%,断开间隔不受限制。

(10) 牵引车粘贴示例。

牵引车粘贴示例如图 7.36 所示。

牵引车的侧面无须粘贴车身反光标识,后部应在驾驶室后部粘贴,使用二级车身反光标识材料时,水平方向应并列连续粘贴 2 排,垂直方向每侧应各粘贴 2 个长 150mm 的白色单元;使用一级车身反光标识材料时,水平方向应连续粘贴,垂直方向每侧应各粘贴 1 个长 150mm 的白色单元。

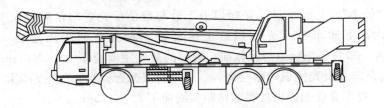

图 7.32 汽车起重机侧面粘贴示例

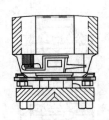

图 7.33 汽车起重机后部粘贴示例

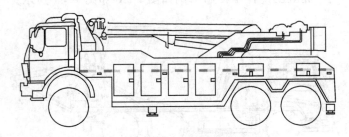

图 7.34 清障车侧面粘贴示例

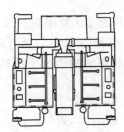

图 7.35 清障车后部粘贴示例

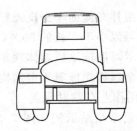

图 7.36 牵引车粘贴示例

7.3 交通事故车辆照明、信号装置检验鉴定

7.3.1 交通事故车辆照明、信号装置常规检视

（1）检查车辆的照明灯具安装是否牢靠、完好有效，是否松脱、损坏、失去作用或改变光照方向；所有灯光的开关是否安装牢固、开关自如，是否因车辆振动而自行开关。开关的位置是否便于驾驶员操纵。除转向信号灯、危险警告信号及消防车、救护车、工程救险车和警车安装使用的标志灯具是否闪烁。

（2）检查汽车（三轮汽车和装用单缸柴油机的低速货车除外）及挂车的外部照明和信号装置的数量、位置、光色、是否符合 GB 4785 的规定。

(3) 检查两轮摩托车和轻便摩托车的照明和信号装置及其安装是否符合 GB 18100 的规定。

(4) 检查三轮机动车、装用单缸柴油机的低速货车及拖拉机运输机组是否设置前照灯、前位灯、后位灯、制动灯、后牌照灯、后反射器和前、后转向信号灯，正三轮摩托车还应设置后雾灯。照明和信号装置的光色是否符合 GB 4785 有关规定，其数量、位置等要求参照 GB 4785 执行。其他机动车的外部照明和信号装置的数量、位置、光色等参照 GB 4785 执行。

(5) 检查机动车是否装置后反射器。挂车及车长大于 6m 的机动车是否安装侧反射器和侧标志灯。反射器是否与机动车牢固连接。车后反射器是否能保证夜间在其正后方 150m 处用汽车前照灯照射时，在照射位置就能确认其反射光。

(6) 空载高大于 3.00m 或宽度大于 2.10m 的机动车是否安装有示廓灯。

(7) 总质量不小于 12000kg 的货车和总质量大于 3500kg 的挂车是否在后部设置车身反光标识，后部的车身反光标识是否能体现机动车后部宽度。车长不小于 10m 的货车和总质量大于 3500kg 的挂车都是否在侧面设置车身反光标识，车身反光标识的长度是否小于车长的 50%。

(8) 车身反光标识的粘贴技术规范（粘贴示例）及车身反光标识材料是否符合 GA 406 的规定。

【知识要点提示】

通常情况下，要重点检查车身反光标识粘贴的规范性，其次是反光标识是否被污染失效等。

(9) 检查车身反光标识是否存在裂纹和明显的划痕、损伤及颜色不均匀。

(10) 检查车身反光标识是否采用红、白单元相间的条状反光材料，两种颜色材料的单元长度比例是否大于 2，是否小于 0.5，任何一种颜色材料的连续长度是否大于 450mm，是否小于 150mm。

(11) 检查车身反光标识材料的宽度是否为 50mm、75mm、100mm 或 25mm。

(12) 侧面车身反光标识允许中断，但每一连续段长度是否大于 300mm、是否包含红、白色车身反光标识材料至少各一个单元。

(13) 附加的灯具、反射器或附属装置是否影响本标准规定安装的灯具和信号装置的性能、是否对其他道路使用者造成不利影响。

7.3.2 照明装置检验

1. 照明装置的几何可见度测量

照明装置的几何可见度就是其视表面可见的最小立体角，该立体角由球的一部分确定，球心位于灯具的基准中心，赤道与地面平行。以基准轴线为基准，水

平方向角 β 表示经度，垂直方向角 α 表示纬度。当从远处观察时，在几何可见度范围内，不应有阻碍视表面所发光线传播的障碍物。若在灯具近处测量，则沿观察方向平行移动，以得到相同的准确度。若灯具在以往的型式检验时已存在障碍物，则在几何可见度内的这些障碍物可不予考虑。

1) 视表面

某一特定观察方向上的视表面，按制造厂要求，或是投影在配光镜外表面上的发光面边界在一平面上的垂直投影（$a-b$）。或是透光面在一平面上的垂直投影（$c-d$），该平面垂直于观察方向，且与配光镜最外面的点相切（图7.37、图7.38）。

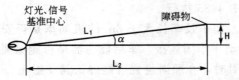

图7.37 照明信号装置几何可见度测量示意图

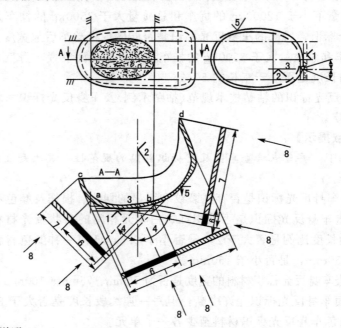

符号说明：
1—发光面；2—基准轴；3—基准中心；4—几何可见度；5—透光面；
6—以发光面为基准的视表面；7—以透光面为基准的视表面；8—可见度方向
注：视表面应与透光面相切，上图仅为示意图。

图7.38 灯具表面、基准轴、基准中心、几何可见度

2) 基准轴线

由制造厂规定的灯具特性轴线，在配光测量和灯具安装时，作为角视场的基准方向（$H=00$，$V=00$）。

3) 基准中心

基准轴线与外部透光面的交点，由制造厂确定。

4) 照明信号装置的几何可见度检测

根据事故鉴定的需要，对与事故有关的照明信号装置的几何可见度进行测量，检验记录表见 7-5。

表 7-5 部分照明装置的最小几何可见度检测记录表

项目	α(纬度)/(°)		β(经度)/(°)		备注
	向上	向下	向外	向内	
远光灯					
近光灯					
前雾灯					

测量阻碍视表面所发光线传播的障碍物与基准轴线的距离、障碍物在基准轴线的投影距基准中心的距离（障碍物与基准中心的距离），测量示意图见图 7.39 所示。通过计算，可得前照灯几何可见度。图 7.37 中向上的几何度可以表示为：$\alpha = \arctan(H/L_2)$ 或 $\alpha = \arctan(H/L_1)$ 或 $\alpha = \arctan(L_2/L_1)$。

（1）前照灯几何可见度如图 7.40 所示。

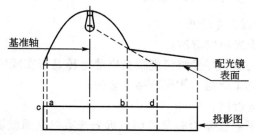

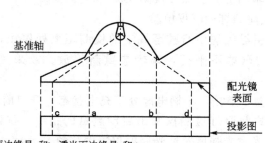

图 7.39 发光面与透光面之间的比较

(2) 前雾灯几何可见度如图 7.41 所示。

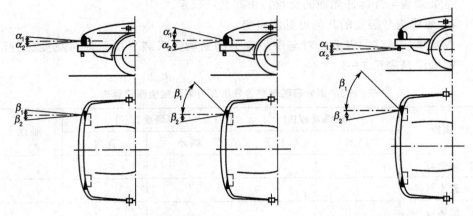

图 7.40　前照灯几何可见度　　　　图 7.41　前雾灯几何可见度

【知识要点提示】

如果有多个阻碍视表面所发光线传播的障碍物，以几何可见度最小的一个作为检验结果。检测时还要注意照明信号装置的最小安装高度，不同的安装高度，最小几何可见度的技术要求有所不同。

2. 前照灯照度和照射位置检验

1) 检验前仪器及车辆准备

(1) 检测仪受光面应清洁；

(2) 对手动式前照灯检测仪应检查电池电压是否在规定范围内；

(3) 轨道内应无杂物，使仪器移动轻便；

(4) 前照灯应清洁。

前照灯光束照射位置检验及前照灯远光光束发光强度测量应使用具备远近光光束照射位置检验功能的前照灯检测仪。

2) 用自动式前照灯检测仪检验

(1) 车辆沿引导线居中行驶至规定的检测距离处停止，注意车辆的纵向轴线应与引导线平行（如不平行，车辆应重新停放，或采用车辆摆正装置进行拨正）；

(2) 置变速器于空挡，车辆电源处于充电状态，开启前照灯远光灯；

(3) 给自动式前照灯检测仪发出启动测量的指令，仪器自动搜寻被检前照灯，并测量其远光发光强度及远光照射位置偏移值。

注：前照灯远光照射位置偏移值检验仅对远光光束能单独调整的前照灯进行；远光光束能单独调整的前照灯是指手工或通过使用专用工具能够在不影响近光光束照射角度的情况下

调整远光光束照射角度的前照灯，通常情况下远、近光束一体的前照灯其远光光束照射角度不能单独进行调整。

（4）被检前照灯转换为近光光束，自动式前照灯检测仪自动检测其近光光束明暗截止线转角（或中点）的照射位置偏移值。

注：对远、近光光束一体的灯在进行检验时，若被检前照灯近光光束没有明显的明暗截止线，或明暗截止线转角（或中点）的照射位置等于或高于远光光束中心的照射位置时，该前照灯不合格。

（5）按上述步骤完成车辆所有前照灯的检测；

（6）在对并列的前照灯（四灯制前照灯）进行检验时，应将与受检灯相邻的灯遮蔽。

3）用手动式前照灯检测仪检验

（1）车辆沿引导线行驶至规定的检测距离处停止，注意车辆的纵向轴线应与引导线平行。如不平行，车辆应重新停放，或采用车辆摆正装置进行拨正；或调整前照灯检测仪受光箱的方向，使受光箱的光学中心线与车辆纵向轴线平行；

（2）置变速器于空挡，车辆电源处于充电状态，开启前照灯远光灯；

（3）操作仪器，使前照灯检测仪与被检前照灯对准；

（4）操作仪器，对被检前照灯的远光照射位置偏移值及远光发光强度进行测量；

（5）被检前照灯转换为近光光束，观察手动式前照灯检测仪投影屏上所显示的近光光束明暗截止线转角（或中点）的照射位置，操作仪器测量偏移值。

注：对远近光光束一体的灯进行检验时，若被检前照灯近光光束没有明显的明暗截止线，或明暗截止线转角（或中点）的照射位置等于或高于远光光束中心的照射位置时，该前照灯不合格。

（6）按上述步骤完成车辆所有前照灯的检测；

（7）在对并列的前照灯（四灯制前照灯）进行检验时，应将与受检灯相邻的灯遮蔽。

4）前照灯检验的补充说明

（1）将车辆停止在规定的位置；

（2）保持前照灯正对检测仪，有夹紧装置的将车轮夹紧；

（3）开启前照灯检测仪进行检测，检测过程中车辆应处于充电状态（档位置于空挡，无级变速的车辆应实施制动）；

（4）对装用一只前照灯的机动车，记录前照灯远光光束发光强度。对装用两只或两只以上前照灯的机动车，还应记录近光光束明暗截止线转角（或中点）偏移值，对远光光束能单独调整的前照灯，则还应记录远光光束照射位置偏移值。

5) 用屏幕法检验前照灯光束照射位置

检查用场地应平整，屏幕与场地应垂直。被检验的机动车应空载、轮胎气压正常、乘坐一名驾驶员的条件下进行。将机动车停置于屏幕前，并与屏幕垂直，使前照灯基准中心距屏幕 10m，在屏幕上确定与前照灯基准中心离地面距离 H 等高的水平基准线及以机动车纵向中心平面在屏幕上的投影线为基准确定的左右前照灯基准中心位置线。分别测量左右远近光束的水平和垂直照射方位的偏移值。

机动车安全技术检验时宜采用前照灯检测仪检验前照灯光束照射位置。

7.3.3 信号装置的检验

1. 信号装置的几何可见度测量

信号装置几何可见度的测量原理与照明装置几何可见度的测量原理相同，检验记录表见 7-6。下面给出了部分信号装置的几何可见度示意图（图 7.42～图 7.46）。

表 7-6 部分信号装置的最小几何可见度检测记录表

项目	α(纬度)/(°)		β(经度)/(°)		备注
	向上	向下	向外	向内	
前位灯					
后位灯					
制动灯					
后雾灯					
反射器					

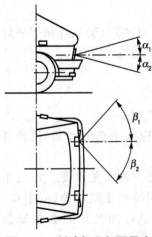
图 7.42 制动灯几何可见度

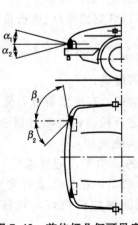
图 7.43 前位灯几何可见度

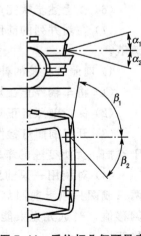
图 7.44 后位灯几何可见度

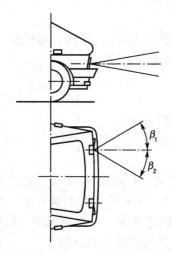 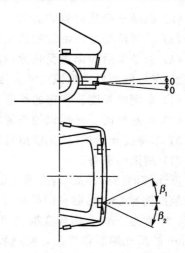

图 7.45 三角形后回复反射器几何可见度　　图 7.46 后雾灯几何可见度

【知识要点提示】

一般货车由于装运超长货物时，容易影响车辆后部信号的几何可见度，特别是在高速公路上，由此引发的交通事故比较普遍。

2. 危险警告信号和转向信号灯的闪光频率检查

检查危险警告信号灯和转向信号灯的闪光频率是否为 1.5 ± 0.5Hz，启动时间是否大于 1.5s。可以用秒表计时，来检测危险警告信号和转向信号灯每分钟的闪光次数，在除以 60 即得闪光频率。

3. 牵引杆挂车标志灯

检查牵引杆挂车是否在挂车前部的左右各装一只前白后红的标志灯，其高度是否比牵引杆挂车的前栏板高出 300~400mm，距车厢外侧是否小于 150mm。

4. 喇叭声级

(1) 将声级计放置于距被检车前 2m，离地高 1.2m 处，声级器指向被检车辆驾驶员位置；

(2) 按使用说明书要求，调整网络开关到"A"级计权和快挡位置；

(3) 检测环境的本底噪声应小于 80dB(A)；

(4) 按响喇叭保持发声 3s 以上，读取检测数据。

5. 反光标识检验

1) 车身后部反光标识尺寸参数

(1) 机动车粘贴的后部车身反光标识的面积。

(2) 机动车后反射器的面积。
(3) 后部反光标识粘贴的总长度（不含间隔部分）、车辆后部宽度。
(4) 机动车后部车身反光标识最小离地高度。
2) 车身侧面反光标识尺寸参数
(1) 车辆的长度、货箱的长度。
(2) 车身侧面反光标识的长度（不含间隔部分）。
3) 车身反光标识（反光膜型）反光性能测试
(1) 测试的准备。

反光膜的测试样品（与车身上的法规标识为相同规格）按下述方法制作：撕去反光膜的防粘纸，粘贴在同样尺寸的底板上，压实后即为测试样品。底板为铝合金板，厚度为 2mm，铝合金板表面应经酸脱脂处理。一般情况下，裁取 50mm×150mm 的反光膜制作样品，特殊尺寸要求见具体的试验项目。

测试样品在试验前，应在温度 23±5℃、相对湿度不大于 75% 的环境中放置 24h，然后再进行各项试验。

(2) 外观检查。

在照度大于 150lx 的室内（或室外）环境中，距离测试样品表面 0.3~0.5m 处，面对测试样品，目测样品。

(3) 色度性能测试。

采用 GB/T 3978 规定的标准照明 D65 光源（色温 6500K）照射时，在 45°/0° 或 0°/45° 几何条件下，按 GB/T 3979 规定的方法，测得各种颜色的色品坐标和亮度因子。

(4) 反光性能测试。

① 测试原理和装置。

测试原理和装置见 GB/T 18833—2002 中图 1 和图 5 所示，其中：

a. 光源采用 GB/T 3978 规定的标准 A 光源，试样整个受照区域的垂直照度的不均匀性不应大于 5%。

b. 光探测器是经光谱光视效率曲线校正的照度计。

c. 光探测器应能移动，以保证观察角在一定范围内变化。

② 测试方法。

按表 7-3 规定的照明观测几何条件和 GB/T 18833—2002 中 7.4.1 规定的方法测量反光膜 0°和 90°方向的逆反射系数 R'。每个颜色单元均匀选取至少 5 个测量区域或测量点，其平均值即为该颜色单元 0°或 90°方向的逆反射系数值 R'。

a. 逆反射均匀性测试。

按前述方法，在观察角为 12′、入射角为 −4°条件下，测试 5 个红、白单元

的逆反射系数 R'，计算同一颜色的所有单元的逆反射系数平均值。

b. 湿状态下逆反射测试。

按 GB/T 18833—2002 中 7.4.2 规定的装置和方法进行测试。

4）其他

车身反光标识的耐候性能试验、附着性试验、盐雾腐蚀试验、抗溶剂试验、冲击试验、耐温试验、弯曲试验、水浸试验、耐冲洗性能试验，在交通事故车辆安全技术检验鉴定中较少涉及。

如鉴定需要，可按 GA 406—2002《车身反光标识》规定的试验条件和方法或按 GB/T 18833—2002 中 7.4.2 规定进行测试。

7.3.4 照明信号装置的零部件失效检验

主要讨论照明及灯光信号零部件失效检验。其失效形态主要灯泡不能点亮、灯泡破碎、灯丝断裂等。

1. 照明及灯光信号零部件失效检验方法

1）检验原则

灯系一般由电源、开关、保险装置、导线、灯泡组成，如果灯系有故障，其组成部分至少一个出现故障。一般情况下，交通事故后机动车灯系能正常工作，交通事故前也应该是能正常工作。交通事故后如果不能正常工作，那么分为两种情况：一种情况是交通事故前就不能工作；一种是交通事故前能工作，但因交通事故造成灯系损坏而失效。灯系鉴定的原则就是鉴定灯系的损坏是事故前已经存在的还是事故过程中损坏的。

2）检验分析

（1）电源。

机动车电源一般是蓄电池或发电机，在机动车运行时，没有电源是无法运行的，因此在交通事故前，机动车的电源一般能正常工作。

【知识要点提示】

在检验鉴定时，事故车的电源可能在事故中损坏，车辆已无法启动或蓄电池已无存电，这时需用外接电源对灯系进行通电测试，但要注意灯系短路失火。

（2）开关。

开关是灯系工作的控制器，灯光的开关应安装牢固、开关自如，不得因车辆振动而自行开关，是否有效控制灯的工作。如果灯系其他部件均未失效而灯泡不工作，必要时拆检灯系开关。

有这样的案例，在某事故车进行检测时，发现左转向开关拨不到工作挡位，致使左转向灯不亮。打开开关罩盖，发现有一碰撞后的玻璃碎片卡在开关工作挡位上，致使开关拨不到左转向灯工作挡位，取出玻璃碎片，拨到左转向灯工作挡位，左转向灯工作正常。

(3) 保险装置。

保险装置是避免灯系在短路的情况下发生损坏的装置。车辆在交通事故中容易造成灯系短路，熔断器熔断，因此鉴定保险时要检查是否是交通事故造成短路还是事故前保险丝已近熔断。如鉴定时发现熔断器保险丝已经熔断，检查导线无短路、灯泡完好，可判断在交通事故前该保险控制的灯系不工作。

(4) 导线。

图7.47 灯具导线在事故中断路

交通事故中灯系导线的问题主要是断路。分两种情况：一是交通事故前断路，一种是由于交通事故造成的断路。这两种情况比较容易判断，导线在发生交通事故时容易被撕开，而且断口比较新，此为交通事故造成的，如图7.47。有的车辆线束接口不良，线头焊接不良，搭铁不良，导线接头锈蚀的比较严重，交通事故不会对这种状况发生改变，故可判断为交通事故前的实际状况。

(5) 灯泡。

车灯一般由灯罩和灯泡组成，如果在交通事故中，汽车灯罩没有发生破碎，或为旧的破碎迹象，则交通事故后灯泡的外观状态就是交通事故前的状态。一般情况，如果灯泡破碎、灯丝完好，说明事故时该灯泡不工作。

如果灯泡碰撞所致破碎，灯丝断裂，那么如何判断灯丝断裂是在交通事故前还是在交通事故中损坏的？这就需要检验灯丝和破碎灯泡玻璃碎片的附着物。通常灯内抽成真空或充有惰性气体或卤素气体。在正常工作时，灯丝呈银白色。而当炽热的灯丝与大气接触时，因灯丝处于炽热温度，会因漏气速度不同而使氧化速度不同，灯丝及的颜色不同。如是碰撞破碎，灯丝在富氧状态下迅速氧化，灯丝及灯泡玻璃的附着物呈黄色，如交通事故前断裂，灯丝为慢性氧化，灯丝及灯泡附着物呈黑色，可以判断灯丝是事故前损坏还是事故后损坏的。

还可采用红外光学显微镜和扫描电镜确定灯丝当时的工作状态。

2. 事故车车灯灯丝断裂面检验

利用扫描电镜对交通事故汽车车灯灯丝的断面进行观察和分析，确定发生事故时车灯的开关状态，为判断事故发生的原因提供了重要的依据和技术支持。

随着汽车的增多，各种交通事故也在随着增加，有时汽车灯光信号装置是否有效，也是引发交通事故的原因之一。通过对事故中汽车灯丝断裂面的扫描电镜观察和分析，找出灯丝断裂的原因，为确定事故原因提供重要依据。

汽车车灯常用的是钨灯丝，熔点比较高，热传导率大，热膨胀系数小，弹性系数大，但在常温下比较脆，当受到外力的突然撞击时，容易发生断裂。当钨灯丝在通电流的情况下突然发生断裂，瞬时产生的强烈电弧高温可使钨灯丝断裂面迅速熔融，从而在断裂面产生灯丝融化的痕迹。同时由于灯丝处在密闭的环境中，周围环境单一，所以断裂面应光滑干净。若钨灯丝在没有通电流的情况下断裂，在断裂面应看不到灯丝融化的痕迹。

1) 试件

取交通事故中失效的车灯一个、完好白炽灯一个，分别将车灯玻璃打碎，小心取出车灯断裂的灯丝两端，使断面向上，用导电胶带粘在样品台上；用外力将完好白炽灯灯丝拉断，使断面向上，粘在样品台上。利用扫描电镜观察灯丝断面。

2) 结果与分析

图 7.48 是事故中失效一个车灯灯丝两个断面的图像。从左图像看，断口呈半球形，球的直径比下面的灯丝直径大，表面光滑，没有任何间隙，完全是金属融熔冷却后的状态；右图是灯丝的另一个断口，其形状不规则，表面凹陷，和左图呈相对对称的状态，且表面同样光滑。这两个端口的表面状态说明，灯丝在断裂时受到了高温的作用，即灯丝是在有电流通过的情况下受到外力的作用而断裂的。

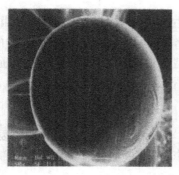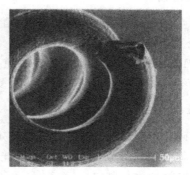

图 7.48　有电流通过的灯丝断裂面

图 7.49 是外力拉断的白炽灯灯丝断面。从其形貌上看，表面高低不同，表面上晶粒清晰可见，两个端口既没有增大也没有减小，且呈互补状态，没有任何熔融的痕迹。显然这是在没有电流通过的情况下，突然受到外力的作用而断裂的。

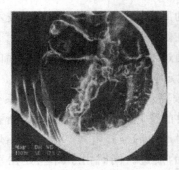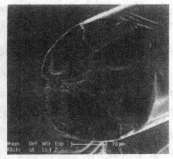

图 7.49 没有电流通过的灯丝断裂面

3）结论

无论是灯丝还是导线，在不同的环境条件下断裂，会出现不同的断裂面。通过观察事故中导线或灯丝的断裂面，可以判断事故发生的原因，而扫描电镜是观察各种断面的最好手段。

7.4 案例分析

7.4.1 案例 1——后位灯有效性检验

下面以 XXX 司法鉴定中心对某半挂列车后位灯的有效性检验来分析失效灯光信号装置的检验方法。

1. 案情摘要

2008 年 3 月某日夜晚，金某某在雨中驾驶大货车，于津榆公路由东向西行驶至北辰区津榆公路 259 公里 500 米处时，与前方同向行驶的解放牌 CA4160P11K2A80 重型半挂牵引车、重型普通半挂车发生碰撞的交通事故，导致两车辆不同程度损坏、后车驾乘人员受伤。

2. 检验项目

为正确分析交通事故形成原因及确定当事人责任，案件承办民警委托鉴定中心对解放牌 CA4160P11K2A80 重型半挂牵引车/重型普通半挂列车尾部灯光组在事故前的有效性进行鉴定。

3. 检验过程

1）左后位灯

经查验，事故车尾部左侧灯组被撞击后灯架移位，灯罩破碎（图 7.50 和

图7.51),左后位灯火线有电流通过,但灯泡底部触点、灯座锈蚀(图7.53和图7.54),左后位灯无电流通过。

图7.50 事故车后部

图7.51 事故车左后灯具

图7.52 事故车右灯具

图7.53 事故车后位灯泡、灯座

2) 右后位灯

经查验,事故车尾部右侧灯组被撞击后灯架移位,灯罩破碎(图7.52),右后位灯火线有电流通过,但右后位灯灯座损坏,右后位灯无电流通过。

4. 检验结果

解放牌CA4160P11K2A80重型半挂牵引车/重型普通半挂列车尾部灯光组在事故前已处于失效状态,事故中未点亮。

图7.54 事故车左后位灯座

5. 检验结果分析

事故车左后位灯火线有电流通过,但灯泡底部触点、灯座锈蚀,左后位灯无电流通过;右后位灯火线有电流通过,但右后位灯灯座损坏,右后位灯无电流。分析认为左、右后位灯均属陈旧性损坏，事故前已失效，在事故中没有点亮。

7.4.2 案例2——反光标识问题

1. 案情摘要

2007年07月16日22时50分（天气：阴），牌照号为川Y22XXX的上海别克SGM7200轿车（图7.55），由南充往成都方向行驶至成南高速公路101km+600m处（干燥沥青路面）时，与牌照号为渝B15XXX的川江CJQ5180XXY重型厢式货车（图7.56）发生碰撞的交通事故，事故造成车辆受损、人员受伤。

图7.55 事故后车前部照片

图7.56 事故前车后部照片

2. 车辆整车损坏状况检视

川Y22XXX车辆发动机罩盖严重变形，右前翼子板损坏，右前轮胎爆裂，前风窗玻璃损坏，右前车门严重变形，右前半轴脱落，右侧车门玻璃损坏等。渝B15XXX车辆左后灯具损坏等。

3. 川Y22XXX车辆检验

经检验，未发现川Y22XXX车辆转向系统、制动系统、照明装置事故前存在安全隐患。

4. 渝B15XXX车辆检验

1) 照明及信号装置

(1) 该车前部灯具齐全有效。

(2) 该车左后灯具损坏，右后灯光微弱。

(3) 该车后位灯灯罩存在污染现象（图7.57）。

2) 后防护装置及反光标识

(1) 该车未安装后防护装置(图7.57)。

(2) 车厢后部粘贴有反光膜,但被污染,已经失效(图7.58)。

图 7.57 事故车尾灯灯罩污染

图 7.58 车厢后部反光膜

3) 道路模拟试验

(1) 试验条件。

① 试验时间:2007年7月17日15时30分至16时40分。

② 试验路段:成南高速公路114km至98km(南充至成都方向)路段。

③ 当模拟试验完毕,经苍山收费站出站时,该收费站计重电子显示屏显示该车总质量39.25吨,超重8吨。

(2) 试验结果。

① 被试车在7月16日事故发生路段(成南高速公路101km+600m)区域内的行驶速度为20～35km/h范围内。

② 被试车仪表台上的发动机空气滤清器警告灯常亮(图7.59),说明该车空气滤清器存在严重堵塞。

③ 该车在平路及山坡路段,尤其在事故发生路段排气管排出严重的浓烟,几乎全部遮蔽了该车后部形貌轮廓与警示标志,严重影响了后车对其观察和判断。

图 7.59 发动机空气滤清器警告灯

5. 检验结果

(1) 该车尾灯灯罩存在污染现象。

(2) 车厢后部粘贴有反光膜,但被严重污染,已经失效,车厢后部两侧未粘贴示宽的反光膜。不符合公共安全行业标准 GA 406—2002《车身反光标识》中第5.3条"N2、N3类车,全挂车和半挂车应在后部设置能体现车辆后部宽度的车身反光标识。"的要求。

（3）该车在事故发生路段（成南高速公路 101km+600m）区域内的最高行驶速度为 35km/h。

（4）该车在平路及山坡路段，尤其在事故发生路段排气管排出严重的浓烟，几乎全部遮蔽了该车后部形貌轮廓与警示标志，严重影响了后车对其观察和识别。

6. 事故成因分析

该车尾灯灯罩被尘土污染；车厢后部粘贴的反光膜被严重污染，已经失效；该车在事故发生路段排气管排出严重的浓烟，几乎遮蔽了该车后部全部形貌轮廓与警示标志，由于这三种因素的综合影响，导致该车灯光信号、反光标识信号功效尽失，从而诱发这起交通事故。

7.4.3 案例 3——后位灯几何可见度问题

1. 检案摘要

2008 年 6 月 23 日 23 时 59 分许，牌照号为渝 A8XXXX 的东风牌 SGC5102XXY 货车（图 7.60），由南充往成都方向行驶至成南高速公路 66km+200m 处时，发生该车被后面行驶的牌照号为川 A6XXX 的奇瑞轿车追尾碰撞的交通事故，事故造成川 A6XXXX 轿车一乘客死亡，车辆严重受损。渝 A8XXXX 货厢尾部被撞损。

图 7.60 事故车尾部照片

2. 渝 A8XXXX 的检验鉴定

1) 检验方案和项目的确定

这起事故发生在夜晚，高速公路上，渝 A8XXXX 的东风牌 SGC5102XXY 货车为本起事故的前车，其车辆后部灯光信号装置和反光标识的有效性可能与事故有关，其后下部防护装置与后车的损坏程度和后车驾乘人员的伤害程度密切相关。因此，就渝 A8XXXX 的东风牌 SGC5102XXY 货车后部灯光信号装置和反光标识、后下部防护装置及相关系统进行检验鉴定。

根据鉴定需要，对渝 A8XXXX 货车进行静态检验。

2) 后部灯光信号检验

（1）该车除左后尾灯、右后应急灯能工作外，其余后部灯具均不能工作

（图 7.61 和图 7.62）。分析认为，该车后部灯具在事故中未受损伤，检验时失效的后部灯具，在事故前已经失效。

图 7.61　事故车左后尾灯工作状况　　图 7.62　事故车右后尾灯工作状况

（2）该车后位灯污染较为严重，且右后灯罩表面已破损。

3）后部反光标识检验

该车货厢完全被篷布遮挡，篷布上也未见任何柔性反光标识（图 7.60）。

4）后下部防护装置检验

该车未安装后防护装置。

5）后悬测量

该车第一轴到第三轴的轴距约为 9650mm，后悬约为 6300mm。

6）后位灯几何可见度检测

该车右后位灯中心距货箱最后端的水平距离约为 2650mm（图 7.63），后位灯中心离地高度约为 920mm，货箱最后端下轮廓离地高为 1040mm，货箱最后端下轮廓距后位灯中心的垂直高度 = 1040 − 920 = 120mm，后位灯向上的几何可见度为

$$\alpha = \arctan\left(\frac{120}{2650}\right) \approx 2.6°$$

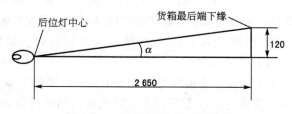

图 7.63　后位灯向上几何可见度

3. 检验结果

(1) 该车货厢后部无反光标识,不符合 GA 406—2002《车身反光标识》中第 5.3 条"N2、N3"类车,全挂车和半挂车应在后部设置能体现车辆后部宽度的车身反光标识……"的要求。

(2) 该车除左后位灯、右后应急灯能工作外其余尾灯均不能工作,不符合国家标准 GB 7258—2004《机动车运行安全技术条件》中第 8.1 条"机动车的灯具应该安装牢固、完好有效……"的规定。

(3) 该车后位灯向上几何可见度为 2.6°,不符合 GB 4785—2007《汽车及挂车外部照明和光信号装置的安装规定》中 4.3.7.5 条规定的"……垂直方向角:水平面上、下各 15°。……"的规定。

(4) 该车未安装后防护装置,不符合国家标准 GB 7258—2004《机动车运行安全技术条件》中第 12.19.3 条"除半挂牵引车和长货挂车以外的总质量大于 3500kg 的货车和挂车的后下部必须装备符合 GB 11567.2 规定的后下部防护装置,该装置对追尾碰撞的机动车必须具有足够的阻挡能力,以防止发生钻入碰撞"的要求。

(5) 该车第一轴到第三轴的轴距约为 9650mm,后悬约为 6300mm,不符合国家标准 GB 7258—2004《机动车运行安全技术条件》中 4.3 条"客车及封闭式车厢(或罐体)的机动车后悬不允许超过轴距的 65%。……机动车后悬均不应大于 3.5m"的要求。

4. 事故成因分析

渝 A8XXXX 的东风牌 SGC5102XXY 货车后部无反光标识;除左后位灯、右后应急灯能工作外其余尾灯均不能工作;后位灯污染较为严重,严重影响了后车对其位置和车辆外形的辨识。

渝 A8XXXX 的东风牌 SGC5102XXY 货车后位灯向上几何可见度仅为 2.6°,当后车逐渐接近时,由于后位灯向上的几何可见度太小,前车的灯光信号会逐渐至全部被遮挡,此时,渝 A8XXXX 的东风牌 SGC5102XXY 货车后部的所有信号全部消失,以致后车驾驶员没有及时采取正确的应对措施,从而诱发本起交通事故。

渝 A8XXXX 的东风牌 SGC5102XXY 货车未安装后防护装置,加重了后车的损坏程度和对后车人员的伤害。

该车后悬约为 6300mm,远远超过 3500mm,一般情况汽车制造厂不会制造出这种规格的汽车。应该是车辆使用者为运输超长货物将货箱自行加长,但没有将后部灯具相应后移,从后位灯的几何可见度大大减小,从而带来严重的安全隐患。

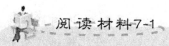

阅读材料7-1

车身反光标识的使用情况

嵌入型事故(即小车从后面或侧面钻入前方低速行驶、停驶的大型运输车辆的事故)所造成后果的严重性，是显而易见的。尤其在欧洲、美国等西方发达国家，道路条件好、车辆技术性能高，后车的速度也就相当快，嵌入型事故一旦发生，十有八九导致人员死亡。从20世纪50年代开始，这些国家就开始实施在大型运输车辆后部、侧部安装防嵌入装置的技术法规，由于经济等种种方面的原因，该法规涵盖的车型范围较小；另外，此类装置不足以防止强烈的撞击，导致效果不理想，况且，此项措施属于被动安全范畴，治标不治本。

从20世纪80年代开始，西方发达国家对这类嵌入型事故的治理就从被动、减轻事故损失程度转向以主动预防为主、同时兼顾被动预防措施。到了九十年代，反光技术的不断发展、高亮度反光膜的发明，给这种设想提供了可能。利用高亮度的反射材料勾勒车身轮廓、来提高大型运输车辆在夜间的可视认性，成为首要选择。

美国早在20世纪90年代初就开始应用车身反光标识，并取得了积极的效果。美国联邦机动车安全法规第108号标准(FMVSS108)"灯具、反射装置和复合装置"规定：自1993年12月1日起生产的所有宽度大于等于80英寸(2032mm)且总质量大于10000磅(4540kg)的挂车(专门设计的住宿挂车和办公挂车除外)，以及自1997年7月1日起生产的所有载货牵引车，都必须安装符合要求的车身反光标识(由反光膜或反光膜和反射器共同组成)。美国联邦公路管理局在1999年进一步规定所有在用符合上述规定的车辆都必须安装车身反光标识。

受德国政府的委托，达木士塔大学于1995年对车身反光标识的效果做了一次大规模的试验。在全德国范围内选择了1000辆不同类型的卡车(包括冷藏车、挂车、半挂车及槽车)安装车身反光标识，与另外1000辆没有标识的卡车对比。这个试验持续时间为2年，在此期间，没有标识的卡车有30辆发生了侧部或尾部的碰撞事故，而安装了反光标识的卡车只有1辆发生此类事故。这个试验结果促成联合国欧洲经济委员会(ECE)出台了104号法规 *UNIFORM PROVISION CONCERNING THE APPROVAL OF RETRO-REFLECTIVE MARKINGS FOR HEAVY AND LONG VEHICLES AND TRAILERS*(关于审核重车、长车及其挂车的车身反光标识的统一规定)，1998年1月22日起实施。

与此同时，美国的交通安全研究部门也曾做过类似的为期23个月的分组比较试验，观察组（安装了车身反光标识的各类长车、挂车）及比较组在全美国范围内分别行驶了约一亿零六十万英里的路程。试验结果表明：与比较组相比，观察组被其他车辆碰撞的交通事故次数下降了约18%，在白天和夜晚（黄昏）的下降率分别是16.3%和21.2%。

1999年3月，俄罗斯联邦运输部颁布国家标准《汽车运输设施、反光标记布局彩色示意图，技术规则》(51253—99)和《关于正式核准大长度、大货运量运输设施反光标识的统一规定》(41.104—99)，规定从2000年起至2002年间，开始实施车身反光标识标准，要求载重汽车和公共汽车的头、尾及车身等处的凸出部位安装高亮度的反光膜，标准的要求主要采用了ECE104的规定。

借鉴国外预防嵌入型交通事故的成功经验，我国决定在大型货运车辆上粘贴车身反光标识，以《机动车运行安全技术条件》(GB 7258—2004)第三号修改单的形式强制执行，并于2002年颁布了公共安全行业标准《车身反光标识》(GA 406—2002)，对车身反光标识作出规定。标准中对材料逆反射性能的规定主要参考了ECE104的规定，式样和色度性能则主要参考了美国DOT标准的要求。根据国内外反光膜生产的实际情况将车身反光标识分成两级，其中，将原标准中的要求作为第一级车身反光标识的规定，增加了第二级车身反光标识，其逆反射性能则相当于目前国内应用的高强级反光膜。此项措施的实施，将会给我国嵌入（钻入）型交通事故的预防产生积极而深远的影响。

本 章 小 结

为了保证汽车行驶安全和工作可靠，在汽车上装有各种照明装置和信号装置，用以照明道路、表示车辆宽度和车辆所处的位置、照明车厢内部、指示仪表以及夜间车辆检修等。此外，在转弯、制动、会车、停车、倒车等工况下，还应发出光亮或音响信号，以警示行人和其他车辆。

汽车上的照明装置一般包括车外照明装置和车内照明装置两部分。

车外照明装置主要近光灯、远光灯、雾灯、牌照灯、倒车灯、防空灯等，车内照明装置包括顶灯、仪表灯、车门灯、阅读灯、壁灯、行李箱和工作灯。

车辆外部信号装置主要包括位置灯、停车灯、转向信号装置、制动信号装置、警告灯、后雾灯、标识灯、示廓灯、反射器和反光标识等。车内信号装置主要用来提示驾驶员车辆各主要系统工作情况。主要包括车辆仪表和各种指示灯。

介绍了机动车照明信号装置的安全技术要求、交通事故车辆照明、信号装置常规检视。

照明装置检测主要包括前照灯的几何可见度、照度测量和光束照射位置检测、前雾灯几何可见度测量等。

信号装置的检测主要包括灯光信号装置和反射器的几何可见度测量、反光标识的粘贴规范性检验和反光性能检测等。货车在装运超长货物时，容易影响车辆后部信号的几何可见度。货车未粘贴反光标识、粘贴不规范是较常见的问题。

照明及灯光信号零部件失效检验方法主要介绍了灯系电源、开关、保险装置、导线、灯泡的检验鉴定；利用扫描电镜对交通事故汽车车灯灯丝的断面进行表面微观检验和分析，确定发生事故时车灯的开关状态。

通过案例，系统介绍了车辆失效照明、信号装置检验鉴定的程序、方法等，分析车辆照明、信号装置安全技术状况与道路交通事故的关系等。

思考题

1. 车辆照明装置主要包括哪些灯具？
2. 车辆信号装置主要包括哪几类？
3. 车身后部反光标识的粘贴要求是什么？
4. 车身侧面反光标识的粘贴要求是什么？
5. 简述照明与信号装置的常规检视内容与方法。

第 8 章
交通事故车辆安全防护装置检验鉴定

本章教学要点

知识要点	掌握程度	相关知识
车辆安全防护装置的种类、基本结构和功能	了解车辆安全防护装置的种类、基本结构和功能	车辆安全防护装置的常见故障及危害
车辆安全防护装置的技术要求	掌握安全带、车辆后下部防护装置的技术要求；了解其他安全防护装置的技术要求	国家和行业标准的安全技术要求
交通事故车辆安全防护装置安全技术鉴定鉴定的项目及方法	掌握交通事故车安全带、车辆侧面和后下部防护装置技术鉴定的项目及方法；了解其他安全防护装置的检测项目及方法	车辆安全防护装置的模拟仿真试验
案例分析	掌握针对具体的交通事故，确定安全防护装置检验鉴定的项目与方法	安全防护装置与交通事故的关系、事故成因分析

交通事故车辆安全防护装置检验鉴定　第8章

导入案例

2008年1月26日5时17分许（天气：阴），牌照号为川LXXXXX的解放牌CA1050PK2L4A中型厢式货车（图8.1），由成都往绵阳方向行驶至成绵高速公路67km＋900m处（沥青路面）时，因车辆离合器故障，停于行车道内，发生该车被后面驶来的牌照号为云AXXXXX的五菱牌微型客车（图8.2）碰撞的重大交通事故，事故造成人员伤亡、车辆严重受损。

图8.1　追尾碰撞事故的前车　　图8.2　追尾碰撞事故的后车

这起后车钻入碰撞前车后部的重大事故，是否是与前车的后下部防护装置的强度不足有关呢？

车辆安全防护装置的主要作用是对乘员施加一定的约束，使之避免在汽车发生碰撞时与车内物体撞击或被甩出车外；产生缓冲作用，亦即构件以适当的变形吸收撞击能量，或者使速度逐渐下降而避免出现较大的减速度和碰撞力，有效地减轻人员伤亡程度以及汽车损坏程度；加大人体与汽车构件的接触面积，避免产生点接触从而使碰撞造成的单位面积挤压力减少或使碰撞力转移到人体非要害部位。

本章简要介绍车辆安全防护装的基本类型；车辆安全防护装置安全技术要求；重点介绍道路交通事故车辆安全防护装置检测的内容和方法，通过案例，分析车辆安全防护装置安全隐患与交通事故的关系。

8.1　车辆安全防护装置简介

车辆安全防护装置可分为预防性安全防护装置、乘员安全防护装置和其他安全防护装置三类。

1. 预防性安全防护装置

预防性安全防护装置主要包括车外后视镜(图8.3)、前下视镜、遮阳板、风窗玻璃刮水器、防雾除霜装置、牵引连接装置及汽车和挂车侧面、后下部防护装置等。这里只简要介绍一下车辆侧面、后下部防护装置。

1) 汽车、挂车侧面和后下部防护装置

(1) 汽车、挂车侧面防护装置。

汽车和挂车侧面防护装置是为了有效地保护无防御行人,以免其跌于车侧而被卷入车轮下面的装置,其结构形式如图8.4所示。无防御行人是指可能跌于车侧而被卷入车轮下的行人、骑自行车或骑摩托车的人。从汽车和挂车侧面防护装置的功能来看,对侧面防护装置的强度要求相对较低。

图8.3 车外后视镜

图8.4 汽车、挂车侧面防护装置的结构图

(2) 汽车、挂车后下部防护装置。

汽车后下部防护是指专门的后下部防护装置或者依靠自身的外形与特性具有后下部防护装置功能的车辆的车体、车架部件或其他部件,对于 N_2、N_3、O_3 和 O_4 类车辆必须安装后下部防护装置。

后下部防护装置通常是由车辆横梁组成的安装或连接在车架纵梁或车辆其他结构件上的装置。目的在于如果 M1 和 N1 类车辆与总质量大于 3500kg 的货车和挂车,包括以货车底盘改装的专项作业车,如起重吊车、工具车、宣传车、消防车、自卸车、半挂车和全挂车辆发生碰撞时能够提供有效的保护和足够的阻挡能力,以防止发生钻入碰撞。从汽车和挂车后下部防护装置的功能来看,对后下部防护装置的强度要求很高。

2) 汽车、挂车后下部防护装置

其有固定式和可翻转式两种类型。

(1) 固定式汽车、挂车后下部防护装置

这种汽车、挂车后下部防护装置与汽车车架刚性连接,不能随意转动、调整的防护装置(图 8.5)。

(2) 可翻转式汽车、挂车后下部防护装置

根据大部分国家特别是发展中国家和不发达国家中普遍存在着道路等级不高的现状,在对载货汽车进行低位防护后就可能影响载货汽车自身的通过性,防护装置如果不能翻转,不但影响了载货汽车的通过性,而且容易对防护装置造成非碰撞损伤。可翻转式后下部防护装置可以在一定的范围内向后上方翻转,解决了固定式后下部防护装置不能适应恶劣、复杂路况的问题,当车辆通过后即可恢复原状,同时,它具有上下锁定功能。

图 8.6 所示的可翻转式汽车、挂车后下部防护装置包括横梁、臂板、固定板、螺栓组件等,横梁、臂板固定连接为一体,固定板的上部与副梁固定连接为一体,中部和下部分别与主车架、臂板通过螺栓组件连接,还包括销轴,臂板上有按圆周分布的多个圆孔。

图 8.5 固定式汽车、挂车后下部防护装置　　图 8.6 可翻转式汽车、挂车后下部防护装置

(3) 柔性汽车、挂车后下部防护装置

上面两种汽车、挂车后下部防护装置都属于刚性防护装置,现在有一种新型的汽车和挂车后下部柔性防护装置。该防护装置将桁架式支杆连接到汽车、挂车的纵梁上,再把撞击框架装置连接到桁架式支杆,将撞击面板连接到撞击框架装置内部的减振器上,并能使撞击面板在外力作用下产生前后运动,在撞击框架装置里安装上弹簧减震或液压减震等类型的减震部件,并将汽车和挂车后下部柔性防护装置整体连接安装到车辆的尾部。

当车辆发生追尾碰撞时,首先接触的是安装在车辆后下部柔性防护装置撞击面板上的减震部件,撞击面板里的减振器产生前后运动,使撞击力得到衰减,并减小反弹速度。桁架式支杆,可保证在外力的冲击下保证变形小或保证不变形。

阅读材料 8-1

1970年3月20日,欧洲会议指示欧盟成员国关于制定液体燃料箱和机动车辆及其挂车后下部防护草案(70/221/EEC);1998年1月26日生效的美国第223号标准,都对载货汽车、挂车后下部防护装置的制造、检验以及产品的有关材料、外形、体积等都做了严格的规定。其目的就是要求载货汽车、挂车后下部防护装置要有足够的强度,使追尾车辆在追尾碰撞时不被嵌入载货汽车尾部,以解决载货汽车底梁过高与轿车保险杠偏低的矛盾。

我国也制订了GB 11567.2—2001《汽车和挂车后下部防护要求》等标准。由于有关标准对产品的结构、安装方法未做出明确规定,检验机构也未能严格履行职责,因此现有的载货汽车、挂车后下部防护装置无论是结构还是连接方式五花八门,大多数防护装置根本起不到应有的防护作用,有的载货汽车后下部没有安装任何防护装置,使追尾造成的恶性事故率直线上升。我国国家实验机构的有关试验结果显示,载货汽车尾部不安装防护装置或安装不标准的防护装置,发生轿车追尾事故碰撞时,轿车嵌入载货汽车尾部,发动机上盖被载货汽车底梁掀起,打碎风挡玻璃,侵入驾驶室,对轿车的乘员生命安全构成严重威胁。目前,在我国的强制性标准法规体系中要求N_2、N_3类载货汽车和O_3、O_4类挂车必须安装后下部防护装置。通过安装后下部防护装置,使得当M_1、N_1类车辆与N_2、N_3类载货汽车和O_3、O_4类挂车发生追尾事故时,为追尾车辆提供有效地保护,防止发生钻入碰撞现象,有效地保护驾驶员及乘员的生命安全,降低交通事故的伤亡率。

2. 乘员安全防护装置

乘员安全防护装置主要包括安全带、安全出口、安全架、灭火器等,这些装置起到保护乘员和货物安全的作用。这里简单介绍一下安全带和灭火器。

1) 安全带系统

(1) 安全带结构

典型的安全带系统(图8.7)主要包括自锁式卷收器、织带和锁扣组成。卷收器中的核心元件是自锁式卷轴,它与织带的一端相连。在卷收器内部,一个弹簧储能装置为卷轴提供旋转作用力(或扭矩),使织带有一定的预紧力,织带的两端固定在车身上。当织带拉出的加速度超过某一值时,织带将会被锁止,从而起到

图8.7 汽车安全带

保护驾乘人员。如今,有两种常用的锁定系统,即由汽车运动触发的系统和由安全带运动触发的系统。

(2) 安全带的作用

研究机构测试表明,汽车以时速为50km/h的速度撞上墙壁的冲击力,相当于从10m高度(约为3层楼屋顶的高度)跌落到水泥地面上。汽车时速为50km/h时发生碰撞,体重50kg的人全正面冲击的冲击力将达到1500N;作用于既没有系安全带也没有使用儿童座椅的四岁儿童身上的向前方冲击的能量,是儿童体重的30倍!这说明高速行驶的汽车发生碰撞或紧急制动时,将产生巨大的惯性力,这个惯性力能使驾乘者与车内的方向盘、挡风玻璃、座椅靠背、车门等物体发生碰撞,甚至将驾乘者抛离座位或抛出车外。而座椅安全带的缓冲作用,能吸收大量的撞击能量,化解巨大的惯性力,并将驾乘人员牢牢束缚在座位上,防止身体与车内坚硬物体碰撞或被抛出车外。

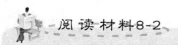
阅读材料8-2

汽车安全带的由来

汽车安全带问世以来,挽救了无数人的生命,是对行车安全的一项重要贡献。为此,美国安全荣誉纪念馆接纳了三点式安全带的发明人尼·波林加入安全荣誉行列。

尼·波林原系Saab飞机的一名设计师,1958年来到底特律沃尔沃汽车公司公司工作。他想,当行车遇到紧急刹车或碰撞事故时,如何能使司机、乘客牢牢地固定在座位上,以抵挡住猛烈撞击不受伤害?他认为,只有用皮带一边横跨胸部,一边横跨腰下臀部,从同一固定点由上往下紧扣,方能固牢整个人体。这即是今日人们早已熟知的三点式汽车安全带。

汽车安全带发明者尼·波林任Saab飞机设计师时,曾在飞机仓内设计过一种弹射座椅,这种座椅在危急情况下把驾驶员弹出机舱以保障飞行员的生命安全,这和汽车安全带在紧急时刻把人固定在座位上完全相反。一固一弹,同样是挽救生命的重大发明。

早在1957年,沃尔沃公司曾计划在自产的汽车上,安装一种可调长短的两点式"对角线"安全带,由于安全不理想,未能实施。1958年以后,尼·波林开始三点式安全带设计。

1963年,沃尔沃汽车公司开始把尼·波林的三点式汽车安全带注册,并在自产的汽车上装配,将安全带介绍给当时尚持怀疑态度的美国人。与此同时,沃尔沃公司还把他们的安全带发明,免费提供给其他汽车制造商使用,以推广这项保护生命的发明。

交通事故车辆安全技术鉴定教程

直到1967年，美国通过凡驾车、乘车必须扎安全带的立法后，三点式安全带才被广泛接受。随后，沃尔沃公司又把装配安全带的车辆及设计材料向国外展示。在瑞典发生的28000次车祸中，配有安全带的沃尔沃车辆于事故中的死伤人数减少约50%～60%。

现在汽车安全带以成为轿车、客车的部分座椅的法定配置。

2）灭火器

车载灭火器专用于汽车灭火，包括两大类型：车用非贮压悬挂式超细干粉自动灭火装置，微型车用贮压悬挂式超细干粉自动灭火装置。

3. 其他防护装置

其他防护装置主要包括燃油系统防护装置，易燃、易爆、有毒物专用车的防护装置，以及保险杠等。

8.2 车辆安全防护装置安全技术要求

8.2.1 预防性安全防护装置

1. 车外后视镜和前下视镜

（1）机动车（挂车除外）应在左右至少各设置一面后视镜。汽车后视镜的性能和安装要求应符合GB15084的规定，摩托车及轻便摩托车后视镜的性能和安装要求应符合GB17352的规定。机动车（不带驾驶室的摩托车及轻便摩托车除外）外后视镜的安装位置和角度应保证驾驶员能看清车身左右外侧、车后50m以内的交通情况。

（2）车长大于6m的平头货车和平头客车车前还应至少设置一面前下视镜，前下视镜应保证驾驶员能看清风窗玻璃前下方长1.5m、宽3m范围内的情况。

（3）车外后视镜和前下视镜应易于调节，并能有效保持其位置。

（4）安装在外侧距地面1.8m以下的后视镜，当行人等接触该镜时，应具有能缓和冲击的功能。

2. 前风窗玻璃刮水器

（1）机动车的前风窗玻璃应装备刮水器，其刮刷面积应确保驾驶员具有良好的前方视野。

（2）刮水器应能正常工作。

(3) 刮水器关闭时,刮片应能自动返回至初始位置(拖拉机运输机组除外)。

3. 遮阳板

汽车驾驶室内应设置防止阳光直射而使驾驶员产生炫目的装置,且该装置在汽车碰撞时,不应对驾驶员造成伤害。

4. 防雾除霜装置

乘用车前风窗玻璃应装有除雾、除霜装置。

5. 牵引车与被牵引车的连接装置

(1) 连接装置应坚固耐用。
(2) 牵引车和被牵引车连接装置的结构应能确保相互牢固的连接。
(3) 牵引车和被牵引车的连接装置上应装有防止机动车在行驶中因振动和撞击而使连接脱开的安全装置。

6. 汽车和挂车侧面防护

对于2003年3月1日起新出厂的总质量大于3500kg的货车和挂车,包括以货车底盘改装的专项作业车(如起重吊车、工具车、宣传车、消防车、自卸车);以及半挂车和全挂车必须安装侧面防护装置。半挂牵引车、为搬运无法分段的长货物而专门设计和制造的特殊用途车,如运输木材、钢材棒料等货物的车辆、为了专门目的设计和制造的、由于客观原因无法安装侧面防护装置的车辆不做要求。

1) 侧面防护装置外表面的位置要求

侧面防护装置不应增加车辆的总宽,其外表面的主要部分位于车辆最外沿(最大宽度)以内不大于120mm的位置。

2) 侧面防护装置外表面的形状要求

(1) 侧面防护装置的外表面应光滑,并尽可能前后连续;相邻部件允许搭接,但搭接的外露边沿应向后或向下;相邻部件可沿纵向留出不大于25mm的间隙,但后部不能超出前部的外侧。螺栓和铆钉的圆头允许凸出外表面不超过10mm,其他零件只要其光滑并倒圆,也可凸出外表面不超过10mm。所有外露的棱边和转角皆应倒圆,且半径不小于2.5mm。

(2) 侧面防护装置可以是一个连续平面,或由一根或多根横杆构成,或者是平面与横杆的组合体;当采用横杆结构时,横杆间距不大于300mm,且截面高度:总质量大于3.5吨且不大于12吨的载货汽车和总质量大于3.5吨且不大于10吨的挂车不小于50mm;总质量大于12吨的载货汽车和总质量大于10吨的挂车不小于100mm。平面和横杆的组合结构应形成一个实际连续的侧面防护装置。

(3) 侧面防护装置应具有一定的刚度,固定牢靠,应采用金属或其他适当材料制造。

(4) 固定地安装在车辆上的各种设施，如备胎、蓄电池架、储气筒、燃油箱、灯具、反射镜、工具箱等可以作为侧面防护装置的一部分（图 8.8）。

图 8.8　车上设施可作为侧面防护装置的一部分

【知识要点提示】

检测时要注意，固定地安装在车辆上的各种设施，可以作为侧面防护装置的一部分。

3) 侧面防护装置前缘的位置要求

(1) 载货汽车、挂车侧面防护装置前缘距离最靠近它的轮胎应不大于 300mm。如 300mm 的尺寸落在驾驶室区域，则前缘与驾驶室后壁板件间的间隙不超过 100mm（图 8.9）。

(2) 全挂车侧面防护装置前缘距离最靠近它的轮胎应不大于 500mm。

(3) 半挂车侧面防护装置前缘距离支腿应不大于 250mm。且在任何情况下，装置的前缘距离转向中心销应不大于 2700mm。

(4) 侧面防护装置的前缘位于开阔空间时，其前缘应具有一个连续的、贯穿其整个高度的垂直构件，该垂直构件的外侧面应向内弯曲、前端面应向后弯曲。

4) 侧面防护装置后缘的位置要求

侧面防护装置的后缘距离最靠近它的轮胎应不大于 300mm（图 8.10）。

图 8.9　侧面防护装置前缘的位置要求　　图 8.10　侧面防护装置后缘的位置要求

【知识要点提示】
侧面防护装置的前、后缘距离最靠近它的轮胎应不大于 300mm，如果这个距离太大，无防御行人容易跌于车侧而被卷入车轮下面，在检验鉴定时，这个参数比较容易被忽视。

5）侧面防护装置上缘的位置要求

侧面防护装置的上缘距离其上部的车辆构件应不大于 350mm。

下述情况例外：

（1）侧面防护装置的上缘没有与车辆构件相交，则装置的上缘应与货箱地板平面持平或距离地面至少 950mm 高，视其小者而定；

（2）侧面防护装置的上缘的车辆构件距离地面超过 1.3m，则装置上缘的离地高度不应小于 950mm；

（3）针对集装箱运输或车厢可拆卸式结构专门设计制造的车辆，将集装箱和可拆卸式车厢视为车辆构件。

6）侧面防护装置下缘的位置要求

侧面防护装置下缘距离地面应不大于 550mm，如图 8.11 所示。

7）关于某些特种结构车辆的补充规定

（1）可伸缩式挂车。压缩为最短时，侧面防护装置应符合本标准所有的要求；而在伸长后，标准中的关于侧面防护装置的前缘的构造和侧面防护装置的后缘的要求不需全部满足，只需满足其中任意一条；挂车伸长不应使装置沿长度方向产生间隙。

（2）罐式汽车，即具有固定安装于车辆的封闭容罐，并备有用于装卸的软管或管路接口，为运输液态物料而专门设计的车辆，侧面防护装置除因操作功能而无法满足的规定外，应尽可能符合本标准的所有要求。

（3）对于安装有伸缩支腿的车辆，允许侧面防护装置留出供支腿伸出的相应空隙（图 8.12）。

图 8.11　侧面防护装置下缘离地高

图 8.12　防护装置留出供支腿伸出的相应空隙

(4) 对于安装有绳缆固定装置，具备卷扬输送功能的车辆，侧面防护装置允许留有供绳缆通过并拉紧的空隙。

7. 汽车和挂车后下部防护

标准适用于 2003 年 3 月 1 日起新出厂的总质量大于 3500kg 的货车和挂车，包括以货车底盘改装的专项作业车，如起重吊车、工具车、宣传车、消防车、自卸车；和半挂车和全挂车。但本标准不适用于：半挂牵引车、为搬运无法分段的长货物而专门设计和制造的特殊用途车，如运输木材、钢材棒料等货物的车辆、为了专门目的设计和制造的、由于客观原因无法安装后下部防护装置的车辆。设置后下部防护的目的是为了如果 9 座以下载客汽车(M_1 类)和 3.5t 以下载货汽车(N_1 类)与本标准适用车型车辆发生碰撞时能够提供有效的保护，以防止发生钻入碰撞。

图 8.13　后下部防护下边缘离地高度

(1) 在空载状态下，车辆的后下部防护的下边缘离地高度应满足下面第(2)或第(3)的要求。

(2) 对于后下部防护的状态可以调整的车辆，车辆的后下部防护整个宽度上的下边缘离地高度应不大于 450mm。

(3) 对于后下部防护的状态不能调整的车辆，车辆的后下部防护整个宽度上的下边缘离地高度应不大于 550mm(图 8.13)。

(4) 后下部防护应尽可能的位于靠近车辆后部的位置，构件离车辆后部距离应不大于 400mm。

【知识要点提示】

在检验过程中，货车后下部防护装置离车辆后部距离应大于 400mm，这一要求通常容易被忽视，检验时也容易疏漏。

(5) 后下部防护的宽度不可大于车辆后轴两侧车轮最外点之间的距离(不包括轮胎的变形量)，并且后下部防护任一端的最外缘与这一侧车辆后轴车轮最外端的横向水平距离不大于 100mm(图 8.14)，如果车辆有两个以上的后轴，应以最长的后轴为准。如果装置属于车体或车体同时也是装置的一部分，即使车体超出后轴宽度，那么后下部防护同样不能超出后轴宽度。

(6) 后下部防护的横向构件的端部不得弯向车辆后方，尖锐部分不得朝后。横向构件的端部成圆角状，其端头圆角半径不小于 2.5mm，横向构件的截面高度不小于100mm(图8.15)。

图8.14 最外缘与该侧后轴车轮最外端的横向水平距离

图8.15 横向构件的截面高度

(7) 后下部防护在车辆后部可以被设计为具有不同的安装位置。此时，应具有可靠的方法以保证其安装后在安装位置上不会随意移动。操作员要改变装置位置时所须施加的力最大不能超过400N。

(8) 后下部防护无论在任何位置上，都应与车架或其他类似部件相连接，后下部防护对追尾碰撞的车辆必须具有足够的阻挡能力，以防止发生钻入碰撞。

(9) 在按移动壁障追尾碰撞试验条件与程序中指定的碰撞过程中，后下部防护可以变形、开裂，但是不许整体脱落。

(10) 在按移动壁障追尾碰撞试验条件与程序中指定的碰撞过程中，后下部防护应能够吸收碰撞能量以缓和冲击。要求移动壁障的最大减速度不大于40g，反弹速度不大于2m/s。

(11) 在按照静态加载试验或移动壁障追尾碰撞试验条件与程序的要求进行试验后，由于静态加载力的作用或移动壁障的碰撞，使后下部防护发生变形，则在变形后装置的后部与车辆最后端(在测量时处于空载状态下车辆上与地面的垂直距离大于3m的部分除外)的纵向水平距离不能超过400mm。

(12) 车辆的后下部防护应不影响车辆的通行能力；或者可通过适当的措施暂时改变后下部防护的状态以保证车辆的离去角，满足通行的要求。

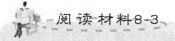
阅读材料8-3

2011年1月14日3时30分许(小雨)，牌照号为川AXXXXX的轿车(图8.16)在成金(青)路泰兴镇张庵村路段(湿沥青路面)，发生该车与牌照号为川FXXXXX、川FXXXX挂的车组(图8.17)追尾碰撞、造成人员伤亡的交通事故。

图 8.16 轿车前部照片

图 8.17 半挂车后部

经检验，货车后下部防护装置右侧被撞脱落，支架强度明显不足。这是一起因后下部防护装置强度不足造成车毁人亡的重大交通事故。

8.2.2 乘员安全防护装置

1. 汽车安全带

（1）乘用车的所有座椅（第三排及第三排以后的可折叠座椅除外）均应装置汽车安全带，座位数不大于 20（含驾驶员座位，下同）或者车长不大于 6m 的客车及最高设计车速不小于 100 km/h 的货车和半挂牵引车的前排座椅应装置汽车安全带。长途客车和旅游客车的驾驶员座椅、前面没有座椅的座椅及前面护栏不能起到必要防护作用的座椅应装置汽车安全带；当（同向）座椅的座间距大于 1000mm 且座垫前面沿座椅纵向不大于 600mm 的范围内没有能起到防护作用的护栏或其他物体时，也应装置汽车安全带。

（2）卧铺客车的每个铺位均应安装两点式汽车安全带。

（3）汽车安全带应可靠有效，安装位置应合理，固定点应有足够的强度。

2. 安全出口

（1）车长小于 6m 的客车，在乘坐区的两侧应具有紧急时乘客易于逃生或救援的侧窗。

（2）车长不小于 6m 的客车，如车身右侧仅有一个供乘客上下的车门时，应设置安全门（图 8.18 和图 8.19）或安全窗（图 8.20 和图 8.21）。长途客车和旅游客车应设置车顶安全出口；卧铺客车的卧铺布置为上、下双层时，侧窗布置应为上下双排。使用安全门时应保证不用其他器具即可将其向外推开。安全出口的数量、位置应符合有关规定。

图 8.18　安全门外侧　　　　　　图 8.19　安全门内侧

图 8.20　安全顶窗　　　　　　　图 8.21　安全门侧窗

(3) 安全门应满足下列要求

① 安全门的净高不应小于 1250mm，净宽不应小于 550mm。

② 门铰链应在门前端，向外开启角度不应小于 100°，并能在此角度下保持开启。同时还应设有开启报警装置。若在安全门打开时能提供不小于 550mm 的自由通道，则开度不小于 100°的要求可不满足。

③ 通向安全门的通道宽度不应小于 300mm，不足 300mm 时，允许采用迅速翻转座椅等方法加宽通道。

④ 安全门应有锁止机构且锁止可靠。安全门关闭时应能锁止，且在车辆正常行驶情况下不会因车辆振动、颠簸、冲撞而自行开启。

⑤ 安全门不用工具应能从车内外很方便地打开车门，门外手柄应设保护套，且离地面高度(空载时)不应大于 1800mm。

(4) 安全窗应满足下列要求

① 安全窗和安全顶窗的面积不应小于 (3×10^5) mm²，且能内接一个 400mm×

600mm(对车长不大于 7m 的客车为 330mm×500mm)的椭圆;若安全窗位于客车后端面,则其面积不应小于($4×10^5$)mm²,且应能内接一个 500mm×700mm 的矩形。

② 安全窗应采用易于迅速从车内、外开启的装置;或采用安全玻璃,并在车内明显部位装备击碎玻璃的安全手锤。

③ 安全顶窗应易于从车内、外开启或移开。安全顶窗开启后,应保证从车内外进出的畅通。弹射式安全顶窗应能防止误操作。

(5) 标志

① 每个安全出口应在其附近设有"安全出口"字样。

② 乘客门和安全出口的应急控制器应在其附近标有清晰的符号或字样,并注明其操作方法,字体高度不应小于 20mm。

3. 安全架

(1) 货车货箱(自卸车、装载质量 1000kg 以下的货车除外)前部应安装比驾驶室高至少 70mm 的安全架。

(2) 无驾驶室的三轮汽车货箱前部应安装具有足够强度的安全架,其高度应高出驾驶员座垫平面至少 800mm。

(3) 驾驶员和货物同在一个车厢内的厢式车,在最后排座位的后方应安装具有足够强度的隔离装置。

4. 灭火器

客车应装备灭火器,灭火器在车上应安装牢靠并便于取用,见图 8.19 左下侧。

5. 其他乘员防护装置

(1) 两轮摩托车和边三轮摩托车主车的客座应设座垫、扶手(或拉带)和脚蹬。

(2) 三轮汽车按产品使用说明书正常启动和运行过程中可能触及的,且在环境温度为(23±3)℃下测定温度大于 80℃ 的热表面应有永久性联结或固定(不使用工具无法拆卸)的防护装置或挡板。

(3) 三轮汽车和拖拉机运输机组的传动皮带、风扇、启动爪和动力输出轴等外露旋转件应加防护罩,并应符合 GB 10395.1 的规定。三轮汽车的踏板、脚踏板必要时应采取防滑措施。

8.2.3 其他安全防护装置

1. 燃料系统的安全保护

(1) 燃料箱及燃料管路应坚固并固定牢靠,不会因振动和冲击而发生损坏和漏油现象。

（2）燃料箱的加油口及通气口应保证在机动车晃动时不漏油。

（3）机动车(摩托车和轻便摩托车及装用单缸柴油机的汽车除外)的燃料系统不允许用重力或虹吸方法直接向化油器或喷油器供油。

（4）燃料箱的加油口和通气口不允许对着排气管的开口方向，且应距排气管的出气口端 300mm 以上，否则应设置有效的隔热装置。燃料箱的加油口和通气口应距裸露的电气接头及外部可能产生火花的电气开关 200mm 以上。车长大于 6m 的客车的燃料箱的加油口和通气口应距排气管的任一部位 300 mm 以上。

（5）汽车燃料箱各部分不允许前伸至前置汽油发动机的前端面。车长大于 6m 的客车燃料箱距客车前端面不应小于 600mm，距客车后端面不应小于 300mm。不允许用户加装燃料箱。

（6）机动车燃料箱的通气口和加油口不允许设置在有乘员的车厢内。

2. 气体燃料专用装置的安全防护

（1）气体燃料的供给系统应有有效的安全保护结构措施，以防止气体泄漏，如高压过流保护装置。

（2）对于两用燃料汽车，应设置燃料转换系统并安装燃料转换开关。在燃料控制上，应具有当发动机突然停止运转时，即使点火开关打开也能自动切断气体燃料供给的功能。燃料转换开关的安装位置应便于驾驶员操作，其档位标记应明显，能分别控制供油、供气两种状态。气体燃料和汽油电磁阀的操作均应由燃料转换开关统一控制；当电流被切断时，电磁阀应处于"关闭"位置。

（3）车用压缩天然气气瓶应符合相关标准规定，压缩天然气管路应采用不锈钢管或其他车用高压天然气专用管路；车用液化石油气气瓶应符合相关标准规定，高压管路应采用液化石油气专用管路。

（4）气瓶应被安全地固定在车上，安装气瓶的固定座应具有阻止气瓶旋转、移动的能力，固定座应便于拆装工作。气瓶安装后其强度和刚度不允许下降，车架(车身)结构强度也不应受影响。

注：车用压缩天然气气瓶和车用液化石油气气瓶等统称为"气瓶"。

（5）气瓶安装位置应远离热源，必要时应采取隔热措施。在任何情况下，气瓶及其所有高压管路和高压接头与发动机排气管和传动轴的任何部位之间的距离不允许小于 75mm；当两者的距离在 75～200mm 之间时，应设置固定可靠的隔热装置。

（6）气瓶应安装在通风位置或采取有效的通风措施。

（7）气瓶与汽车后轮边缘的距离不应小于 200mm。气瓶安装在汽车车架下时，气瓶下方应采取有效防护措施且气瓶及其附件不允许布置在汽车前轴之前。

(8) 气瓶不允许直接安装在驾驶室、载人车厢和货箱内。当不得不安装在上述部位时,必须设置防护罩并将气瓶与驾驶室或载人车厢有效分离。隔离装置应有很强的防护功能,当车辆受到冲撞时,隔离装置应能有效地防止气瓶冲入驾驶室或载人车厢或货箱内。

(9) 气瓶的安装和保护罩的设置,应能保证气瓶集成阀的正常操作和检查。

(10) 手动截止阀和调压器应符合有关规定。手动截止阀应安装在气瓶到调压器之间易于操作的位置,阀体不允许直接安装在驾驶室内。

(11) 气瓶至调压器之间应安装滤清装置,并易于检查、清洗和更换。

(12) 高压管路的特殊部位(如相对移动的部件之间)应采用柔性管线,其余部位应采用刚性管线。

(13) 刚性高压管路应排列整齐、布置合理、固定有效,不允许与相邻部件碰撞和摩擦,所有高压管路和高压管接头应得到有效的保护,高压管接头应安装在能看得见且操作者易于接近的位置。

(14) 所有管路接头处均不应出现漏气现象。

3. 其他

(1) 机动车发动机的排气管口不允许指向车身右侧。

(2) 专门用于运送易燃和易爆物品的道路运输危险货物车辆,应在驾驶室上方安装红色标志灯,车上应备有消防器材并具有相应的安全措施。排气管应装在车身前部,机动车尾部应安装接地装置。

(3) 汽车(三轮汽车除外)应装备符合 GB19151 规定的三角警告牌,三角警告牌在车上应妥善放置。

(4) 乘用车和车长小于 6m 的客车前后部应设置保险杠,货车(三轮汽车除外)应设置前保险杠。

(5) 机动车的货箱或其他载货装置,其构造应保证安全、稳妥地装载货物。

8.3 交通事故车辆安全防护装置检验鉴定

8.3.1 预防性安全防护装置检验

由于汽车和挂车侧面、后下部防护装置检验鉴定的内容较多,也是本章的重点内容,因此在后面对其单独介绍。

车外后视镜、前下视镜、遮阳板、风窗玻璃刮水器、防雾除霜装置的检验鉴定主要进行静态检视、检验。

1. 外后视镜、前下视镜

（1）主要检视车外后视镜、前下视镜的有无；视镜数量、安装位置是否符合要求；视镜是否易于调节，是否能有效保持其位置。

（2）检验车辆车外后视镜是否能保证驾驶员能看清车身左右外侧、车后 50m 以内的交通情况；前下视镜是否能保证驾驶员能看清风窗玻璃前下方长 1.5m、宽 3m 范围内的情况。

2. 遮阳板、风窗玻璃刮水器、防雾除霜装置

检视车辆是否安装有遮阳板、风窗玻璃刮水器、防雾除霜装置，是否能工作、功能是否正常。

8.3.2 乘员安全防护装置检验

1. 安全带

1）安全带检视

（1）检视乘用车的所有座椅（第三排及第三排以后的可折叠座椅除外）是否装置汽车安全带；

（2）座位数不大于 20（含驾驶员座位，下同）或者车长不大于 6m 的客车及最高设计车速不小于 100km/h 的货车和半挂牵引车的前排座椅是否装置汽车安全带；

（3）长途客车和旅游客车的驾驶员座椅、前面没有座椅的座椅及前面护栏不能起到必要防护作用的座椅是否装置汽车安全带；当（同向）座椅的座间距大于 1000mm 且座垫前面沿座椅纵向不大于 600mm 的范围内没有能起到防护作用的护栏或其他物体时，是否装置汽车安全带；

（4）卧铺客车的每个铺位是否安装两点式汽车安全带。

2）安全带检验

汽车安全带是否可靠有效，安装位置是否合理，固定点是否有足够的强度，可依据 GB 6095《安全带》第 5.1 条规定的检验方法进行。

阅读材料8-4

2010 年 3 月 30 日 3 时 45 分许（天气：雨），牌照号为川 ATQXXX 的出租车（图 8.22）在成都市一环路南二段新世纪电脑城前路段处（湿水泥路面）与川 AEXXXX 的波罗牌轿车（图 8.23）发生正面碰撞的交通事故，造成出租车司机当场死亡。

图8.22 出租车前部受损情况

图8.23 波罗轿车前部受损情况

经检验，出租车未配置安全气囊。检验时，驾驶员座位安全带靠近肩扣处的织带被一根牙签插于（固定在）车身上（图8.24），织带大部分处于卷收器外部，拉出织带约15cm即达到极限位置，经检验，该卷收器能工作。

波罗轿车前部主、副安全气囊均处于打开状态，驾驶员座位安全带的带扣插入插件内（图8.25），安全带的卷收器功能正常。分析认为，在事故发生时，驾驶员未有效使用安全带。

图8.24 出租车安全带织带上的牙签

图8.25 波罗车驾驶席安全带及安全气囊

分析认为：因出租车驾驶员座位安全带的织带上插有牙签，导致中立柱内侧的安全带肩扣卡住织带，使织带大部分处于卷收器外部，该安全带在事故中未能发挥作用，加重了碰撞事故对驾驶员的伤害。

受益于安全气囊的保护，波罗轿车驾驶员在事故中得以存活，但未正确使用安全带又加重了碰撞事故对驾驶员的伤害。

2. 安全出口

1）安全出口检视

（1）检视车长小于6m的客车，在乘坐区的两侧是否有紧急时乘客易于逃生或救援的侧窗。

(2) 检视车长不小于 6m 的客车,如车身右侧仅有一个供乘客上下的车门时,是否设置安全门或安全窗。检查长途客车和旅游客车是否设置车顶安全出口。卧铺客车的卧铺布置为上、下双层时,侧窗布置是否为上下双排。使用安全门时是否可以不用其他器具即可将其向外推开。安全出口的数量、位置是否符合有关规定。

(3) 安全门门铰链是否在门前端,是否设置有开启报警装置;安全门是否不用工具能从车内外很方便地打开,门外手柄是否设保护套。

(4) 安全门是否有锁止机构且锁止可靠。

(5) 安全窗是否易于迅速从车内、外开启;是否采用安全玻璃,是否在车内明显部位装备击碎玻璃的安全手锤。

(6) 安全顶窗是否易于从车内、外开启或移开。安全顶窗开启后,是否保证从车内外进出的畅通。弹射式安全顶窗是否能防止误操作。

(7) 检视标志

每个安全出口是否在其附近设有"安全出口"字样;乘客门和安全出口的应急控制器是否在其附近标有清晰的符号或字样,是否注明其操作方法,字体高度是否小于 20mm。

2) 安全出口检验

(1) 安全门

检验内容主要包括安全门向外开启的角度不应小于 100°,安全门打开时能提供的自由通道宽度,见表 8-1 安全门检验记录表。

表 8-1 安全门检验记录表

项　目	检验结果	备　注
安全门向外开启角度/(°)		
安全门打开时的自由通道宽度/mm		是否可以采用迅速翻转座椅等方法加宽通道
安全门门外手柄空载时离地面高度/mm		

(2) 安全窗

检验内容主要包括椭圆形安全窗和安全顶窗的面积,椭圆形安全窗和安全顶窗的长轴、短轴尺寸;客车后端矩形安全窗的大小等参数。见表 8-2 安全窗检验记录表。

3. 安全架

1) 检视货车有无安全架;驾驶员和货物同在一个车厢内的厢式车,是否在最后排座位的后方安装有足够强度的隔离装置。

2) 检验货车货箱(自卸车、装载质量1000kg以下的货车除外)前部安全架至驾驶室顶部的高度；见表8-3安全架高度检验记录表。

表8-2 安全窗检验记录表

项 目	检验结果			备注
	长轴/mm	短轴/mm	面积/mm²	
椭圆形安全窗和安全顶窗				车长是否大于7m
客车后端矩形安全窗				

表8-3 安全架高度检验记录表

项目/mm	检验结果	备注
前部安全架至驾驶室顶部的高度		自卸车、装载质量1000kg以下的货车除外
货箱前部安全架至驾驶员座垫平面的高度		无驾驶室的三轮汽车

4. 灭火器

检视客车是否装备灭火器，安装是否牢靠并便于取用，灭火器是否在有效期内。

8.3.3 其他安全防护装置检验

其他防护装置主要包括燃油系统防护，易燃、易爆、有毒物专用车的防护装置，以及保险杠等。

主要检视这类装置的有无，安装位置是否符合要求等，检验这类装置的功能是否正常等。根据交通事故鉴定的需要，针对相应的系统进行检验鉴定。

8.3.4 汽车、挂车侧面防护装置检验

首先通过车辆合格证或车辆铭牌或车辆查询系统上记录的技术参数和生产日期，判定该车是否要求安装侧面防护装置。

1. 检验鉴定的依据

GB 7258—2004《机动车运行安全技术条件》及其第3号修改单
GB 15088.2001《机动车辆及挂车分类》
GB 11567.1—2001《汽车和挂车侧面防护要求》

2. 适用范围

适用于N2、N3类载货汽车和O3、O4类挂车(表8-4)上安装的侧面及后

下部防护装置的查验判定。

表 8-4 车辆分类表

分类代号	车辆类型	最大设计总质量/载客数(M/人)
M1	客车	载客数≤9人
N1	载货汽车	M≤3500kg
N2	载货汽车	3500kg＜M≤12000kg
N3	载货汽车	M＞12000kg
O3	挂车	3500kg＜M≤10000kg
O4	挂车	M＞10000kg

GB 11567.1—2001《汽车和挂车侧面防护要求》对半挂牵引车和长货物搬运专用车(如运输木材、钢材棒料等货物的车辆)、对结构本身已具备防护功能的车辆不要求安装侧面防护装置。

3. 检验方法

1) 检验条件

被检车辆需在静态、空载、水平地面上进行参数的测定。

2) 侧面防护装置检视

检视属于上述 4 类车辆是否安装有侧面防护装置；侧面防护装置在结构、形状、尺寸上是否存在明显不合格现象(如损坏、结构强度差、端部尖锐、是否向内弯曲、安装否牢固可靠、安装位置过高、横向构件厚度或壁厚过薄、长度过短等)。

3) 侧面防护装置检验

对侧面防护装置结构尺寸、下缘离地高度等进行测量，检验项目见表 8-5。
对于车身、侧防护装置已变形的车辆，必须进行必要的复原后再静态检测。

表 8-5 侧面防护装置检测记录表

项 目	检验结果	备注
汽车(挂车)总重量/T		
相邻两侧面防护装置的纵向间隙(左/右)/mm		
侧面防护装置上的零部件凸出量(左/右)/mm		
侧面防护装置的截面高(左/右)/mm		
侧面防护装置横杆间距(左/右)/mm		
侧面防护装置前缘距离最靠近轮胎的距离(左/右)/mm		

(续)

项　　目	检验结果	备注
半挂车侧面防护装置前缘距离支腿的距离（左/右）/mm		
侧面防护装置前缘距离转向中心销的距离（左/右）/mm		
侧面防护装置后缘与最近轮的距离（左/右）/mm		
侧面防护装置的上缘与其上部车辆构件的距离（左/右）/mm		
侧面防护装置外表面与车辆最外沿的距离（左/右）/mm		
侧面防护装置下缘离地高度（左/右）/mm		

8.3.5　汽车、挂车后下部防护装置检验

首先通过车辆合格证或车辆铭牌或车辆查询系统上记录的车辆技术参数和生产日期，判定该车是否要求安装后下部防护装置。

1. 检验鉴定的依据

GB 7258—2004《机动车运行安全技术条件》及其第 3 号修改单
GB 15088.2001《机动车辆及挂车分类》
GB 11567.2—2001《汽车和挂车后下部防护要求》

2. 适用范围

适用于 N2、N3 类载货汽车和 O3、O4 类挂车上安装的后下部防护装置的查验判定。

GB 11567.2—2001《汽车和挂车后下部防护要求》对半挂牵引车和长货物搬运专用车（如运输木材、钢材棒料等货物的车辆）不要求安装后下部防护装置，对结构本身已具备防护功能的除外。

3. 后下部防护装置静态结构、参数检验

1）检视

检视属于 N2、N3 类载货汽车和 O3、O4 类挂车 4 类车辆是否安装有后下部防护装置；后下部防护装置在结构、形状、尺寸上是否存在明显不合格现象（如损坏、结构强度差、端部尖锐、是否向内弯曲、安装否牢固可靠、安装位置过高、横向构件厚度过薄、长度过短等）。

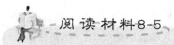

阅读材料 8-5

2011年1月20日20时40分许（天气：阴），牌照号为渝BXXXXX的货车（图8.26）由绵阳方向往成都方向行驶至京昆高速公路1692km+300m处（干燥沥青路面）时，发生该车与牌照号为京YBPXXX的小型普通客车（图8.27）碰撞的交通事故。

图 8.26　渝 BXXXXX 的货车　　　图 8.27　京 YBPXXX 的小型普通客车

经检验，渝BXXXXX的货车未安装后下部防护装置，车辆后部构件无任何防护功能，不符合国家标准要求；而且，经鉴定该车在事发的行驶速度约为33.0~36.0km/h，两车速度差大，从而发生京YBPXXX的小型普通客车钻入碰撞渝BXXXXX货车的特大交通事故。

2) 后下部防护装置静态参数检验

后下部防护装置结构尺寸、下缘离地高度等进行测量如图8.28和图8.29所示，检验项目见表8-6。

图 8.28　后下部防护装置截面高　　　图 8.29　后下部防护装置下缘离地高

表 8-6 后下部防护装置检测记录表

项　目	检验结果	备注
后下部防护最外缘与该侧后轴车轮最外端的横向水平距离(左/右)/mm		
改变后下部防护装置位置时施加的最大力/N		
后下部防护装置的截面高/mm		
后下部防护装置下缘离地高度/mm		

3) 本章【导入案例】解析

本章【导入案例】中追尾碰撞事故的前车采用固定式后下部防护装置,其结构参数测量结果见表 8-7。

测量结果显示该事故车的后下部防护装置的截面高为 50mm,不符合标准规定"横向构件的截面高度不小于 100mm"的要求,支架为 50mm×50mm、厚度为 5mm 角钢,其支架和横向构件强度均明显不足,导致后车发生钻入碰撞,造成人员伤亡。

表 8-7 后下部防护装置检测记录表

项　目	检验结果	备注
后下部防护最外缘与该侧后轴车轮最外端的横向水平距离(左/右)/mm	60/0	
后下部防护装置的截面高/mm	50	支架强度严重不足
防护装置下缘离地高度/mm	405	

4. 后下部防护装置阻挡、缓冲功能和强度试验

通过上述静态结构参数检验后,对后下部防护装置的阻挡、缓冲功能和强度有质疑的,就需要对后下部防护装置进行静态加载试验和移动壁障追尾碰撞试验。

1) 静态加载试验

(1) 试验条件。

① 在进行试验时可任选以下之一的方式进行。

a. 在预计安装后下部防护装置的车辆上进行;

b. 在预计安装后下部防护装置的车辆车架部件上进行;

c. 在刚性试验台上进行。

② 在按照上述 b 方式和 c 方式进行试验时,用于连接后下部防护装置和车

辆车架部件或刚性试验台的连接部件应与实际用来将后下部防护装置安装到车辆上的连接部件相同。

（2）车辆试验条件。

① 车辆应处于空载状态，固定在水平、平坦、刚性、平滑的平面上。

② 前轮处于直线行驶位置。

③ 轮胎应充气到车辆制造商所推荐的压力。

④ 为了达到所规定的试验力，应按照车辆制造商指定的方法制动车辆。

⑤ 装备有液压气动、液压或气压悬架或根据负载自动平衡的装置的车辆应处于车辆制造商规定的正常运行状态下。

（3）试验程序。

① 加载点的位置。

要求应通过使用适当的试验设备进行检验，在后下部防护装置横梁结构的中心平面上有5个载荷作用点，如图8.30所示。5个载荷作用点位于同一水平面上，并且其离地面的高度为：对于后下部防护装置的状态可以调节的车辆，加载点的中心距离地面的高度不能超过500mm；对于后下部防护装置的状态不能调节的车辆，加载点的中心距离地面的高度不能超过600mm。

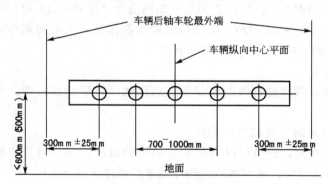

图8.30 加载点的位置

载荷通过图8.31所示的加载装置将规定的载荷施加到后下部防护装置上，该加载装置的加载向高度不大于250mm（确切的高度由制造商来指定），宽度为200mm，加载面与其他侧面的倒角直径为5mm±1mm。

a. 两点加载。两个作用点之间的距离在700~1000mm之间，作用点的具体位置由制造商给定。

b. 三点加载。其中左右两边外侧两个作用点，分别距离车辆后轴轮胎的最外端相切并且平行于车辆纵向中心线的垂直平面300mm±25mm，如果车辆有两个以上的后轴，车辆后轴轮胎的最外端应以距离车辆纵向中心面最远的点（不包括轮胎的变形量）为准；第三个作用点位于上述两点连线之间，并且处于车辆中

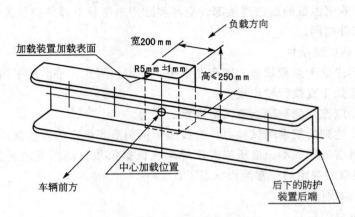

图 8.31 加载装置示意图

央垂直平面上。

② 试验载荷。

a. 两点加载时为 100kN 或者相当于车辆最大总质量的 50% 的水平载荷（取两者较小值），分别持续作用于上述规定的左侧加载点或右侧加载点上。

b. 三点加载时为 25kN 或者相当于车辆最大总质量的 12.5% 的水平载荷（取两者较小值），分别持续作用于上述规定的左侧作用点上或右侧作用点上，然后持续作用在车辆纵向中心平面上的加载点

③ 加载程序。

a. 试验可以顺次进行两点加载和三点加载。在试验过程中，允许使用不同的试验样品。

b. 两点加载时与加载顺序无关。

c. 三点加载时，先进行两端加载点的加载试验，然后进行车辆纵向中心平面上的点的加载试验，左右两边外侧点加载的顺序无关。

2) 移动壁障追尾碰撞试验

(1) 概述。

本试验使用移动壁障撞击载货汽车、挂车后下部防护装置，考核后下部防护装置的：

① 阻挡功能——防止追尾碰撞时钻入载货汽车下部而造成车内乘员伤害；

② 缓冲吸能功能——缓和冲击，减轻对碰撞车辆车内乘员的伤害，改善碰撞相容性。

(2) 移动壁障。

移动壁障质量为 1100±25kg，前端碰撞表面为刚性，宽 1700mm，高 400mm，离地间隙 240mm。在碰撞表面前面覆盖一层 20mm 厚的优质胶合板。

(3) 试验条件及试验准备。

① 试验场地。

试验场地应足够大,以容纳跑道、固定壁障和试验所需的技术设备。在固定壁障前至少 5m 的跑道应水平、平坦和光滑。

② 固定壁障。

固定壁障由钢筋混凝土制成,前端宽度不小于 3m,高度不小于 1.5m。壁障厚度应保证其质量不低于 7×10^4 kg。壁障前表面应铅垂,其法线与车辆直线行驶方向成 0°夹角,壁障前表面应具有适当的结构以便安装试件。

③ 试件准备。

a. 从载货汽车的车架上取下一段车尾部结构,用于安装待试验的后下部防护装置。

b. 采用与实际相同的安装方式将防护装置固定在载货汽车的尾部结构上。

c. 按照载货汽车空载时的尺寸将制备好的试件用螺栓刚性地固定在固定壁障前端,后下部防护装置的前表面与固定壁障的水平距离不应小于 1000mm,刚性的车尾部结构的下表面与地面的垂直距离不小于 800mm(如果载货汽车空载时车尾部车架的下表面与地面的垂直距离小于 800mm 的话,将其调节到 800mm)。

d. 在试件和移动壁障上贴上易于高速摄影分析用的醒目的标志,作为钻入量、反弹速度测量的测点和标尺。

(4) 碰撞试验的实施。

① 移动壁障在碰撞瞬间应不再承受任何附加转向或驱动装置的作用。

② 移动壁障到达后下部防护装置的路线的过程中,在横向任一方向偏离理论轨迹均不得超过 15cm。

③ 碰撞速度。

在碰撞瞬间,移动壁障的速度应为 32^{+0}_{-2} km/h。当然如果试验在更高的速度下进行,并且后下部防护装置满足要求,也认为试验合格。

(5) 测量项目。

① 移动壁障碰撞车速的测量。

在碰撞前 2m 范围内测量移动壁障的运动速度。

② 移动壁障钻入量的测量。

使用不低于 500 幅/s 的高速摄影(像)机从正侧面拍摄碰撞过程,由图像分析测量碰撞过程中移动壁障的钻入量。光学测量系统必须有确定碰撞零时刻的装置,以便确定钻入量测量的初始位置。

③ 移动壁障碰撞过程最大减速度值的测量。

从移动壁障的纵向安装 2 个加速度测量通道。采用符合 3)的要求且 cfc 为 60 的数据通道。

④ 移动壁障碰撞后反弹速度的测量。

使用不低于 500 幅/s 的高速摄影（像）机从正侧面拍摄碰撞过程，由图像分析测量碰撞后移动壁障的反弹车速。反弹车速的测量从最大钻入量位置为初始位置，测量反弹到约 0.2m 位置的平均速度；如果反弹距离小于 0.2m，反弹速度以 0 计，认为移动壁障的动能在碰撞过程中被后下部防护装置的塑性变形能吸收，没有发生反弹。

3）测试仪器。

（1）定义。

① 数据通道。

数据通道包括从传感器（或以某种特定方式结合在一起输出信号的复合传感器）到数据分析仪器（可以分析数据的频率成分和幅值成分）的所有设备。

② 传感器。

数据通道的第一环节，用来将被测的物理量转换成为其他的量（如电压），以便其后接设备的处理。

③ 通道的幅值等级。

满足 3）规定的某些幅值特性的数据通道的表示方法，cac 值在数值上等于测量范围的上限。

④ 特征频率。

这些频率的定义如图 8.32 所示。

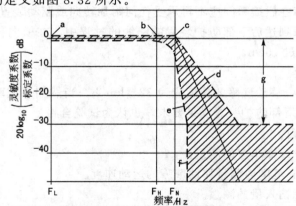

CFC	F_L Hz	F_H Hz	F_N Hz	N	对数坐标		
1 000	≤0.1	1 000	1 650	a	±0.5		dB
600	≤0.1	600	1 000	b	+0.5	−1	dB
180	≤0.1	180	300	c	+0.5	−4	dB
60	≤0.1	60 s	100	d	−9		dB/倍频程
				e	−24		dB/倍频程
				f	∞		
				g	−30		

图 8.32 频率响应曲线

⑤ 通道的频率等级。

通道的频率等级由某一数值表示，该值表明通道的频率响应位于图 8.32 规定的限值内。cfc 值在数值上等于 fh(Hz)值。

⑥ 灵敏度系数。

在通道的频率等级内，采用最小二乘法对标定值拟合，所得直线的斜率即为灵敏度系数。

⑦ 数据通道的标定系数。

在对数坐标上，位于 fl 与 fh/2.5 之间，用等间隔频率点的灵敏度系数的平均值表示。

⑧ 线性误差。

标定值与 c1.6 定义的直线上对应读数之间的最大值同通道幅值等级的比，用百分数表。

⑨ 横向灵敏度。

当一个激励施加于与测量轴线垂直的传感器上时的输出信号与输入信号的比值。该值表示为主测量轴向的灵敏度的百分数。

⑩ 相位滞后时间。

数据通道的相位滞后时间等于某正弦信号的相位滞后(用弧度表示)除以该信号的角频率(用 rad/s 表示)。

⑪ 环境。

在给定的时刻，数据通道所处的外部条件与受到的影响的总称。

(2) 性能要求。

① 线性误差。

cfc 中任何频率下数据通道的线性误差的绝对值，在整个测量范围内，应等于或小于 cax 值的 2.5%。

② 幅值对频率的关系。

数据通道的频率响应应位于图 c1 给定的限定曲线内。0db 线由标定系数确定。

③ 相位滞后时间。

数据通道的输入与输出信号之间的相位滞后时间，在 0.03fh 与 fh 之间，不得超过 1/(10fh)秒。

④ 时间。

a. 时基。

时基应予记录并至少给出 1/100s，精度为 1%。

b. 相对时间延迟。

两个或多个数据通道信号之间的相对时间延迟，不管何频率等级，不应超过

1ms，除去因相位漂移而产生的滞后。

信号混合在一起的两个或多个数据通道应具有相同的频率等级且相对时间延迟不得超过 1/(10fh) 秒。

这一要求适用于模拟信号以及同步脉冲和数字信号。

⑤ 传感器横向灵敏度。

传感器横向灵敏度在任何方向应小于 5%。

⑥ 校准。

a. 概述。

数据通道用可追溯到已知标准的基准设备进行标定，每年至少一次。与基准设备进行比较的方法不应导致大于 cac 的 1% 的误差。基准设备的使用应限定在已标定的频率范围内。数据采集系统的子系统可以单独标定，然后换算成总系统的精度。比如，可以用已知幅值的电信号模拟传感器的输出对系统进行标定，而不需要传感器。

b. 用于标定的基准设备的精度。

基准设备的精度应由官方计量机关予以鉴定或确认。

静态校准：加速度误差应小于通道幅值等级的 ±1.5%，误差应小于通道幅值等级的 ±1%，位移误差应小于通道幅值等级的 ±1%。

动态校准：基准加速度的误差表示成通道幅值等级的百分数，要求：400Hz 以下时不超过 ±1.5%；400～900Hz 之间不超过 ±2%；大于 900Hz 时不超过 ±2.5%。

时间：基准时间的相对误差应不超过 10^{-5}。

c. 灵敏度系数和线性误差。

测量数据通道的输出信号与已知变化幅值的输入信号的关系即可确定灵敏度系数和线性误差。数据通道的标定应覆盖整个幅值等级。

对双向幅值通道，正值、负值均应标定。

如果标定设备不能产生要求的输入，标定应该在相应标准的限制内进行，限值应该记录在测试报告中。

在 fl 与 fh/2.5 之间，整个数据通道应在有重要值的频率处或某一段频率范围内进行标定。

d. 频率响应的标定。

幅频特性和相频特性由数据通道的输出信号与已知输入信号的关系确定，输入信号在 fl 与 10 倍的 cfc 或 3000Hz(取较小者)之间变化。

⑦ 环境影响。

应进行定期检查以确定环境的影响(诸如电或磁通量等)。这通常可以通过记录装备了模拟传感器的备用数据通道的输出来进行。如果输出信号过大，即应采取纠正措施,例如更换电线。

⑧ 数据采集通道的选择与确定。

通过 cac 与 cfc 确定数据通道。

cac 应是 $1\times 10n$,$2\times 10n$ 或 $5\times 10n$,其中 n 为整数。

(3) 传感器的安装。

传感器应刚性固定以使其记录受振动的影响尽可能小。安装的谐振频率至少为数据通道所考虑的 fh 频率的 5 倍。尤其是加速度传感器的安装应保证实际测量轴线相对于基准轴线的偏离角不得大于 5°,除非为分析安装的影响而采集数据。测量某一点的多轴向加速度时,每个加速度传感器轴线应距该点 10mm 内,每个加速度计的惯性质量中心应距该点 30mm 内。

(4) 记录。

① 模拟磁带记录仪。

带速应稳定,带速误差不超过使用带速的 0.5%。在最大带速时,记录仪信噪比应不低于 42db。总谐波失真应小于 3%,并且线性误差应小于量程的 1%。

② 数字式磁带记录仪。

带速应稳定,带速误差不超过使用带速的 10%。

③ 纸带式记录仪。

在直接式数据记录情况下,纸带速度(以 mm/s 表示)应至少为 fh 值(以 Hz 为单位)的 1.5 倍。在其他情况下,纸带速度应保证获得相同的分辨率。

(5) 数据处理。

① 滤波。

在数据记录或处理过程中,都要进行相应于数据通道的频率等级的滤波。然而,在记录之前,应进行比 cfc 级别高的模拟滤波,以便使用记录器至少 50% 的动态范围,而且降低了记录仪器高频饱和或导致数字处理过程中的频率混淆的危险。

② 数字化。

a. 采样频率。

采样频率应至少等于 8fh。对于模拟记录仪,当记录和回放速度不同时,采样频率能被速比整除。

b. 幅值分辨率。

数字长度至少为 7 位和一个符号位。

(6) 试验结果的表示。

试验结果应以 A4 幅面纸(iso/r216)给出。以图形表示的试验结果应有坐标轴,坐标轴采用所选单位的适当倍数的测量单位来定标(如 1mm,2mm,5mm,10mm,20mm)。应使用标准国际单位制,但车辆速度可以使用 km/h,而碰撞加速度则可以用 g 来表示，这里 g=9.81m/s²。

【知识要点提示】

在移动壁障追尾碰撞试验条件与程序中指定的碰撞过程中，后下部防护装置可以变形、开裂，但是不允许整体脱落。即在规定的试验条件下，后下部防护装置未整体脱落为合格，但在实际的碰撞事故中，后下部防护整体脱落，后下部防护并不一定不合格。

5. 汽车和挂车后下部防护装置的碰撞模拟分析

移动壁障追尾碰撞试验和静态加载试验能准确地检验汽车和挂车后下部防护装置的阻挡功能和缓冲吸能功能，实验投资大，费时费力，下面介绍一种汽车和挂车后下部防护装置的碰撞仿真分析方法。

应用相应的软件，建立汽车和挂车的后下部防护装置碰撞的有限元模型，利用软件进行后下部防护装置碰撞模拟仿真，通过动态仿真分析考核后下部防护装置的阻挡功能和缓冲吸能功能。

1）几何模型的建立

根据具体的结构，结合国标中对移动壁障的规定，应用 UGS 建立后防护装置的仿真几何模型。

（1）单元类型的选择。

根据汽车和挂车后下部防护装置的结构特点，采用相应的单元（薄壳单元、梁单元）进行网格划分；移动壁障为固体结构，采用实体单元进行网格划分；焊接和螺栓等其他紧固连接用刚性单元模拟。在 Hyperworks 中调用 LS-DYNA 模板，壳单元选取 2-Belytschko-Tsay 单元，它是缺省的壳单元模式，面内单点积分，计算速度快，通常对于大变形问题是最稳定有效的模式；采用 Co-rotational 应力更新，单元坐标系置于单元中心，基于平面单元假定，所以对于翘曲的几何体不适用，而汽车和挂车后下部防护装置主要是平面单元，因此选择这种求解模式。移动壁障各个方向尺寸呈线性变化，使用体单元网格划分。螺栓或焊接的地方由于变形不大，可将其处理成一对多刚性单元，应防止约束自由度的时候重复约束。

（2）材料定义。

考虑到实际商用车的碰撞模拟试验，LS-DYNA 中的 3 种材料类型：MAT1、MAT20、MAT24。MAT1 在 LS-DYNA 中的关键字为 MAT-ELASTIC，是一种各向同性弹性材料，它适用于梁、壳和实体单元，同时它特别适合流体结构模型。在本模型中，胶合板选用这种材料。MAT20 在 LS-DYNA 中的关键字为 MAT-RIG-ID，用于有限元模型中刚硬部分，可以大大减少 CPU 计算时间。由于刚体内所有节点的自由度都耦合到刚体的质量中心上，程序通过组成刚体的单元的体积和密度自动计算出质量、质心和惯量特性。作用于刚体上的力和力矩由每一时间步的节点值叠加而得,刚体的运动通过质心计算得到,并把相应的位移值传递给节点,移动壁障选用此种材料类型。MAT24 在 LS-DYNA 中的关键字为 MAT-PIECE-WISE-LINEAR-PLASTICITY,又名多线性弹塑性材料。当材料达到屈服后硬化曲线由多线段组成。材料参数需定义密度、弹性模量、泊松比、屈服应力及有效应力应变曲线。在其汽车和挂车后下部防护装置其余结构都选用该种材料。

（3）单元尺寸和质量控制。

由于追尾时整个防护装置是主要的变形区,因此,网格划分的尺寸比较小,单元尺寸约为 10~15mm。车架主要承受后端传递过来的力,基本不产生大的变形,因此,采用尺寸约为 25mm 左右的单元。

此外,还要注意以下几个方面来控制网格质量。

① 对于汽车部件的每一方向至少有 3 个单元;
② 三角形单元的数目不能超过单元总数的 10%;
③ 翘曲单元的总数不超过 15%,翘曲度一般采用 5 度来控制网格质量;
④ 防止集中出现翘曲单元的区域;
⑤ 在能量吸收区域采用规则的网格划分。

（4）接触定义。

自动接触优于非自动接触,可以有效避免人为无法判断壳单元发生接触的方向问题。双向接触优于单向接触,可以避免找不到接触的情况,但是增加双倍的计算时间,因此,一般采用自动接触类型。定义一个总体的接触来处理汽车碰撞事件中所有 PARTS 的接触,同时建立移动壁障和防护装置竖梁与横梁之间的两个局部接触。

2) 计算与分析

采用 ANSYS-LS-DYNA 计算分析软件,该软件以显式为主、隐式为辅的通用非线性动力分析有限元程序,功能齐全,具有 140 多种材料模型、40 多种接触类型,可以求解各种非线性结构的高速碰撞、爆炸和金属成型等非线性问题。能模拟许多比较复杂的工程实际问题。

按照法规要求,沿车架纵梁方向在移动壁障上施加碰撞初速度,大小为 32^{+0}_{-2} km/h。利用 LS-DYNA 计算可得到防护装置横向构件的变形、移动壁障反弹速度和最大减速度。

【知识要点提示】

目前,汽车和挂车后下部防护装置的碰撞模拟试验结果还不能作为评价结果,只能作为参考。

8.4 案例分析

8.4.1 案例1——后下部防护装置强度校核

1. 基本情况

2008年8月23日,牌照号为川UXXXXX的宇通牌KJ5311GSL重型罐式货车(图8.33和图8.34)与车牌号为川ANWXXX的吉利美日牌轿车发生碰撞的交通事故,根据委托人的要求对川UXXXXX的宇通牌KJ5311GSL重型罐式货车后下部防护装置进行鉴定。

图8.33 事故车左前部照片

图8.34 事故车后部照片

2. 鉴定过程

1) 后下部防护装置横向构件

(1) 经检测,该车后下部防护装置已进行校正性修复,横向构件下沿离地高度有改变,其结构尺寸基本未变,该车后下部防护装置横向构件截面高度约为105mm(图8.35),横向构件下沿离地高度约为550mm,横向构件长度约为1450mm(图8.36)。

(2) 该车后轴轮距约为1910mm(图8.37),后轴两侧车轮最外点之间的距离约为2450mm(图8.38)。

2) 后防护装置变形量计算

将该后防护装置按照GB 11567.2—2001 汽车和挂车后下部防护要求中的移动壁障追尾碰撞试验条件与程序的相关要求,对该车后防护装置进行了碰撞模拟。

图 8.35　后下部防护装置横向构件截面高度

图 8.36　后下部防护装置横向构件长度

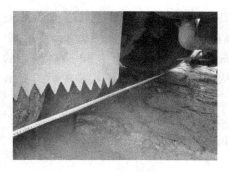
图 8.37　该车后轴轮距

图 8.38　后轴两侧车轮最外点之间的距离

首先按照前面介绍的方法建立模型。

碰撞模拟的条件按照了上述 GB 11567.2—2001 中 3.3.2 的具体要求进行，其中碰撞初速度为 32km/h，结果如图 8.39～图 8.42 所示。

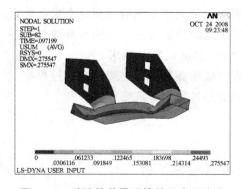
图 8.39　后防护装置碰撞的总变形大小

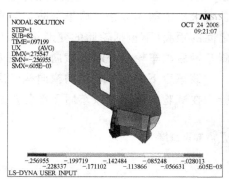
图 8.40　后防护装置碰撞后沿汽车纵向的变形大小

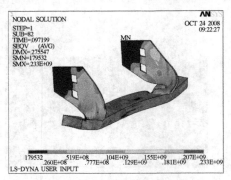
图 8.41　碰撞后的应力分布

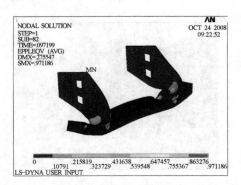
图 8.42　碰撞后的塑性应变大小

图 8.39 为碰撞后总的变形情况,从图中可以看到该装置在碰撞后的最大变形为 275.55mm 左右。图 8.40 为碰撞后沿汽车纵向的变形大小,从图中可以看到沿该方向的变形最大为 256.96mm。图 8.41 以及图 8.42 是碰撞后的应力分布以及塑性应变的大小情况,可以从图中看到具体的该车碰撞后的变形等状态。

从碰撞后沿汽车纵向的变形量为 256.96mm,可以看出该车的后下部防护装置变形量符合 GB 11567.2—2001 中 4.3 的要求。

3. 鉴定结论

该车后轴两侧车轮最外端之间的距离约为 2450mm,该车后下部防护装置横向构件长度约为 1450mm,后下部防护装置横向构件设置与车架中心基本对称,用上述尺寸计算得出后下部防护装置一端最外缘与这一侧后轴车轮最外端的横向水平距离为 500mm,不符合国家标准 GB11567.2—2001《汽车和挂车后下部防护要求》中第 4.2 条"后下部防护装置的宽度不可大于车辆后轴两侧车轮最外点之间的距离(不包括轮胎的变形量),并且后下部防护装置任一端的最外缘与这一侧车辆后轴车轮最外端的横向水平距离不大于 100mm。"的要求。

该车后下部防护装置的横向构件离地高和截面高符合标准要求;通过模拟试验,在试验条件下,该车后下部防护装置的变形量符合标准要求。

知识链接

碰撞试验与碰撞模拟试验的区别

碰撞试验是严格按照国家标准的试验条件和方法进行的,试验结果能真实反映后下部防护装置的性能。碰撞模拟试验的结果与模型参数的选取、边界条件的确定等有关,其结果与模型精度有关,模拟试验的结果不能作为评判后下部防护装置是否合格的依据。

8.4.2 案例2——后下部防护装置结构参数检测

1. 案情摘要

2007年11月17日21时40分许(天气：晴)，牌照号为川A3XXXX的东风牌KM1040F倾卸大货车(图8.43)，由成都往南充方向行驶至成南高速公路39km+500m处(沥青路面)时，发生该车被后行的川AYXXXX雅阁牌轿车(图8.44)碰撞的交通事故，事故造成川AYXXXX雅阁牌轿车车上一人死亡、一人受伤，两车辆受损。

图8.43 事故前车后部

图8.44 事故后车前部

该事故的前左，后主、副弹簧钢板被撞位移，后桥壳被撞破(图8.45)，露出主减速器，后车严重撞损。

2. 前车后下部防护装置检测

该车后下部防护装置下边缘离地高约为860mm，防护栏横向构件截面高度为100mm(图8.46)。

图8.45 事故前车后桥壳

图8.46 事故前车后下部防护装置截面高度

3. 检验结果

该车安装的后下防护装置其下边缘离地高度约为860mm，不符合国家标准

GB 11567.2—2001《汽车和挂车侧面及后下部防护装置要求》中第5.1.2条"对于后下部防护的状态不能调整的车辆：车辆的后下部防护整个宽度上的下边缘离地高度应不大于550mm"的要求。

4. 分析

从事故车后下防护装置的结构形式和几何尺寸上看，该事故车后下防护装置有足够的强度，但并没有起到应有的防护作用。是由于该后下部防护装置的下边缘离地高度为860mm，远大于标准规定的550mm，导致后车发生严重的钻入碰撞，直至撞破前车后桥壳。这起案例说明，后下防护装置不仅要有足够的强度，而且安装位置也必须满足标准的要求，才能真正起到防护的作用。

8.4.3 案例3——侧面防护装置检测

1. 案情摘要

2010年11月6日9时53分许，牌照号为川AXXXXX的重型自卸货车在S101成南路与赵官路交叉口（图8.47）发生与无号牌电动自行车碰撞的交通事故，事故中，电动自行车及骑车人从同向行驶右侧超车并右转的自卸货车的右侧侧防护装置与车轮之间的空隙处钻入货车车底，被货车碾压，造成骑车人死亡。

2. 车辆右侧面防护装置检测

该车右侧面防护装置（图8.48）截面高度约为100mm（图8.49），侧面防护装置主体构件最小离地高度约为530mm（图8.50）；侧面防护装置前缘离第一轴轮胎周向切面的距离约为670mm（图8.51），侧面防护装置后缘离第二轴轮胎周向切面的距离约为810mm（图8.52）。

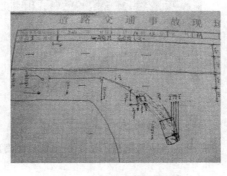

图8.47 道路事故现场图照片

图8.48 事故车左侧防护装置

图 8.49　事故车侧面防护装置截面高度

图 8.50　侧面防护装置最小离地间隙

图 8.51　侧面防护装置离第一轴距离

图 8.52　侧面防护装置离第二轴距离

3. 检验结果

该车侧面防护装置前缘离第一轴轮胎周向切面的距离约为 670mm，侧面防护装置后缘离第二轴轮胎周向切面的距离约为 810mm；不符合国家标准 GB 11567.1—2001《汽车和挂车侧面防护要求》中第 4.4.1.1 条和第 4.5 条"对于 N2、N3 类汽车：前、后缘应处在最靠近它的轮胎周向切面之后 300mm 的范围之内，该切面是与车辆纵向平面垂直的铅垂面"。

4. 分析

该车侧面防护装置前缘离第一轴轮胎周向切面的距离约为 670mm，侧面防护装置后缘离第二轴轮胎周向切面的距离约为 810mm，由于距离太大（远大于 300mm），不能有效地发挥侧面防护功能，从而导致与之同向行驶的电动自行车被卷入车下，造成骑车人被碾压致死的交通事故。

阅读材料 8-6

各国使用安全带的强制规定

美国

1968 年，美国规定轿车面向前方的座位均要安装安全带。1985 年，纽约路易开始推行前排乘员必须系安全带的强制法律。自2007年以来，印第安纳、斯安那、明尼苏达、新泽西和得克萨斯等州已将必须系安全带的规定扩大到后座乘客。到目前为止，全美有25个州和哥伦比亚特区都要求所有乘客系安全带。

专门研究减少公路车祸中的死亡、受伤和财产损失的高速公路安全保险研究所法律总顾问费尔兹（Michele Fields）说：在任何车辆、任何时候，最重要的事情就是所有座位上的人都必须系安全带。

据《今日美国》报道，过去10年中，随着各州将安全带规定从次要法规上升到主要法规，安全带使用率稳步上升。作为次要法规，警察必须在发现驾车人有其他违规行为时才能让他停车；作为主要法规，警察可以因为发现驾车人没有系安全带就可以让他停车。正是在这种严厉的规定下，美国在2009年安全带使用率达到84%，最低为怀俄明的68%，最高为密西根的98%。国家高速公路交通安全局（NHTSA）表示，2008年安全带挽救了美国人1.3万条生命。该局同时还表示，要求所有座位都使用安全带的州，后座安全带使用率较高。2008年后座安全带使用率为74%，同期前座安全带使用率为83%。

加拿大

政府规定汽车内所有坐着的人都必须系安全带，儿童必须使用加高座椅。在安大略省，不系上安全带的乘客，如本身拥有驾驶牌照，会被扣分罚款；如本身没驾驶牌照，会被罚款，有关车辆司机会被扣分。

欧盟

欧洲昔日曾有法规要求3.5吨以下车辆安装约束系统，强制使用安全带，9座以上的车辆和商务车车辆后排座位不强制使用安全带。2006年5月9日起，强制使用安全带的指令被纳入成员国法律。

联合国欧洲经济委员会（UNECE）车辆工作组（WP29），针对安全带及约束系统的法规ECE R16做出过修订，最显著的变化是要求M1类车（即包括驾驶员在内不超过9人座的乘用车）安装安全带提醒装置。新法令要求所有类型的车辆使用安全带，所有座位均要安装安全带。法规还规定了一系列提高儿童乘坐汽车、卡车和长途汽车安全性的措施。

英国

自1989年开始，要求后排座的儿童必须系安全带，到了1991年，要求所有后排座乘客必须系安全带。

德国

1984年起规定，前后座乘客均应系安全带，这项规定自1992年起变为强制执行。

交通事故车辆安全防护装置检验鉴定 第8章

澳大利亚

政府规定，无论前排后排，车内所有人员均必须系安全带。

日本

日本很早就规定了驾驶者必须系安全带，在2008年6月开始施行的改正道路交通法第71条3之2中规定："如果司机座以外的乘车者没有系上安全带时，机动车司机不准行车。"

据日本新闻报道，2008年10月1日—18日，警察厅和汽车联盟（JAF）调查了后座安全带的使用状况。调查结果，后座安全带的使用率，在一般道路上是30.8%（2007年的同期调查是8.8%），在高速路上为62.5%（2007年的同期调查是13.5%）。在高速道上的13538人中，有8465人系后座安全带；在一般道上的55844人中，只有17173人系了安全带。据了解，在日本不系安全带导致的交通死亡率大致是系安全带的3倍。

本 章 小 结

车辆安全防护装置的主要作用有：对乘员施加一定的约束，避免在汽车发生碰撞时与车内物体撞击或被甩出车外；产生缓冲作用，也即构件以适当的变形吸收撞击能量，或者使速度逐渐下降而避免出现较大的减速度和碰撞力，有效地减轻人员伤亡程度以及汽车损坏程度；加大人体与汽车构件的接触面积，避免产生点接触从而使碰撞造成的单位面积挤压力减少或使碰撞力转移到人体非要害部位。

车辆安全防护装置可分为预防性安全防护装置、乘员安全防护装置和其他安全防护装置三类。预防性安全防护装置主要包括车外后视镜、前下视镜、遮阳板、风窗玻璃刮水器、防雾除霜装置、牵引连接装置及汽车和挂车侧面、后下部防护装置等。

乘员安全防护装置主要包括安全带、安全出口、安全架、灭火器等，这些装置起到保护乘员和货物安全的作用。

国家和行业标准对车辆安全防护装置的零部件及总成结构参数和性能都有明确的安全技术要求。

车辆安全防护装置的检测主要介绍安全带、车辆侧面、后下部防护装置的检测等。

汽车安全带检测主要检测安全带是否可靠有效，安装位置是否合理，固定点是否有足够的强度。

　　侧面防护装置检测包括侧面防护装置的结构尺寸和安装尺寸的测量，结构尺寸主要包括侧面防护装置长度、截面高度等；安装尺寸主要包括侧面防护装置下缘离地高度、侧面防护装置前缘距离最靠近轮胎的距离、侧面防护装置后缘与最近轮的距离等。

　　车辆后下部防护装置检测包括后下部防护装置的结构尺寸和安装尺寸的测量，结构尺寸主要包括后下部防护装置长度、截面高度等；安装尺寸主要包括后下部防护装置下缘离地高度、后下部防护最外缘与该侧后轴车轮最外端的横向水平距离等。

　　在移动壁障追尾碰撞试验条件与程序中指定的碰撞过程中，后下部防护装置可以变形、开裂，但是不许整体脱落。是指在规定的试验条件下，后下部防护装置未整体脱落为合格，在实际的碰撞事故中，后下部防护整体脱落，后下部防护装置并不一定不合格。

　　汽车后下部防护装置阻挡、缓冲功能和强度可以参照后下部防护装置的碰撞模拟试验结果，但其结果与模型精度有关，模拟试验的结果不能作为评判后下部防护装置是否合格的依据。

　　通过案例，系统介绍了车辆后下部防护装置检验鉴定的程序、内容和方法等，分析车辆后下部防护装置安全技术状况与道路交通事故的关系等。

思考题

1. 车辆安全防护装置主要包括哪几类？
2. 简述车辆侧面防护装置的功能。
3. 简述车辆后下部防护装置的功能和类型。
4. 车辆侧面防护装置的检测主要包括哪些项目？
5. 车辆后下部防护装置的检测主要包括哪些项目？
6. 简述车辆后下部防护装置移动壁障追尾碰撞试验的程序。
7. 分析 M_1、N_1 类车辆在何种情况下可能与有后下部防护装置的车辆发生钻入碰撞。

第 9 章 综合案例

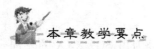
本章教学要点

知识要点	掌握程度	相关知识
交通事故案情资料	掌握案情资料包括的主要内容	事发时的环境因素
交通事故车辆安全技术检验鉴定	掌握事故车检验鉴定方案的制定、各系统的检验鉴定方法	国家和行业的相关标准的技术要求
鉴定结论	掌握依据国家、行业等相关标准，对检验鉴定结果进行判定	引用不同级别标准的原则
交通事故成因分析	掌握结合人、车、路和环境因素综合分析交通事故的形成原因	交通工程学、交通心理学等方面的知识

前面各章的案例基本是以交通事故车辆各系统、装置检验鉴定为主的案例，本章介绍一起综合案例，包括交通事故车辆主要系统和装置的安全技术检验鉴定。通过综合案例，具体分析交通事故案情资料的收集、检验鉴定方案的确定、相关系统的检验鉴定、鉴定结论、事故过程及成因分析等内容。

9.1 交通事故案情资料

交通事故案情资料对事故形态的的确认、检验鉴定方案的确定、检验鉴定方法的选择和交通事故过程及成因分析有十分重要的作用。案情资料主要包括案情摘要（含驾驶员信息、环境信息等）、检材、委托事项等。对这起综合案例，为避免纠纷，略去了驾驶员等信息。

1. 案情摘要

委托人称：2007 年 8 月 29 日 23 时 50 分许，牌照号为川 SGXXXX 的亚洲英雄牌 AH175ZH 型普通正三轮摩托车在达县南外西环路新达内燃机厂路段（下坡坡道，坡度 8％），发生与前行的川 S1XXXX 的东风/EQ5170CCQW 型货车追尾碰撞的交通事故，事故造成人员伤亡、车辆受损，委托人在勘察事故现场时发现三轮车传动轴断脱、灭失。

2. 检材

(1) 已发生交通事故、牌照号为川 SGXXXX 的亚洲英雄牌 AH175ZH 型普通正三轮摩托车（图 9.1）；

(2) 已发生交通事故、牌照号为川 S1XXXX 的东风/EQ5170CCQW 型货车（图 9.39）；

(3) 道路交通事故现场图复制件及事故车辆行驶证复制件；

(4) 川 SGXXXX 三轮摩托车事发前的装载情况等。

3. 委托事项

因道路交通事故责任认定的需要，对川 S GXXXX 的亚洲英雄牌 AH175ZH 型普通正三轮摩托车的传动系、行驶形态、制动系、转向系进行相关安全技术检验鉴定，并分析该车传动轴断脱与制动失效有无因果关系；对川 S1XXXX 的东风/EQ5170CCQW 型货车的后部灯光信号装置及后下部防护装置进行相关安全技术检验鉴定。

9.2 交通事故车辆安全技术检验鉴定

9.2.1 川 SGXXXX 的三轮车检验鉴定方案的确定

在这起交通事故中，川 SGXXXX 的亚洲英雄牌 AH175ZH 型普通正三轮摩托车是事故中的后车，事故发生在夜晚，结合案情资料分析，事故车的传动系、行驶形态、制动系、转向系、灯光照明系统的安全技术状况均可能与事故有关，因此在检验鉴定中对这几个系统逐一检验。

由于川 SGXXXX 的亚洲英雄牌 AH175ZH 型普通正三轮摩托车在事故中严重受损，部件缺失，完全丧失行驶能力，因此采取静态检视、检验的方式对事故车的安全技术状况进行检验鉴定。

9.2.2 川 SGXXXX 的三轮车相关系统、零部件检验

1. 川 SGXXXX 的三轮车检视

(1) 事故车辆外观如图 9.1 所示和图 9.2 所示，该车前部在事故中严重损坏，中部及后部变形，传动轴失灭。

(2) 里程表显示该车已行驶里程为 196.5km（图 9.3）。

2. 转向系检验

该车配置的机械式转向机构。检验时，方向盘已与转向器管柱脱离，转向器支架严重变形（图 9.4 和图 9.5）。经检验，转向器齿轮啮合间隙正常。

图 9.1 事故车前部

图 9.2 事故车后部

图 9.3 事故车里程表

图 9.4　事故车方向盘管柱

图 9.5　事故车转向器

3. 传动轴相关连接件检验

（1）检验时，该车传动轴已失灭。

（2）该车变速箱输出端连接的十字轴万向节及花键轴完好，经测量，该花键轴工作部分纵向摩擦痕迹长度约为65mm（图9.6）。

（3）与该车驱动桥主减速器动力输入端连接的万向节损坏，万向节主、从动叉分离，与主减速器动力输入端连接的万向节叉外表面存在明显的擦伤痕迹，万向节叉的十字轴轴承座已明显变形，与该万向节叉连接的法兰盘已弯曲变形，其圆柱面与法兰盘间过渡圆弧处已部分撕裂（图9.7和图9.8）。

图 9.6　万向节伸缩花键轴

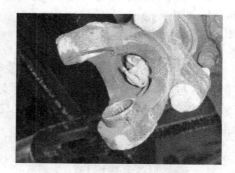

图 9.7　万向节叉及十字轴轴承座

4. 行驶系统检验

1) 后桥与后悬挂

（1）经测量计算，检验时主减速器动力输入端随驱动桥壳体向下方转动了约84°（图9.9）。

图9.8 驱动桥主减速器动力输入端法兰盘

图9.9 驱动桥主减速器动力输入端

(2) 该车左后钢板弹簧与弹簧座间已产生明显的错位(图9.10和图9.11)。

图9.10 左后钢板弹簧与板簧座旋转错位(A)

图9.11 左后钢板弹簧与板簧座旋转错位(B)

(3) 该车右后钢板弹簧、钢板座与后桥壳体间产生了明显的严重错位(图9.12和图9.13)。

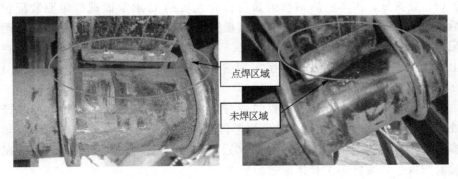
图9.12 右后簧板、板簧座与桥壳旋转错位(前)　　图9.13 右后钢板、板簧座与桥壳旋转错位(后)

(4) 该车右后钢板弹簧座前端与正常组焊情况下对应位置的桥壳上,有三个间断点焊痕迹,经检视,三个点焊区均为未焊透焊缝(图 9.14 和图 9.15)。右后钢板座后端与桥壳间无任何焊接痕迹(图 9.13 和图 9.16)。

图 9.14　已断裂的右后钢板座前焊接点

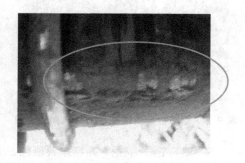
图 9.15　右后钢板座前焊点在桥壳上的痕迹

图 9.16　右后钢板座后端在桥壳上无焊接痕迹

(5) 该车左侧板簧座与桥壳前后连接部位均为连续焊缝。

(6) 经测量,该车左后钢板弹簧与桥壳连接的 U 形紧固螺栓距原装配位置沿后桥轴向移动约 25mm;该车右后钢板弹簧与桥壳连接的 U 形紧固螺栓距原装配位置沿后桥轴向移动约 20mm(图 9.17 和图 9.18)。观察 U 形紧固螺栓在桥壳上的原装配位置,桥壳上均存在明显的滑动摩擦痕迹(图 9.11、图 9.13、图 9.16、图 9.17 和图 9.18)。

(7) 检验时,该车所有的钢板弹簧与桥壳连接的 U 形紧固螺栓上的螺母全部处于松动状态(多数不使用工具,用手即可轻易拧动),在螺母下面的弹簧垫圈也多数处于自由状态(图 9.19 和图 9.20)。经检视,螺母的外表面上,未发现在检验前与扳手、套筒等工具接触过的痕迹。

(8) 为求证检验时事故车钢板弹簧的 U 形紧固螺栓、螺母装配状态是否正常,由当地该品牌三轮车销售商提供了一台停放于达州市联合汽修厂库房内的同品牌同一型号的车辆(图 9.21 和图 9.22),进行 U 形螺栓伸出螺母长度的对比测量。对比数据见表 9-1。

图 9.17　左后 U 形螺栓在桥壳上位移痕迹

图 9.18　右后 U 形螺栓在桥壳上位移痕迹

图 9.19　U 形紧固螺栓上的螺母(左)

图 9.20　U 形紧固螺栓上的螺母(右)

图 9.21　对比车前部照片

图 9.22　对比车后部照片

从表 9-1 数据可以看出,对比车辆的 U 形螺栓伸出螺母的长度都比事故车长。

表9-1 U形螺栓伸出螺母长度(mm)比较

螺栓位置	事故车	对比车辆
右侧内前	12.7	19.0
右侧内后	18.2	19.4
右侧外前	13.0	14.3
右侧外后	16.0	18.4
左侧内前	12.6	20.6
左侧内后	13.5	16.6
左侧外前	11.0	20.4
左侧外后	13.5	15.4

2)轮胎

(1)检验时,事故车驱动桥装用的左、右车轮轮胎的胎冠花纹不一致(图9.23和图9.24)。

图9.23 驱动桥右侧轮胎花纹

图9.24 驱动桥左侧轮胎花纹

(2)事故车轮胎检验数据见表9-2。

表9-2 事故车轮胎型号规格、品牌、胎冠花纹最小深度、轮胎气压检测数据

项目		型号	品牌	轮胎标定最大载荷(kg)/最大充气压力(kPa)	胎冠花纹最小深度/mm	轮胎气压/kPa
前轮		4.50-12	CENTR40	415/400	5.8	300
后轴	左	145R12C	KOMHO	450/350	6.9	380
	右	145R12C	TOPTW-1	425/350	7.0	460

5. 制动系统检验

（1）事故车制动系采用的是机械式操纵机构。制动时，其制动踏板的踏板位移通过杠杆机构、拉索和拉杆带动前、后车轮制动凸轮转动，实现制动摩擦片与制动鼓接触，产生制动摩擦力。该车的驻车制动系的传动机构也是同一拉杆机构。

检验时，其前轮制动器壳体已因撞击发生破损（图9.25）。

（2）经拆检，该车后轴制动器的制动鼓、制动摩擦片完好，其工作面摩擦痕迹均匀、正常（图9.26～图9.29）。其测量数据如表9-3所示。

（3）拆检时，后桥两车轮制动器的制动凸轮均处于回位状态、未顶开制动蹄片的位置（图9.26和图9.28）。

图9.25　事故车前轮制动器壳体

图9.26　事故车左后车轮制动器

图9.27　事故车左后车轮制动鼓

图9.28　事故车右后车轮制动器

图9.29　事故车右后车轮制动鼓

（4）检验时，事故车左后轮制动凸轮调整臂与拉杆的夹角几乎为180°（图9.30）；右后轮制动凸轮调整臂与拉杆的夹角约为120°（图9.31）。

表9-3　后轴制动鼓及摩擦片测量数据　　　　　　　　　　mm

项　　目			左后轮	右后轮
制动摩擦片	前片	摩擦片厚度	6.3	5.2
	后片	摩擦片厚度	5.3	6.5
制动鼓		端口内径	220.3	220.2
		磨损量	轻微磨损	轻微磨损

图9.30　事故车左后轮制动凸轮调整臂位置

图9.31　事故车右后轮制动凸轮调整臂位置

（5）当地销售商提供的用于对比的、与事故车同一型号的车辆在非制动状况下的制动凸轮调整臂位置见图9.32、图9.33。由照片中可见，该对比车左、右车轮制动凸轮调整臂与拉杆之间的正常夹角（传动角）均为锐角。

图9.32　对比车左后轮制动
凸轮调整臂位置

图9.33　对比车右后轮制动凸轮
调整臂及主减速器位置

另外，从图9.33中也反映出该型号车辆在正常状态下，其主减速器动力输入轴轴线处于接近平行于地面的角度。

（6）经拆检，该车驱动轴两侧车轮制动器的制动凸轮调整臂与制动凸轮轴之间连接的三角形内花键齿已遭损坏,大部分出现了"倒齿"现象(图9.34~图9.37)。

图9.34 凸轮调整臂与制动
凸轮轴的装配关系(A)

图9.35 凸轮调整臂与制动
凸轮轴的装配关系(B)

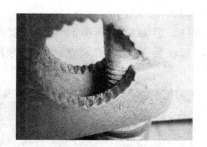

图9.36 右凸轮调整臂已损坏的内三角齿

图9.37 左凸轮调整臂已损坏的内三角齿

6. 灯光照明装置

(1)该车前部的灯具已在事故中撞损(图9.1),其相关线路也被撞损坏,故未能对该车的照明及信号装置的有效性进行检验。据委托人提供的资料表明,该车事故前灯光照明正常。

(2)经测量,该车蓄电池空载电压为12.3V(图9.38)。

图9.38 蓄电池空载电压测量

9.2.3 川S1XXXX 的东风牌货车检验鉴定

在这起交通事故中，川SXXXX 的东风牌货车是事故中的前车，事故发生在夜晚，那么只有该车的后下部防护装置、后部的灯光信号装置和反光标识的安全技术状况可能与事故有关，因此，针对该车这两个系统进行检验鉴定。

1. 后下部防护装置检验

（1）该车货箱后部粘贴了6张300×50mm 的车身反光标识（图9.39），后部车身反光标识的总面积与后反射器面积之和大于 $0.1m^2$。

图9.39 被检货车后部

（2）该车安装有后下部防护装置（图9.40）。经测量，其横向构件长度约为1920mm，横向构件的截面高度约为60mm，车辆后下部防护装置的下边缘离地高度约为745mm（图9.41）。

图9.40 被检货车后防护横向构件长度测量

图9.41 事故车后下部防护横向构件截面高度测量

2. 灯光信号装置检验

经检验，该车后部的灯光信号装置齐全、完好、有效。

9.2.4 鉴定结论

（1）川SGXXXX 的亚洲英雄牌 AH175ZH 型普通正三轮摩托车后桥壳体上的右钢板弹簧座与后桥壳体间的焊接存在严重缺陷；后桥壳体上的所有钢板弹簧U型紧固螺母在装配中未按规范要求拧紧，致使在短期使用中发生了松退。钢板弹簧与后桥壳体的连接松动，导致事故车在下坡行驶中采取制动措施时，后桥壳在车轮转矩带动下脱离钢板弹簧的固定约束发生转动，导致驱动轮制动器的制动凸轮调整臂内三角花键齿损坏,调整臂与制动凸轮轴之间发生打滑,制动传动机构失效。上述因素综合作用,导致该车制动功能最后彻底失效。

(2) 该三轮车驱动桥装用的左、右车轮轮胎的胎冠花纹不一致,不符合国家标准 GB 7258—2004《机动车运行安全技术条件》中第 9.1.4 条中"同一轴上的轮胎规格和花纹应相同"的规定。

(3) 牌照号为川 S1XXXX 的东风/EQ5170CCQW 型货车的后下部防护装置不符合国家标准 GB 11567—2001《汽车和挂车侧面及后下部防护装置要求》第 5.1.2 条 "对于后下部防护的状态不能调整的车辆:车辆的后下部防护整个宽度上的下边缘离地高度应不大于 550mm。"的要求;不符合 GB 11567—2001 第 5.4 条中后下部防护装置的"横向构件的截面高度不小于 100mm。"的要求。

9.3 交通事故成因分析

1. 川 SGXXXX 的三轮摩托车系统及零部件主要缺陷分析

(1) 该车后桥壳体上的右钢板弹簧座与后桥壳体间的焊接区存在严重的缺陷,其前端焊缝为间断焊缝,且存在未焊透现象;而后端应焊接连接,但没有施焊。

(2) 该车后桥壳体上的所有钢板弹簧 U 形紧固螺栓在装配中未达到规范要求,致使在短期使用中发生了紧固螺母松退,导致钢板弹簧与后桥壳体的连接松动。

(3) 该车驱动轮制动器的制动调整臂,或因选材或热处理不当,或因与制动凸轮轴装配时锁紧螺母未按规定力矩紧固,导致其受较大旋转力矩时发生内三角花键齿损坏,调整臂与制动凸轮轴之间发生相对滑转。

2. 事故过程分析

1) 运行条件

事故发生前,川 SGXXXX 的三轮摩托车处于重载情况(装载 5 人,另装载蔬菜等货物),事故路段为 8%坡度的坡道。事故发生时,事故车行驶于下坡方向的坡道中间路段。

2) 事故过程分析

川 S GXXXX 的三轮摩托车的后驱动桥为非独立纵置钢板弹簧悬架。正常情况下,钢板弹簧与桥壳通过 U 形螺栓紧固装配为一体,因此,钢板弹簧对桥壳具有定位和导向作用。车轮上的各种力和力矩,都经由装配为一体的桥壳,焊接在桥壳上的钢板弹簧座、钢板弹簧,以及板簧吊耳传递到车架,使车辆能够正常行驶工作。

车辆行车制动时,与车桥上固定部件相连接的制动摩擦片张开压向与车轮连接为一体的旋转的制动鼓,在制动摩擦片作用下,制动鼓受到一个阻止车轮转动的制动力矩,而制动鼓也通过制动摩擦片反作用一个大小相等、方向与车轮旋转方向相同的驱动力矩给桥壳。在该驱动力矩作用下,桥壳会出现顺着车轮旋转方向的转动趋势,但由于紧固为一体的钢板弹簧对桥壳的定位作用限制了桥壳转动,桥壳实际的转动角度很小,不会影响车辆正常行驶。

但是在本次事故中,事故车处于重载下坡行驶,同时其桥壳与板簧座焊接存在严重缺陷,桥壳与板簧连接的 U 形螺栓紧固不足。因此,制动时,事故车纵置钢板弹簧对桥壳的定位作用不足以限制事故车后桥壳顺车轮旋转方向的转动。钢板弹簧中心定位螺栓先与焊接在桥壳上的钢板弹簧座中心孔抵压接触,最终导致左侧钢板弹簧与钢板弹簧座脱位、右侧钢板弹簧座前端焊点拉开,后桥壳发生顺车轮前进方向的大角度转动,如图 9.42 所示,车轮左边的箭头表示在制动时桥壳的转动方向,车轮右边的箭头表示汽车前进时车轮的旋转方向。

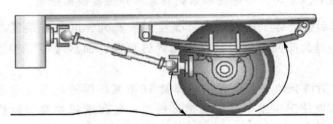

图 9.42 后桥壳转动示意图

在主减速器输入端随桥壳发生大角度向下旋转的过程中,两个传动万向节之间的距离变长,使装配在变速箱输出端第一万向节的从动叉上的传动花键轴从装配在后桥输入端第二万向节主动叉的传动花键套中脱出。由于后桥壳已发生旋转,使主减速器动力输入端带着与之连接的万向节及传动花键套与公路路面发生碰撞,致使传动花键套及其所连的第二万向节十字轴与从动万向节叉分离。

桥壳发生顺车轮前进方向的转动,使两车轮制动器的底板随之发生旋转,如图 9.43 所示,与制动凸轮轴一起发生角位移,同时也使制动凸轮调整臂产生角位移,制动凸轮轴与调整臂连接处的三角形花键受到很大的剪力。当剪力超过三角花键抗剪强度时,三角花键齿被破坏,轴与臂间发生相对转动(打滑),此时,无论怎样踩动制动踏板,都不可能使制动凸轮转动,事故车后轮失去制动功能。需要说明的是,当桥壳发生大角度旋转后,事故车左后轮制动凸轮调整臂与拉杆的夹角接近为 180°,根据机械原理中四连杆机构运动分析,此时拉杆和制动凸轮调整臂处于"共线"位置，即四连杆机构中的"死点"位置，制动拉杆失去传动作用。该车的前制动、驻车制动拉索，都并接于同一杆件上，当机构主杆件失去传动作用时，导致整个制动系统工作失效。

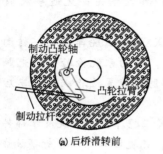
(a) 后桥滑转前

(b) 后桥滑转后

图 9.43 后前滑转示意图

3. 事故成因

川 S GXXXX 的三轮摩托车后桥壳体上的右钢板弹簧座与后桥壳体间的焊接存在严重的缺陷；后桥壳体上的所有钢板弹簧 U 形紧固螺母在装配中未按规范要求拧紧，致使在短期使用中发生了松退。钢板弹簧与后桥壳体的连接松动，导致事故车在下坡行驶中采取制动措施时，后桥壳在车轮转矩带动下脱离钢板弹簧的固定约束发生转动，导致驱动轮制动器的制动凸轮调整臂内三角花键齿损坏，调整臂与制动凸轮轴之间发生打滑，制动传动机构失效。

结合人、车、路、环境因素综合分析，川 SGXXXX 的三轮摩托车后桥及悬挂系统的质量缺陷，导致后桥在制动过程中脱离钢板弹簧的固定约束发生转动，致后轮制动器传动机构失效，最终导致后制动器完全失效，是这起事故发生的直接原因。

虽然川 S 1XXXX 的东风/EQ5170CCQW 型货车的后下部防护装置不符合国家标准要求，并不是这起事故发生的直接原因，但在这起追尾碰撞事故加重了对川 SGXXXX 的三轮摩托车的损坏及驾乘人员的伤害。

本 章 小 结

本章以一起典型交通事故安全技术检验鉴定为例，具体分析交通事故案情资料的收集、检验鉴定方案的确定、相关系统的检验鉴定、鉴定结论、事故过程及成因分析等内容。

交通事故案情资料主要包括案情摘要、委托事项和送检材料等。

交通事故车辆安全技术检验鉴定主要包括检验鉴定方案的确定；检验鉴定方法的确定；相关系统、零部件检验；鉴定结论；交通事故成因分析等。

相关系统、零部件检验主要包括川 SGXXXX 的三轮车检视；转向系检验；传动轴相关连接件检验；行驶系统检验；制动系统检验；灯光照明装置检验，川 S1XXXX 的东风牌货车的后下部防护装置检验以及该车后部灯光信号装置检验。

交通事故成因分析主要包括川 SGXXXX 三轮摩托车系统及零部件主要缺陷分析，事故过程分析，结合人、车、路、环境因素综合分析事故成因。

 思考题

1. 交通事故案情资料主要包括哪些内容？
2. 简述道路交通事故车辆安全技术鉴定方案的确定。
3. 应该从哪几个方面来进行交通事故成因分析？

参 考 文 献

[1] 李丽莉,冯浩,潘少猷. 道路交通事故鉴定技术概述 [J]. 中国司法鉴定, 2008(3).

[2] 陈忆九,陈建国. 交通事故中非机动车驾驶者交通行为方式鉴定 [J]. 法医学杂志, 2004(1).

[3] 刘瑞珏,程亦斌,范利华. 法医临床学三期鉴定中的若干问题思考 [J]. 中国司法鉴定, 2007(4).

[4] 刘建军. 交通事故物证鉴定技术 [M]. 北京:中国人民公安大学出版社,2001.

[5] 林洋. 实用汽车事故鉴定学 [M]. 北京:人民交通出版社,2001.

[6] 李梅晔. 利用扫描电镜观察车灯灯丝断裂面鉴定交通事故 [J]. 分析仪器, 2007(3).

[7] 陈家瑞. 汽车构造 [M]. 北京:机械工业出版社,2000.

[8] 马迅,郝琪,周宗良. 汽车后防护装置的碰撞仿真分析 [J]. 公路交通科技, 2007,26(4).

[9] 傅国如,张峥,失效分析技术 [J]. 理化检验物理分册,2005,41(6).

[10] 丁正林,高岩,陈涛. 交通事故中汽车轮胎爆胎分析 [J]. 交通标准化, 2009,12.

[11] 朱红兵,黄岩. 交通事故中爆胎痕迹检验1例 [J]. 刑事技术,2007(4).

[12] 张亦良,姜公锋,徐学东. 汽车转向横拉杆断裂失效分析 [J]. 北京工业大学学报,2010,36(10).

[13] 张栋,钟培道,陶春虎. 失效分析 [M]. 北京:国防工业出版社,2004.

[14] 钟群鹏,张峥,田永江. 机械装备失效分析诊断技术 [J]. 北京航空航天大学学报,2002,28(5).

[15] 机动车司法鉴定课题组. 交通事故中灯系损失技术的鉴定 [J]. 浙江工贸职业技术学院学报,2004,4(4).

[16] 侯学勤,范金娟. 橡胶密封件的失效分析与橡胶断口形态 [J]. 世界橡胶工业, 2010,37(12).

[17] R. S. RAJEEV, G. J. P. KAO. Atomic force microscopy studies of short melamine Fiber reinforced EPDM rubber [J]. JOURNAL OF MATERIALS SCIENCE, 2001(36).

[18] KALPANA SINGH, K. N PANDEY, K. K DEBNATH, et al. Development of elastomer blends for specific defence application [J]. Mater Sci,1996,19(3): 587-600.

[19] 王学刚. 对客车转向拉杆系统失效的研究 [J]. 科技创新导报,2010(14).

[20] 张升才,郦剑,罗娟. 汽车后桥半轴断裂失效分析 [J]. 金属热处理,2010,35(9).

[21] 中华人民共和国国家标准 GB 7258—2004《机动车运行安全技术条件》[S]. 北京：中国标准出版社，2004.

[22] 中华人民共和国国家标准 GB 21861—2008《机动车安全技术检验项目和方法》[S]. 北京：中国标准出版社，2008.

[23] 中华人民共和国国家标准 GA/T 642—2006《交通事故车辆安全技术检验鉴定》[S]. 北京：中国标准出版社，2006.

[24] 中华人民共和国国家标准 GB 11567.2—2001《汽车和挂车后下部防护要求》[S]. 北京：中国标准出版社，2001.

[25] 中华人民共和国国家标准 GB 11567.1—2001《汽车和挂车侧面防护要求》[S]. 北京：中国标准出版社，2001.

[26] 中华人民共和国国家标准 GB 12676《汽车制动系统结构、性能和试验方法》[S]. 北京：中国标准出版社，1999.

[27] 中华人民共和国国家标准 GB/T 13594《机动车和挂车防抱制动性能和试验方法》[S]. 北京：中国标准出版社，2003.

[28] 中华人民共和国国家标准 GB/T 15746《汽车修理质量检查评定标准》[S]. 北京：中国标准出版社，2011.

[29] 中华人民共和国国家标准 GB/T 18344《汽车维护、检测、诊断技术规范》[S]. 北京：中国标准出版社，2001.

[30] 中华人民共和国国家标准 GB/T 18565《营运车辆综合性能要求和检验方法》[S]. 北京：中国标准出版社，2001.

[31] 中华人民共和国国家标准 GA 40—2004《交通事故案卷文书》[S]. 北京：中国标准出版社，2004.

[32] 中华人民共和国国家标准 GB 4094《汽车操纵件、指示器及信号装置的标志》[S]. 北京：中国标准出版社，1999.

[33] 中华人民共和国国家标准 GB 4785《汽车及挂车外部照明和信号装置的数量、位置和光色》[S]. 北京：中国标准出版社，2007.

[34] 中华人民共和国国家标准 GA 406—2002《车身反光标识》[S]. 北京：中国标准出版社，2002.

[35] 中华人民共和国国家标准 GA 41—2005《交通事故痕迹物证勘验》[S]. 北京：中国标准出版社，2005.

[36] 中华人民共和国国家标准 GB 18100《两轮摩托车及轻便摩托车照明和光信号装置的安装规定》[S]. 北京：中国标准出版社，2000.

[37] 中华人民共和国国家标准 GB 4785—2007《汽车及挂车外部照明和光信号装置的安装规定》[S]. 北京：中国标准出版社，2007.